GUSTAVO BERTOLI

ATTIVITÀ DELL'INQUISIZIONE A FIRENZE FRA IL 1549 E IL 1552

TRE RICERCHE

Firenze
Edizioni CLORI
MMXXI

Studi storici, filologici e letterari

La collana *Studi storici, filologici e letterari* pubblica – in formato *ebook*, secondo i principi del *gold open access*, e cartaceo – saggi, edizioni e monografie di ambito storico e filologico-letterario. La collana dispone di comitato scientifico internazionale. Le proposte di pubblicazione sono sottoposte a *double blind peer review*. Tutte le opere della collana sono disponibili al *download* gratuito sulla *home page* dell'editore, a cui si rimanda per ogni informazione.
http://www.edizioniclori.it

Edizioni CLORI

ISBN 979-12-80410-03-0

In copertina: Processione rituale dell'*auto da fe*. Incisione di Adriaan Schoonebeck tratta dall'*Historia Inquisitionis* di Philip von Limborch (Amstelodami [Amsterdam], apud Henricum Westenium, 1692)

Indice

Attività dell'Inquisizione a Firenze
fra il 1549 e il 1552

A Firenze l'attività dell'inquisizione contro coloro che opinione pubblica, potere temporale e gerarchia religiosa con un evidente iperonimo liquidavano come luterani, è documentabile dal 1549, con molto ritardo rispetto a centri ad essa geograficamente vicini come Siena e Lucca. Negli anni precedenti si erano verificati isolati episodi senza risonanza e irrilevanti per capire la diffusione locale delle idee riformate,[1] ma mentre altrove il dissenso religioso sembrava dilagare senza controllo sotto l'offensiva della

---

* Una precedente versione del presente contributo era stata pubblicata dallo scrivente sul portale Academia.edu (https://www.academia.edu) nel marzo 2020. Ringrazio per la disponibilità Paolo Trovato e Valeria Vassale alla quale devo la trascrizione e la traduzione dei testi in spagnolo.

Abbreviazioni
AAF = Archivio Arcivescovile di Firenze
ABE = ASF, *Auditore dei benefici ecclesiastici*
ACCOLTI = ASF, *Accolti*
ACSL = Archivio del Capitolo di San Lorenzo
AOI = Archivio dell'Ospedale degli Innocenti. Firenze
AR = ASF, *Auditore delle Riformagioni*
ASF = Archivio di stato. Firenze
BNCF = Biblioteca Nazionale Centrale di Firenze
CCC = ASF, *Cinque conservatori del Contado*
CERVINI = ASF, *Cervini*
CF = ASF, *Camera fiscale*
CP = ASF, *Capitani di Parte*
CRSGF = ASF, *Corporazioni religiose soppresse dal governo francese*
DBI = Dizionario biografico degli italiani
GUIDI = ASF, *Guidi, filze*
MAGONA = ASF, *Magona*
MC = ASF, *Monte comune*
MdP = ASF, *Mediceo del Principato*
MM = ASF, *Miscellanea Medicea*
MP = ASF, *Monte di pietà*
MS = ASF, *Magistrato supremo*

propaganda militante e a mezzo stampa,[2] la città appariva immune dall'infezione. Per molti contemporanei era l'effetto di una oculata e previdente politica del duca Cosimo,[3] per altri della scarsa propensione dei fiorentini alle questioni religiose.[4] Gli episodi qui esposti confermano il ritardo rispetto ad altre realtà ma soprattutto una situazione particolare: manca un collegamento fra di essi per cui tutt'al più possono attestare solo un generico interesse su temi potenzialmente eterodossi frutto della predicazione e della stampa riformata; gli ambienti coinvolti non sono socialmente omogenei e non vengono sfiorati i centri di aggregazione già noti per il dissenso religioso (Accademia fiorentina, circolo di Caterina Cybo); il quadro dottrinale è indefinibile e scom-

---

MSS = ASF, *Manoscritti*
NM = ASF, *Notarile moderno*, protocolli
OG = ASF, *Otto di guardia del principato*
OP = ASF, *Otto di Pratica*
PSF = ASF, *Pratica segreta di Firenze*
SEBREGONDI = ASF, *Raccolta Sebregondi*

[1] Da ricordare le sentenze dell'autorità civile contro il Brucioli nel 1529 (LUIGI PASSERINI, *Il primo processo per la riforma luterana in Firenze*, in "Archivio storico italiano", IV serie, 3, 1879, pp. 337-345) e il Buonagrazia nel 1531: MASSIMO FIRPO, *Gli affreschi di Pontormo a San Lorenzo*, Einaudi, Torino, 1997, p. 355.
[2] SILVANA SEIDEL MENCHI, *Inquisizione come repressione o inquisizione come mediazione? Una proposta di mediazione* in "Annuario dell'Istituto storico italiano per l'età moderna e contemporanea", 35-36, 1983-1984, pp. 53-77: 56.
[3] Cfr le dichiarazioni dell'arcivescovo di Siena Francesco Bandini nel 1545, citate da MASSIMO FIRPO, *Gli affreschi*, cit.p. 356.
[4] Sulla scarsa diffusione delle eresie a Firenze si sbilancia il vicario dell'arcivescovo Niccolò Buontempi che nel 1547 invitava il Laynez ad evitare nelle sue prediche in Duomo invettive troppo pesanti contro i luterani: cfr. MASSIMO FIRPO, *Gli affreschi*, cit., p. 352. Gli storici in mancanza della documentazione del tribunale dell'Inquisizione hanno a seconda dei casi preso in considerazione anche altre ipotesi, quali la fedeltà dei fiorentini alla lezione savonaroliana (ARNALDO D'ADDARIO in *La Comunità cristiana fiorentina e toscana nella dialettica religiosa del Cinquecento*, Edizioni medicee, Firenze, 1980, pp. 137-139), oppure una particolare tolleranza in materia religiosa del duca Cosimo, magari interessata quando la utilizzava come arma nella sua lotta contro papa Paolo III: SALVATORE CAPONETTO, *La Riforma protestante nell'Italia del Cinquecento*, Claudiana, Torino, 1997, pp. 350-351.

posto, e le rare forme organizzative documentate sono rudimentali. Altra caratteristica è che l'emersione di questi episodi non è il frutto di una strategia repressiva (se non nel caso di Davidico) ma di imprevisti che smuovono una situazione stagnante che per questo non necessitava di particolari attenzioni: si potrebbe parlare di immobilismo della inquisizione fiorentina – di cui continuiamo ad ignorare la struttura organizzativa - nella lotta agli eretici solo se nel frattempo l'infezione in città fosse avanzata come nel resto d'Italia, e fosse stata ignorata. E questo non fu.[5] La nuova documentazione, tenuto conto anche dei recenti contributi di Enrico Garavelli, Lucia Felici e Lucio Biasiori, ha obbligato il sottoscritto ad una revisione sostanziale (ovviamente provvisoria) delle ipotesi e delle conclusioni sostenute in due lavori precedenti.[6]

1. In un anonimo fascicolo dell'Archivio Arcivescovile di Firenze è conservato il *praeceptum* (doc.1) con il quale il vicario in carica dell'arcivescovo di Firenze, Niccolò Buontempi, il 4 settembre del 1549 intimava al libraio Lorenzo Torrentino di non tenere, vendere e stampare (quest'ultima voce inserita in un secondo momento)[7], pena la scomunica, la perdita dei libri e una multa di 25 ducati per ogni esemplare, il "libro di frate Bernardino da Siena detto lo Occhijno scappuccino, Dialogo di Mercurio et caronte de anima, Dialogo di Pasquino in extasi et Marforio, Dialogi dello Aretino, et Colloquij di Erasmo, Messa della Baccante vulgare, Et tutte le altre opere Reprobate dalla Santa Chiesa Romana ct la Squola di Parigi."

---

[5] MASSIMO FIRPO, *Gli affreschi*, cit., pp. 356-357.
[6] GUSTAVO BERTOLI, *Luterani e anabattisti processati a Firenze nel 1552*, in "Archivio storico italiano", 154, 1996, pp. 59-122, e *Un nuovo documento sui luterani e anabattisti processati a Firenze nel 1552*, in "Archivio italiano per la storia della pietà", 11, 1998, pp. 245-267 (entrambi gli articoli sono ora allegati al presente volume, rispettivamente le pp. 205-269 e 271-302, per mettere a disposizione i documenti trascritti,).
[7] L'inserimento è palesemente posticcio e benché il divieto sia abbastanza generico da renderlo possibile, mi sembrerebbe fuori luogo in questa congiuntura, ma vedi oltre.

Il *praeceptum* – è l'originale che il messo arcivescovile aveva con sé nella bottega di Torrentino e su cui come voleva la procedura doveva annotare le fasi e i risultati dell'ingiunzione - è uno dei pochi frammenti che documentano l'attività contro gli eretici prima dell'introduzione del tribunale locale della Inquisizione romana ed è perfettamente organico alla campagna dell'Inquisizione romana promossa per arginare la nuova emergenza nazionale ovvero la diffusione clandestina della stampa riformata. Al momento non sappiamo cosa abbia fatto scattare le indagini e la formula *ex eius mero officio* indica in modo generico l'adempimento di un obbligo istituzionale sulla base di una denuncia segreta a prescindere da un accordo con il tribunale locale.[8] Nel *praeceptum* non c'è alcun cenno ad un ordine superiore o ad una norma legislativa recente che giustifichi tale iniziativa, ed è comprensibile che trattandosi di materia religiosa l'Inquisizione voglia ribadire la sua piena autonomia. Dai titoli circostanziati sembrerebbe di capire che la ricerca era basata su informazioni passate da chi aveva visto quelle opere o aveva avuto notizie sicure del loro arrivo a Firenze. Poco probabile invece che ad attivare la curia sia stata la denuncia anonima di un frequentatore che casualmente aveva visto in libreria quei titoli (ci sarebbe stato un ordine di sequestro o di perquisizione nel caso se ne fosse denunciata la stampa).

Inevitabile il confronto con quanto successo, proprio l'anno prima, a Siena, dove "disposizioni apostoliche «super libris prohibitis»" avevano spinto i Dieci conservatori della libertà ad affidare a tre maestri di teologia "il compito di perquisire «cunctos librarios civitatis» e identificare i testi «reprobati»"[9]. I primi di

---

[8] Sul tema cfr. ELENA BRAMBILLA, *Alle origini del Sant'Uffizio*, Il Mulino, Bologna, 2000, pp. 89 sgg., 297. Per rimanere in ambito fiorentino, una circolare ai ministri che riguarda i delitti commessi dai descritti nelle Bande indica cinque forme di investigazione: per denuncia, per notificazione, per accusa, per querela ed *ex-offitio*. *Ex offitio* è contrapposto ad *a istanza delle parti*: PSF 173 cc. 285-287: *Del modo del denunciar e procedere ne' malefici et etiam contro a Ministri nelle trasgressioni*, s.d. La posizione del documento, fra tante circolari destinate a Barga, è fra una del 1541 e una del 1543.

[9] Il provvedimento dei Conservatori fu reso pubblico l'11 aprile del 1548: VALERIO MARCHETTI – GIULIANO CATONI, *Sulla circolazione della stampa proibita*

aprile 1548 i decemviri ordinano loro di andare da tutti i librai a cercare e sequestrare i libri proibiti, i librai poi saranno convocati di fronte ai magistrati cittadini e sotto giuramento obbligati a denunciare le persone cui li hanno venduti. Il fine comune è bloccare la diffusione di libri eretici, quello che diverge riguarda la procedura seguita condizionata dai diversi rapporti fra chiesa e potere temporale. A Siena l'intervento del braccio secolare è tanto deciso che l'iniziativa si potrebbe ascrivere ai Dieci anche in forza al precedente del *Bando* del 17 dicembre del 1541,[10] ma è più credibile che ci sia stata una stretta collaborazione con la chiesa locale, come era successo nel recente passato.[11] Personalmente non escluderei una pressione romana, attraverso il vescovo, sui Dieci dal momento che si richiamano a generiche ma autorevoli "disposizioni apostoliche" e che pubblicano un *Bando* che ricalca nell'impostazione generale e nei titoli quell'editto *Animadvertentes* pubblicato a Bologna il 12 luglio 1543[12] difficilmente accessibile *in loco*. Oltre alla comune finalità, c'è un indizio che suggerisce una superiore regìa romana ed è la corrispondenza di taglio e di titoli fra il *Bando* di Siena, il *praeceptum* di Firenze e l'*Editto* di Bologna.

Mancano le prove che Roma abbia chiesto a Firenze di mobilitarsi seguendo le stesse direttive date a Siena, ma la pista romana non si potrebbe rigettare adducendo l'anno di scarto fra i due eventi, spiegabile con il ritardo della penetrazione eterodossa in città, né il silenzio sulla provenienza dell'iniziativa, ugualmente

---

in Siena dal 1541 al 1569 in *La nascita della Toscana*, Olschki, Firenze, 1980, pp. 201-205: 202-203, VALERIO MARCHETTI, *Gruppi ereticali senesi del Cinquecento*, La Nuova Italia, Firenze, 1975, pp. 124-127.

[10] VALERIO MARCHETTI, *Gruppi*, cit., p. 119.

[11] VALERIO MARCHETTI, *Gruppi*, cit., pp. 118-127.

[12] Un anno dopo la bolla *Licet ab initio*. Per ADRIANO PROSPERI, *Tribunali della coscienza*, Einaudi, Torino, 1996, pp. 121-122 (e ANTONIO ROTONDÒ, *Anticristo e chiesa romana: diffusione e metamorfosi d'un libello antiromano del Cinquecento*, Olschki, Firenze, 1991, p. 84) l'Editto nasce da una situazione locale gestita dalle autorità temporali, e solo a partire da questo momento inizia l'opera di sorveglianza sulla diffusione dei libri eretici. Una lettura diversa la offre GIGLIOLA FRAGNITO, *Rinascimento perduto*, Il Mulino, Bologna, 2019, p. 31, per la quale l'editto è espressione della Inquisizione romana ed ha da subito una validità "nazionale" (lo definisce infatti esemplare bolognese).

comprensibile per i problemi che sarebbero potuti sorgere con l'amministrazione date le note pessime relazioni del Medici con papa Paolo III,[13] che avevano congelato anche le trattative per l'ingresso della Inquisizione romana a Firenze.[14] La situazione fiorentina è piuttosto complessa, perché sul terreno della lotta agli eretici si agitano troppi protagonisti (la curia fiorentina, l'inquisizione francescana, il Sant'Uffizio, Cosimo de Medici) mossi da istanze e strategie contrapposte.

La curia ad esempio doveva barcamenarsi fra Roma e una Inquisizione locale gelosa di una autonomia rafforzata dalla protezione ducale e, soprattutto dopo la nomina ad arcivescovo di Antonio Altoviti (1548), doveva usare ogni cautela per non prestare il fianco ad eventuali reazioni da parte di un potere temporale spesso suscettibile, in grado di condizionare la sua attività quotidiana.[15] In linea teorica, ad ostacolare la libertà di manovra della Inquisizione potevano essere anche le leggi risalenti all'istituzione del Magistrato dei XIV di libertà (1346) creato per vigilare sull'operato dell'inquisitore, che vietavano di arrestare fiorentini e infliggere pene corporali senza il previo assenso dei magistrati e di trasferire i sospetti di eresia a Roma, e di servirsi delle carceri del Bargello per custodire gli accusati.[16] In pratica, in materia di

---

[13] MASSIMO FIRPO, *Gli affreschi*, cit., pp. 311-327. Da non dimenticare, ultima in ordine di tempo, la questione del testamento e delle spoglie del cardinale di Ravenna morto nel settembre del 1549. E qualche tempo prima, la bega sui frati da San Marco.

[14] Da ricordare poi la rivolta a Napoli contro l'introduzione in quella città della Inquisizione spagnola, di qualche anno prima, nel 1547. In seguito a trattenere Cosimo ci sono nel '50 le notizie dalla Fiandra, dove "s'era messo l'inquisitione ma tanto stretta che alcuni popoli sono ricorsi alla Regina per limitarla e che S. Maestà pareva che fusse in fermo proposito che nelli stati suoi si vivesse bene. ... / ... che l'inquisitione messa ne paesi bassi havea molto alterato li animi di quei popoli i quali havevon domandato limitatione et pareva che S.M. commettesse alla Regina il mitigarla dolcemente poiché promettevano di vivere di maniera da non haver bisogno di così formidabile castigho": MdP 617 c.171r-v, sommario dalla Corte Cesarea del 26 luglio 1550.

[15] Un esempio: "1549, maggio 5. messer Lelio ordina a Gio: Pitti che vadia al Bargello per haver pubblicato un monitorio di Roma senza la licenzia di qua. 10 detto comparse" GUIDI 161/93 alla data.

[16] ARNALDO D'ADDARIO, *Comunità*, cit., p. 138.

difesa della ortodossia, il potere civile da tempo compensava tali norme con la concessione agli inquisitori di patenti per operare sul territorio con l'aiuto delle autorità locali, autorizzazioni comunque revocabili e provvisorie, sempre soggette a contenziosi e a interpretazioni. È di questo periodo la richiesta di Lelio Torelli a Jacopo Guidi perché sia rilasciata a maestro Bernardino Cambi, l'inquisitore titolare, una patente che obblighi magistrati, rettori, giudici, ufficiali e ministri dello stato a dare ogni aiuto al Cambi nell'esercizio del suo ufficio di inquisitore. Cioè che liberamente e lecitamente abbia gli opportuni favori e aiuti per catturare i sospetti e custodire colpevoli e punire i delinquenti "cohercendo in catholicae puritatis conservationem".[17]

Il conflitto fra giurisdizioni poteva avere ripercussioni sulla loro collaborazione, non solo sulla disponibilità ducale contro gli eretici, ma sulla sua politica religiosa, assistenziale e caritativa. La Chiesa in virtù dei suoi privilegi pretendeva di avere giurisdizione piena (ovvero disporre a propria discrezione di braccio armato, carceri e iter processuale) su tutti in materia di religione e su tutto l'operato dei religiosi. La pretesa è inammissibile dove intacca la sovranità del duca nella amministrazione della giustizia, e se Cosimo non può non riconoscere alla Chiesa la totale giurisdizione in materia religiosa e all'Inquisizione il controllo sull'ortodossia, è anche vero che non può cedere sulle sue prerogative di amministratore della giustizia penale e di garante della normativa vigente. Un paio di episodi relativi a reati comuni commessi da religiosi in questo periodo documentano i rapporti di forza esistenti e mostrano che la reazione del duca ai loro privilegi, nel

---

[17] La minuta (inc.: Cosmus etc, Omnibus et singulis magistratibus), senza data, è in GUIDI 588/65, dopo una serie di lettere del 1548. Torelli chiede contestualmente una patente analoga per il commissario delle spoglie e decime, il venerabile Cornelio de Sanctis bolognese, collettore apostolico e commissario generale deputato dal cardinale camerlengo (Guido Ascanio Sforza da Santa Fiora).

primo caso intransigente e quasi anticlericale,[18] nel secondo accondiscendente e impotente,[19] è solo apparentemente contraddittoria perché ciò che contraddistingue la sua azione è il rispetto

---

[18] Il 3 marzo 1550 Nicodemo di Pierantonio del Taglia, prete e maestro di scuola, (sembrerebbe fratello di Vincenzo di Pierantonio del Taglia, senese, cartolaio e legatore presso i Giunti, attivo a Firenze fra il 1544 e il 1560) fu rinchiuso nelle segrete del Bargello con l'accusa di aver stuprato un bambino di otto anni. Dopo venti giorni fu spostato alle Stinche e qui dopo un mese di carcere chiede di essere interrogato dagli Otto o dal vicario dell'arcivescovo. Nell'informazione il segretario Francesco Borghini riferisce che il vicario dell'arcivescovo non ha voluto "concorrer ad esaminarlo qui al Bargello" e per questo motivo il prete è stato spedito alle Stinche. Il duca accetta che sia esaminato dal vicario a condizione che l'accusato non sia spostato da quella prigione (OG 2225 n°297, 3 e 7 marzo 1550: si dice "calunniato da un suo avversario a torto innanzi el magistrato dei signori Otto di alcune querele vituperose e biasimevoli"). Dieci giorni dopo prete Nicodemo inoltra una nuova supplica in cui chiede la grazia di essere mandato nelle carceri del vicario visto che quest'ultimo continua a rifiutarsi di andare alle Stinche. Ma il duca non cede e in calce alla supplica rescrive: *Stiavi tanto che vi muffi*: OG 2225 n°316, la data del rescritto di Francesco Borghini è 19 marzo 1550. Verso il 20 dicembre sua nuova richiesta di essere esaminato da qualcuno perchè il vicario non molla. Non c'è rescritto.

[19] Non sempre i religiosi non sono collaborativi per reati comuni imputati loro, e accettano tutte le restrizioni imposte dai laici (detenzione, sanzione e gestione della pena sotto la giurisdizione ducale), compreso che al processo e al giudizio partecipino anche dei laici, salvo risolvere la vicenda a loro favore. Nel 1547 un Bartolomeo di Pietro Castellani confessò di aver avuto rapporti sodomitici con frate Raffaele di Leonardo da Firenze e con maestro Giovanni Battista Guidiccini da Montecarlo, professi del Carmine di Firenze. I due agostiniani furono esaminati congiuntamente dal priore del convento, fra Gaspare, e dagli Otto di guardia nel carcere del Bargello dove erano rinchiusi. Il primo confessa, il Guidiccini invece persiste nel negare, ma per i giudici erano troppi gli indizi che avesse abusato di alcuni fanciulli, e i due vengono condannati a vita, e i loro beni inglobati dal convento. Dopo la sentenza, letta nel tribunale degli Otto (OG 46 cc. 47r-48r, la sentenza è del 13 luglio 1547. Questo Bartolomeo Castellani aveva commesso atti sodomitici con molte persone ed aveva spesso compiuto furti nelle chiese e per questo motivo viene relegato nelle galere in perpetuo: OG 46 c .49r) frate Raffaele su mandato del duca viene consegnato ai frati del Carmine per essere rinchiuso nelle carceri dell'ordine ed essi il 15 luglio presentano agli Otto la ricevuta con la quale il custode della provincia di Tuscia lo prende in carico (OG 46 c.50v). Lo stesso capita al Guidiccini il 27 luglio 1547 (OG 46 c.62r). Dopo che gli Otto lo hanno rilasciato per scontare la pena nelle carceri conventuali, Andrea Ghetti invia

e la difesa ad oltranza della procedura e di un ruolo che prevede deroghe a sua discrezione. Nella circostanza del *praeceptum* l'azione della curia non crea problemi di sorta visto che non viene utilizzata la forza pubblica, l'iniziativa rientra nelle competenze riconosciute ad essa trattandosi di un intervento senza facoltà di perquisizione e di sequestro, una diffida che non lede gli interessi immediati dei commercianti fiorentini.

C'è un documento che potrebbe essere all'origine di questa iniziativa (doc. 2) e porsi come ipotesi alternativa alla pista romana. Il 7 maggio 1549 Cosimo de Medici risponde ad un certo fra Luca da Ortonovo, domenicano, vicario dell'inquisitore di Genova ringraziandolo di aver segnalato alcuni sudditi fiorentini "macchiati della falsa dottrina de lutherani" della qual cosa provvederà ad avvertire gli inquisitori locali. Il documento è da prendere in considerazione più che altro perché ribadisce la sua posi-

---

una supplica al duca a favore del Guidiccini, un amico (ricorda che insieme furono a Verona sotto la protezione del vescovo Giberti). Senz'altro il Ghetti fu a Vicenza nel 1539, allorchè Pietro Aretino, che molto lo stimava, gli spedì due lettere (15 e 30 giugno 1539) perché intervenisse presso il vescovo per riappacificarsi. La missione non andò in porto per la rigidità del prelato: PIE-TRO ARETINO, *Lettere* a cura di Francesco Flora, Mondadori, Milano, 1960, pp. 558 e 564) di cui ha piena fiducia, e chiede che egli possa difendere "l'honor suo con la religione, secondo le leggi canoniche". Il rescritto di Torelli dimostra che il duca è consapevole che i frati annacqueranno la portata della condanna con una sentenza più favorevole, ma è pronto ad accettare compromessi purchè le sue prerogative e l'intera procedura   ricorsi compresi - siano salvaguardate: *S. Ex.tia non intende queste girandole fratesche, però aspettera quello che dalli superiori loro le son proposte et poi conforme al giusto risponderà* E quando i frati del Carmine assolvono da ogni sospetto il Guidiccini, (nel fascicolo è solo registrata, ma manca "la resolutione de frati del Carmine sopra maestro Gio: Battista Guidiccini supplicando V.Ex. che come lo dichiarano per non sospetto dell'imputatione già fattagli così lo facci relassare et liberarnelo: Et quando V.Ex. ci habbi qualche scrupolo si degni rimetter tutto in ms Lelio") con un rescritto autografo il duca ribadisce la sua posizione: *non ci si attaccano girandole di frati alle nostre orechie però non ci occorre altre se non che le vadino a espor alli loro superiori e noi visto il tutto ci risolveremo a quello ci parrà giusto et onesto:* ABE 3 cc.395-398:396-7. Il fascicolo è accompagnato da altre attestazioni dei colleghi, di preti e dello stesso consiglio comunale di Montecarlo, tutti d'accordo nel definirlo uomo da bene. Non ho scoperto come va a finire.

zione ufficiale di fronte al problema eretici: piena ortodossia, riconoscimento del ruolo dell'inquisizione e totale collaborazione con gli organi preposti alla lotta ai "luterani", però contiene alcuni elementi (i tempi compatibili con l'avvio delle indagini, il silenzio su disposizioni apostoliche da Roma, l'intervento attivo del duca che – per noi – risolverebbe il problema dell'eventuale pressione dall'esterno) il cui coordinamento darebbe una sequenza coerente. Purtroppo mancano alcune tessere fondamentali, non sono citati libri né i nomi degli eretici che potrebbero averli introdotti a Firenze, non ci sono altri appigli documentari, e senza di esse la sequenza dei fatti pur apprezzabile per la sua linearità non regge.

Confrontando quei titoli con la lista di quello che è stato definito l'*Indice* di Siena notiamo che ben tre delle sei opere singole proibite a Firenze erano state segnalate anche a Siena (*Pasquino in estasi* di Curione[20], *Dialoghi di Caronte*[21] di Valdés, *Colloquia* di Erasmo),[22] testi non teorici che ebbero una fortuna straordinaria e

---

[20] ALBANO BIONDI, *Il 'Pasquillus extaticus' di C. S. Curione nella vita religiosa italiana della prima metà del '500*, in "Bollettino della Società di Studi Valdesi", XCI (1970) pp. 29-38. Il nunzio Mignanelli nel 1543 fece sequestrare il *Pasquino* con le *Prediche* dell'Ochino: ANTONIO ROTONDÒ, *Anticristo e chiesa romana* cit., p. 55.

[21] ALFONSO DE VALDÉS, *Due Dialoghi*, a cura di Giuseppe De Gennaro, Istituto universitario orientale, Napoli, 1968, p. xii. La fortuna editoriale dei *Due dialoghi* tradotti per la prima volta nel 1546 a Venezia e ristampato più volte negli anni immediatamente seguenti (MASSIMO FIRPO, *Dal Sacco di Roma all'Inquisizione*, Edizioni dell'Orso, Torino, 1998, pp. 54, 58 è trattata alle pp. 3-4). Nel nostro *praeceptum* il titolo ha una estensione *De anima*, che non compare nel frontespizio della supposta edizione (la presenza dell'Anima nei dialoghi è un topos di quegli anni: c'è nei *Capricci del Bottaio* del Gelli) ma come mi ha fatto notare Enrico Garavelli, essendo impossibile che si tratti dell'opera di Melantone con questo titolo, potrebbe essere una svista del trascrittore visto che nel testo appare un mostro che porta il nome di Anima. L'obiezione è che qualcuno avrebbe dovuto leggere quel libro.

[22] La denuncia dei *Colloquia*, testo di particolare successo scolastico (ma anche testo di critica all'Inquisizione: ADRIANO PROSPERI, *Tribunali*, cit., p. 60), era venuta qualche anno prima, nel 1546, dal vescovo Zannettini (il Grechetto); la condanna era stata recepita dall'*Indice* senese e qualche anno dopo, nel 1557, il libro fu oggetto di una condanna specifica, e proprio con il *Dialogo di Mercurio*

una diffusione capillare. Ma mentre la lista senese nomina e proibisce in blocco anche i grandi autori (Lutero, Melantone, Zwingli, Ecolampadio, Pietro Martire Vermigli e Ochino), quella fiorentina non va oltre un generico richiamo agli *Indici* più importanti: "tutte le altre opere Reprobate dalla Santa Chiesa Romana et la Squola di Parigi", specificando il solo Ochino, con due titoli nuovi, i *Dialogi* dell'Aretino[23] e la *Messa della baccante*.[24] La presenza dell'Aretino è del tutto fuori contesto: ufficialmente l'Inquisizione romana non l'aveva condannato né attenzionato *causa religionis*, il che fa pensare che i *Dialogi* siano stati inseriti per iniziativa dell'inquisitore locale perché presenti in quel blocco di libri da sequestrare. Condannando l'Aretino l'inquisizione fiorentina anticipa il Sant'Uffizio nell'equiparazione di quel filone letterario dai contenuti anticlericali, parodistici e irriverenti, di lunga tradizione e ancora ben vivo a Firenze,[25] alle immagini, libelli e *pièces*

---

e Caronte, da parte dell'Inquisizione di Venezia (*Decretum contra impressores et vendentes libros, videlicet Colloquia Erasmi et Dialogos Mercurii et Carontis*, del 22 giugno 1557): SILVANA SEIDEL MENCHI, *Erasmo in Italia*, Bollati Boringhieri, Torino, 1987, pp. 141-142, 398.

[23] In questi *Dialogi* si dovranno vedere sia il *Dialogo nel quale la Nanna il primo giorno insegna a la Pippa sua figliola a esser puttana*: PAOLO PROCACCIOLI, *1542: Pietro Aretino sulla via di Damasco*, in *Il Rinascimento italiano di fronte alla Riforma: letteratura e arte*, Vecchiarelli, Roma, 2005, pp. 129-158: 150-151; sia il *Dialogo nel quale si parla del gioco* (Venezia 1545). La 'fortuna' inquisitoriale dell'Aretino ufficialmente inizia nel 1557, con l'*Indice* stampato da Blado che proibisce anche la *Cortigiana*, l'*Umanità di Cristo*, la *Vita di Maria vergine* (VALENTINA GROHOVAZ, *Girolamo Muzio e la sua "Battaglia" contro Pier Paolo Vergerio*, in *Pier Paolo Vergerio il Giovane, un polemista attraverso l'Europa del Cinquecento*, Forum, Udine, 2000, pp. 179-206: 194-195); nel 1559, arriva la condanna della sua intera produzione: JESUS MARIA DE BUJANDA *Index* VIII, pp. 647-649. Sul rapporto dell'Aretino sacro con il movimento evangelico vedi GIOVANNI AQUILECCHIA, *Pietro Aretino e la "riforma cattolica"*, in "Nouvelles de la République des lettres", 2, 1996, pp. 9-23.

[24] Se, come sembra, non compare in nessun altro Indice si dovrà annoverare fra i titoli perduti.

[25] Su questo filone della letteratura popolare come terreno privilegiato della propaganda riformata cfr. VITTORE BRANCA, *Linee di una storia della critica al "Decameron"*, Ed. Dante Alighieri, Milano-Genova-Roma-Napoli, 1939, pp. 20-21, UGO ROZZO, *Linee per una storia dell'editoria religiosa in Italia (1465-1600)*, Arti grafiche friulane, Udine, 1993, p. 57.

teatrali[26] contro il papa e la gerarchia cattolica che si erano rivelati un inarrestabile veicolo di penetrazione per la propaganda anti-romana. Un titolo sconosciuto ed esatto come *Messa della Baccante* ci convince che la curia era stata informata in modo preciso di cosa si trovasse in quella partita di libri ma anche che qualsiasi altro titolo anonimo e filoprotestante sarebbe potuto passare inosservato, almeno al rivenditore, e sfuggire al sequestro. Un'ultima considerazione. A parte l'Aretino e la *Messa*, i titoli sono quelli che le cronache citano in quel *Bando contro gli eretici* mandato per Firenze alla fine del 1549 in occasione del processo a ser Francesco Puccerelli[27] che, per il poco che possiamo ricostruire,

---

[26] Cfr la lettera del cardinale di Augusta ai legati del Concilio del 14 marzo 1546: CERVINI 18 c. 35 e CERVINI 25 cc. 199-207.

[27] La *Cronaca fiorentina* lega questo bando alle vicende del notaio Francesco Puccerelli che era stato catturato nel settembre del 1549: "[Nel settembre 1549] andò un bando che chi avesse libri luterani massime di Bernardino scappuccino e di un fra Pietro Martire, gli dovesse in capo di 15 giorni presentare al vicario sotto pena di scudi 100 e anni 10 di galea: e che frattanto andranno i cercatori e chi sarà trovato contro al bando, sarà co' libri bruciato": *Cronaca fiorentina 1537-1555* (a cura di Enrico Coppi), Olschki, Firenze, 2000, p. 112. Sullo stesso tono la trascrizione del Settimanni, che riporta "Per causa forse di tal carcerazione per parte del duca in que' giorni fu mandato un bando che chi avesse libri luterani e massime di fra Bernardino da Siena detto l'Ochino frate cappuccino, e di fra Pietro Martire gli dovesse in termine di quindici giorni presentargli al vicario dell'Arcivescovado sotto pena di scudi cento e di anni due di galea e che passato detto termine sarebbero andati li cercatori, e chi fosse stato trovato mancante sarebbe stato abbruciato co' libri medesimi.": MSS 127 c.460r. Del *Bando*, voluto dal duca per "invigilare alla conservazione della purità della fede", parla anche RIGUCCIO GALLUZZI, *Istoria del granducato di Toscana*, Livorno, 1820, I, pp. 168-169 che però lo collega al *Bando* promulgato da Carlo V in Fiandra nel 1549 contro il commercio e la diffusione di libri eretici e la loro stampa. SALVATORE CAPONETTO, *Un "luterano" fiorentino del cinquecento: il notaio ser Francesco Puccerelli*, in *I Valdesi e l'Europa*, Torre Pellice, 1982, pp. 267-283, sostiene che l'autore del *Diario* si confuse con l'*Edictum ad extirpandas omnes hereses sanctissimum & Christianissimum*, stampato dal Torrentino e pubblicato il 28 marzo 1552, (MM 292.11, riprodotto in ARNALDO D'ADDARIO, *Aspetti della Controriforma a Firenze*, Ministero dell'interno, Pubblicazioni degli Archivi di Stato LXXVII, Roma, 1972, tavola XXII su cui vedi le pp. 491-492), è invece strettamente legato alla retata del 1551, ed è da considerare il manifesto programmatico della Inquisizione romana a Firenze. A questo *Bando* del 1549 fanno riferimento i cardinali del Santo Uffizio quando nel '50 ricordano il bando emanato l'anno prima da Cosimo (vedi avanti) e i

si limitava a ribadire la proibizione del possesso, il commercio e
la diffusione di libri nei termini indicati dal *praeceptum* (Ochino,
Pietro Martire), che a questo punto è verosimile supporre come
suo testo base. La memorialistica non accenna alla stampa ma la
cosa interessante da segnalare è che quel posticcio ^imprimere
nec^ nell'interlinea, fuori contesto in una intimazione a librai,
sarà la norma legale utilizzata per accusare e condannare Lodovico Domenichi per la stampa della *Nicodemiana*, e se non fosse
presente nel perduto *Bando* del 1549 dovremo supporre che sia
stato aggiunto ancora più tardi, addirittura durante il processo
della fine del 1551.

Per tornare al nostro documento, che non sia stata una operazione di bonifica preventiva a largo raggio, lo si può dedurre anche dal fatto che per esserlo avrebbe dovuto coinvolgere tutti i
librai e cartolai fiorentini (come era avvenuto a Siena), e non solo
Torrentino e in un secondo momento i Caccini.[28] Le annotazioni
del messo dell'arcivescovado non sono esaurienti, però anche se
non contengono una circostanziata denuncia contro il fiam-
mingo e non c'è un'intimazione a consegnare materiale segnalato, il suo nome qualcuno deve averlo fatto con cognizione di
causa. Oltre a questo, per noi non ci sarebbero ragioni per supporre che Torrentino, libraio attivo a Bologna dal 1543[29] e nel
1546 ingaggiato da Cosimo de Medici con un contratto di dodici
anni per impiantare *ex novo* la *Stamperia ducale*[30] che fu operativa

---

Commissari sopra l'Inquisizione quando nel 1551 motivano la condanna al
Domenichi "quia fecit contra leges V.Excellentiae super impressione" e alla
fine scrivono che "sarà bene rinnovar e' bandi prohibendo tutti gli libri
prohibiti generalmente": GUSTAVO BERTOLI, *Un nuovo documento*, cit., p. 263
(ivi p. 302). Un dato è certo: nessuno recentemente è riuscito a leggere l'editto
del 1549.

[28] Sono i fratelli Bartolomeo e Michele di Biagio, che hanno in affitto dalla
Badia la bottega in via del Proconsolo, di fronte alla cappella di Santo Stefano
della Badia, confinante con quella dei Giunti.

[29] FRANS SLITS, *Laurentius Torrentinus drukker van Cosimo hertog van Florence 1500-
1563*, Gemert, 1995.

[30] GOFFREDO HOOGEWERFF, *L'editore del Vasari: Lorenzo Torrentino*, in *Studi
vasariani*, Sansoni, Firenze, 1950, pp. 93-104.

dalla fine del 1547,[31] fosse sotto osservazione, e al momento non disponiamo di nessun altro elemento per sospettarlo colluso coi gruppi riformati, tutt'al più un rivenditore con pochi scrupoli. E' vero che per le spedizioni di libri si serviva della rete commerciale di Bernardo Ricasoli,[32] capo degli eterodossi pisani, la stessa attraverso cui Ludovico Manna avrebbe introdotto a Firenze poco dopo "due casse di libri lutherani";[33] che probabilmente nel 1550 prestò o almeno permise a Ludovico Domenichi di utilizzare quella manciata di caratteri che servì al giovanissimo Bartolomeo Sermartelli per il frontespizio della *Nicodemiana*;[34] che di sicuro Pietro Perna fu suo procuratore e fornitore almeno dal 1553,[35] ma è anche vero che dai suoi torchi uscì l'*Editto* che il tribunale fiorentino dell'Inquisizione romana emanò nel 1552[36] e che nel 1554 pubblicò l'*Indice* di Firenze[37] e altro materiale a stampa per la Curia. Comunque anche nella condizione di stipendiato e privilegiato del duca nessuno avrebbe potuto garantirgli l'immunità

---

[31] DOMENICO MORENI, *Annali della tipografia fiorentina di Lorenzo Torrentino impressore ducale*, Daddi, Firenze, 1819², rist. anast. a cura di Mario Martelli, Le Lettere, Firenze, 1989, pp. 1-2, ha individuato la sua prima edizione in un LILIO GIRALDI, *Libellus*, con la data di stampa 1547.

[32] SOPRASSINDACI 3 fasc. 36.

[33] Fra i quali la *Quarta parte delle prediche* dell'Ochino e i *Cento e dieci divini consigli* di Valdés: CARLO GINZBURG, *I costituti di don Pietro Manelfi*, Firenze - Chicago, Sansoni - Newberry Lubrary, 1970, p. 58 e MASSIMO FIRPO, *Gli affreschi*, cit., p. 362. Da notare che questi testi di Valdés e Ochino furono stampati da Isengrin con la collaborazione di Pietro Perna. Ma vedi oltre.

[34] GUSTAVO BERTOLI, *Documenti su Bartolomeo de' Libri e i suoi primi discendenti*, in "Rara volumina", 8, 2001, pp. 19-56: 44-45. Solo in questi termini è possibile parlare di una implicazione del Torrentino in fatti ereticali, e rimane sostanzialmente eccessiva ed immotivata la conclusione di Claudia Di Filippo Bareggi per la quale era "chiaro che il Torrentino, accanto alla sua attività ufficiale, era implicato nel traffico clandestino di opere calviniste", tanto chiaro che non esita a definirlo "il calvinista Torrentino", qualche riga sotto: CLAUDIA DI FILIPPO BAREGGI, *Giunta, Doni, Torrentino: tre tipografie fiorentine fra repubblica e principato*, in "Nuova rivista storica", 58, 1974, pp. 318-48: 346.

[35] Vedi avanti.

[36] Riprodotto da ARNALDO D'ADDARIO, *Aspetti*, cit., tav. XXII. E' senza note tipografiche, ma caratteri e capolettera sono del Torrentino.

[37] UGO ROZZO, *A proposito del "Thesaurus de la litterature interdite au XVI siècle"*, in "La Bibliofilia", 102, 2000, pp. 325-337: 331.

in caso di accertati comportamenti contrari alla religione, e negli anni non ci sono tracce di una sua particolare sensibilità religiosa.

Subito dopo parte dalla Curia la richiesta di accertamento su un notaio sospettato di possedere libri proibiti, e che l'episodio sia direttamente collegato con il sopraluogo (qualcuno ha fatto la spia), lo dimostrano i tempi, la collocazione archivistica (immediatamente seguente al *praeceptum*) e la lista di libri che la curia chiede di verificare, la stessa portata dal Torrentino.

2. Il 7 settembre 1549, il reverendo Niccolò Duranti, vicario dell'arcivescovo di Firenze, invia al vicario di Scarperia, Iacopo di Piero Guicciardini,[38] una missiva (doc. 3) in cui gli chiede di verificare se un certo notaio, ser Bastiano di Giuliano Ulivi, in forza in quei luoghi, possiede libri «reprobati dalla chiesa et che sono prohibiti tenerli, Perilche se così fussi merita mente si potrebbe dire che lui fussi sospetto di sentire male, et havere mala oppinione della sancta fede catholica». Essendo suo compito vigilare sulle «cose che importono et di grandissimo scandolo» e ripararle, chiede al Guicciardini di spedire uno dei suoi notai in casa di ser Bastiano «con meno demonstratione che si può», per sequestrare i libri e spedirglieli. Da notare che la richiesta del Duranti si limita al recupero dei libri e nessun addebito viene mosso al supposto eretico e che, a parte formalismi e buona educazione, la richiesta di aiuto si pone sul piano personale e si configura come un favore per il quale il Duranti si dichiara disposto a «rendergli il cambio». Non si coinvolge la catena del comando ma si conta sulla discrezionalità e la disponibilità personale del funzionario locale. Si capisce che per ostacolare l'azione del Duranti

---

[38] Iacopo di Piero Guicciardini (1480-1552), un piagnone storico (su cui Massimo Firpo, *Gli affreschi*, cit., p. 343, nel 1549 era vicario del Mugello a Scarperia sostituendo Ruberto Lioni (LITTA, fasc.21, dispensa 32, tav. III). La prima lettera degli Otto di Pratica a lui è del 23 luglio 1549 (PSF 1, n.50). Suo padre Piero fu "commissario generale della Repubblica in campo contro Pisa nel 1499"; era fratello di Francesco. Suo fratello Girolamo fu eletto nel Consiglio de' Quarantotto il 27 settembre 1551: Settimanni II c.529r (=MSS. 127). Iacopo fu padre di Agnolo che ricoprì cariche pubbliche fino ad essere commissario generale delle Bande dal 1561 al 1568 (Rita Romanelli – Elisabetta Insabato, *L'Archivio Guicciardini*, Edizioni Polistampa, Firenze, 2007).

sarebbe stato sufficiente chiamare in causa i superiori non tanto per impedirgli l'uso della forza pubblica,[39] quanto per allungare i tempi.

Ma il Duranti doveva conoscere il personaggio, Iacopo Guicciardini, un savonaroliano convinto "affezionato alle cose del frate",[40] e non meraviglia dunque che la sua risposta, datata 14 settembre, sia stata tempestiva e pienamente collaborativa (doc. 4). Dice di aver spedito il suo notaio la sera seguente in casa dell'Ulivi e di non aver trovato nulla di rilievo a parte alcuni libri in latino che trattavano «di cose sacre», per di più di proprietà del fratello. Comunque, siccome circolavano già voci sul suo conto, ha voluto approfondire l'indagine ed ha chiesto al maestro di scuola del luogo se poteva vedere i *Colloqui* di Erasmo che gli erano stati consigliati da ser Bastiano. Il maestro confermò che il notaio possedeva quel libro e uno dei suoi precisò che l'aveva messo con altri in una valigia che era stata spedita a Firenze («a casa sua costì nella via del cocomero presso a san Niccolò, nella quale habita seco un suo cugino chiamato Batista dal borgho a

---

[39] Ad esempio il 21 dicembre 1550 relativamente alla richiesta della curia di intervenire catturando un tale, il duca rifiuta seccamente l'intervento del braccio secolare: GUSTAVO BERTOLI, *Luterani*, cit., p. 84 nota 90 (*ivi* p. 229). Un altro episodio simile datato 27 gennaio 1552, quando il vicario di Firenze in una lettera a Lorenzo Pagni denuncia come avendo richiesto il braccio secolare al Bargello di Firenze per un motivo non specificato gli fu risposto che non si poteva far nulla senza ordine del Duca. Qualche giorno prima era successo che i messi della corte arcivescovile avevano chiesto aiuto al podestà di Barberino e questi aveva ribattuto "di tener commissione di non prestar aiuto nè favore in cosa alcuna alla corte archiepiscopale". Il vicario dice che qualora l'ordine sia stato dato dal duca non era il caso di parlarne più, ma se fosse partito dai magistrati chiede al Pagni di supplicare a nome suo il duca perché desse un ordine diverso "tanto che, come s'è fatto per il passato, et fassi in tutti i luoghi del mondo, la corte ecclesiastica fusse accomodata del braccio secolare quando l'invoca perchè invero senza si può far male": MdP 407 c. 282.

[40] Trovandosi ambasciatore a Ferrara nel 1529, aveva trascritto alcuni documenti che gli erano stati mostrati dalla famiglia Savonarola: ROBERTO RIDOLFI, *Vita di Girolamo Savonarola*, Sansoni, Firenze, 1974[4], p. 491. I documenti in questione sono conservati nell'Archivio Guicciardini, sezione Miscellanea: RITA ROMANELLI – ELISABETTA INSABATO, *L'Archivio Guicciardini*, cit.

san Lorenzo, che stantia saldamente nella ciptà, e sta con un linaiolo in mercato vecchio chiamato Mariotto della Torre») perché l'Ulivi si stava preparando a ricoprire l'incarico di cavaliere
presso il nuovo potestà di Barga. Il Guicciardini invita dunque il
vicario ad indagare a Firenze e chiude la sua risposta con considerazioni che rispecchiano il sentimento verso gli eretici di quella
corrente piagnona ancora potente a Firenze, che una volta sconfitta sul piano politico si era spogliata del moralismo più rigido
ed aveva sposata la causa dell'ortodossia e la difesa ad oltranza
dei valori tradizionali, scollegandosi dall'ideologia e dalla teologia
riformata[41]. «Io ho voluto rimetter questi particulari non tanto
per satisfarli, quanto etiam ++++ medesimo perchè ancora che
sia laico reputo che sia mio debito come doverebbe esser etiam
di tucti li altri laici, pro posse suo, non mancare di ogni diligentia
e aiuto a chi è preposto custode della gregge christiana perchè la
fede Catolica di Xsto si mantenessi inviolata, sotto quelle regole
et constitutioni che ci ha date et ordinate la sancta Chiesa romana, et che di essa si extirpassino tucti e captivi semi che hoggi
di pullulano quasi per tucto con gran detrimento della fede di
Xsto. Et se maggior aiuto potessi dare a V.S. di quel poco che li
ho dato non ne manchare, anzi melo offero prompto a tutte
quelle cose che le gli io possa aiutare & favorire con gli effecti
quanto di sopra si dice.»

Dopo qualche intoppo la carriera dell'Ulivi prosegue nella amministrazione pubblica, visto che continua il suo vagabondaggio
ritornando nella stessa Scarperia e finendo la sua carriera nel
1554.[42]

---

[41] Su questo tema cfr. MASSIMO FIRPO, *Gli affreschi*, cit., pp. 344-345.

[42] In data 17 dicembre 1549 il cavaliere di Jacopo Guicciardini, ovvero il notaio Ulivi, è a quaranta giorni dalla fine del suo ufficio: CCC 254, c. 617 e il 19
dicembre 1550 fu denunciato per abuso di ufficio verso alcuni accusati di vio-
lenza e per comportamenti troppo permissivi nei confronti di certi banditi,
inoltre è accusato di aver violentato una fanciulla: Otto di guardia del principato 57, cc.63v-64r. Il 19 gennaio 1551, gli Otto assegnano a ser Bastiano
Ulivi da Scarperia, cavaliere del podestà di Barga, 10 giorni di tempo per far
tutte le sue difese e produrre tutte le sue giustificazioni delle querele di che
egli è imputato dinanzi al loro Ufficio, altrimenti si procederà. Lo stesso si
disse al fratello che ebbe la copia delle querele: OG 400 c.22v. Il 28 gennaio

3. Nemmeno un mese dopo, nel contado fiorentino in diocesi fiesolana, attraverso gli strumenti tradizionali del controllo sullo stato di salute della religiosità popolare[43] si mette in moto un'indagine che si allargherà in modo imprevedibile (Appendice A, i numeri romani preceduti dal segno § rimandano ai paragrafi relativi).[44] Lorenzo Buonsignori, dottore in *utriusque*, arciprete di Empoli, canonico di Fiesole e vicario generale del vescovo di Fiesole, Braccio Martelli[45], il 24 settembre 1549, nel corso della

---

gli Otto gli impongono una cauzione di 250 scudi e ordinano che non parta dalla città senza licenza: *ivi* c. 34r (vedi anche OG 57 c. 50v). Il 4 febbraio 1551, gli Otto condannano l'Ulivi a non esercitare il suo ufficio per sei mesi e che per sei anni non possa esercitare nella terra di Barga, con la pena di 100 scudi, per aver mal proceduto, e per le altre querele lo assolvono per difetto di prova. Una aggiunta del 13 febbraio dice che la sentenza fu notificata *in scriptis* a ser Piero suo fratello e procuratore per lui ricevente: *ivi* c. 41v. Il fratello di nome Piero fa il maestro di scuola in un palco sopra la bottega di Bartolomeo Peri e Stefano cartolaio di proprietà della Badia fiorentina dal 1550 al 1551, dove prima stava maestro Michelangelo di Domenico Panciati da Gaville (CRSGF 78, 87 c. 17). Il 28 giugno 1550, Bastiano di Giuliano Ulivi da Scarperia ed il fratello Ulivo ripudiano l'eredità paterna, a Barga: NA 16057 cc.77r e 78r. Fra l'altro il 14 marzo 1551 i Cinque decidono che "ser Bastianus de ulivis cancellarius preteritus comitatis barge attulit fidem sui sindicatus": CCC 130, c.14v. Il notaio continua la sua attività fino al 22 settembre 1554: il suo ultimo atto è rogato a Scarperia, nel Mugello. In precedenza aveva rogato sempre a Scarperia, San Piero a Sieve, Barga, Scarperia (fino al 27 luglio 1551), Marradi, dal 23 luglio 1552 ancora a Scarperia. Suoi i Protocolli NA 20720-20726 (1532-1554).

[43] Sulla visita vescovile cfr. ADRIANO PROSPERI, *Tribunali*, cit., pp. 330-331.

[44] Questo documento non è un frammento del disperso Archivio dell'Inquisizione fiorentina, ma una copia parziale del processo appartenente a uno dei notai della curia arcivescovile, ser Piero di Bartolomeo da Pontassieve (i suoi protocolli in ASF sono dal 1530 al 1573 = NA 17247-17272 e in AAF N240-N250). Nell'Archivio dell'Ospedale degli Innocenti di Firenze (= AOI) sono depositate per lascito testamentario sia le memorie di famiglia che parte delle scritture pertinenti ai suoi incarichi all'Arcivescovado, con la collocazione AOI 13193. Il suo nome compare alcune volte fra le carte del processo i cui atti sono in parte originali là dove contengono sottoscrizioni manoscritte del notaio Puccerelli.

[45] Su Braccio Martelli cfr. GIUSEPPE RASPINI, *Braccio Martelli*, Fiesole, 1991. Non si sa bene dove fosse in questi giorni, forse ancora a Bologna, dove si era conclusa la Decima sessione del Concilio a Bologna (13 settembre 1549): GIUSEPPE RASPINI, *op. cit.*, p. 49. Sull'attività del Martelli arcivescovo di Lecce dal

visita pastorale alla chiesa di san Giovanni Battista di Castel san Giovanni,[46] l'odierna San Giovanni Valdarno, come di rito[47] chiede al titolare, ovvero il piovano Francesco Lapini, e a suo zio Leonardo[48] cui erano riservati i frutti della parrocchia, se quell'anno c'erano state persone che non avevano fatto la comunione (§I). Era vincolante dal 1215 per tutti i cristiani confessarsi e comunicarsi una volta all'anno al parroco o a un suo delegato e le Costituzioni sinodali erano esplicite nell'indicare fra gli obblighi pastorali la registrazione di coloro che non avevano ottemperato ai sacramenti, oltre che la denuncia al vescovo di eretici o sospetti tali.[49] Viene così a sapere che il solo a non comunicarsi è stato un certo Girolamo di Angelo Puccerelli.[50]

Il vicario chiede se ne conosce il motivo ed il piovano racconta che, dopo avergli fatto più volte i debiti ammonimenti e averne ricevuto come risposta "de casi mia voi non ve ne havete a dare

---

1552 vedi PAOLA NESTOLA, *Interazioni istituzionali ed affettive: le lettere di Braccio Martelli alla Congregazione del Sant'Ufficio (1558-1560)*, in "Ricerche storiche" 2007/1.

[46] Il resoconto di questa seconda visita del Martelli, che era iniziata nel 1542, è conservato in ARCHIVIO VESCOVILE DI FIESOLE, sez. V, n.8, cc.260-285, con il titolo "Quadernuccium visitationum factarum per D. Laurentium Buonsignorum vicarium faesulanum Anni 1549". E' piuttosto sommario e non contiene alcun accenno a questa vicenda.

[47] Confronta il verbale della visita dell'arcivescovo di Firenze, Antonio Altoviti, alla chiesa di san Martino a Aquona del 25 aprile 1568 in ARNALDO D'ADDARIO, *Aspetti*, cit., pp. 513-514.

[48] Leonardo di Antonio Lapini è priore della Società dell'Annunciazione della Vergine Maria di Castel San Giovanni: NA 1647 c. 289*v*, 30 aprile 1553.

[49] GIOVANNI ROMEO, *Ricerche su confessione dei peccati e inquisizione nell'Italia del cinquecento*, La città del sole, Napoli, 1997, p. 15. La pratica era sempre quella: ad esempio, nel marzo del 1545 l'abate della Badia fiorentina nel visitare le Badie di Sant'Angelo a Badia Tedaldi e di Sant'Ippolito e Cassiano a Caprese chiede se qualcuno non si è confessato e comunicato durante l'anno passato e prescrive al suo rettore di tenerne diligente cura: CRSGF 78, 263 c.288r. Per quegli anni poi (1549) cfr. le Costituzioni Sinodali del card. Cervini a Gubbio: GIOVANNI COSTI, *L'azione pastorale di Marcello Cervini vescovo* in *Papa Marcello II Cervini e la chiesa della prima metà del '500*, Le Balze, Montepulciano, 2003, pp. 51-102: 83-84.

[50] Dovrebbe avere dei figli, uno dei quali, Iacopo, è notaio con bottega della Badia nel 1553: CRSGF 78, 87 c. 315. Il 19 giugno 1542 aveva dato procura al figlio Francesco: NA 18454 c. 159*v*.

briga perchè i so quello che io ho a fare" (§III), da quasi un anno non l'ha visto in chiesa. Riferisce della voce corrente secondo cui lui non entra nelle chiese, e ha saputo dalla di lui madre che è stato il fratello Francesco a spingerlo a tale comportamento. È evidente che per non frequentare la chiesa potevano essere addotti i motivi più svariati, accettabili senza particolari danni per i colpevoli. Ma, visti i tempi, c'era la possibilità che dietro a questo ci fosse un luterano, la cui caratteristica saliente, aldilà di imprecise connotazioni ideologiche o spirituali, era il mangiar carne il venerdì, non confessarsi e non andare a messa. Conseguentemente il Buonsignori chiede se ha udito dire che lui ha mangiato carne al venerdì e il parroco conferma le voci: il fratello germano di Girolamo di nome Paolo gli raccontò di aver scoperto il fratello a mangiar carne un venerdì santo (*feria sexta Maioris hebdomade huius anni*) in casa di Clemente sarto a Figline (§VI). A questo punto il vicario del vescovo di Fiesole interroga il governatore dell'altra chiesa di Castel san Giovanni, la chiesa di san Lorenzo, Antonio di Gabriele, che racconta di essere venuto a conoscenza dallo stesso Paolo che Girolamo Puccerelli non si comunica né entra in chiesa, e da altre voci che circolano che mangia carne nei giorni proibiti e che è stato infetto dal fratello Francesco, "qui tenet positiones hereticas" (§§VII-VIII).

Viene chiamato a deporre allora Angelo Puccerelli, il padre, che conferma le dichiarazioni del figlio Paolo e le voci che corrono: "Che questo è il maggior pensiero che lui habbi maxime sentendo ogni giorno dire per tutto il castello che lui non si confessa & comunica & non entra in chiese & havendolo più volte ripreso gli ha sempre risposto attendete a vivere e non vi date cura de casi mia" (§X). Francesco di Lazzaro del Badia, sacrista dell'oratorio della Vergine Maria, conferma tutto, cioè che non ha mai visto Girolamo nell'oratorio e che circolano voci che non si comunica e non entra nelle chiese perché eretico (§XI). Viene quindi convocato davanti al vicario il detto Paolo il quale riconferma che a suo sapere Girolamo non si era comunicato e che da un anno non lo vedeva entrare in chiesa, aggiunge che possedeva qualche libro e pensa che quelle letture abbiano indotto il fratello Girolamo a dire: "Jo credo in christo & nella vergine maria, l'altre cose della Chiesa son tutte pappolate. Et quando lui [Paolo] gli ha detto Va alla messa gli ha risposto lievamiti dinanzi" (§§XII-XVI). Ricorda che l'anno prima, il giorno di san Simone, quindi il 28 ottobre 1548, a Firenze, ser Francesco gli diede dello sciagurato perché voleva andare a messa. E ancora che il venerdì santo dell'anno in corso essendo a Figline per la rappresentazione della Passione il sarto Clemente di Rinaldo lo invitò a mangiare carne a casa sua. Ser Francesco di Girolamo, da un anno curato della chiesa di santa Lucia di Figline, interrogato a sua volta dice di non aver mai visto in chiesa Girolamo Puccerelli e di aver sentito da molti che lui non entra nelle chiese e non fa la comunione, e che è stato il fratello Francesco, il notaio, ad indurlo a questo (§XIX).

Il 28 settembre, proseguendo la sua visita pastorale a Figline, il vicario sente dai canonici del luogo che il sarto e la moglie Lucrezia non si sono comunicati quest'anno e per saperne di più convoca il canonico Battista Genovini che assicura di avergliene chiesto il motivo "post peractam octavam paschatis" e di aver avuto come risposta "Se voi havete faccienda andatela a fare ch'io credo esser miglior christiano di voi & credo far meglio a non mi comunicare". A domanda il canonico risponde che il sarto è ritenuto un luterano anche dai bambini e che è stato indotto a ciò dal notaio Puccerelli che per di più gli fece comprare libri luterani (§§XX-XXV). Altri canonici, Battista di Iacopo e Giovanni di Bernardo Guardi, confermano le parole del Genovini, e anche il maestro di scuola, prete Bernardo Fabbrini da Figline, interviene raccontando che i due figli del sarto non si comunicarono perché il loro padre non voleva, e che da una sua ulteriore indagine è riuscito a sapere che era luterano (§§XXVI-XXIX). La massa delle testimonianze è sufficiente per l'incriminazione di Girolamo Puccerelli e del sarto di Figline al tribunale dell'Inquisizione, e nemmeno due mesi dopo, a partire dal 18 novembre 1549, vengono processati a Firenze una settimana dopo colui che tutto faceva sembrare come il loro ispiratore.

Il processo a Clemente di Rinaldo, sarto di Figline, comincia a Firenze il 18 novembre 1549 alla presenza del solito Buonsignori e del francescano Bernardino Cambi (§§XXX-XXXIX)); quello al fratello del notaio Puccerelli il 2 dicembre. Per ragioni di giurisdizione la sede del tribunale è il palazzo fiorentino del vescovo di Fiesole presso la chiesa di santa Maria in Campo, e gli inquisitori sono i francescani della chiesa di Santa Croce. Il primo ad essere interrogato è il sarto e gli viene chiesto se si è confessato in quell'anno. Dice di no e a domanda spiega che lo ha fatto "per sdegno" per aver avuto dei contrasti con fra Lazzaro, allora guardiano del convento di san Francesco di Figline, per il pagamento di certi loro conti. Riguardo all'aver mangiato carne il venerdì (§XXXII), Clemente di Rinaldo nega di averlo fatto, così come nega di aver obbligato i figli a non confessarsi essendosi solo rifiutato di dare i soldi per la confessione. Dice di aver letto un solo libro proibito avuto da maestro Lionardo da Cortona, il medico di Figline, ovvero *Mercurio e Caronte*, di non aver avuto da tre anni discussioni con Francesco Puccerelli o suo fratello, e infine "Et circa le cose della Chiesa tucto crede & tiene esser vero secondo l'ordine & comandamenti di quella & haver udito le messe e giorni delle feste" (§XXXVIII). Gli inquisitori gli credono completamente e chiudono il processo intimandogli "quod hinc ad festum Nativitatis Domini recipiat sacramentum Eucharistiae a proprio parrochiano & infra octo dies ex tunc proximos futuros fede faciat de predictis et ulterius quod filij sui confessi sint eorum peccata sub poena excomunicationis et arbitrii" (§XXXIX).

Il 2 dicembre è la volta di Girolamo Puccerelli ad essere interrogato alla presenza di Bernardino Cambi, dei maestri Alessandro Machiavelli, Cosimo da Lucignano e Giovanni Tancredi da Colle (§§XL-L). Le contestazioni sono più ampie di quelle fatte al sarto, e riprendono, almeno nelle prime domande, gli indizi raccolti a Castel San Giovanni e a Figline. Ma egli nega di essere un eretico e anzi spiega di non aver frequentato la chiesa e non essersi comunicato perché si è ritenuto diffamato dall'accusa di eresia. Del fratello Paolo dice che si tratta di uno scimunito (§XLVII) e alle domande 'dottrinarie': se ha mai parlato della autorità del papa, dei sacramenti della chiesa e se ha mai disputato col predicatore di san Giovanni, lo scrivano registra un secco "disse di no". Il giorno seguente, presente anche Lorenzo Buonsignori, Girolamo confessa (manca il testo) e si dichiara pronto a sottomettersi alla santa madre Chiesa ("offerens se paratum sanctae Matris ecclesiae se submittere" §LI). La sentenza viene data subito: per non essersi confessato e non essere entrato in chiesa per un certo periodo, per essere stato ed essere sospetto di eresia ("propterea quod subspectum fuisse et esse de crimen heresis"), dopo aver chiesto di tornare in grembo alla chiesa il 3 dicembre viene condannato a udir messa tutti i giorni festivi per tre mesi di seguito, a far la comunione a Natale sotto pena della scomunica e di una multa di 25 fiorini. Inoltre che per i prossimi tre anni faccia la comunione e non parli con nessuno di cose concernenti la fede (§LII).

Il procedimento si conclude il 30 dicembre 1549 con l'attestato di ser Paolo di Francesco Corboli cappellano di messer Leonardo Lapini rettore della pieve di san Giovanni che rende noto come Girolamo di Agnolo Puccerelli "in questa santissima pasqua della natività di Christo" si sia confessato e comunicato e che "così per insino a questo dì ha continuato e frequentato il giorno delle feste la ecclesia in udire la messa come obbligo suo" (§LVI). I due processi sono istruiti e chiusi velocemente, senza troppi interrogatori, segno che la loro pericolosità sociale si era dimostrata labile, non consistente dal punto di vista dottrinale, e poi avevano riconosciuto *in toto* gli addebiti ed esplicitamente dichiarato di accettare il magistero della chiesa. Ben diversi l'iter e l'esame del notaio Puccerelli, che tutti gli indizi avevano indicato come il *leader*.

4. Quasi contemporaneamente, l'11 novembre del 1549, il giorno dopo la morte di papa Paolo III, ser Francesco di Angelo Puccerelli da Castel san Giovanni, notaio pubblico di Firenze,[51] si trova

---

[51] Della sua vita pubblica non c'è molto di più di quanto abbiano scritto SALVATORE CAPONETTO, *Un "luterano" fiorentino*, cit., pp. 307-8) e recentemente LUCIO BIASIORI, *«Una fede a suo modo»: il processo al notaio fiorentino Francesco Puccerelli e la politica religiosa di Cosimo I°*, in *Ripensare la Riforma protestante: nuove prospettive degli studi italiani*, a cura di Lucia Felici, Claudiana, Torino, 2015, pp. 51-72. Il suo primo protocollo è del 1532, quando inizia la sua carriera come notaio itinerante che roga a Castrocaro, Peccioli, Radda, Subbiano, Montemarciano, Fivizzano, Castel San Giovanni, fino al 1542 (NA 17380 c.31r), al-

di fronte a padre Bernardino Cambi, francescano, titolare del tribunale dell'Inquisizione di Firenze, e a maestro Giovanni Tancredi da Colle, dello stesso ordine dei minori, guardiano del convento di Santa Croce di Firenze,[52] per rispondere di accuse di eresia.[53] La documentazione disponibile (Appendice B, nel testo i numeri arabi preceduti dal segno § sono dei paragrafi corrispondenti) non spiega come si sia proceduto contro il notaio e come sia stato catturato, ma se consideriamo che il suo ultimo rogito è del 6 novembre e il primo interrogatorio è dell'11, dobbiamo pensare che i giudici dalla fine di settembre abbiano avuto tutto il tempo per prepararsi. Non c'è dubbio che la sua cattura sia dovuta agli atti trasmessi dal vicario del vescovo di Fiesole, certamente non all'iniziativa di inquisitori che l'avrebbero visto agitarsi per le chiese o scoperto appunti compromettenti fra i suoi protocolli,[54] e nemmeno perché si era espresso pubblicamente contro la Chiesa come riportano le voci dei memorialisti. Comunque dopo il giuramento rituale sul Vangelo comincia il suo primo interrogatorio nelle prigioni del Bargello, *in Curia Capitanei platee civitatis Florentiae* (§114).[55]

---

lorchè approda alla *Curia Mercantiae* di Firenze dove esercita insieme a ser Martino di Guglielmo Cavalcantini. Una parentesi 'istituzionale' dal 1 ottobre 1540 al 31 marzo 1541, quando è notaio di Zanobi di Niccolò Dini, podestà in carica a San Giminiano (NA 17380, cc. 10v-29r). Il suo ultimo atto in NA 17381 è del 6 novembre 1549. Dopodichè della sua vita pubblica non sappiamo altro. Il 9 agosto 1558 Francesco Puccerelli è già morto. In NA 9339 c.111 è registrata la vendita di beni per 150 fiorini fatta dal fratello Girolamo e dai due figli del notaio, Giovanni e Pietro.

[52] Su di lui vedi NICOLA PAPINI, *L'Etruria francescana*, Pazzini Carli, Siena, 1797, I, p. 26.

[53] Vedi nota 41.

[54] LUCIO BIASIORI, *op. cit.*, pp. 53-54.

[55] Ovvero del Bargello: LORENZO CANTINI, *Legislazione toscana illustrata*, Albizziniana, Firenze, 1800, I, p. 382. Questo particolare concorda con le testimonianze dei contemporanei, che per altro non sono del tutto affidabili, almeno dove scrivono che il notaio era stato catturato nel novembre del 1549 al tempo della morte di Paolo III per aver detto alcune cose contro la Chiesa. L'anonimo estensore della *Cronaca fiorentina* cit., p. 112, scrive "... basta che havendo in carcere il vicario dell'arcivescovo, fu mandato al Bargello e così per parte di sua Eccellentia fu esaminato ...". Analogo il ricordo di Buonsignori: "... fu esaminato da veschovi e confesori frati di Santa Croce e del

Il materiale che gli inquisitori hanno raccolto non si presta a molti equivoci in quanto tutte le testimonianze concordano nel dire che non andava a messa, non si confessava, mangiava carne il venerdì, diceva che l'eucaristia era solo pasta,[56] e siccome i fatti sono coerenti con il profilo di un luterano "marcio" secondo i dati comportamentali che il Santo Uffizio ha elaborato da tempo per riconoscere gli eretici (luterani) dai segni esteriori prima ancora che dalla professione di fede (doc. 5) vogliono accertare se e quanto essi sono espressione di un sistema dottrinale organico e scoprire - e fargli confessare - la sua ereticità.

Ci sono due liste di domande da considerare introduttive agli interrogatori, domande-guida di carattere generale, forse scalette ad uso degli inquisitori (§§1-36 e §§97-113) che spaziano sugli argomenti religiosi che si discutono in questo momento, sull'eucaristia, l'umanità di Cristo, il libero arbitrio, il battesimo, il purgatorio, l'autorità del papa e dei dottori della Chiesa, le indulgenze, l'invocazione dei santi, la quaresima e i digiuni, temi su gran parte dei quali sapevano che il Puccerelli aveva avuto modo di dire la sua. Sono domande generiche, ad ampio raggio, alcune

---

Charmine e di Santo Spirito tanto che lo chondanorno andare per Firenze a sette chiese ... e di poi che fu andato e' biri che erano secho lo menorno al Bargello e gli otto overo el ducha a giudichare se merita altro ...": FRANCESCO DI ANDREA BUONSIGNORI, *Memorie (1530-1565)* a cura di Sandro Bertelli e Gustavo Bertoli, Libreria Chiari, Firenze, 2000, pp. 47-48. Un po' più chiaro il Settimanni che trascrive, non si sa da dove: "Addì *** novembre fu preso uno tal ser Francesco Puccerelli notaio alla mercanzia da Castel san Giovanni, uomo dotto, ma sospetto di eresia perchè in occasione della morte di papa paolo 3° andava dicendo molte cose contro dell'autorità della chiesa e pareva essersi fatta una fede a suo modo. Fu condotto nelle carceri del Vicario dell'arcivescovo e di quivi in quelle del Bargello. ... ": MSS 127 c. 460*r*; e poi "Addì xix di gennaio 1549 mercoledì. Quel ser Francesco Puccerelli essendo stato dichiarato eretico luterano che per sospetto d'esse tale era stato carcerato nel mese di novembre prossimo passato, fu mandato ad alcune chiese principali di Firenze e a disdirci di quanto aveva detto contro dell'autorità di santa madre chiesa, accompagnato da molti sbirri ed egli in saio con saltainbarco giallo di sopra e con una torcia in mano accesa. Terminato il viaggio fu ricondotto alla carcere nel Bargello": *ivi* c. 466*r*.

[56] Pasta: è un luogo comune dispregiativo proprio dei calvinisti: SALVATORE CAPONETTO, *La Riforma*, cit., pp. 262 e 393.

interlocutorie per fargli rispondere dei fatti che gli vengono contestati e altre conoscitive per farsi spiegare la sua opinione circa i risvolti dottrinali sottintesi. Alcune di esse non hanno seguito (§11 sui pagani; §§12 e 102 sugli ebrei[57]), altre non vengono ripresentate una seconda volta almeno nella stessa forma, la maggior parte invece viene ripetuta spesso, via via riformulata e aggiornata sulla base delle acquisizioni testimoniali e delle sue non sempre felici delucidazioni, alla ricerca di incongruenze che possano smascherarlo, ma che come si vedrà non vengono portate fino in fondo.

Fin dall'inizio (§§37-58, primo costituto), egli dichiara la sua piena ortodossia: non nega interesse per la religione e la sacra scrittura ma non rivendica interpretazioni personali e in un primo momento nega tutti i fatti che gli vengono contestati. Gli inquisitori avvertono delle dissonanze sospette, segnalate con un segno = a lato delle risposte (che prelude ad un approfondimento), come quando dice di non essersi confessato perché non si sentiva in peccato mortale, o quando dichiara di ritenere lecito disputare delle cose della fede in quanto cose necessarie alla salute, ma non compaiono idee tali da giustificare incriminazioni di sorta. Se fosse stato un esame ideologico in base alle risposte di questo primo costituto essi non avrebbero avuto molto da eccepire perché aveva risposto con equilibrio e circospezione e non emergeva nulla in contrario alla dottrina della chiesa: va alla messa e non ha mai indotto nessuno a disertarla, è "contro a quelli che dicono il sacramento esser in segno & per memoria" (§43) tutt'al più ha detto che bisogna fare anche le altre opere. Però ad inchiodarlo ci sono le testimonianze che ha mangiato carne al venerdì, letto libri luterani e detto cose strane sul battesimo. Per gli inquisitori sono le prove che sta mentendo e a poco vale che nel corso degli interrogatori cerchi di correggere e dare a quanto hanno riportato i testimoni, fin che era possibile, una lettura alternativa.

---

[57] Sul timore della Curia romana per la propagazione dell'ebraismo attorno a quegli anni a Venezia cfr MICHELE JACOVIELLO, *Proteste di editori e librai veneziani contro l'introduzione della censura sulla stampa a Venezia (1543-1555)*, in "Archivio storico italiano", CLI, 1993, pp. 40-42.

Il 13 novembre depone come testimone (§§59-63) maestro Andrea Ghetti da Volterra, priore della provincia agostiniana di Pisa, l'unico personaggio di spicco in questa vicenda,[58] non solo per i suoi rapporti personali con Cosimo e con la corte, ma anche per lo spessore dottrinale e la fama conquistata in anni di predicazione per tutta Italia. In questa sede è chiamato a confermare quanto deve aver già raccontato nell'istruttoria (o magari a suo tempo denunciato) circa le posizioni che sa dichiarate dal notaio sulla fede cattolica e la chiesa. Nel suo racconto, che conosciamo solo attraverso il sunto fatto dagli inquisitori, Ghetti lo ricorda più o meno tre anni prima nel convento di Santo Spirito per aver sostenuto una posizione circa l'eucaristia contro il parere di tutti i dottori della Chiesa. Ricorda inoltre che affermava "se habere doctrinam infusam & spiritum dei quo solo interpretatur scriptura & sub isto pretextu spernit omnes doctores sacrae scripturae" (§61). Il frate rincara la dose con dichiarazioni spontanee che superano le richieste degli inquisitori e che peggiorano la posizione del notaio, quando nella sua deposizione aggiunge di aver raccolto da Elisabetta, vedova di Vincenzo da Treviso, maestro dei figli del cardinale di Ravenna, Benedetto Accolti morto il 21 settembre 1549,[59] che suo marito raccontava che ser Francesco

---

[58] Su frate Andrea Ghetti da Volterra, la sua vita, la sua attività di "predicatore della grazia", la sua posizione dottrinale c'è una letteratura abbondante: Battistini, Caponetto, Simoncelli, Firpo. Il 19 ottobre 1548, benchè fosse stato sospettato di opinioni eterodosse, era stato accolto nel collegio Teologico di Firenze e l'anno successivo ne era stato eletto decano. Nel 1549 era a santo Spirito come priore della provincia pisana: CELESTINO PIANA, *La facoltà teologica dell'Università di Firenze nel quattro e cinquecento*, Editiones Collegii s. Bonaventurae, Grottaferrata, 1977, p. 231. Da una sua lettera a Jacopo Guidi del 3 ottobre 1549 sappiamo che era stato malato da morire dal 9 settembre in poi: GUIDI 559/9.

[59] Sull'*entourage* del cardinale di Ravenna e sul cardinale stesso circolavano parecchie insinuazioni circa la sua ortodossia: Pompeo Florido, maggiordomo del cardinale, nel 1546 era stato definito dal nipote omonimo, persona evangelica e in possesso del *Beneficio di Cristo*: SALVATORE CAPONETTO, *La Riforma*, cit., p. 106. C'è da dire che i rapporti di Ghetti con il cardinale di Ravenna erano più stretti di quanto volesse dare ad intendere raccontando le confessioni della moglie del maestro dei paggi del cardinale, come inducono a credere almeno due sue lettere all'Accolti del 19 giugno 1548 da Bologna e del 7 luglio dello stesso anno da Venezia, ambedue in ACCOLTI 2, cc. 28-30 e c.

negava la divinità di Cristo. Questo gli era stato riferito un mese prima nella chiesa di Santo Spirito dalla stessa Elisabetta la quale sospettava che il marito avesse avuto la medesima opinione (§§62-63).

Può meravigliare che proprio un personaggio chiacchierato come il Ghetti, un "predicatore della grazia" da anni nel mirino degli inquisitori di mezza Italia, sia un testimone dell'accusa,[60] ma lo possiamo spiegare con il fatto che per questa inquisizione il tema della giustificazione per grazia,[61] un cavallo di battaglia fondamentale del luteranesimo e centrale nella predicazione del Ghetti, non è all'ordine del giorno e non rientra in un procedimento che si attiene a specifici capi d'accusa e al loro eventuale legame con le idee della riforma radicale. In questa sede, a Firenze, la sua pericolosità non è avvertita, è collocata in una sfera diversa che non compete a questi inquisitori, e se questo spiega meglio di improbabili baratti[62] l'immunità del Ghetti almeno fino al 1552, dimostra anche la mancanza di sintonia dell'inquisizione fiorentina con le istanze del Santo Uffizio. Inoltre dobbiamo considerare che a Firenze il fronte clericale è compatto solo contro i "luterani" sospetti o dichiarati. Da una parte ci sono i predicatori, come il Ghetti, che pur sensibili ad alcuni temi della riforma ne combattevano le posizioni più radicali,[63] dall'altra i piagnoni della seconda generazione e i domenicani di San Marco

---

33. Sui loro rapporti vedi GIGLIOLA FRAGNITO, *Un pratese alla corte di Cosimo I*, in "Archivio storico pratese", 62, 1986, pp. 31-83:50-51n. La sua oratoria era apprezzata da tutti: nel 1551, a Bologna per il Capitolo generale, fu invitato (son forzato) a stare otto giorni a Consandoli, con la duchessa e le principesse (dalla lettera a Bartolomeo Scala, oratore del duca d'Este a Firenze, del 27 aprile 1551 da Bologna, in GUIDI 578 c.1r-v).

[60] Sulla "strana alleanza" si veda LUCIO BIASORI, *op. cit.*, p. 62.

[61] C'è solo una domanda preparata, senza la risposta relativa. Da pensare quindi che non sia stata formulata (§45).

[62] LUCIO BIASORI, op. cit., p. 62.

[63] Non condivido la posizione di Biasori che ne fa il regista dell'accusa attribuendogli la paternità di alcune formulazioni che furono oggetto di esame da parte degli Inquisitori, ad esempio l'accusa della dottrina infusa e della impeccabilità (un "fondamento" della sua dottrina, da cui viene avanzata l'ipotesi di profetismo e settarismo) che sarebbe partita dalla bocca della vedova del mae-

che perseguivano una loro lotta per l'ortodossia, contraria a tutte le novità che mettessero in discussione la tradizione, una battaglia autonoma e a tutto campo che conducevano incuranti del fatto che il loro attivismo spingesse Cosimo de Medici a reazioni di segno contrario, come sta a suggerire la vicenda dell'agostiniano fra Alessio Casani e dello stesso Ghetti nel 1548.[64] In una posizione equidistante sembra collocarsi, in questa fase, la curia che può adeguarsi alle pressioni romane e nel contempo attivarsi come braccio operativo di una inquisizione locale gestita da francescani la cui azione, poco dinamica, si dimostrerà inadeguata alla piega che hanno preso gli avvenimenti. La presa di distanza di

---

stro dei paggi del cardinale di Ravenna, di cui invece non c'è traccia nella testimonianza di Ghetti, LUCIO BIASIORI, *op. cit.*, pp. 62, 64, 66-67. A p. 67 inoltre LUCIO BIASIORI, *op. cit.* suggerisce che "le ragioni che portarono Ghetti a deporre contro di lui … [siano state] un tentativo … di fugare le ombre sulla sua posizione religiosa, ottenendo benemerenze inquisitoriali." A parte la totale mancanza di indizi, non mi sembra che potesse avere timori del genere in quel tempo a Firenze con una Inquisizione come quella; la sua è una testimonianza per conoscenza dei fatti e i giudici se ne servono come si servono del Leoni. Mi sembra che si sia fatto prendere la mano quando si mette ad ipotizzare "una temporanea convergenza tra protestanti e cattolici simile, seppure su scala minore, a quelle che permisero agli inquisitori cattolici di condannare Giorgio Siculo grazie ai buoni uffici di Vergerio e ai calvinisti di giustiziare Serveto, consegnato loro dalle autorità cattoliche" LUCIO BIASIORI, *op. cit.*, p. 68. Nessuno dei protagonisti era a quell'altezza, per statura dottrinale e peso sociale, ma soprattutto l'andamento del processo e le conclusioni finali escludono da parte dei giudici una tale lettura della vicenda.

[64] Forse non era di dominio pubblico ma proprio qualche tempo prima, nel 1548, l'agostiniano Alessio Casani e il citato Andrea Ghetti erano stati denunciati da alcuni loro confratelli e da alcuni domenicani come luterani. Venuto a conoscenza della 'cospirazione', il loro stesso priore li avvisa del pericolo di essere catturati dal Bargello, Giovanni Battista Bichi da Pistoia (dal 22 settembre 1548 bargello a Firenze dopo esserlo stato a Pisa: MS 1071 alla data. Gli subentra a Pisa Marcantonio Serarrighi il 19 ottobre 1548, *ivi* alla data), ed essi hanno tempo di recarsi dal duca denunciando di essere oggetto di una vera e propria persecuzione. Edotto da frate Andrea della situazione il duca avvalendosi del suo diritto di veto ordina al bargello di non ingerirsi nei casi loro: SILVANO BONDI, *Alessio Casani da Fivizzano e le sue memorie inedite*, in "Analecta Augustiniana", 50 (1987), pp. 5-44: 28-29. SALVATORE CAPONETTO, *La Riforma* cit. pp. 112-113. Il 15 novembre 1549 i due compaiono in un atto del convento di Santo Spirito di Firenze rispettivamente come provinciale e priore: NA 6265 c. 56*v*.

Ghetti dal notaio riguarda due concetti che assolutamente non può condividere e che anzi combatte da sempre, ossia l'ostilità verso i dottori della Chiesa e la pretesa di poter interpretare la scrittura ispirati dallo spirito divino. La testimonianza (benchè sia solo *de relato*) lascia il segno e offre agli inquisitori un nuovo tema da approfondire, la negazione della divinità di Cristo, che non compare nel primo costituto.

Se il Ghetti aveva fornito argomenti con forte valenza dottrinale, il secondo testimone addotto dalla accusa, Simone Guadagni nel suo primo interrogatorio (§§64-72),[65] si industria nel riferire episodi tratti direttamente dalla loro frequentazione quotidiana,[66] raccontando di esternazioni pubbliche compromettenti, da cui non si poteva non riconoscere l'eretico,[67] come camminare scompostamente in chiesa al momento dell'ostensione per manifestare il suo rifiuto a credere alla presenza di Cristo nell'ostia,[68] e altri comportamenti altrettanto pericolosi come leggere libri luterani, mangiare carne la vigilia di natale e obbligare la serva a non andare a messa. Oltre a questo il testimone riferisce di loro discorsi sulla Sacra Scrittura e sulla necessità di seguirne i precetti che non contemplavano digiuno e osservanza dell'obbligo festivo, il purgatorio, pregare i santi, l'adorazione o la venerazione di Maria, ecc., e che non si deve frequentare le chiese,

---

[65] Simone di Oliviero di Simone Guadagni era nato il 30 settembre 1489: SEBREGONDI 2763. Al contrario del fratello Iacopo di cariche non ebbe che quella di Capitano del Bigallo nel 1536/7 e non ebbe figli.

[66] Il protocollo NA 17380 documenta la presenza come testimone del Guadagni ai rogiti di Puccerelli nel 1544 e nel 1545.

[67] Il 23 novembre Francesco Buonanni scrive da Scarperia al Riccio di un capitano tedesco chiamato Estem che una sera (presumo il venerdì precedente) voleva mangiare carne "ancora che sia sano & gagliardo, talche si presume che sia della setta luterana": MdP 1175, IV 23. Specularmente i luterani svizzeri cercavano di scoprire i papisti facendo mangiare carne di venerdì ai sospetti: ELENA BONORA, *Roma 1564*, Laterza, Bari, 2011, p. 107.

[68] Il camminare per le chiese, confabulare e far strepito durante le messe, le prediche e ogni altro officio era proibito già nel 1400: PIETRO TACCHI VENTURI, *Lo stato della religione in Italia alla metà del XVI secolo*, Soc. Dante Alighieri, Milano-Roma, 1908, p. 88. Sono manifestazioni d'irriverenza perpetrati nella casa di Dio che dopo il Concilio ebbero pene più gravi che mai si fosse fatto in addietro: *ivi* p. 89.

né confessarsi, né comunicarsi. L'elemosina è solo per i veri poveri di Dio non per quelli del diavolo, non per la chiesa (identificata nella Bestia) o il papa (definito qui l'Anticristo). Dell'eucaristia riferisce che diceva che è adorazione della pasta e pispilloria, secondo le indicazioni calviniste, e ad essa si deve contrapporre l'adorazione di Cristo, nel cuore.

Un terzo testimone (§§73-75), il berrettaio Giovan Battista Camerini, da identificare in quel Giovambattista berrettaio padovano condannato nel 1552 per luterano con altre persone idiote e ignoranti a tre anni di Stinche,[69] conferma le dichiarazioni di Guadagni sull'eucaristia e il libero arbitrio e aggiunge che il notaio sosteneva che tutti i dottori erano falsi e solo lui aveva il vero lume. Il berrettaio fa il nome di alcuni amici di ser Francesco, Agostino Biagi e Giovandonato Barbadori[70] ed è il solo a chiedere l'anonimato.

Quarto testimone (§§76-78) è un camaldolese di Santa Maria degli Angeli di 33 anni, don Lorenzo di Raffaello Leoni, che il 15 novembre narra come due mesi prima il notaio con alcuni amici (il solo nome che ricorda è quello del già citato Vincenzo da Treviso) si è presentato nell'orto del convento ed ha iniziato una discussione sul significato della frase *Ego et pater unum sumus* (Jo 10, 30) detta da Gesù Cristo nel tempio. Dalle sue parole si direbbe che la discussione sia stata dotta e pacata (lo *scandolo* §219 di cui Puccerelli parla è quello che provano gli ebrei) e non sia emerso nulla in contrario alla fede cattolica. Ma non è abbastanza per gli Inquisitori.

L'interrogatorio del notaio del 2 dicembre (§§79-91, 2° costituto), presenziato oltre che dai soliti Bernardino Cambi e Giovanni Tancredi, dai maestri Alessandro Machiavelli e Cosimo da Lucignano, anche loro francescani, non apre questioni nuove.

---

[69] CARLO GINZBURG, *op. cit.,* p. 39 e GUSTAVO BERTOLI, *Un nuovo,* cit., p. 264 (*ivi* p. 297), una "… delle persone idiote et ignoranti, carichi di figlioli, … corrotti da eretici forestieri, … & da semplici", che finirono alle Stinche.

[70] Giovandonato di Alessandro Barbadori fu provveditore del Sale e vino nel 1545; dei 200 nel 1546; degli Otto di guardia nel 1548, dei 12 Buonomini nel 1549, dei Sei della Mercanzia nel 1552, Provveditore di Parte guelfa nel 1552, dei Signori della Zecca nel 1553. Sua figlia Camilla sposò Antonio Barberini e fu madre di Urbano VIII: SEBREGONDI 381.

Alcune sono domande del primo interrogatorio riproposte tali e quali, forse è una tecnica investigativa per vedere se il sospetto cade in contraddizione, o se nega altri fatti accertati oppure se si fa sfuggire particolari che potrebbero aprire nuovi filoni investigativi; ma è possibile anche che i nuovi inquisitori associati volessero esaminare direttamente l'accusato e approfondire dati emersi negli interrogatori precedenti, cioè avere la conferma che ha discusso con don Lorenzo Leoni, che ha mangiato fegatelli in giorno di digiuno e che ha visto scongiurare diavoli al momento della consacrazione di una chiesa. Le domande sono blande e permettono risposte ambigue: a volte egli nega l'accusa (come quella di non credere nella presenza di Cristo nell'ostia consacrata, nel sacramento della confessione, oppure di aver definito anticristo il papa e la chiesa), altre volte dà spiegazioni ragionevoli ed equilibrate distinguendo e precisando il significato delle sue parole (ad esempio sulla pispilloria) anche se sono in contraddizione con le testimonianze degli amici.

La deposizione di Salvatore maniscalco al Canto di Nello[71] (§§92-96) tocca questioni dottrinali: per la prima volta viene messa in bocca al notaio la contrapposizione fra evangelico e papista e si parla di discussioni centrate sulle pratiche e riti che la Chiesa vuole imporre nonostante non siano presenti nel Vangelo: il digiuno, l'obbligo della messa e il culto dei santi. La testimonianza si chiude con l'affermazione che il Puccerelli ne ha infettati parecchi, a Firenze.

Nell'interrogatorio del 13 dicembre (§§114-151, 3° costituto) compare nel collegio dei giudici, con il Cambi e alla presenza di maestro Giovanni Tancredi da Colle, Niccolò Buontempi da Perugia, vicario dell'arcivescovo Altoviti, e anche qui furono fatte al notaio più o meno le stesse domande forse per permettere al vicario di farsi un'idea personale della vicenda e sentire dalla viva voce dell'imputato le risposte. Ad esse il notaio risponde continuando a negare tutto quello che sapeva contrario ai dettami della chiesa. Ammette di aver disputato con il frate degli Angioli, ovvero il Leoni (§117), nega però di ritenere l'umanità di Cristo

---

[71] Dove via Pietrapiana si incrocia con via de' Pepi, nel quartiere di Santa Croce.

separata dalla sua divinità (§118)[72] e di aver detto che la comunione è la bestia scritta nell'Apocalisse (§124), che ci si deve confessare solo a Dio (§126) e che il battesimo non sia necessario (§§132-134), e sostiene di credere nella transustanziazione (§120) e che il papa sia il capo della chiesa (§122). La domanda: "Interrogato che dirà se testimoni gli proveranno al viso haver udito il contrario di quello ha detto di sopra" fa capire che qualsiasi cosa possa dire ci sono dei fatti che avranno il loro peso. E se era un avvertimento il notaio non lo raccoglie perchè "Rispose offerirsi a ogni correctione & gastigo" (§125). Anche in questo frangente, siamo ancora nella prima fase del processo, egli si dimostra più interessato a dichiarare la propria ortodossia e con poca avvedutezza nega fatti su cui troppe testimonianze concordano e che non può non ricordare, commettendo una duplice ingenuità, primo nel credere di avere in mano la situazione e di poter tener testa, o addirittura di manipolare l'Inquisizione, poi nel contare sulla discrezione degli amici. Così il 15 dicembre, dopo un nuovo esame (§§152-175, 4° costituto), viene messo a confronto con Simone Guadagni (§§177-186) il quale racconta come la loro amicizia sia cominciata nel 1544 e continuata nel tempo ragionando delle cose della fede. Conferma, sconfessando apertamente il notaio, tutti gli episodi e i discorsi ai quali fu partecipe fra il gennaio del 1547 e il gennaio del 1548 (la vicenda della ostensione alla SS. Annunziata, il pericolo di adorare la bestia, e tutto il repertorio protestante contro la messa, le elemosine alla chiesa, la confessione), e aggiunge nuovi nomi alla lista dei potenziali infettati: Morello soldato, ser Martino Cavalcantini, un Giovanni Perini.

Da collocare cronologicamente dopo la testimonianza di Guadagni due interrogatori che procedono da una stessa serie senza data di sei domande su di un tema preciso, ripetutamente ripreso dagli inquisitori, il "quoniam se non habere peccatum mortale"

---

[72] Sul tema vedi anche §46: risponde "che sempre ha tenuto Yesu Christo quanto alla divinità & humanità esser figliolo unigenito naturale di Dio & Nostro Signore & cos' haver sempre detto con tutti quelli ne ha parlato"; idem in §120, in §213 "... Et però confesso havere errato a parlar sopra l'humanità et divinità di christo come io scrissi nella mia confessione...".

(§§188-205). Ci sono due risposte diverse, le prime scritte dal cancelliere dell'inquisitore (§§188-193), le seconde (§§194-199) – più articolate e posteriori[73] – con le risposte di mano del notaio stesso (§§200-205). La questione nasce dalla dichiarazione di non essersi confessato perché non era in peccato,[74] una risposta oggettivamente ingenua su cui però gli inquisitori si accaniscono perché lascia loro spazio per impostare un teorema che darebbe coerenza dottrinale ai suoi comportamenti "genericamente anti-cattolici".[75] Partendo dal presupposto che credersi senza peccato significa credere d'aver raggiunto la perfezione gli chiedono se è per questo che si sente dispensato dal seguire gli insegnamenti della chiesa, quelli che di fatto ha disatteso non osservando il digiuno nei giorni prescritti e non confessandosi; e se capisce che rifiutando la riverenza durante l'elevazione dell'ostia dimostra di negare la presenza di Cristo nel sacramento e la sua umanità (§§194-196). Il nesso fra il non essersi confessato e il credersi senza peccato è una macroscopica forzatura per mettere sotto pressione il notaio e cercare riscontri dottrinali che l'istruttoria non aveva messo in evidenza e che potrebbero collegarlo ad altre più complesse esperienze religiose della riforma, della cui pericolosità dovevano essere consapevoli.

Se dalle risposte gli inquisitori si ripromettevano di acquisire nuovi elementi, avvalorare gli indizi, veder confermati i propri sospetti e formulare accuse più circostanziate sul piano religioso, non mi sembra che essi abbiano ottenuto il risultato sperato perchè le supposizioni circa la sua perfezione e il suo essere senza peccato non trovano alcuna conferma, anzi decisa è la sua presa di distanza dai corrispettivi luoghi della Riforma. In sostanza egli non concede nulla sul piano dottrinale alle accuse che vorrebbero inchiodarlo sulla negazione della divinità di Cristo e se di esse non rimane traccia nella sentenza definitiva è segno che i giudici non avevano in mano elementi sufficienti. Egli risponde con abbondanti citazioni neotestamentarie, che gli inquisitori però si

---

[73] (§200): "… non posso dire altrimenti che l'altra volta …".
[74] E non dalla testimonianza della moglie del Tarvisino riportata da Ghetti, come afferma LUCIO BIASIORI, *op. cit.*, p. 64.
[75] LUCIO BIASIORI, *op. cit.*, pp. 56-59.

guardano bene dal controbattere per non entrare in una disputa teologica fuori luogo perché avrebbe legittimato la sua dottrina; non mette mai in discussione il loro diritto di perseguire e combattere le idee eretiche né la correttezza dei loro assunti, anzi dichiara di condividerli, non rivendica principi di fede alternativi a quelli dei suoi inquisitori, nega di essere eretico. Sostiene di credere nella bontà delle opere, ai santi e alla madonna "madre non solo d'huomo ma di dio" (§204) perché ci ha sempre creduto e se ha proferito qualcosa sulla umanità di Cristo in modo scriteriato riconosce di aver commesso un errore e si dichiara disposto ad ogni correzione promettendo di essere da ora in poi "reverente et obediente subdito alla santa chiesa et sua determinationi non solo in parole ma in fatti et in tutti e modi secondo che dio me ne darà gratia et con li aiuti vostri" (§204 e 232). L'unica – timida e interessata – reazione riguarda la domanda se sia eretico chi interpreta la sacra scrittura "fuor di quel vero spiritual senso che ella è scripta" (§193), alla quale obietta che ci possono essere errori interpretativi da parte di chi cerca e si può involontariamente cadere nel falso, ma ci sono sempre il pentimento e la correzione, e solo chi persevera nell'errore deve essere considerato eretico, come dichiarano dal pulpito i predicatori. E non è il suo caso perché, anche se continuano a dubitare della sua ortodossia, riconosce tutti i suoi errori, li definisce compassionevoli, e chiede misericordia. Ha capito, sotto il peso della prigionia, che i distinguo, le citazioni bibliche e le puntualizzazioni iniziali sono state inutili e gli inquisitori, verificata la portata delle sue giustificazioni, lasciano cadere l'impalcatura che poteva collegarlo al luteranesimo e al settarismo di un Giorgio Siculo.

Biasiori non condivide questa lettura perché è sicuro che dietro a dichiarazioni confuse e contraddittorie ci sia un eretico colto, padrone della materia e sensibile alle istanze più radicali. La prova dell'esistenza di un suo pensiero articolato Biasiori la scorge nelle parole dei testimoni e degli stessi inquisitori, quando riferiscono che ha detto (e lui non reagisce) di essere in possesso della "vera dottrina" (§§74,168,180), e ne elenca i contenuti che lo collocano nella cultura riformata (abbandono della pratica religiosa tradizionale, profetismo, anabattismo, ecc.).[76]

A questo punto c'è da fare una considerazione, perchè nel dibattito processuale "dottrina" non sta per insieme organizzato di principi e concetti teologici ma ha il significato di conoscenza della materia in senso tecnico, ed è sempre applicata all'esercizio e alla pratica esegetica, e se la dichiara "vera" è perché si attiene alle parole del Vangelo e non è contaminata dalle opinioni dei dottori o dai precetti non scritturali imposti dalla Chiesa.

Per la propria salvezza questo esercizio è un diritto ("[=] Decimoseptimo dimandato se tiene esser lecito a ognuno disputar delle cose della fede Disse di sì quanto alle cose necessarie alla salute" §55), non solo per capire a pieno la Sacra Scrittura ma per sciogliere quelle contraddizioni testuali che possono confondere il credente, e per smascherare interpretazioni e pratiche tradizionali inutili e devianti che ostacolano la comprensione dell'autentico messaggio evangelico e la via della salvezza. In nome del principio che la parola di Dio è rivolta a tutti Puccerelli rivendica il diritto di leggere e interpretare il Vangelo con gli strumenti che Dio gli ha dato. I dottori della chiesa esprimono solo una loro opinione "perchè non furono chiamati da dio" (§113), e siccome spesso "non hanno inteso bene le cose di dio" (come riferiva di avergli sentito dire il maniscalco Salvatore §243) lui si sente in pieno diritto di dire la sua[77] e non perché sia direttamente ispirato dallo Spirito Santo (è netta la negazione di esserne posseduto)[78] ma perché ha una cultura sufficiente per muoversi criticamente nella materia religiosa che lo rende un interprete attendibile della parola di Dio, al pari dei dottori.

---

[76] Lucio Biasiori, *op. cit.*, pp. 63-64.

[77] §83: "Quarto dimandato con che spirito lui habbi interpretato la scriptura sacra Disse con quello spirito che Dio gli ha dato". È evidente il nesso con la Riforma delle origini, quando Lutero e Zwingli sostenevano la lettura diretta della Scrittura.

[78] § 250 "Quarto interrogato se lui ha detto haver spirito da dio mediante il quale si interpreta la scriptura & se ha disprezzato sotto questo pretexto e dottori della sacra scriptura Rispose Di no ma che ha creduto intendere la scriptura bene & secondo la intendono e sacri dottori...".

Quando Camerini dice che non vuole credergli come esposi-
tore della scrittura e che crede invece ai dottori (§74), (una affermazione non motivata e – per inciso – sospetta, che sembra ad
uso degli Inquisitori) si dimostra solo refrattario ai ragionamenti
del notaio e le risposte di quest'ultimo "se non ti rimani d'andare
adorare la pasta in chiesa io non ti voglio insegnare la mia dottrina" (§67) e "... per insino a tanto che tu non lasci l'adoratione
della bestia & della pasta tu non intenderai mai la scriptura sacra"
(§73), sono la reazione ad un recalcitrante interlocutore che resi-
ste alle basi dell'insegnamento che informa il suo progetto di riu-
nire quanti avevano voglia di parlare e di "ragionare delle cose
della fede" §180 ("ragionare delle cose della scriptura sacra"
§243). Non condivido l'opinione di Biasiori che prende alla lettera le frasi di Camerini ritenendole espressione compiuta di una
dottrina che intendeva rompere con il cattolicesimo e per la quale
l'abbandono delle pratiche tradizionali sarebbe stato "il primo
passo da fare per entrare in una sempre più profonda comprensione della Scrittura e, da lì, in un ulteriore percorso di fede",[79]
indirizzandosi verso "orientamenti religiosi incompatibili con lo
stesso luteranesimo".[80] A parte i temi del digiuno, messa, autorità
dei dottori e superiorità della Scrittura non ci sono altri collegamenti dottrinali che lo pongano nell'orbita della teologia della Riforma. Privatamente, sempre che siano rispondenti al vero le accuse di Guadagni e di Salvatore il maniscalco, egli diceva tutt'altro ma gli Inquisitori ne tengono poco conto e credono alla sua
estraneità dal radicalismo quando dichiara di accettare *in toto* l'impianto cattolico, dal papato ai riti, ai sacramenti, dal momento
che non approfondiscono quelle accuse e non le inseriscono
nella sentenza finale.

Un fondamentale della dottrina eterodossa di Puccerelli si rica-
verebbe dal suo atteggiamento verso il battesimo. Biasiori sostiene che la sua volontà di non battezzare i figli sia spia di un
percorso che lo aveva portato oltre al luteranesimo "non solo
perché riteneva il sacerdote indegno di amministrare il sacramento ma perché ne criticava la radice stessa ritenendo come gli

---

[79] LUCIO BIASIORI, *op. cit.*, pp. 62-63.
[80] LUCIO BIASIORI, *op. cit.*, p. 59.

anabattisti di Munster, che i sacramenti richiedessero la consapevolezza in chi li riceveva e quindi non potessero essere amministrati ai bambini. Così interpretarono il suo gesto gli Inquisitori …".[81] In realtà gli Inquisitori non si sbilanciano in quella direzione, e pur facendo proprie le frasi – contraddittorie[82] – di Simone Guadagni (§70) e di ser Martino Cavalcantini (§72),[83] sondano la veridicità delle intenzioni denunciate e gli chiedono solo se ha proibito che i figli fossero battezzati (§§7,101,133,174, 254), e non perché non li ha fatti battezzare o non ha voluto battezzarli, e quando correttamente Puccerelli risponde, sempre, che non era vero che non li fece battezzare e che non era questa la sua volontà, fanno cadere le accuse. Chiedono invece se credeva che il battesimo potesse essere amministrato da chiunque, senza l'acqua battesimale e che bastasse la sola formula di rito *Ego te baptizo*,[84] come Simone Guadagni aveva riferito di aver sentito dal

---

[81] LUCIO BIASIORI, *op. cit.*, p. 59.

[82] A Martino di Guglielmo di Martino, notaio alla Mercanzia (i suoi protocolli in NA 4756-58, 1546-1566) si chiede se avesse sentito ragionare Puccerelli di cose attenenti alla fede (256-261). Il notaio risponde di no, semmai di averlo sentito disapprovare il comportamento di religiosi e, per sentito dire, che biasimava alcune cerimonie della chiesa. Riferisce però le voci che erano circolate in Mercanzia secondo le quali lui non voleva far battezzare l'ultimo dei figli e la moglie lo aveva fatto di nascosto, e questo aveva raccontato a Simone Guadagni. Racconta anche che per l'ultimo nato si diceva che avesse preso per compare uno che acconciava le serve a san Giovanni, nonostante tutti i suoi discorsi. A proposito del battesimo dell'ultimo figlio Puccerelli dice che ha mandato la moglie da sola a battezzarlo: "Ottavo dimandato se ha proibito mandare e figlioli al baptesimo disse di NO ma che bene dette commissione alla donna ne <Nono dimandato> facessi baptezzare uno senza procurare altro andando a bottega credendo non essere di bisogno provedere compari" (§254)

[83] §72 "Del Baptesimo che non accade mandare alla chiesa ma basta solo dire quelle parole *Ego te baptizo* etc., & non voleva che la moglie mandassi e figlioli al battesimo & che non bisogna l'acqua baptesimale come dice ancora sapere ser Martino di ser Guglielmo di Martino notaio alla Mercanzia & a questo dice adduceva il decto di san Giovanni *Ego baptizo in aqua sed qui est ante me baptizabit in spiritu* che è christo (Mt 3, 11)". Vedi anche §§ 178, 238.

[84]§231: "Se ha detto nel battesimo non si ricercare altro che le parole *ego te baptizo* etc." risponde §227 "Del baptesimo ho detto esser necessario l'acqua et parole ordinate da Christo ma che bisogna sia creduto quello che significano le parole che altrimenti l'acqua non gioverebbe, allegando l'exemplo

Cavalcantini. Il passaggio ha una sua importanza perché ci troviamo di fronte ad una forzatura da parte degli Inquisitori che si concentrano su un punto, il "battesimo senza acqua" (§§100, 132, 174, 213, 253) che è un principio fondamentale della dottrina catara, qui completamente fuori contesto. E se non deve meravigliare che questo frammento 'arcaico' possa essere comparso nei discorsi estemporanei di quegli amici, ci si dovrebbe invece chiedere per quale motivo gli inquisitori si polarizzano proprio su di esso e non sul tema potenzialmente più deviante e attuale dello *spiritus* che illumina. Puccerelli non capisce a cosa mirino queste domande e risponde sempre in modo categorico che per lui sono indispensabili sia l'acqua che le parole secondo l'insegnamento della chiesa, e a dimostrazione della correttezza del suo pensiero richiama, tanto per complicarci il quadro, il famoso episodio dell'eunuco etiope che chiese il battesimo e lo ricevette con l'acqua e la formula rituale (§239). È curioso che utilizzi a difesa della sua ortodossia un passo che per gli anabattisti sancisce in modo definitivo la precondizione dell'atto di fede in Cristo (*credo yesum esse filium dei*), e anche se rimane un margine di ambiguità quando scrive "bisogna sia creduto quello che significano le parole" non essendo chiaro a quali parole (il *credo* dell'eunuco o la formula) egli si riferisca, possiamo ritenere questa reazione la dimostrazione della sua estraneità all'anabattismo. Biasiori al contrario interpreta la citazione come una ammissione di fede anabattista,[85] ma se Puccerelli voleva affermare il principio del ribattesimo – e se ne deve dubitare visto che la discussione verte sul tema se si può battezzare senza acqua e che nello specifico non ricorre a Mc 16,16 (*Chi avrà creduto e sarà stato battezzato si salverà*) e nemmeno a At 19,1-7 dove si parla del ribattesimo dei

---

dell'eunuco che chiedendo a Phylippo l'acqua egli disse *Si credis toto corde licet*, et lui rispose *credo yesum esse filium dei* (At 8:37*) et allhora ebbe l'acqua da san Phylippo insieme con le parole" e infine, §175 nel 4° Costituto: "Interrogato se ha mai detto che non è necessaria l'acqua del baptesimo o mandare e figli alla chiesa a baptezzare disse di no" e §277 "Septimo interrogato se ha detta l'acqua del baptesimo non esser necessaria ma che basta solo le parole *Ego te baptizo* etc. Rispose haver tenuto e tener essere necessaria l'acqua & le parole secondo l'ordine della chiesa".

[85] LUCIO BIASIORI, *op. cit.*, p. 59.

discepoli di Giovanni Battista ad opera di Paolo – gli Inquisitori non se ne accorsero e comunque non reagirono. Al "battesimo da grandi" essi avevano già accennato, nel 1° costituto, ricevendo una negazione netta,[86] e se la domanda (che fu posta una sola volta nel corso del processo) non fu reiterata evidentemente era per loro una pista debole e senza sbocco, e in quanto tale la abbandonarono, concentrandosi sui soliti sicuri capi di accusa.

Sul tema della Chiesa Biasiori, ricorrendo ancora a parole di Puccerelli, si convince che non era un semplice luterano perché a chi gli aveva chiesto cos'era per lui la chiesa aveva risposto che sono "e' fedeli di Iesu Christo e chi è guidato dallo spirito di Dio". In questa dichiarazione Biasiori vede che "Puccerelli non solo dissolveva tutta la struttura gerarchica del cattolicesimo, ma, ancorando nello spirito e non nella parola il fondamento ecclesiologico, minava alla base l'esistenza di ogni ordinamento esterno e istituzionale".[87] Però sulla chiesa Puccerelli esprime in modi molto diversi nel corso del processo,[88] e quella citata è una frase, fra l'altro tagliata [...spirito di Dio <u>& nelle sua actione</u>], il cui senso è determinato dalle domande immediatamente seguenti: "Interrogato se crede el papa essere a capo della Chiesa disse di si" e "Interrogato se crede essere altro che una chiesa disse di no".[89]

---

[86] §59 "Decimonono dimandato se ha mai persuaso alcuno a non mandare e figli al baptesimo se non sono grandi disse di NO". Sul fatto che non contestasse il battesimo dei bambini ci sarebbe indirettamente la testimonianza di Simone Guadagni che dice §72 di "... ricordarsi il detto $ Francesco havergli detto che da gran tempo in qua non s'è mai salvato se non da dieci anni in giù perchè chiunque ha adorato la pasta ...", da spiegare che non si salva chi ha fatto la comunione ed ha adorato la pasta.

[87] LUCIO BIASIORI, *op. cit.*, p. 66.

[88] §55, 1° Costituto: "Quintodecimo dimandato che cosa tenga esser la Chiesa Rispose che tiene la chiesa esser la congregatione di tutti e fedeli sottoposti alla chiesa romana & così disse non si trovare altra chiesa che l'unione de fedeli baptezati in christo"; Guadagni riferisce §67 "non occorre ire alla chiesa, che la chiesa siamo noi"; §158 "Interrogato <quello> che cosa ne tiene e crede la chiesa disse che e vi sia il corpo e sangue di Christo"; §159: "Interrogato che cosa sia la chiesa rispose ogni creatura che sia nella vera fede di Yesu Christo guidata dallo spirito di Dio".

[89] §§122-123.

Esaminando le frasi che aveva scambiato con don Lorenzo Leoni, Biasiori scopre che "anche se non arrivava alla negazione esplicita della divinità di Cristo come avrebbero fatto di lì a un anno gli anabattisti veneti, Puccerelli condivideva quell'atteggiamento, tipico degli eretici italiani e comune anche a Serveto di concepire Cristo come semplice manifestazione visibile dell'essenza divina".[90] A mio avviso, la conclusione in senso eterodosso di Biasiori è affrettata e non pertinente perchè si basa su "ragionamenti" riguardanti la dibattuta questione dell'*Ego et pater unum sumus* (Jo 10,30), formulati durante una esercitazione erudita (§§219-220) senza contrapposizioni teologiche. Ma soprattutto perchè non trova alcun supporto nella testimonianza di don Lorenzo, che invece condivide e approva le sue considerazioni sulla essenza incomprensibile di Dio,[91] e nemmeno negli Inquisitori che non contestano quei commenti,[92] e non per l'incapacità – sottintesa da Biasiori – di cogliere il potenziale eterodosso che vi si nascondeva ma perché le domande sulla divinità/umanità di Cristo sono poste per capire se il suo comportamento in chiesa e le parole pronunciate in più occasioni circa la "pasta"[93] dipendessero dal negare la presenza di Cristo nell'eucaristia, un concetto che avrebbe aperto in modo concreto, aldilà di disquisizioni e distinzioni sofistiche da parte del notaio, nuovi scenari e aggravato capi d'accusa già pesanti.

C'è un punto che a mio avviso pesa negativamente sulla ricerca di Biasiori, è l'aver estratto acriticamente da un blocco accusatorio eterogeneo (le carte del vescovo di Fiesole, le confessioni dei parenti, le testimonianze degli amici, le domande degli inquisitori) il solo materiale che gli serviva a comporre un profilo di eterodosso attendibile, senza contestualizzarlo e senza riscontrare le sue deduzioni su altri dati disponibili (come lo sviluppo delle accuse, la difesa del notaio, la sentenza finale). Biasiori ha

---

[90] Lucio Biasiori, *op. cit.*, p. 64.
[91] §77 "...Ma <u>bene</u> conchiudeva che quando si parla di dio puro s'intende la essentia incomprensibile ...", la sottolineatura è mia.
[92] Gli Inquisitori solo nel 4° costituto (§206) e nella scaletta preliminare delle domande (§1) accennano alla divinità senza la umanità.
[93] §§ 118-120.

trattato domande e delazioni come veri e propri capi di imputazione accertati e li ha proiettati nel dottrinario riformato. Procedendo con paralleli e associazioni, beninteso legittime e storicamente corrette, sulle frasi più compromettenti, dette o attribuite al notaio (su battesimo, divinità di Cristo, la Chiesa come unione di tutti i fedeli), ne ha fatto i capisaldi della sua dottrina, senza capire che gli inquisitori si servivano di esse solo per approfondire i capi di accusa (eucaristia, messa, battesimo) da cui era partito il procedimento, e senza dar peso al fatto che molte di esse non ebbero seguito.

In realtà, come si è visto, i principi indicati come fondamentali di questa dottrina sono scollegati fra loro e non trovano riscontro con le altre dichiarazioni del notaio né con le conclusioni dell'inquisizione che pure – per sua ammissione, di Biasiori – lo avrebbe condannato sulla base delle sue stesse intuizioni ed elaborazioni. Se gli inquisitori fossero stati convinti della sua adesione all'anabattismo o ad una forma di settarismo simile a quello di Giorgio Siculo, lo avremmo riscontrato in una pressione accusatoria più marcata e mirata, oltre che nelle motivazioni della sentenza, e in smagliature inevitabili nella sua difesa. È invece un fatto che Puccerelli non è condannato per credere nel battesimo anabattista o per negare la divinità di Cristo e che per gli inquisitori era molto più importante chiarire l'argomento della pasta che approfondire una ipotetica deriva anabattista o il profetismo alla Giorgio Siculo.

Anche a noi può sembrare un personaggio insincero, contraddittorio in modo sospetto,[94] ma da questi Inquisitori accuse pesanti e di fatto identificative come ad esempio quelle di Salvatore il maniscalco (§§241-245), sul tema dei santi, del culto della madonna, dei sacramenti non scritturali, non sono tenute in considerazione più di tanto perché non riescono a coordinarle con le

---

[94] C'è un episodio della sua vita non proprio edificante accaduto nel 1545. È cognominato Tuccerelli, ma il nome, Francesco, e lo *status*, notaio alla Mercanzia, lo individuano in modo certo. Chiamato dagli Otto per un debito di gioco "a cricca" di 50 scudi riesce a raggirare il suo creditore, un Giovanni di Matteo maniscalco di Castel San Giovanni, perché concorda una obbligazione che per legge non poteva essere riscossa in quanto la causale "gioco" non è legale e senza causale il credito non si può riscuotere: OG 2224 n.75.

altre testimonianze. Questo non vuol dire che non siano sicuri che il notaio ha fatto certi discorsi ma, anche sospettandolo del peggio, essi si trovano di fronte a contraddizioni insanabili (ad esempio, come fa a conciliare il concetto della eucaristia come pasta da contrapporre al Cristo nel cuore, di derivazione calvinista, con una dichiarazione di fede nella transustanziazione?)[95] che oggettivamente limitano la credibilità e la consistenza dottrinale delle sue affermazioni e senza altre prove possono perseguirlo per i soli fatti attestati. È interessante a questo punto seguire il cedimento della sua difesa sotto la pressione del carcere e degli interrogatori e come via via rimoduli le sue risposte prima negando, poi ammettendo parzialmente le contestazioni e infine confessando le trasgressioni accertate. Puccerelli passa dalla negazione dell'aver mangiato carne al venerdì (§§18, 58), al non ricordarsene (§84), poi non rispondere alla domanda (§169); fino a confessare il fatto compiuto e ad accettare i dettami della chiesa, rimarcando che comunque il divieto non c'è nel Vangelo (§251). Lo stesso sul tema dell'adorazione eucaristica: nel primo costituto gli viene chiesto cosa crede sulla presenza di Cristo nell'ostia e Puccerelli risponde che ci ha sempre creduto (§42). Nel secondo costituto, dopo la testimonianza di Guadagni, precisa che parlando della adorazione intendeva che si può parlare di idolatria quando si adora la pasta visibile (§81), nel 3° nega di aver detto che adorando il sacramento si adora la pasta e che crede nella transustanziazione (§§120,121); poi (§§154-155, §228), ribadisce la piena fede nella presenza del corpo di Cristo nell'ostia (gli fanno capire che se crede nella transustanziazione non può criticare chi si inchina per adorare l'ostia) e infine (§247) che fu un errore parlare con Guadagni ma in quel tempo aveva tale fantasia.

A parte la questione battesimo già esaminata, convergenze su alcuni concetti fondamentali dell'anabattismo si avvertono quando parla della centralità della Scrittura, diritto di interpretarla

---

[95] Costituto 2°, del 13 dicembre, §120: "Dimandato se crede che per le parole del sacrificio che usa il sacerdote in celebrare si transustantii la pasta nel corpo & sangue di Yesu Christo & che ci sia la vera essentia Rispose crederne quello che ne crede la chiesa".

e possibilità di leggerla criticamente con l'aiuto dello Spirito Santo, della Chiesa come unione dei fedeli battezzati in Cristo (§53), della *Sola scriptura*, ovvero rifiuto di osservare obblighi non espliciti in essa, e quando pone le basi per un progetto di "circolo" all'interno del quale avrebbe potuto ritagliarsi il ruolo carismatico di guida illuminata, sul modello delle comunità protestanti. In Puccerelli sono idee di provenienza incerta, recepite ed elaborate senza preoccupazioni di coerenza verso un dottrinario cui si era avvicinato attraverso letture sotterranee[96] non particolarmente impegnative. Circa la sua formazione culturale, manca qualsiasi punto di riferimento su chi possa averlo introdotto a questi studi e come, e per tale ragione gli si può attribuire una formazione da autodidatta,[97] coltivata su testi e frequentazioni eterogenee, una esperienza insomma da collocarsi fra quelle "iniziative individuali"[98] che hanno un rapporto dilettantesco con la

---

[96] Biasiori ricorda *Pasquino in estasi*, e ci sarebbe la *Lettera a papa Paolo III* dell'Ochino, indicata come suo punto di riferimento dottrinale con le contemporanee eresie spiritualiste (i gruppi anabattisti del Veneto, la setta di Giorgio Siculo), ma su questo mancano punti di contatto inoppugnabili. Anzi, ad essere più precisi non c'è traccia di letture più impegnative dal punto di vista dottrinale: LUCIO BIASIORI, *op. cit.*, pp. 52,55,56; né è in qualche modo accertabile quell'interesse per tutte le religioni che lo studioso coglie cit. p. 65. Del tutto estemporaneo, e proveniente da chissà quale fonte, quell'accenno a Maometto, da ritenere una frase ad effetto (§§66,184).

[97] Tracce di sue letture sono due piccoli brani tratti rispettivamente dal *De gratia et libero arbitrio liber unus* di s. Agostino (inc.: *De ipsa quoque pudicitia coniugali*) e dalla *Profezia delle settanta settimane* di Daniele cap. 9 (inc.: *et post hebdomades sexaginta duas*), trascritte nel recto dell'ultima carta del registro dei nomi del protocollo NA 17380, quindi dopo il 1547. Questi passi sono stati trascritti da SALVATORE CAPONETTO, *Un luterano*, cit., p. 301. Su di essi si espone LUCIO BIASIORI, *op. cit.*, pp. 53-54. Altra lettura, suggerita da LUCIO BIASIORI, *op. cit.*, pp. 55-57, potrebbe essere stata la citata *Lettera a papa Paolo III*, ma si basa solo sull'esistenza a Firenze di una sua copia manoscritta coeva. L'unico testo che con una certa attendibilità si può considerare una sua lettura è il *Pasquino in estasi* del Curione (LUCIO BIASIORI, *op. cit.*, p. 65),

[98] SILVANA SEIDEL MENCHI, *Inquisizione*, cit., p. 54: "contagiosa febbre di discussione e di ripensamento, un pullulare di iniziative individuali e una gamma larghissima di esperienze nelle quali furono investite notevolissime energie intellettuali e emotive".

cultura riformata e che sono il prodotto di una caotica circolazione di idee religiose estrapolate dal loro sistema dottrinale e
assemblate in modo originale – a volte bizzarro, non solo a Firenze. Su altri temi propri dell'area riformata egli non si espone,
e nel dibattito non critica mai i santi e la Madonna, e se sui sacramenti e sul clero (questo sì un atteggiamento antireligioso tradizionale) ha avuto qualcosa da dire prima dell'arresto, alla fine
tutto è ridimensionato nel corso del procedimento.

Ci sarebbe invece un fatto che a mio avviso potrebbe avvicinarlo agli anabattisti ed è l'aver mangiato dei fegatelli la vigilia di
Natale (§67)[99] in quanto ripropone l'analogo sacrilegio perpetrato
a Zurigo il venerdì santo del 1522 nella tipografia di Christoph
Froschauer che è considerato il momento della rottura ufficiale
dei riformati svizzeri con la Chiesa cattolica e della nascita
dell'anabattismo.[100] A noi mancano le prove che si sia trattato di
una commemorazione rituale, ragion per cui tutt'al più ci può
documentare l'avvenuta liberazione dai vincoli della religiosità
tradizionale. Puccerelli lo fa passare per un atto irriverente, una
sconsideratezza alla fine riconosciuta come errore anche se non
dovrebbe essere perseguibile perché tale divieto non c'è nella
Scrittura. Per Biasiori si tratta di un comportamento "genericamente anticattolico" trascurabile rispetto alle sue vere "inclina-
zioni" che si rilevano nel battesimo;[101] è vero però che è oggetto
di parecchie domande da parte degli Inquisitori i quali se pure

---

[99] Non fu un fatto eccezionale visto che Paolo, il fratello scimunito di ser
Francesco, afferma di averglielo sentito dire al suo amico Clemente di Rinaldo
sarto a Figline: "Item interrogato disse che essendo ito il venerdì santo alla
festa della rappresentatione della passione a Fighino < & dicendo poi a Chimenti di Rinaldo sarto io > udì dire a Chimenti di Rinaldo sarto se tu fussi
venuto a desinare meco io ti harei dato della carne": §XVIII. Perfidamente
Simone Guadagni lo fa rendere grazie a Dio per il cibo che va a consumare:
§67.
[100] Su cui vedi ERWIN ISERLOH, *Storia della Chiesa*, Jaca book, Milano, 2001 VI,
190; ALISTER MCGRATH, *Il pensiero della Riforma*, Claudiana, Torino, 2000, pp.
184-185
[101] LUCIO BIASIORI, *op. cit.*, p. 58.

non colgono il legame con l'antefatto lo giudicano in sé meritevole di una condanna per eresia, al pari delle esternazioni sull'eucaristia.

Ma il suo debito con la Riforma si ferma qui. Benché di libero arbitrio, predestinazione, rapporto fede–opere ne sappia abbastanza per discuterne con i suoi amici, mancano le basi teologiche della Riforma (la giustificazione per grazia, il sacerdozio universale, il rapporto chiesa/stato, ecc.) e, soprattutto nelle parole sue e degli amici, non troviamo nessuna spinta etica e nessuna formula organizzativa: manca lo spirito missionario, i valori morali sono trascurati, nessuno parla di riunioni di preghiera; nei discorsi di Puccerelli non si celano finalità devozionali, nè si intravedono scopi moralistici (tipo un ritorno al Vangelo delle origini).[102] Del tutto assente la tensione mistica che avrebbe potuto avvicinarlo al profetismo di Giorgio Siculo, e non si può parlare nemmeno di dimensione settaria,[103] dato che non è previsto un gruppo di soggetti selezionati che condivide e persegue determinati principi confessionali. In assenza di controllo da parte di questa Inquisizione egli si era mosso con disinvoltura, alla luce del sole, nel suo ambiente sociale per anni, con risultati che però non furono all'altezza dei suoi sforzi. Una volta messa in moto, la macchina inquisitoriale faceva paura e il timore di venire carcerati, confinati o peggio doveva essere tale da spingere il gruppo di potenziali adepti e potenziali eretici, non solo a dissociarsi e a scaricare il leader al primo attacco, ma a presentarsi come le vittime delle sue iniziative stravaganti. Dal canto loro gli inquisitori, non perseguendo nessuno, avallano la tesi della loro estraneità, benchè non siano da escludere garanzie di immunità (Simone Guadagni che sulla carta sarebbe il più compromesso, non a caso è il suo maggiore accusatore).

---

[102] Da scartare una sua collocazione nel filone savonaroliano perchè nei suoi discorsi sono assenti pulsioni moralistiche contro la chiesa e la sua gerarchia che sopravvivono fra i savonaroliani della seconda ora; egli non persegue ideali politici, non auspica un ritorno allo spirito evangelico nè è pervaso da nessuna forma di invasamento mistico.

[103] LUCIO BIASIORI, *op. cit.*, p. 62.

Tutti gli riconoscono un ruolo di animatore, una cultura superiore, ma è anche una personalità che millanta poteri fuori del normale e che per coinvolgere chi lo circonda non esita ad utilizzare immagini forti. Si ammanta di doti di veggente (ha previsto il fallimento di uno di loro §69), di visionario (ha visto i diavoli, §§69,87)[104] e di detentore del segreto del peccato originale (§245) che non convincono i suoi non così creduloni interlocutori, anzi non ne è convinto neppure lui, dal momento è ben attento a non presentarsi agli inquisitori nelle vesti del profeta illuminato e visionario. Queste esternazioni, poco compatibili (per noi) con quello spirito critico che egli vuole trasmettere, hanno senso in funzione della gestione di una platea ancora grezza e un po' raccogliticcia ma non contraddicono quella che a mio parere è la caratteristica saliente del suo operato, ovvero l'interesse prioritario – se non esclusivo - per la discussione sulla materia religiosa stimolata dalle nuove idee della Riforma. Nell'approccio critico ai testi sacri e nella fiducia nella propria capacità di interpretarli si potrebbero avvertire anche echi di quella "dottrina della ragione umana" comune agli eretici italiani di quel secolo individuata da Cantimori come "possibilità di approfondire individualmente i problemi religiosi e di far valere le proprie concezioni attraverso la discussione, sulla base della ragione e della scrittura", che unita al "misticismo della redenzione e della misericordia divina" contraddistingue la "dissimulazione ragionata" ovvero il nicodemismo.[105] Però nell'imputato non troviamo un elemento essenziale per poterlo annoverare fra i nicodemiti, ovvero una fede con principi irrinunciabili: egli non accenna mai (né questo fa parte delle domande che gli rivolgono gli inquisitori) alla sua personale vita spirituale, né tradisce un credo alternativo, così come rimane indecifrabile la sua iniziazione e ignoto il percorso

---

[104] Probabilmente stava assistendo all'esorcismo con l'aspersione dell'acqua per allontanare i demoni che fa parte delle cerimonie per la consacrazione delle chiese: cfr. FRANCESCO GAETANO INCONTRI, *Istruzione pastorale sulla consacrazione delle chiese e sua annua festività* (1743), tip. Mazzoni, Firenze,1848, p. 8.
[105] DELIO CANTIMORI, *Eretici italiani del Cinquecento*, Sansoni, Firenze, 1967 (reprint dell'ed. 1939), pp. 69-70.

di liberazione effettuato per aderire a quel "luteranesimo", e l'illuminazione dello Spirito Santo non trapassa l'ambito dell'esegesi testuale.

In questo esercizio, la cui manifestazione più calzante mi sembra di individuarla nei ragionamenti con don Lorenzo Leoni e nelle risposte scritte (§§219-230), non è spinto da particolari motivazioni spirituali e la sua critica al magistero della Chiesa e all'autorità dei dottori non presuppone né porta ad un sistema religioso alternativo. Rivendica il diritto di leggere ed interpretare la Scrittura in piena libertà, convinto che nel Nuovo Testamento e nelle lettere di san Paolo "vi si truova scripto più assai che non si observa non che si habia considerato" §232. Anche se sa di doversi inchinare all'autorità della Chiesa, non teme di rimarcare quello che inoppugnabilmente non è scritturale, sottintendendo l'arbitrarietà di certi obblighi imposti dalla Chiesa e la liceità del dubbio quando si parla della salvezza, sul Purgatorio ad esempio, per il quale dice "trovarsi differentia ne testi" §238; *idem* sulla proibizione dei cibi: "& che lo evangelio non prohibiva el mangiare della carne", parole di Salvatore maniscalco §251; "io non credo che nella scriptura del testamento nuovo si trovi mai" §233; "Rispose che ha detto non haver mai trovato nella scriptura prohibitione de cibi" §260.

Allegata al processo (§292), senza data ma collocabile a metà dicembre per l'accenno alle parecchie settimane di reclusione, c'è una supplica al duca Cosimo in cui l'imputato "tanto perseguitato e tribolato per cimento della fede" chiede di poter parlargli direttamente sicuro che le sue ragioni mostreranno in tutta evidenza l'ingiustizia che sta subendo. E' la quarta lettera – dice – che scrive, una carta disperata che, con un cambio di argomentazioni così disinvolto da suscitare perplessità, punta a far breccia sulla intelligenza, la curiosità, la coscienza e l'amor proprio del duca, entrando in un terreno che crede più adatto per agganciare il nuovo interlocutore. Si appella a lui perché ha la facoltà di gestire a sua discrezione il braccio secolare, perché ha il diritto/dovere di decidere se una accusa è congrua o meno e quindi di revocare la detenzione e annullare un processo impostato su accuse infondate. Gli inquisitori ("gli avversari") – scrive – lo tengono in carcere per problemi di fede, ma essendo "la fede particolar dono dell'altissimo Dio per Yesus Christo nostro signore "non può esser conosciuta e esaminata da qualsiasi persona, "maxime da chi ha qualche proprio interesse nella causa" insinuando un non altrimenti specificato conflitto di interesse con i frati di santa Croce, nel tentativo di spostare il processo fuori dall'ambito religioso. La fiducia nella disponibilità del duca ad ascoltare i suoi ragionamenti su "capi tanto importanti et degni d'essere examinati" purtroppo si rivelò mal riposta e strategicamente sbagliata come appare dalla nota senza data di Lelio Torelli esistente fra le carte del processo (§293):

A sua eccellenza non par s'habbi a mancar di dargli severo gastigo, maxime trovandosi le cose della religione nel termine che trovono, & se loro non lo farranno, sua Eccellentia non mancherrà di farlo lei per esser debitrice di conservar la fede & religione christiana come qual si voglia altro. Lelio T.

Queste parole sintetizzano la posizione ufficiale del duca che vuole essere considerato un campione della ortodossia e dimostrare di essere in grado di gestire il fenomeno del dissenso religioso senza ricorrere al Santo Uffizio. Ma l'intransigenza che manifesta verso quanti vengono accusati di "luteranesimo" è una costante su cui riflettere. È comprensibile la sua presa di distanza da un personaggio come il Puccerelli perché non sussistevano le condizioni per proteggerlo dal momento che non lo conosceva, che non era fra i suoi intimi e per di più era accusato di atti circostanziati e non difendibili. Ma un'identica intensa ripulsa la manifesta anche quando ad essere coinvolte in situazioni analoghe sono persone con cui ha contatti personali molto stretti, a favore delle quali interviene solo quando ci sono da difendere importanti interessi economici,[106] in nome di un generico diritto di garante dei propri sudditi[107], senza mai attaccare direttamente l'Inquisizione, senza delegittimarla o mettere in discussione il suo

---

[106] Vedi i casi di Panciatichi e Ricasoli.
[107] E con questo guadagnarsi l'accusa di accondiscendenza nei confronti della Chiesa fin da prima dell'introduzione a Firenze della Inquisizione romana:

diritto a perseguire tali delitti. Lo dimostrano le vicende pressoché coeve di fra Paolo Antonio fiorentino trattenuto a Roma per eresia mentre stava andando a Napoli a predicare per suo espresso ordine nel febbraio del 1548,[108] a favore del quale attiverà l'ambasciata a Roma solo perché il francescano per raccontare i dettagli di una (falsa) congiura pretendeva di essere prima liberato,[109] e l'episodio in cui fu protagonista addirittura il suo confessore, maestro Raffaello Sannini francescano – verso i quali aveva avuto la stessa reazione all'ipotesi che fossero vere le accuse di luteranesimo avanzate contro di loro. Alla notizia del procedimento in corso a Roma nel maggio 1549,[110] rispondeva al Buonanni che il Sannino doveva giustificarsi di fronte agli inquisitori visto che era lì, "et se però altrimenti fusse (che non lo crediamo) non ci dispiacerà che sia corretto & ridotto alla vera & cattolica fede e religione".[111]

Ci sono però numerosi altri episodi che sembrerebbero far rientrare Cosimo nella categoria dei principi tolleranti,[112] vuoi per

---

LUIGI CARCERERI, *L'eretico fra Paolo Antonio fiorentino e Cosimo de' Medici (1548-1549)*, in "Archivio storico italiano", 1912.

[108] La richiesta di mano di don García de Toledo del 21 gennaio 1548 sta in MdP 4073 c.470. La minuta della risposta di Cosimo del 4 febbraio 1548 sta in ASF, MdP 187 c. 36*r-v*: Cosimo annuncia al cognato che ha ritrovato quel frate che aveva predicato a Napoli l'anno scorso e gli ha comandato che "si trovi in Napoli al principio della quaresima prossima". Siccome è stato deputato guardiano del convento di Santa Croce con il carico di predicare questa quaresima nella chiesa del convento, fra Paolantonio aveva inviato a Napoli come sostituto un domenicano, ma Cosimo gli ha ordinato di richiamare il domenicano e presentarsi a Napoli lui in persona.

[109] Sull'intera vicenda si veda LUIGI CARCERERI, *L'eretico*, cit., pp. 13-33.

[110] Anche la storia che vede protagonista questo francescano accusato di eresia è nota (GIGLIOLA FRAGNITO, *Un pratese*, cit.) e anch'essa legata alle rivalità fra frati nello stesso convento di Firenze.

[111] MdP 14 cc.69*v*, 84*v*.

[112] Ad esempio, ai suoi segretari e a lui stesso erano giunte le voci sul Panciatichi e sui pisani che facevano capo a Bernardo Ricasoli fin dal 1546: Significativa la lettera che Ugolino Grifoni manda a Pier Francesco Riccio il 28 aprile 1546 riprodotta da SALVATORE CAPONETTO, *Aonio*, cit pp. 231-232. Così come non furono raccolte le voci che circolavano sul Porzio, su Chirico Strozzi e altri professori pisani, o sul circolo valdesiano di Caterina Cybo, o

opportunismo politico, vuoi per obblighi verso persone cui non
può rifiutare il sostegno formale di una raccomandazione,[113] vuoi
per irrazionalità e ignoranza, ma a ben analizzarli ci accorgiamo
che la supposta tolleranza di Cosimo è sempre limitata a quelle
espressioni di dissenso religioso che non entrano in conflitto con
le leggi e la religiosità popolare, che non hanno provocato pubblico scandalo o che l'Inquisizione non ha ancora stabilito come
pericolose (la situazione dell'Accademia fiorentina,[114] il circolo
della Cybo,[115] le posizioni di personaggi di spicco del suo *entourage*).[116] Quando invece si tocca il tasto del luteranesimo sembra
che per il duca scatti una molla, mette gli accusati a disposizione
dell'inquisizione (salvo essere sicuro di un *fumus persecutionis*,
come ad esempio con Alessandro del Caccia) e soprassiede alle
sue prerogative sovrane e anche all'amicizia. Le ragioni di tale

<hr>

ancora contro alcuni appartenenti alla sua Accademia Fiorentina, né si preoc-
cupò mai di controllare l'ortodossia di coloro, scrittori e professori, che gli
dedicavano le loro opere nella speranza di ottenere regalie o incarichi nello
Studio pisano. Non c'è inoltre traccia di sue iniziative nel denunciare qualcuno
all'Inquisizione romana e credo inattendibile l'ipotesi dell'allontanamento
dalla corte *causa religionis* di Pier Francesco Riccio, supposto eretico solo per
aver posseduto una copia manoscritta del *Beneficio di Cristo* (su questo vedi
GIGLIOLA FRAGNITO, *Un pratese*, cit., pp. 41-42.), per il quale non risulta sia
mai stato richiesto un procedimento per eresia. Ma quand'anche fosse stato
rimosso per questo, il suo ritorno nelle grazie del duca (come accadde per il
Panciatichi, per il Serarrighi, e altri del suo *entourage* condannati per luterani e
poi riammessi nel loro ruolo) rientrerebbe nella prassi del ridimensionamento
delle pene inflitte una volta passato il clamore dello scandalo.

[113] Un esempio, la raccomandazione per Annibale dei Guasconi da Monte-
renzio (=Monteregg), richiesta da non si sa chi in un promemoria di Cosimo
del 30 maggio 1550: "Scrivere al card. di Burgos in raccomandatione di ms.
Anniballe Monteregio dottore bolognese che hoggi si trova nella ruota di Genova, che dice essere calunniato d'heresia et però citato a Roma, desiderando
dilatione a comparire sino al fine dell'offitio suo perchè lasciandolo di presente sarebbe con gran danno e interesse sino tutto dell'offitio": MdP 622
c.74r, alla data. Su questo personaggio cfr. ANTONIO ROTONDÒ, *Per una storia
dell'eresia a Bologna nel secolo XVI*, in "Rinascimento", IIs, 2 (1963), pp. 107-154:
147-149.

[114] MASSIMO FIRPO, *Gli affreschi*, cit., pp. 155-217.

[115] MASSIMO FIRPO, *Gli affreschi*, cit., p. 241 sgg.

[116] Sui rapporti di Cosimo con il valdesianesimo cfr. MASSIMO FIRPO, *Gli affreschi*, cit., pp. 350-351

reazione non sono di origine dottrinale né politica. Egli non possiede gli strumenti per partecipare alle discussioni teologiche né è pensabile che egli tema, in questa fase, un pericolo per lo *status quo* perché quanto era successo e succedeva in Germania era dovuto al concorso di più fattori: un capo carismatico, una macchina propagandistica straordinaria, un blocco politico-sociale alternativo, che non erano presenti (al momento e nella stessa forma) nella società fiorentina.

Sono convinto che il motivo che spinge il duca a reazioni tanto decise contro chi si palesa luterano sia da cercare nella natura del delitto che compie, nelle sue azioni blasfeme, foriere di disgrazie e calamità.[117] Come buona parte della popolazione egli non era in grado di capire le implicazioni sull'ortodossia della *giustificazione per fede* e del *beneficio di Cristo*, del libero arbitrio, della Chiesa come *corpus christianum* o *corpus Christi*, tanto per fare qualche esempio, questioni che al più riecheggiavano nelle frasi ad effetto di alcuni predicatori, e tantomeno coglierne il risvolto eversivo, ma reagiva anche scompostamente all'oltraggio delle pratiche devozionali quotidiane e delle credenze consolidate, adeguandosi quanto meno al sentire comune, come ha fatto il maniscalco Salvatore che decide di non praticare più il notaio quando lo sente prendersi beffe della messa (§252). Per la gente comune, come possiamo verificare nella memorialistica, eretico è chi nega il valore e l'efficacia di tali pratiche tradizionali e soprattutto compie azioni in loro spregio, incurante delle conseguenze delle sue profanazioni, luterano, calvinista o anabattista che si dica. Personaggi come Puccerelli sono altamente pericolosi e da perseguitare non tanto perché offendono la sensibilità religiosa dei praticanti quanto perché, alla pari di coloro che si macchiano di blasfemia e sodomia, provocano con i loro atti l'inevitabile e indiscriminata reazione divina sull'intera comunità, causa primaria e indiscussa di tutte le pestilenze, catastrofi naturali e disgrazie che

---

[117] È una costante delle denunce antiblasfeme: "… E noi ci maravigliamo sello onnipotente idio manda delle pestilentie dell'altre chose sopra questa città che poi si soffera …", come si lamentava nel 1435 un anonimo denunciatore di giocatori che bestemmiavano in piazza (ASF, Giudice degli Appelli 79 c.21).

affliggono quotidianamente l'umanità. Questa certezza, un retaggio medievale che l'apocalittismo savonaroliano aveva ulteriormente radicato in tutti gli strati della popolazione e che si perpetuava nella predicazione tradizionale,[118] è il collante che aggrega i fiorentini contro un'eresia sovvertitrice dei suoi valori religiosi e, a mio parere, spiega il loro conformismo religioso e la loro resistenza ad aprirsi ad esperienze alternative.[119]

Con il costituto del 27 dicembre (§§246-261) si chiudono gli interrogatori. Contrariamente ai costituti precedenti non ci sono più domande dirette sulle sue personali opinioni, come l'elemosina per i poveri di Dio, il valore della Scrittura, la devozione verso la madonna e i santi. Gli inquisitori si concentrano sui capi di accusa e l'imputato è consapevole che sarà l'ultima volta che potrà difendersi e limitare i danni. Di conseguenza riconosce quasi tutte le contestazioni permettendosi solo qualche inutile distinguo: confessa di aver proibito a Simone Guadagni l'adorazione della eucaristia ma solo per non incorrere nel peccato dell'idolatria (risponde che a quel tempo aveva questa fantasia ma che ora non intende tenere), di aver detto che non bisogna andare alla messa (qualche volta, perché ha creduto che l'elevazione fosse stata una invenzione di preti e frati), ma continua a negare altre accuse (non ha mai detto che non si deve andare in chiesa, che ha avuto direttamente da Dio lo spirito per interpretare la scrittura, che ha proibito di battezzare i figli). Ammette che alcune sue parole possano essere state male interpretate e che involontariamente può aver fatto credere ad altri cose che non pensava, come la confessione da farsi solo a Dio, ma nega, come sempre nel corso del processo, di avere opinioni radicali circa i sacramenti, il culto dei santi, il libero arbitrio. Alla fine riconosce tutte le sue manchevolezze e per esse chiede che "si proceda seco con pietà & misericordia", quindi sottoscrive il verbale e "spontaneamente" (§259) dichiara di essere pronto alla sentenza e alla penitenza. I giudici lo congedano e lui torna in carcere.

---

[118] GIORGIO CARAVALE, *Predicatori, inquisitori e storici. Riflessioni storiografiche e metodologiche*, in "Rivista Storia italiana", CXXX (2018), fasc. 1, pp. 236-271.
[119] Sul peso del savonarolismo a Firenze vedi MASSIMO FIRPO, *Gli affreschi*, cit., p. 350

Qualche giorno prima della seduta pubblica indetta per infliggere la *paenitentia salutaris,* il 21 gennaio 1550, l'inquisitore contatta la segreteria ducale per capire quale punizione fosse ritenuta idonea dal duca. Non è da escludere che trattandosi di una pena corporale abbia pensato che spettasse al duca fissarne i termini, ma quest'ultimo, scrive il vescovo di Arezzo, Bernardo Minerbetti, a Jacopo Guidi1, non ha voluto mettere per scritto il suo parere, e per questo è il Minerbetti a prendersene la responsabilità suggerendo "che si conveniva farlo veder in duomo, in pergamo, et a una hora fatta nota prima al popolo * per polize apicchate a tutte le chiese, poi farli far le cerchie, e finalmente destinarlo alla galera per tre anni a beneplacito di sua excellentia". Una pena che può sembrare dura, aggiunge il vescovo, solo "a chi non sa ben la vita che questo tristo ha tenuta molti anni, ma è necessario cominciar così perchè io so di molti che vanno dietro a questa dottrina, che forse spaventati dall'exemplo si ritireranno" (doc. 6). La pena in realtà è molto blanda, e credo si possa ritenere il minimo, se consideriamo quanto viene inflitto ai "veri" luterani due anni dopo. Dobbiamo poi tener conto che il sistema prevedeva in nome della misericordia del signore notevoli sconti di pena e che nessuna affidabilità dobbiamo concedere alle sparate dell'anonimo estensore della *Cronaca* quando scrive che il duca "lo voleva far abbruciare".[120]

Il 22 gennaio al tribunale della curia arcivescovile si tiene la seduta pubblica alla presenza di molti canonici, maestri, religiosi e laici (§§262-275). Una volta introdotto, l'accusato viene fatto genuflettere di fronte a tutti e gli inquisitori gli chiedono se intende correggere i suoi errori, abiurare e sottomettersi alla punizione. Egli risponde di essere pronto, allora gli mostrano il verbale che ha sottoscritto. Una volta che lui lo riconosce, il processo e la confessione vengono letti pubblicamente dal Pontassievi e finita la lettura Puccerelli ratifica quanto confessato e chiede misericordia (§264). I giudici accettano che abiuri e a questo punto (§§266) dopo aver toccato con ambedue le mani il vangelo sorretto dai

---

[120] *Cronaca fiorentina* cit., p. 114, che probabilmente esprime solo le sue personali reazioni ma che LUCIO BIASIORI, *op. cit.*, p. 69 accetta come fonte, non solo a questo proposito.

giudici Puccerelli legge con voce alta e distinta la sua abiura già pronta e scritta in un foglio. Dichiara di credere nella chiesa cattolica retta dal pontefice romano successore di Pietro, nell'eucaristia, nel sacrificio della messa secondo il precetto della chiesa, nella confessione annuale, nell'obbligo del digiuno tradizionale e nella dottrina dei dottori. Chiede quindi l'assoluzione e abiura ogni eresia accettando pienamente qualsiasi penitenza: "cognosco me in predictis errasse iuxta & secundum formam responsionum mearum coram vobis & altero vestrum ad interrogationes respective factarum & in predictis corde contrito & humiliato absolutionem & penitentiam requiro & hanc heresim & omnem aliam quocumque nomine censeatur abiuro" §§268-270. Genuflesso, canta il *Miserere mei* e secondo il cerimoniale l'inquisitore gli appoggia un bastone sulle spalle e lo assolve. A questo punto il notaio dell'Inquisizione legge ad alta voce la sentenza (§§272-275). Avendo scoperto che Puccerelli è un eretico, che ha seguito e diffuso idee di eretici, che ha dato scandalo: "… ipsum hereticum comperimus & hereticorum opinionem secutum fuisse ac de haeresi damnata locutum & scandalum propterea intulisse, …", avendo sentito che vuole tornare in seno alla Chiesa e che ha abiurato, lo assolvono *in forma ecclesiastica consueta* e gli impongono come *paenitentia salutaris*, affinchè sia pubblica la sua conversione, la processione rituale alla chiesa della SS. Annunziata con indosso uno scapolare giallo su cui sono cucite due croci rosse, una davanti e l'altra dietro, e una fiaccola in mano. In chiesa, genuflesso di fronte al santissimo sacramento dovrà chiedere perdono recitando ad alta voce il *Miserere mei deus*. Quindi dovrà andare in Duomo e ripetere le stesse azioni, quindi proseguire nella chiesa di Santa Croce e infine nella chiesa di San Pier Maggiore. Inoltre per un anno, tutti i giorni, dovrà leggere i sette salmi penitenziali, con litanie ed orazioni e ogni venerdì digiunare astenendosi da uova, formaggio, burro e latticini se non in caso di necessità. Terzo, per i prossimi cinque anni si confessi almeno una volta l'anno, a Pasqua, Natale e Pentecoste (§275). Subito dopo la lettura il Puccerelli viene portato per le chiese, dopodiché rientra nel carcere del Bargello in attesa della *paenitentia pro delictis*.

Il 28 gennaio *betterino*, il nunzio dell'arcivescovado, è incaricato di comunicare al prigioniero che si presenti al tribunale il giorno dopo (§278), ma per qualche inconveniente l'udienza è spostata al 3 febbraio, con una novità al posto di Niccolò Buontempi partecipa con le stesse funzioni il nuovo vicario Niccolò Durante da Monticoli che si astiene dal revisionare come sarebbe stato suo diritto la documentazione fin lì prodotta per non allungare i tempi.[121] La sentenza definitiva (§§280-281) viene letta e sottoscritta dal titolare dell'inquisizione, fra Bernardino Cambi. L'imputato, che non era presente, viene condannato per i delitti contro Dio e la Chiesa, delitti con i quali ha dato scandalo e messo in pericolo l'anima sua e quella di altri, e perché sia di esempio e

---

[121] Il Buontempi, segnalato il 27 gennaio 1549 s.c. nelle Ricordanze della Mensa arcivescovile per la prima volta come Vicario (AAF, Mensa Arcivescovile I 35 alla data), nel 1549 aveva ottenuto la condotta dello Studio di Perugia ed aveva dovuto rifiutare per almeno un anno (cfr .MdP 192 c.17v ,7 ottobre 1549, lettera di Cosimo al cardinale di Urbino [Giulio della Rovere] legato di Perugia perchè gli si conservi la cattedra per l'anno prossimo). L'arcivescovo di Firenze con una lettera in data 18 gennaio al duca (MdP 395 c.516) ha scritto al duca " che havendoli chiesto licentia ms. Niccolò Buontempi vicario passato ci ha mandato ms. Niccolò Durante, persona qualificata, Il quale ha ordine da lui di baciar la mano a V.E. pregandola ad accettarlo per suo servitore raccomandandoglielo nelle cose della iustitia nella quale V.E. resplende più che ogni altro principe offerendosi assai in servitio di V.E. non altro): MdP 621 c.264 sommario del 6 febbraio 1550 s.c. Niccolò Durante, marchigiano, laureatosi a Padova nel 1540; nel marzo del 1552 in qualità di inquisitore e commissario del Sant'Uffizio sottoscrisse un bando contro la diffusione dei libri proibiti (ARNALDO D'ADDARIO, *Aspetti* cit. p. 491). Nel giugno dello stesso anno fu nominato amministratore a Bergamo, dove si distinse nella repressione contro l'eresia, e benchè osteggiato dal governo veneziano e dal popolo rimase in carica fino al 1554: MASSIMO FIRPO – DARIO MARCATTO, *Lorenzo Davidico (1513-1574) e il suo processo inquisitoriale*, Olschki, Firenze, 1992, I p. 48n. Davidico sembra stimarlo molto: *ivi* II 132. Sul Durante vedi anche PIO PASCHINI, *Venezia e l'Inquisizione Romana da Giulio III a Pio IV*, Padova, Antenore, 1959, p. 94 e segg. Sarà sostituito da "messer Antonio de Pretis novo vicario di mons. Arcivescovo di Fiorenza [come fu comunicato a Cosimo il 17 giugno 1552: MdP 409 c.241] ha narrata la piaga eccessiva di Lucca". Antonio de Pretis da Conselice, canonico di Ravenna e notaio apostolico, nel 1562 è vicario a Pisa del cardinale de Medici: NA 18567 c.41 e nel 1563 in NA 14469 c.158v. Poi è vicario dell'arcivescovo Angelo Niccolini nel 1565: NA 14470 c.343.

"ne de sua malitia glorietur", a tre anni di trireme a partire dal giorno in cui si presenterà, salvo essere considerato relapso nel caso non osservasse l'ordine, e al pagamento delle spese.

La vicenda giudiziaria finisce qui (non è dato sapere cosa gli sia accaduto in seguito), con gli inquisitori che hanno applicato le disposizioni contro gli eretici alle accuse iniziali in base all'assunto che comportamenti da luterano può averli solo un luterano, anche in assenza di una professione di fede, prescindendo dalle accuse, ipotesi e contraddizioni emerse nel corso del processo. Biasiori, che considera quegli atti "tratti genericamente anticattolici",[122] è convinto che la condanna per eresia sia stata motivata dalle stesse convinzioni eterodosse che ha individuato scavando negli "strati profondi" dei suoi discorsi.[123] Invece la condanna è solo per quegli atti dimostrati e confessati, senza altre aggravanti, in una sentenza ridondante di frasi generiche "...& hereticorum opinionem secutum fuisse ac de haeresi damnata locutum & scandalum propterea intulisse" (§275), in cui non hanno spazio più gravi accuse e supposizioni. A mio avviso agli inquisitori doveva essere apparso chiaro che non era quell'eretico che avrebbero voluto, perchè in lui mancava una consapevole adesione ai principi della Riforma, perchè le idee che aveva diffuso nell'ambiente popolare erano cadute nel vuoto, ed era un personaggio non pericoloso per il quale sarebbe stato inutile e sprecato un accanimento psicologico e fisico per spezzare la sua reticenza, e forse per questo motivo anche quando riescono a mettere in evidenza le sue contraddizioni non premono abbastanza per farlo confessare. Dal canto suo Puccerelli nega sempre l'eresia, ammette solo alcuni errori e fino all'ultimo cerca di ridimensionare anche quelli, sostenendo le sue ragioni con citazioni appropriate che non vengono confutate, esibendo una certa padronanza dei testi sacri, magari convenzionale, ma senza elaborazioni forzate e senza mai rivendicare una verità alternativa, e sempre all'interno di un impianto tradizionale (crede nel battesimo, nella Madonna, culto dei santi, ecc.), che la controparte

---

[122] LUCIO BIASIORI, *op. cit.*, pp. 58-59.
[123] LUCIO BIASIORI, *op. cit.*, p. 67.

non smonta perché non era sua priorità qualificare il "luteranesimo" del notaio e verificarne la coerenza dottrinale, così come non lo fu conoscere la sua storia spirituale, ammesso che abbiano pensato che ne avesse una degna di interesse.

Per chiudere, vista la poca risonanza che ebbe nelle vicende successive, lo si dovrà considerarlo un episodio circoscritto di una stagione eterodossa povera di eventi dal punto di vista inquisitoriale in cui l'attivismo e il proselitismo (spicciolo e sottotono) di un Puccerelli avevano potuto continuare per anni senza che nessuno avesse avvertito il bisogno di denunciarlo e che nessuno dei preposti alla vigilanza se ne sia accorto o lo abbia preso in considerazione. Una vicenda comunque interessante perché ha messo in evidenza un personaggio che, a mio avviso, è improprio definire eretico per i troppi limiti, contraddizioni, manie e smanie proprie di un dilettante le cui dichiarazioni solo una etichettatura nominalistica può proiettare nel dottrinario della riforma, e anche se il suo contributo per la diffusione o elaborazione di quelle idee è stato del tutto trascurabile dobbiamo riconoscergli quanto meno il ruolo di testimone di una circolazione delle idee riformate, blanda ma concreta, in una realtà marginale come Firenze dove in assenza di una situazione radicalizzabile (tensioni sociali, disagio economico, una personalità forte in grado di mobilitare le coscienze, ecc.) queste idee non sarebbero mai potute diventare un fenomeno pericoloso.

5. Circa due mesi dopo, una nuova storia agita gli ambienti clericali della città. I frati di Santo Spirito avevano eletto loro predicatore per la quaresima del 1550 Giuliano da Colle, personaggio tanto famoso e richiesto quanto attenzionato da tutti gli inquisitori delle città dove aveva praticato.[124] Secondo un copione già

---

[124] Sul Brigantino cfr. la nota biografica di VICTOR IVO COMPARATO in DBI XIV (1972): lo aveva invitato lo stesso cardinale protettore, il Seripando, da Siena, dove era stato trasferito in seguito a storie a Padova e nel vicentino. Muzzarelli dà a Cervini il 20 febbraio 1549 alcune informazioni su Giuliano da Colle: "Fra Gio: pier di Capodistria mi ha detto che un certo fra Giuliano da Colle dell'ordine di sant'Agostino che l'anno passato fu inquisito di certe heresie, va quest'anno a predicar a Vicenza et che per esser quella città assai infetta, e questo frate suspecto, saria ben di prohibir che non vi andasse, et

collaudato in mezza Italia, alcuni laici che avevano assistito alle sue prediche lo denunciano alla curia per il loro contenuto eterodosso.[125] Non si sa quando sia cominciata la predicazione ma il 25 marzo doveva essere già successo qualcosa perché Lelio Torelli accenna a Iacopo Guidi, che sta con la corte a Pisa, dei problemi che stanno creando a Firenze due predicatori, Giuliano Brigantino e un giovane frate carmelitano che predicava a Orsanmichele. Lelio Torelli, che dal 1546 ricopre la carica di auditore dei beni ecclesiastici, che consisteva nella cura degli interessi dello stato in materia ecclesiastica, segue quanto sta succedendo con attenzione e distacco:

... Io vado investigando quella cosa delli predicatori ma per non mi scoprir punto vado adagio. Di quello di santo Spirito non truovo per anchora fondamento da persona degna di fede. Quell'altro è stato inanzi al vicario e al davidico e dicono che si è riditto di non so che. ...[126]

La presenza del Davidico a Firenze a fianco del vicario svela una sintonia con la curia fiorentina scattata da subito. Sappiamo che fin dal 9 novembre del 1549 lui aveva preannunciato il suo prossimo arrivo a Firenze[127] presentandosi come predicatore e

---

che io dovesse farlo intender a V.S.R.ma acchiochè parendoli se degnasse a provederci. Io non conosco sia quel frate, ma non mi è parso dover mancare di significare il tutto a V.S.R.ma alla quale bacio ..." Bologna 20 febbraio 1549, e il 3 aprile 1549 gli scrive una relazione su Giuliano da Colle, che manca: CERVINI 23 c. 139 e c.150.

[125] Vista la cronologia dobbiamo ritenere che qualcuno abbia subito informato il cardinale protettore Seripando il quale il 12 aprile 1550 scrive al priore di Siena, da cui dipendeva il Brigantino, di esaminarlo e poi (1 maggio 1550) di imporgli i domiciliari nel convento di Siena o in alternativa spedirlo a Roma per giustificarsi delle accuse: "Scripsimus venerabili magistro Sancti priori senensi, ut magistro Iuliano Collensi regenti nostro nomine publice praeciperet, quatenus vel conventu nulla causa exiret, vel Romam se conferret, pro iis de quibus accusatus fuerat iustificandis": VICTOR IVO COMPARATO, *op. cit.*

[126] Lettera del 25 marzo 1550 (inc.:Quanto allo offitio fatto per ms Domitiano), in GUIDI 588/65.

[127] Regesto del 9 novembre 1549, MdP 621 c.100r: "Lorenzo davidico prete e predicatore con la sua del 9 scrive da Bologna che veniva a visitar v. ecc.za per la bona fama di religione di quella: <u>non altro</u>"; nel regesto del 16 novembre 1549, MdP 621, c.100r: "con l'altra sua del 16 dice che li bisognava prima

controversista, e forte di referenze di tutto rispetto (fra cui quella del cardinale Del Monte, legato a Bologna e membro del Santo Uffizio) si fa accettare immediatamente. Il 3 dicembre il Riccio scrive al duca che con licenza del vicario dell'arcivescovo il Davidico ha già predicato tre volte in Duomo e seguiterà per tutta la settimana, dopodichè andrà a Pistoia.[128] A detta del Riccio le sue predicazioni sono corrette ma ha pochi uditori;[129] a Pistoia invece predica con grande soddisfazione del vescovo, Francesco da Galliano, il quale scrive a Jacopo Guidi "vorrei pregar la signoria vostra che con quei modi li occorrino presti occasione che io lo possi rihavere, perchè oltre all'essere molto idoneo a mostrare il viver cristiano interiore è ancora gagliardo confutatore di queste moderne heresie delle quali habbiamo bisogno la extirpatione."[130] Tornato a Firenze dopo aver chiesto e ottenuto dal duca un luogo dove abitare, Davidico contatta anche il Torelli che però non sembra condividere nei suoi confronti lo stesso entusiasmo dei religiosi. Quando il 31 gennaio riferisce al Guidi del loro incontro (doc. 7), Torelli parla solo della sua richiesta di avere un aiuto dal duca per farsi stampare un'opera, sul cui con-

---

andar a Forlì sendo chiamato là, et poi verrà da v. ecc.za ma la prega ad avvisarli dove in fiorenza egli ha da far capo, perchè non è conosciuto da suoi segretari et non saprebbe dove si capitare, et che la lettera se li indirizzi a vicario di Forlì: <u>come di sopra</u>."

[128] MdP 613, c.37 trascritto da GIGLIOLA FRAGNITO, *Un pratese*, cit., pp. 66-67.

[129] Lettera del 7 dicembre del Riccio al duca, *ivi* c.43r, cit. da GIGLIOLA FRAGNITO, *Un pratese*, cit. p. 68.

[130] GUIDI 512, c.270, il vescovo di Pistoia (= Francesco da Galliano 1547-1559) da Pistoia a Iacopo Guidi a Pisa: "Venendo costì a S.Extia il reverendo maestro Laurentio davitico da Pavia predicatore eccellente il quale io haveo desiderato che perseveressi di starsi meco fino a tutte queste feste di natale almanco, vorrei pregar la signoria vostra che con quei modi li occorrino presti occasione che io lo possi rihavere, perchè oltre all'essere molto idoneo a mostrare il viver cristiano interiore è ancora gagliardo confutatore di queste moderne heresie delle quali habbiamo bisogno la extirpatione. Et a vostra Signoria mi raccomando. Da Pistoia alli xx di dicembre M.D. XLIX. Di V.S. come fratello Il vescovo di Pistoia."

tenuto non trova nulla da eccepire, essendo già approvata dall'inquisitore.[131] Fa semmai notare che era già stata dedicata a Paolo III e interpretando il silenzio del Guidi (e del duca) gli scrive di aver suggerito all'ex-barnabita di dedicarlo ad un prelato, essendo cose ecclesiastiche. Ma il Davidico insiste e Torelli chiede a loro sostegno per risolvere il problema.

Nella lettera del 25 marzo Torelli scrive di aver notato che dietro a lui si muovono i «capi rossi», la confraternita di savonaroliani radicali, e di avergli consigliato di limitarsi a predicare e ad esortare al buon vivere perché ci sono un inquisitore e un vicario cui spettano l'attività inquisitoria. Davidico gli ha risposto che il duca gli ha "commesso che gli heretici perseguiti sanza alcun respetto," al che il Torelli ha replicato che faccia esattamente quello che gli ha indicato il duca, puntualizzando che comunque la gestione di questi affari rimaneva nelle mani della curia e della inquisizione fiorentina (doc. 8).

---

[131] Se il testo che Davidico vuol dedicare a Cosimo è quell' *Anotomia delli vitii*, Firenze 1550, che con *imprimatur* dell'inquisitore fiorentino Cambi, alla fine sarà dedicato a Giulio III, si pone il caso di un autore che in pieno cinquecento rifiuta gli interventi redazionali atti correggere e normalizzare la sua scrittura che sapeva ostica e fuori dei canoni, per conservare quella genuinità espressiva che gli sembrava più adatta a trasmettere il messaggio cristiano: "El stampatore voleva nel opera un stilo terso & Toscano, e io per non violar la simplicita christiana ho voluto parlare nel mio linguaggio materno & nostrano. Ha quali piu notabili errori commissi nel opera. Ti prego haver il correttore e li impressori per escusati in tutto quello che ti pare essi haver errato tanto in la omissione de qualche littere, sillabe clausule o dictione, quanto metendone alcune di superfluo". Ringrazio Paolo Trovato che mi ha fatto notare che peseranno qui tanto l'impaccio e la resistenza dei lombardi, da Baldassar Castiglione a Bandello, Giovio, ad adeguarsi alle norme del fiorentino, quanto le riserve anticlassicistiche di alcuni padri della Chiesa, su cui BRUNO MIGLIORINI, *Storia della lingua italiana*, a cura di Ghino Ghinassi, Bompiani, Milano, 2019, I, p. 318; PAOLO TROVATO, *Storia della lingua italiana. Il primo Cinquecento*, Libreria universitaria edizioni, 2016, p. 57. Da precisare comunque che il Davidico non si presenta come autore, ma solo come predicatore. Sempre a cc. 5*v*-6*r* di *Anotomia*, chiede perdono al lettore per aver interrotto il suo discorso (dopo più di 300 carte: su questo vedi anche MASSIMO FIRPO, *Gli affreschi* cit. p. 110) proprio quando "si comenzava mettere mano alle cose sutile, profunde & alte" perché costretto dal tipografo a tagliare e promette di supplire, con suo contento e a maggiore edificazione, con un altro trattato intitolato *Steccato spirituale* una volta che saranno stampati *Fatto d'arme interiore* e *Laberinto de' pazzi*.

Sono tre le lettere scritte dal Torelli al primo segretario (25 marzo, 12 e 14 aprile) in cui si argomenta della predica del Brigantino e sono particolarmente interessanti perché esprimono in modo compiuto le idee e le perplessità di una figura centrale nella amministrazione e nella politica culturale del periodo. In questa corrispondenza una costante è la coscienza di Torelli della subalternità del suo ruolo e la dipendenza totale dalle decisioni del duca, ma questo non lo esime dal manifestare con lucidità e autonomia critica considerazioni e sentimenti che a mio avviso potrebbero riflettere lo stato d'animo di quella parte della società che non partecipava a dispute religiose, che era disorientata di fronte all'asprezza di polemiche che travalicavano l'ambito spirituale e forzavano procedure e schemi consuetudinari.

… Tuttavia sono cose aliene dalla mia professione e non so ben giudicarle, maxime che nel corso delle parole elle fuggono e chi intende a un modo chi all'altro secondo li gusti. E chi vuol calunniare ogni cosa si può appuntare e ogni parola si può anco salvare, chi vuol defenderla, e la sacra scrittura serve a ogni senso per salute gli humili e ruina de superbi, e crederei che in questo havesse a guardare alli articoli che principalmente si discutono nelle prediche e non a qualche parola che nel corso della predica | sia uscita di bocca a chi che sia perchè se uno dice che l'opere del cristiano meritano il paradiso, chi vuol calunniare dirà che non è vero perchè è la gratia di christo che ce lo dà e che quella parola è contra la grazia. E s'uno dice che la grazia di Dio ci dà il paradiso, chi vuol calunniare dirà che si niega il libero arbitrio, e chi non vuole appuntare salva l'una parola e l'altra distinguendo e concordando le scritture e li sensi. Intenderò non di meno e scriverò quello che n'haverò ritratto.[132]

Solo dopo l'11 aprile il quadro gli si fa più chiaro, avendo saputo che al Brigantino non è stata contestata la predicazione senza permesso (mancanza che invece fu accertata per il carmelitano di Orsanmichele), ma che è stato inquisito dal vicario per

---

[132] Lettera del 25 marzo 1550, cit. in GUIDI 588/65.

alcune frasi che Girolamo Gondi[133] e altri dicono abbia proferito durante la predica.[134]

> … e quanto al predicatore di santo Spirito processato pare che sia la differentia loro s'egli ha detto in pergamo così e così, o se non lha detto. Perchè coloro che lo imputano dicono tu hai detto così, e egli dice non è vero anzi ho detto così, onde quanto alla dottrina pare che convenghino ma discordano quanto al fatto. Lasceremo trescar a loro poi che sono per l'ordinario.[135]

La situazione sembra prendere una brutta piega anche per Torelli quando qualcuno tenta di coinvolgere il figlio Francesco segnalandolo fra gli amici del Brigantino in una cena 'luterana', ma se era un attacco contro di lui riesce a sventarlo prontamente, senza strascichi (doc. 9).

Il 14 aprile 1550 Torelli che nel frattempo ha ricevuto istruzioni (che non sono note) da Pisa, preannuncia la contromossa di fra Giuliano che per ribattere le accuse vuole "provare per persone da bene non haverle mai dette".[136] Qualche giorno dopo, il 18,

---

[133] Dovrebbe trattarsi di quel piagnone autore di una risposta polemica al *Discorso* antisavonaroliano di Ambrogio Catarino, databile al 1549, su cui STEFANO DALL'AGLIO, *Savonarola e il savonarolismo*, Cacucci, Bari, 2005 p. 169. Per l'appunto di Girolamo nella famiglia Gondi, ce ne sono tre in questo periodo (fonte SEBREGONDI, al nome), ma è ipotizzabile che si tratti del Girolamo di Antonio (1471-1557) di cui sopra, che sposò Francesca Tornabuoni.

[134] "… | … | … Dirò pur anchora chel predicatore di santo spirito a denuntia di girolamo gondi e altri è stato inquisito dal vicario d'arcivescovado sopra li articoli predicati, il quale dice che è per iustificarsi benissimo come ho inteso. Di Firenze …": GUIDI 520, lettera 129, Firenze 11 aprile 1550, a Jacopo Guidi.

[135] Ancora Torelli il giorno seguente a Guidi: GUIDI 520, n.130 Firenze 12 aprile 1550.

[136] GUIDI 520, lettera 132 del 14 aprile, a Iacopo Guidi alla corte: "Ho havuto hoggi la vostra e di quanto mi scrivete della speditione dello spedale di lemmo e del predicatore eletto da preti di san Lorenzo farò quanto ordinate. Che invero quel predicatore di santo Spirito non fu prohibito di predicare: ma bene è stato inquisito dal vicario sopra alcuni articoli che dicono girolamo Gondi e altri lui haver predicato, e esso niega haver detto come essi asseriscono, anzi voler provare per persone da bene non haverle mai dette, *et lis suo marte discurret*. Il predicare fu prohibito a un giovane carmelitano che predicava in orsanmichele e poi li fu restituito per opera dello inquisitore. … | … | Sul chiudere della lettera ho havuto la vostra d'hoggi e di quel m° Giuliano da colle credo

nella stessa chiesa di Santo Spirito, si svolge una adunanza pubblica presenziata dal notaio Angelo Farsettini, cui assistono nell'ordine il vicario dell'arcivescovo, Niccolò Duranti, il titolare della Inquisizione fiorentina, maestro Bernardino Cambi, qualche teologo e un gran numero di uomini. Non si dice chi abbia avuto l'idea di convocarla ma sicuramente non poteva essere un formale esame inquisitoriale in quanto non era la sede adatta per verificare le accuse. Dalle parole di Torelli si capisce che l'iniziativa è partita dal Brigantino, e quindi bisognerebbe pensare che quei gentiluomini presenti come testimoni, di certo non presi a caso in chiesa, furono scelti da chi ha indetto l'adunanza e pagato il notaio. Nient'altro comunque li lega al Brigantino e niente prova che ne condividano le idee. Di Niccolò Carducci, sappiamo solo che era figlio di Francesco, il gonfaloniere decapitato nel 1529,[137] incaricato di redigere un riassunto che doveva servire alla Pratica segreta "per l'imposizione di due tasse universali"[138] e che fu l'editore, molto discusso, della *princeps* della *Vita nuova* di

---

sia da vedere un poco a che riesce la inquisitione formatali contro dal vicario d'arcivescovado." L'accenno al predicatore eletto dai preti di San Lorenzo si riferisce al fatto che proprio il Brigantino il 9 aprile 1550 era stato eletto – "piacendo però a sua eccellenza illustrissima et non altrimenti " (aggiunto in un secondo momento nell'interlinea superiore) - predicatore dell'anno futuro della chiesa di san Lorenzo per 24 scudi " et deliberato che per la quaresima gli si assegni ne nostri chiostri una camera per suo abitare con duoi letti forniti et altre masserizie necessarie da esserci tutto restituito alla sua partita, et di più si debbano dare le legne per suo uso nel detto tempo et niente più. Vinto il partito per nove fave nere e una bianca": ACSL 2299 c.33v. (lo sostituisce maestro Vincentio Pippo da Celano, provinciale dei Celestini di san Pier del Murrone, *ivi* c.30v, 10 luglio 1549). Il 23 settembre dello stesso anno fu eletto predicatore per l'avvento a venire fra Alessandro Capocci di Santa Maria Novella: *ivi* c.40v.

[137] I suoi beni in Valdipesa furono confiscati e nel 1531 comprati per 307 fiorini da Carlo di Ruberto Acciaioli con l'obbligo di pagare a sua moglie, Bice degli Amadori, 30 fiorini l'anno vita natural durante. Il figlio Niccolò ottiene in virtù di legge di riavere i beni del padre sborsando quanto l'Acciaioli ha già versato alla madre più i miglioramenti. La sentenza è stata favorevole alle pretese di Niccolò che però nel giugno del 1552, non ha ancora deciso se avvalersene o meno lasciando in sospeso l'Acciaioli: PSF 755 n.277.

[138] Del gennaio/febbraio del 1558 è una sua supplica per avere un premio per il lavoro svolto: AR 2 c.587.

Dante pubblicata da Sermartelli nel 1576. Più noto agli studiosi Agnolo Borghini, il fratello di don Vincenzio priore degli Innocenti,[139] senza certificate tendenze eretiche, a parte l'amicizia con Cristofano Serarrighi[140] negli anni '40, e in questi anni '50 vicario di Poppi e commissario di Borgo San Sepolcro, eletto nel Consiglio dei Duecento, morto misteriosamente (per noi) a Padova nel 1557. Ancora meno sono le notizie relative a Giovanni Battista di Sigismondo della Stufa[141] e niente ho trovato su ser Francesco di Tommaso Bocchi.

Per Brigantino si trattava di dimostrare la correttezza del suo predicare, e una tribuna diversa non avrebbe avuto la stessa visibilità per difendersi, prevenire persecuzioni e fugare sospetti, ma le cose non andarono così, e non per colpa dei *dogmata*, le citazioni sulle quali aveva articolato le sue prediche e che fa trascrivere puntigliosamente dal notaio (doc. 10).[142] Data la congiuntura, essi non potevano non essere ineccepibili dal punto di vista

---

[139] Su di lui *Il Carteggio di Vincenzio Borghini*, I 1541-1552, a cura di Daniela Francalanci, Franca Pellegrini, Eliana Carrara, SPES, Firenze, 2001, pp. 136-\37; RICCARDO DRUSI, *Vincenzio Borghini. Filologia e invenzione nella Firenze di Cosimo I*, Olschki, Firenze, 2002, pp. 249-253. Documentati i suoi rapporti con Antonio da Barberino che lo ricorda spesso nelle sue lettere da Ancona (1538-1543), e che nel suo primo testamento (1540) gli lega tutti i suoi libri greci e latini. Antonio è un dantista (SANTI MURATORI, *Un aneddoto per la storia della fortuna di Dante*, in "Documenti e studi pubblicati per cura della Regia Deputazione di Storia patria per le province della Romagna", 4 (1922) p. 179), legato a Varchi con il quale nel 1538 divide la casa a Bologna. Esule dal 1537 è un simpatizzante dei repubblicani, citato da PIO PECCHIAI, *Un assassinio politico a Roma, nel Cinquecento*, Biblioteca d'arte editrice, Roma, 1956, pp. 20-21.
[140] Salutato nella lettera a Pier Vettori del 24 gennaio 1540, in ENRICO GARAVELLI, *Cristofano Serarrighi. Nuovi documenti per una biografia*, in "Bollettino della Società di Studi Valdesi", 203, 2008, p. 69.
[141] Nato nel 1516, fu uno dei 12 Buonomini nel 1539, uno dei 4 capitani di Orsanmichele nel biennio 1548-49, e doganiere di Pistoia nel 1554-55: SEBREGONDI 3081.
[142] Ambiguo HUBERT JEDIN che in *Girolamo Seripando. La sua vita e il suo pensiero nel fermento spirituale del XVI secolo*, Morcelliana, Torino, 2016, p. 307n scrive che forse i *Sacra dogmata* "rappresentano ciò di cui doveva rendere conto l'imputato." E poi a p. 805 che erano stati dati dal Brigantino a Cervini per giustificare le sue prediche tenute a Firenze e che contengono diverse tesi da cui traspare il punto di vista sostenuto al Concilio dai suoi confratelli.

dell'ortodossia[143] e difatti nelle accuse esposte nella lettera ad Ignazio di Loyola il 25 aprile,[144] Davidico non accenna ad essi, ma riporta solo le rimostranze dei suoi contraddittori e racconta un episodio accaduto a Firenze in quei giorni in cui lui stesso è riuscito ad incastrare un altro agostiniano di Santo Spirito, fra Rubino,[145] e non li ricorda nemmeno Giovanni de' Rossi nella sua missiva a Giovanni Polanco di qualche giorno prima.[146]

Si può concludere che la convocazione di maestro Giuliano a Roma prescinde da questa predica o almeno dai contenuti effettivamente sviluppati in essa, e dipende invece dalla sua storia pregressa,[147] dai suoi stretti contatti con quell'ambiente fiorentino che ruota attorno ad Andrea da Volterra anche lui tenuto sotto osservazione da Roma e dalla forza dei suoi obiettori. Il Davidico

---

[143] Non a caso dopo averli esaminati Caponetto, che non conosce il documento notarile, conclude che si tratta di una pubblica ritrattazione: SALVATORE CAPONETTO, *La Riforma* cit. p. 26.

[144] Vedi la lettera di Davidico in SALVATORE CAPONETTO, *La Riforma* cit. p. 26.

[145] Maddalena di Conte Frescobaldi moglie di Iacopo di Iacopo Salvetti è esaminata dal Davidico su ordine del vicario e di fronte al notaio Guglielmo Bartoli, depone *pro informatione R. di vicarii* che volendo confessarsi il giorno di berlingaccio (giovedì grasso), nel mese di febbraio, chiamò un frate di Santo Spirito, di cui si omette il nome, che la scandalizzò per certe parole (doc. 11). La deposizione ha un seguito con la testimonianza di sua sorella Faustina (*Testis ad perpetuam rei memoriam pro informatione curiae,* rogante Guglielmo Bartoli e testimoni oltre Davidico, maestro Giovanni Campani medico (amico del Davidico, uno dei "ferventi gentilhuomini spirituali di Florentia", ai quali dedicò la prima edizione del *Trattato circa la communione* sul quale MASSIMO FIRPO – DARIO MARCATTO, *Lorenzo Davidico*, cit., p. 106) e Giovanni Comi nella cui casa si svolge l'interrogatorio), moglie di Nastagio Pitti, dalla quale Lorenzo Davidico "in nome del rev. Signor vicario dell'arcivescovo" voleva il nome del frate che era andato a confessare Maddalena. Faustina dice che era andata a trovare Alessandra de Mazzei e che quest'ultima la portò dal frate. Lo stesso giorno (o il giorno seguente, festa della Esaltazione della Santa Croce), il Davidico e Faustina vanno al convento e dopo qualche ricerca individuano il confessore in frate Rubino, maestro dei novizi: AAF, NAS 222, 24 maggio 1550.

[146] Vedi SALVATORE CAPONETTO, *Aonio*, cit., p. 189.

[147] Sul suo operato a Vicenza fra Giovanni Pier da Capodistria nel 1549 scrisse una relazione (non disponibile in questo fondo) ai legati bolognesi: CERVINI 23, c.150.

ne fa una vittoria personale e pur non avendo un incarico ufficiale all'interno della Inquisizione, mette a frutto questa parentesi
fiorentina dove ha trovato un suo spazio come collaboratore sostituto del titolare.[148] Probabilmente non era abbastanza per le
sue aspettative e nel luglio parte per Roma da dove il 26 scrive:

Suplico V.E. affar scriver qua al suo nuntio che mi agiuti cum favore se in
qualche cosa me occorrirà per gloria di dio ricorir da lui massime per otten
(sic) un breve apostolico di poter predicar in ogni loco senza alcuno impedimento perché spesso sono restato di predicare per la contraditione di qualche
ecclesiastico tepido overo carnale et di questo ne resterò a V. E. obligatissimo.
Parendoli farme tal gratia *quocitius et melius*.[149]

---

[148] E questo ruolo lo suggerisce un altro piccolo incarico che gli viene affidato
per un caso di *routine*, senza risvolti eterodossi, perché il vicario era occupato:
AAF, NAS 222, 28 aprile 1550: essendo il Duranti occupato in altre cose,
vengono affidati a Lorenzo Davidico l'interrogatorio e la raccolta delle depo-
sizioni di due donne per informazione della curia, presenti i notai Filippo
Franchini e Giovanni Vannucci, che redige l'atto. AAF, NAS 222, 28 aprile
1550, con una *Depositio duarum testium pro informatione curiae* raccolta dal notaio
Giovanni Vannucci, una certa Elisabetta di Luigi merciaio e vedova di Girolamo Cellesi viene interrogata sul caso di un certo frate Eliseo, predicatore
servita, che nella sua bottega detto Eliseo aveva sostenuto che ++ detta la
strozzina, pubblica meretrice, era stata convertita dalle sue prediche insieme
alla madre. Elisabetta gli chiede come va quella faccenda della strozzina e lui
rispose:" Ell'è buona figliola | Allora lui rispose e disse se voi chiamate lei
buona figliola a far cotesto cioè il mestier che ella fa et lui disse e si chiama
cattiva una votaborse e le maliarde soggiugnendo che el peccato della carne
era poca cosa. *Et sic discessit*. Elisabetta e Marietta moglie di Martino sarto,
rimangono scandalizzate, hanno il sospetto che lui si sia innamorato della
strozzina, che lei lo prenda in giro. E ricorda come il carnevale passato frate
Eliseo era andato in maschera con lei. La deposizione è confermata dalla citata
Marietta. Nel luglio 1550 è ancora a Firenze: CP Numeri neri 699, n°294,
supplica del luglio 1550 condivisa con ser Goro sagrestano di Santa Maria del
Fiore e fra Alessandro di Santa Maria Novella: essendo prete Camillo da Monterchi, preposto alla cura di Orbatello, caduto in malattia mortale, i tre propongono al suo posto un certo ser Giovanni Mazocchi da Bergamo. Il Davidico sottoscrive. Il rescritto dice *Mandinlo via*, riferendosi presumibilmente al
primo.
[149] MdP 398 c.266r (solo la firma è autografa). Sempre che non millanti la
propria posizione, sembra che abbia trovato una sua collocazione in seno alla
Inquisizione: così il 20 agosto 1550 scrive al vescovo di Pistoia: "M. Zuliano
che predicava in Firenze, quale abiamo fato incarcerare, è iudicati degno di
morte, benchè ancora non sia finito di esaminare. Ha chi fa per lui, ma non

La supplica cadde nel vuoto come si deduce dal rescritto ducale al regesto del 10 agosto:

Il Davidico con la sua de' 26 prega v.e. ordini al suo imbasciatore che lo favorisca dove bisogni et maxime per ottenere un breve apostolico da poter predicare in ogni luogo senza impedimento. *"non ce ne vogliamo impacciare."*[150]

---

trovano credito: le cose sue sono troppo enormi." in ADPistoia Arch. Vescovile III b 26; e il 12 ottobre del medesimo anno riferiva del rogo dello stesso eretico: MARCO CAVARZERE, *Il savonarolismo di un prelato tridentino: Pier Francesco da Gagliano vescovo di Pistoia (1547-1549)* in *La fede degli italiani. Per Adriano Prosperi*, vol.I, Edizioni della Normale, 2011, pp. 133-143:142. Del 12 settembre 1550 è un breve emanato da Giulio III che su indicazione del cardinale Maffei e di Ambrogio Catarino, per i meriti acquisiti a Firenze e le dediche dei suoi libri, designa il Davidico predicatore apostolico, nomina che lo sottraeva alla giurisdizione dell'ordinario e lo autorizzava ad assolvere *in foro conscientiae* anche in casi riservati all'autorità episcopale: MASSIMO FIRPO – DARIO MARCATTO, *Lorenzo Davidico*, cit., p. 109.

[150] MdP 622 c.186 v. Questo non esime Davidico dal chiedere raccomandazioni: è del 31 agosto 1550, una sua lettera, da Roma, in cui perora un incarico allo studio di Pisa per un suo amico che non è nominato ma che vuole leggere la Fisica, che viene da lontano e che ha letto a Pavia: MdP 398 c.738r-v. Proprio in questi giorni, precisamente il 23 agosto 1550 vengono affissi alle porte delle chiese i due "editti di grazia" datati 29 aprile, il primo (*Cum meditatio cordis nostri*) che consentiva ai confessori di assolvere i penitenti che avessero letto e posseduto libri eterodossi, il secondo (*Illius qui misericors*) autorizzava ad abiurare in segreto quanti si fossero presentati spontaneamente ad autodenunciarsi, concedendo un mese per fare i nomi dei complici: sui quali MASSIMO FIRPO, *La presa*, pp. 63-64, una copia in AAF, CCR. Monte del sale. 23.5, c.2 e 3, senza anno e senza note tipografiche ma di certo della Stamperia dei Giunti. Le chiese, gli uffici e i luoghi interessati furono Santa Maria del Fiore, san Giovanni, il vescovado, san Lorenzo, san Marco, la SS.Annunziata, Orsanmichele, Mercato nuovo, Palazzo del podestà, Badia di Firenze, santa Maria Novella, Santa Trinita, san Pancrazio, Ognissanti, il Carmine, san Frediano, Santa Maria Maggiore, Santo Spirito, Santa Felicita, san Niccolò oltrarno, san Pier Maggiore, Cestello: *ivi* c. 4*v.* Nella medesima filza, datata Roma 27 marzo 1551, c'è la *Bulla contra impedientes inquisitores haereticae pravitatis in suo inquisitionis officio* sul cui verso, a penna: "die xxx mensis aprilis 1551. Reverendus dominus Nic. Durantus vicarius r.mi d. archiepiscopi florentini mandavit retroscriptum transcriptum per loca publica civitatis florentiae publicari per affixionem similium aliorum transcriptorum impressorum, obtenta tamen prius licentia a sua ex.tia vel a magnifico D. Lelio Torello eius auditore.

Il diniego si potrebbe spiegare con la quasi contemporanea richiesta dell'Inquisizione di avere a Roma Bartolomeo Panciatichi, nella quale è stata vista la mano del Davidico. Il fatto è in parte documentato dalla minuta che Cosimo preparò per l'ambasciatore Serristori in data 22 agosto 1550 e dallo scambio epistolare dei segretari Torelli e Cristiano Pagni fra il 24 e il 27,[151] e ora possiamo arricchirlo di nuovi particolari. Il 21 luglio don Pedro de Toledo,[152] un personaggio poco noto, un facilitatore particolarmente ben inserito nel Collegio dei cardinali, di cui Cosimo e

---

Die p.a maii 1551 fuit obtenta dicta licentia

Die dominica tertia dicti mensis maii fuit per iudices archiepiscopalis curiae florentinae facta publicatio predicta per civitatem florentiae per affixionem et dimissionem aliarum similium transcriptorum valvis seu in valvas cathedralis ecclesiae florentinae et Abbazia sanctae Mariae de Florentia sive prope palatium domini potestatis civitatis florentiae, nec non valvis et ad valvas san Felice in platea sita ultra flumen arni civitatis florentiae et pro ut notabimus Die quarta dicti mensis

Franciscus Mathei als burrone et Andreas detto devino Laurentii petri nuncii publici dictae curiae

Jo Vannuccius not.": in AAF, CCR. Monte del sale. 23.5, c.4.

[151] Pubblicati da GUSTAVO BERTOLI, *Luterani*, cit., pp. 102-103 (*ivi* pp. 248-249).

[152] Questo don Pedro de Toledo è un personaggio di cui sfuggono ancora le coordinate primarie e la documentazione archivistica non contribuisce a fare chiarezza tanto più che spesso la sua corrispondenza è stata scambiata con quella dell'omonimo vicerè suocero del duca Cosimo. Senz'altro egli fa parte della famiglia del vicerè in una posizione distinta dai figli, quasi fosse un nipote, e da parente è considerato nella corte medicea: alla notizia della sua morte, Francesco Vinta da Milano fa le sue condoglianze ai duchi rammentando "un tanto da ben signore e amorevole parente": MdP 3103 c.189r. Lo stesso scrive il Babbi al duca nella stessa circostanza: MdP 2884, 2 giugno 1552. Sappiamo che nel 1539 fu indagato per corruzione in una inchiesta ordinata dal re di Spagna e fu condannato a non ricoprire più alcun Ufficio pubblico nel Regno: MdP 4068 n.10 (dicembre 1539). Dal 1546 è a Roma ben inserito nella delegazione fiorentina, a disposizione del Serristori (vedi MdP 3463 *saltim*) e corrispondente diretto con Cosimo (15 sue lettere sono state conservate in MdP 611,15). Il suo recapito sembra essere nella casa del cardinale di Burgos poi di san Jacopo di Compostela (Juan Alvarez de Toledo, fratello del vicerè), uno degli Inquisitori, cardinale protettore dei domenicani, e tratta direttamente con i cardinali a nome di Cosimo (nel 1549 con il cardinale Morone: MdP 3719 c.394r, 4 giugno). Durante il conclave del 1549 spedisce relazioni molto puntuali con tanto di scrutini, da agente ben inserito

Averardo Serristori si servivano in modo sistematico per muoversi nella corte pontificia, riferisce al duca che all'Inquisizione sono giunte da Firenze brutte informazioni su Bartolomeo Panciatichi e secondo quanto gli ha detto uno degli inquisitori, nella prossima riunione scriveranno agli inquisitori di Firenze perchè lo imprigionino, avvisando prima il duca. Nel caso che l'informazione corrisponda al vero, don Pedro consiglia il duca di agevolare la sua cattura e accontentare gli Inquisitori, e soprattutto si raccomanda che tutto questo rimanga segreto (doc. 12). Il primo agosto, scrive che la notizia gli è stata confermata dal cardinale di Carpi e che lo stesso trattamento è stato richiesto per Alessandro del Caccia (doc. 13). Con la data 4 agosto, nel registro delle minute è conservata la risposta di Cosimo (doc. 14)[153] interessante perché è la prima immediata reazione ad un problema inaspettato al quale risponde in modo rigido e risentito dicendo di non conoscere le informazioni arrivate a Roma da Firenze, e

---

nell'ambiente, a Cosimo, una fonte che non mi sembra che sia stata utilizzata per la ricostruzione delle informazioni che arrivano a Firenze: MdP 3969, sono 20 lettere a partire dal 14 dicembre, che l'Inventario attribuisce erroneamente a don Pietro vicerè. Cosimo il 10 giugno 1550 scrive al papa e al cardinal Morone che don Pedro torna a Roma ed è latore di suoi messaggi: MdP 2634 cc.244r-245r. Come uomo fidato di Cosimo, a lui Diego de Mendoza, ambasciatore dell'imperatore a Roma, consegna istruzioni da riferire a voce a Cosimo (MdP 3268, 29 luglio 1550). Il 21 febbraio 1552, si congeda dal papa e lascia Roma per tornarsene a Firenze: MdP 3468 alla data. Nell'aprile del 1552, non si sa in base a quali competenze ed esperienze, è nominato generale delle galee medicee, in sostituzione di Giordano Orsini esonerato dalla carica dopo i suoi contrasti con don Garzia de Toledo nell'assedio di Mahdia: MdP 20 cc. 310 sgg. Il 27 maggio seguente muore tragicamente nelle acque dell'isola di Nisida sprofondando e affogando nell'assalto ad una fusta barbaresca: MdP 3468, 29 maggio e MdP 408 A c.1056r. Indicato come "clericus albulensis [di Avila]" nell'atto con cui il notaio Ludovico Ridetti ratifica a Roma il 13 settembre 1550, nella casa del cardinale di Compostela, un esborso di 1000 scudi a suo favore da parte di Eleonora di Toledo, la moglie di Cosimo, di cui non si spiega la ragione: MM 22,13. Potrebbe essere un caso di omonimia, ma in quegli anni e in casa del cardinale di Compostela, mi sembrano indizi attendibili che si tratti proprio di lui.
[153] La minuta è segnalata da ADRIANO PROSPERI, *Tribunali*, cit., pp. 77-78 come lettera al cardinal de Toledo, membro dell'Inquisizione.

quindi non può giudicare in merito. Se riconosce il diritto dell'Inquisizione di intervenire in una lotta che – dice – lo ha sempre visto in prima fila, non vorrebbe che le cose andassero come per Alessandro del Caccia[154] incastrato per una precedente bega con i frati di San Marco, che lui stesso accertò essere accusato con falsità "perché ne parlamo seco e con tutti quelli che ne potevon saper qualcosa". Non vorrebbe che persone "poche pratiche a fiorenza si informono da gente che v[i h]a e poca carita e molte passioni" e che ha passato agli inquisitori informazioni inesatte: li lascerà comunque fare il loro "offitio" ma non accetterà senza reagire che si perseguiti un innocente o si cerchi di disonorar lui e la città da parte di chi lascia che a Lucca, a 30 miglia da Firenze, ci siano "infiniti cittadini luteranissimi". Per Cosimo la faccenda dovrà rimanere in sospeso "sinchè non veggo dove comincia questa loro tela". Il 13 agosto don Pedro risponde che non ha ancora detto nulla agli inquisitori e che aspetta l'occasione buona (doc. 15).

Scrivendo a Cristiano Pagni il 24 agosto Torelli rivela altri particolari: una fonte riservata, il vicario dell'arcivescovo, ha informato giorni addietro lui e Agnolo Niccolini di aver avuto l'incarico di citare a Roma Bartolomeo Panciatichi da "un certo sostituto delli Reverendissimi deputati sopra l'heresie".[155] I due avvisano il duca e preparano l'*Istruzione* al Serristori del 22 agosto[156] che non è che un'altra lettera di Torelli al Pagni con piccole modifiche. In questo testo Torelli elabora una difesa più articolata e diplomatica in cui sono inseriti alcuni punti strategici che saranno

---

[154] Uno dei protagonisti dello scontro fra Cosimo e Paolo III sulla vicenda dei frati di San Marco nel 1545, su cui si veda MASSIMO FIRPO, *Gli Affreschi*, cit., pp. 320-325.

[155] Dovrebbe essere Teofilo Scullica. La notizia è contenuta in una missiva di Torelli a Pagni del 24 agosto 1550: MdP 398 cc.601-2, pubblicata da GUSTAVO BERTOLI, *Luterani*, cit., pp. 102-103 (*ivi* pp. 248-249). Potrebbe essere lui la fonte di don Pedro.

[156] La minuta di Torelli viene rimaneggiata in modo da diventare il testo ufficiale della istruzione che il duca intende spedire a Serristori con data 22 agosto 1550 (MdP 15 c. 227*r* in GUSTAVO BERTOLI, *Luterani* cit. pp. 101-2, *ivi* pp. 247-248) e che il 27 agosto non era stata ancora inviata a Roma (MdP 398 c. 653*r*: GUSTAVO BERTOLI, *Luterani*, cit., p. 103 (*ivi* p. 248).

centrali e vincenti nel confronto: la stranezza di una richiesta di comparizione quando si sa che non c'è principe che abbia avuto tanta cura nel contenere l'eresia e abbia sempre favorito gli inquisitori, e la 'novità' di citare a Roma un suo suddito, come se a Firenze "non si possa sufficientemente esercitare tale offitio". Se poi il motivo della convocazione era la debolezza della persona che oggi occupa l'ufficio a Firenze, scrive Cosimo, lo "si muti in altra persona" tenendo ben presente che i minori conventuali hanno sempre gestito l'inquisizione locale.[157] A Torelli non è stato detto chi ha fatto il nome di Panciatichi, sa però - per aver avuto occasione di vederla nelle sue mani – che il Davidico durante la sua permanenza aveva stilato una lista di eretici fiorentini al cui primo posto c'era il nome di Panciatichi e aveva intenzione, poi non concretizzata, di presentarla al duca assieme al progetto di una nuova inquisizione composta dal vicario Niccolò Durante, da maestro Alessandro di Santa Maria Novella e da lui stesso.[158] Sembra scontato per Torelli che il procedimento contro Panciatichi sia partito proprio dal Davidico, e in termini cronologici c'è una possibile relazione fra la sua lista e la richiesta della Inquisizione, anche se emergono solo due nomi. Però un mese dopo, il 24 settembre, don Pedro spedisce un'altra lettera con informazioni riservate che per caso è riuscito a carpire a casa del cardinale di Compostela da una conversazione di questi con Girolamo Muzzarelli (doc. 16). Costui racconta che nella Congregazione di qualche giorno prima, solo per rispetto del duca (parente del cardinale), si è volutamente astenuto dal riferire cose che possono provocare un gran danno a Firenze e al nome del duca, avute da un non meglio specificato chierico che aveva studiato a Pisa e

---

[157] MdP 15 c. 277*r*, pubblicata in GUSTAVO BERTOLI, *Luterani* cit. pp. 101-102: 102 (*ivi* p. 248-249).

[158] "Il panciatico fu posto in capo di lista da quel predicatore prete reformato il quale vi haveva posto molti altri cittadini che li vidi io in mano sua & dissemi di voler parlare a sua Excellentia ...... Et havea procurato d'essere fatto inquisitore qui col vicario del vescovo e maestro Alessandro di santa Maria Novella": MdP 398 cc. 601-602: 601*r-v*: GUSTAVO BERTOLI, *Luterani*, cit., pp. 102-103 (*ivi* p. 249). Alessandro Capocci che doveva sostituire il Brigantino nella predica dell'avvento 1550 a San Lorenzo: vedi sopra, nota 136

che era stato da lui incarcerato l'anno prima a Bologna.[159] Il chierico ha parlato di una "compagnia che ha una casa segreta" a Pisa e che gli eretici più conosciuti sono Bernardo Ricasoli, un certo Palavisino che legge Filosofia nello Studio e che fuggì da Bologna,[160] Niccolò della Magona[161] e un giurista ora giudice di Ruota.[162] Sulla situazione fiorentina, lo stesso chierico parla del Brigantino, al momento incarcerato a Roma, il quale il venerdì santo passato avrebbe confessato in un'ora cinquanta persone e che "y todos avian cenado a quella noche juntos porque los luteranos tienen que se ha de celebrar la muerte de cristo in saturitate et non in jejunio", in altre parole il *gaudeamus* di cui parla Torelli.

Il Maestro del sacro palazzo, aggiunge don Pedro, è sicuro che il duca non sappia nulla di ciò perchè altrimenti (l'asserzione è evidentemente retorica)[163] li avrebbe castigati per il cattivo esempio, e per questa ragione esorta il cardinale a contattare direttamente il duca perchè la situazione richiede un intervento straordinario come ha fatto con il bando già emanato (si conferma l'informazione della *Cronaca* che lo data fine 1549). Il suo auspicio è che prenda in mano la situazione per eliminare conflitti giurisdizionali e ripicche. Il cardinale sembrò convinto dalle parole del Muzzarelli e secondo don Pedro la Congregazione si seguirà questa linea e non quella del teatino (il cardinale Carafa) che si deve supporre propendeva per un intervento autoritario da Roma. Crede che il papa invierà al duca una persona con queste informazioni e per suggerire qualche rimedio; se poi al duca viene in mente qualcosa che reputa utile per risolvere il problema glielo faccia sapere. A Roma, prosegue don Pedro, e non lo dicono i frati ma gli stessi fiorentini, si parla

---

[159] Sul soggiorno di Muzzarelli a Bologna cfr. ANTONIO ROTONDÒ, *Per una storia*, cit., pp. 136 ss.

[160] Non individuato, potrebbe essere Cosimo Pallavicini fratello del più noto Giambattista, predicatore carmelitano, imprigionato dall'Inquisizione.

[161] Ricordato fin dal 1546 da Ugolino Grifoni, nel gruppo che fa capo a Bernardo Ricasoli: SALVATORE CAPONETTO, *Aonio*, cit., p. 233.

[162] Sembrerebbe trattarsi del Montereggi, denunciato per la sua attività a Bologna ma di una sua presenza a Pisa non si sa nulla. Vedi nota 113.

[163] È almeno dal 1546 che circolavano a Firenze voci sul suo conto, vedi più avanti.

del danno che provocano a Firenze e Pisa le cose di Lutero. Si sa che a Lucca e Ferrara le cose sono molto peggiori, ma quello che scandalizza è che succeda in una città retta da un principe giusto e tanto superiore come Cosimo. Le raccomandazioni di don Pedro fanno pensare ad un suggeritore più qualificato (il Compostela, anche se si avvertono delle analogie con il progetto di Davidico) perché sono lucide e articolate in un disegno ascrivibile alla politica presente del Sant'Uffizio, e che comunque non possono essere state elaborate da un semplice *criado*. Il dato significativo è che Cosimo lascia cadere le raccomandazioni nel vuoto e non prende alcun provvedimento - nè personalmente nè attraverso l'inquisizione fiorentina - nei confronti dei denunciati, e siccome lo stesso si ripete l'anno seguente, nell'agosto del 1551, quando gli inquisitori gli chiedono di consegnare Chirico Strozzi,[164] abbiamo la riprova che senza accuse circostanziate non collabora contro un suo suddito, a meno che non si trovi già nelle mani degli inquisitori, perchè reputa sufficiente l'Inquisizione fiorentina per controllare il territorio e la sanità religiosa di Firenze.

Questo scambio epistolare ci dà modo di fissare alcuni punti. Intanto che l'inquisizione non è così impenetrabile come vorrebbe far credere, almeno in questi anni. Inoltre che non ci sono rapporti diretti di Roma con l'inquisizione locale: le informazioni su Firenze non partono da questa sede, ma arrivano al Sant'Uffizio da delazioni dirette (vedi le informazioni portate

---

[164] Il 15 agosto 1551 arriva a Cosimo una lettera del cardinale di Compostela, che riferisce di avere informazioni su "un chirico que al presente lee en la universidad de Pisa que es ereje, ..." Siccome i Deputati della Inquisizione vogliono convocarlo a Roma "...para examinarle y saber como siente de las cosas de la fe..." chiede che sia preso e consegnato a Siena a don Diego de Mendoza: MdP 3720 c.182r. Non ho altre informazioni a riguardo, ritengo che non ci sia stato un seguito. Sullo Strozzi vedi NICCOLÒ ZORZI, *Il grecista Chirico Strozzi (1504-1565): notizie sulla biografia, le lettere, gli scritti*, in «*In Partibus Clius*». *Scritti in onore di Giovanni Pugliese Carratelli*, a cura di Gianfranco Fiaccadori, Vivarium, Napoli, 2006, pp. 355-460: 381-383, e GUSTAVO BERTOLI, *L'inventario dei libri di Chirico Strozzi e nuovi documenti per la sua biografia*, in '*Books seem to me to be pestilent things*". *Studî in onore di Piero Innocenti per i suoi 65 anni*, Vecchiarelli, Manziana, 2011, pp. 437-466.

da Davidico) e quando decide di approfondire o intervenire esso contatta la curia e non l'inquisitore titolare.

6. Ad eccezione del richiamo a Chirico Strozzi, non risulta altro fino alla fine del 1551, ma sapere dell'esistenza nelle mani dell'Inquisizione di *dossiers* di eretici attivi a Firenze nel 1550 ci dà lo spunto per riconsiderare il ruolo di Roma e il contributo di Manelfi nell'operazione che portò alla cattura di quel gruppo di eretici condannato per motivi religiosi fra il dicembre 1551 e il febbraio 1552.[165] Sappiamo che non ci furono contatti diretti fra Manelfi e gli inquisitori fiorentini, e quindi possiamo dedurre che una lista di eretici redatta a Roma[166] sia arrivata a Firenze fra novembre e dicembre del 1551, forse anche consegnata a mano dal Maestro del Sacro Palazzo a Cosimo a Pisa,[167] e che per analogia con quanto Ginzburg presume sia accaduto per Venezia,[168] essa contenesse i soggetti sottoposti alla giurisdizione fiorentina.

Fra i nomi dei denunciati da Manelfi presenti nell'"Elenco presentato all'Inquisizione di Bologna" del 17 ottobre 1551[169] e i nomi dei condannati a Firenze c'è una notevole differenza, non solo quantitativa. Dal *Costituto* bolognese ricaviamo il nome di 15 persone a Firenze, 3 a Pisa (più di nuovo il Manna già citato a Firenze) e 7 in Valdinievole,[170] tutti presenti fra i 45 ricordati nella relazione finale dei Delegati (nello specifico 26 sono i processati; 4 in attesa di processo e 15 i ricercati).[171] La domanda che ci si deve porre è da dove vengono i nomi assenti in Manelfi il quale nei suoi costituti dichiara di essere stato due volte a Firenze, poco

---

¹⁶⁵ Per tutti, MASSIMO FIRPO, *Gli affreschi*, cit., pp. 363-364.

¹⁶⁶ Analogamente a come deve essere accaduto per Venezia: CARLO GINZBURG, *op. cit.*, p. 15.

¹⁶⁷ Che si siano visti a Pisa probabilmente alla fine di novembre 1551 lo deduciamo dalla lettera di Cosimo a Muzzarelli del 24 gennaio 1552, pubblicata da GUSTAVO BERTOLI, *Luterani*, cit., p. 64n (*ivi* p. 209). La *Cronaca* indica anche il giorno della scoperta della 'setta', il 6 dicembre: *Cronaca fiorentina* cit., p. 112. Ma sulla esattezza di questa data mancano riscontri.

¹⁶⁸ CARLO GINZBURG, *op. cit.*, p. 15.

¹⁶⁹ CALO GINZBURG, *op. cit.*, pp. 38-60.

¹⁷⁰ Rispettivamente CARLO GINZBURG, *op. cit.*, pp. 39, 58-59.

¹⁷¹ GUSTAVO BERTOLI, *Un nuovo...*, cit., pp. 263-267 (*ivi* pp. 296-302).

dopo la sua fuga da Bagnacavallo (ottobre 1548),[172] e prima del congresso di Venezia (settembre 1550 quando era già stato ribattezzato).[173] Non sappiamo quali nomi Muzzarelli abbia presentato al duca. Potrebbe essere che nella lista siano stati inseriti nomi estratti dai *Costituti* romani perduti (12, 13 e 14 novembre) ma Manelfi non ha potuto avere occasione di conoscere o intercettare per ragioni cronologiche tutti quei personaggi. Altra ipotesi è che l'Inquisizione romana abbia inserito nomi di eretici che sapeva essere di stanza a Firenze magari attraverso il Davidico,[174] ma è poco credibile che avesse a disposizione tutti quelli non nominati da Manelfi perché almeno in alcuni casi si sarebbe già mossa come era accaduto per il Panciatichi e lo Strozzi. Si potrebbe anche ipotizzare che i nomi eccedenti siano emersi nel corso degli interrogatori, ma mettendoli a confronto con quelli dei fiorentini presenti nei costituti di Manelfi ci accorgiamo che manca quell'affinità sociale e culturale che dovrebbe accomunarli e che la maggior parte di essi è composta da ex-religiosi che è ben difficile pensare confluiti in una conventicola così segreta da non aver lasciato traccia di un coordinatore, di un progetto o di una dottrina articolata.

Più verosimile mi sembra l'idea che a Firenze sia arrivata una lista di nomi tratta dall'*Elenco*, che qui l'inquisizione locale l'abbia integrata con dati in suo possesso, inserendo personaggi che si

---

[172] Sulla sua fuga da Bagnacavallo alla fine di ottobre del 1548, che precede la sua presenza a Firenze e Pisa vedi CARLO GINZBURG, *op.cit.*, p. 71 e la lettera di Giovanni Antonio Delfino, provinciale dei Minori di Bologna al cardinale Cervini, in CERVINI 43 c. 141*r-v*.

[173] Sul concilio veneziano del settembre 1550 cfr UGO GASTALDI, *Storia dell'anabattismo*, Claudiana, Torino, II, pp. 538 sgg; SALVATORE CAPONETTO, *La riforma*, cit., p. 250; PIO PASCHINI, *L'Inquisizione romana da Giulio III a Pio IV*, cit., pp. 121-123. Sulla sua peregrinazione vedi CARLO GINZBURG, *op. cit.*, pp. 10 e 32-33.

[174] I suoi rapporti con Duranti dovevano essere ottimi se lo propone come inquisitore delegato e continua a tenerlo in considerazione se nel 17° costituto (5 ottobre 1556) Davidico dice di averlo lodato presso l'arcivescovo Altoviti, fra il 1550 e il 1551 (*I processi inquisitoriali di Pietro Carnesecchi (1557-1567)*, a cura di Massimo Firpo e Dario Marcatto, Città del Vaticano, 2000, vol. 3, p. 132); nel 4° (p. 48) di aver avuto da lui notizia dell'aiuto dato dal Panciatichi ad un conventuale di san Francesco in fuga, fra Paolo Antonio.

erano messi in evidenza a Firenze con i loro atteggiamenti eterodossi e che Manelfi non poteva conoscere. E postulare che Firenze abbia impiegato sue informazioni non è una questione ac-
cademica utile solo per rettificare la dinamica della vicenda perchè significa mettere in discussione assunti su cui poggiano quasi
tutte le ricostruzioni fin qui elaborate ovvero l'inefficienza dei
fiorentini, il valore assoluto della testimonianza di Manelfi e la
presenza a Firenze di una comunità eterodossa omogenea. Sul
primo punto, incontestabile visto il fallimento evidente della lotta
agli eretici, può aver pesato il rapporto oggettivamente conflit-
tuale fra curia e francescani che si manifesta nel rapporto privilegiato della curia con Roma, nel progetto di Davidico che esclu-
deva i francescani, nel dinamismo apparentemente ascrivibile al
solo Duranti.[175] Fino al momento della retata, la curia sembra
mantenere una posizione di equidistanza e di neutralità fra Roma
e l'inquisizione dei francescani e si guarda bene dal reclamare un
ruolo più importante nella gestione, giuridica ed economica, del
tribunale dell'inquisizione per non entrare in collisione con il
duca che pur consapevole (lo dimostrano la sua lettera al Serristori e le parole di Torelli), che la loro era una gestione debole e
inadeguata ai tempi, aveva accordato loro una protezione incon-
dizionata. Ma, forse anche a causa delle disinvolte *avances* di Davidico e nonostante i consigli ufficiosi di don Pedro e del Compostela, il duca non volle intervenire su un'istituzione che non
creava conflitti, e di fronte alle rimostranze del generale dei francescani informato del progetto avanzato dal Davidico (doc.

---

[175] A parziale correzione di questa percezione che vorrebbe escludere dalla
scena l'Inquisizione dei francescani, c'è un documento che non mi riesce a
spiegare compiutamente, una tessera isolata che contiene elementi potenzialmente in grado di riscrivere alcuni passaggi della delazione di Manelfi (doc.
17-18). Il 19 luglio 1551 Niccolucci è interrogato dagli inquisitori fiorentini
(su cosa non è detto); il 2 agosto sembra uscire su cauzione (il testo è per me
incomprensibile); il 5 settembre è rilasciato dalle carceri del Bargello, per cosa
non si dice.

19),[176] prese tempo e, da quanto possiamo ricostruire, lasciò correre fino all'ultimo prima di cedere all'insediamento di una nuova inquisizione dipendente da Roma.[177]

Nonostante sia specificato in modo chiaro - risulta dalle prime parole dell'elenco presentato all'inquisitore di Bologna -[178] che Manelfi denunciava persone conosciute e incrociate in anni di frequentazioni disparate in "ambienti già guadagnati alla Riforma",[179] prima e dopo la sua conversione all'anabattismo (settembre 1550), quanti si sono occupati della vicenda hanno letto il suo racconto alla luce degli esiti processuali, prendendo per buone le dichiarazioni ufficiali e una memorialistica che riferivano esplicitamente di sette e congregazioni segrete,[180] senza rendersi conto che questi erano termini utilizzati dalla macchina propagandistica per presentare gli accusati come un temibile corpo unico organizzato ed estendendo a tutti in modo indiscriminato le stesse gravi accuse di eresia, il potere, religioso e temporale, ingigantiva il pericolo solo per giustificare la propria azione repressiva ad una opinione pubblica timorata e conformista, ben disposta a recepire il messaggio più semplificato e meno problematico. Il risultato di questo espediente è stato di deformare la

---

[176] Il generale dei conventuali di san Francesco è Giovanni Giacomo Passeri da Montefalco, che si contraddistinse per una totale mancanza di energia: GUSTAVO CANTINI, *I francescani d'Italia di fronte alle dottrine luterane e calviniste durante il cinquecento*, Pontificium Athenaeum Antonianum, Roma, 1948 pp. 36 sgg.

[177] Da Roma il Buonanni scrive il 24 dicembre di aver accluso nella sua "un plichetto per ms Alessandro Strozzi et spedalingo di santa maria nuova commissari delli R.mi Inquisitori dov'è un breve per lor SS. Per il quale S.S.ta gli conferma e da loro autorità, con esortar V.E. a voler come quel pietoso principe che è, prestar loro ogni favore et aiuto.": MdP 3468 alla data e MdP 3270 c.384r.

[178] "Luterani, anabattisti et altri eretici quali si ritrovano ne' luoghi infrascritti nominati da don Pietro di Monte Albiotto ..." CARLO GINZBURG, *op. cit.*, p. 38.

[179] UGO GASTALDI, *op. cit.*, II, p. 572

[180] Di *setta* parla esplicitamente la *Cronaca fiorentina* p. 138, di *radunanze segrete* il Dovizi (cit. da Settimanni in ARNALDO D'ADDARIO, *Aspetti*, cit., p. 420). Di *congregazione* scrivono gli inquisitori a proposito di Cristofano Serarrighi, Pietro calzettaro, Girolamo da Fabriano, come adunanza, in senso lato. *Sette* e *conventicole* appartengono al linguaggio comune: ad es. lettere da Serristori a Cosimo del 19 agosto 1548 in MdP 3466 c. 23r.

realtà, di ingabbiare non pochi dei personaggi compromessi in storie che non erano esattamente le loro e di condizionare la ricostruzione storica.

Secondo la versione ufficiale divulgata dallo stesso Cosimo gli eretici coinvolti erano solo artigiani stranieri che poco avevano a che vedere con la popolazione fiorentina,[181] una affermazione credibile se riferita a parte di quelli che Manelfi afferma di aver contattato in Toscana, ma inesatta e fuorviante se applicata a tutti quelli presenti nella relazione finale degli inquisitori. La documentazione pervenuta non è esauriente ma è un dato di fatto che nella relazione finale dei delegati la componente artigiana è ampiamente minoritaria a fronte di una maggioranza composta da ex religiosi, mercanti e letterati il cui unico collante è l'accusa di essere eretici.

Suggestivo ma privo di riscontri oggettivi il quadro tracciato da Garavelli e ripreso da Lucia Felici che, se ha il pregio di disarticolare la massa degli inquisiti, arriva a postulare due gruppi organizzati di riformati: accanto a letterati indipendenti (Carani e Faroso), individua un gruppo padano-veneto (Donzellino, Domenichi, Niccolucci, Antonio Pagani da Consandolo, Bartolomeo Rolla, ecc.) "che si era spostato a Firenze per pubblicare i Nicodemiana" e un altro che faceva capo a "Panciatichi [che] aveva raccolto intorno a sé una conventicola ... formata di 35 persone ...".[182]

I gruppi che si possono circoscrivere in realtà sono più di due, sono separati e non collegabili fra di loro. Oltre a quelli che Felici definisce "i letterati indipendenti" e il gruppo padano-veneto,[183] c'è il gruppo della Valdinievole, l'unico ad avere una parvenza di coesione religiosa oltreché geografica (forse il risultato migliore ottenuto da Manelfi e Niccolucci) che è collegabile, in via ipotetica, con quello degli artigiani fiorentini in cui si possono indicare

---

[181] Così Cosimo al vescovo di Castellammare, Juan de Fonseca, da Pisa l'8 gennaio 1552 in MdP 196 c. 59*v*, cit. da GUSTAVO BERTOLI, *Luterani*, cit., p. 82 (*ivi* pp. 227-228).

[182] LUCIA FELICI, *Giovanni Calvino e l'Italia*, Claudiana, Torino, 2010 p. 60.

[183] Su cui anche ENRICO GARAVELLI, *Ludovico Domenichi*, cit., p. 35

otto persone in tutto.[184] C'è poi il gruppo pisano e quello fiorentino di mercanti - faccendieri, verosimilmente quello segnalato da Davidico nel 1550. Un problema a sé rappresentano i 15 latitanti.

Difficile anche solo ipotizzare una organizzazione unica. I soli punti in comune sono la presenza di Manelfi in molte di quelle località: Firenze, Pisa, Borgo a Buggiano, e l'accusa per tutti di aver "tenute le opinioni luterane".[185] Quelli divergenti invece sono preponderanti: sul piano dei rapporti interpersonali, sociali e confessionali, non c'è nulla che possa collegare i denunciati da Manelfi fra loro e con gli altri. Manca un comune sentire religioso che superi quella generica e diffusa sensibilità sui temi religiosi e teologici che sarebbe avventato ritenere indizio di adesione alla riforma. Dal punto di vista pratico poi non si può sapere se le adunanze (come quella avvenuta nella bottega di Pietro calzettaio)[186] siano state organizzate dalle stesse persone e si siano svolte, in tempi e luoghi diversi, sugli stessi argomenti per un identico programma. La nostra conoscenza della realtà religiosa fiorentina è troppo limitata perché mancano gli indizi anche per un calcolo approssimativo del potenziale auditorio di questi eterodossi che solo potrebbe quantificare e qualificare l'interesse per i temi religiosi e l'efficacia della propaganda riformata. Né ci dà una sufficiente indicazione il fatto che i commissari del Santo Uffizio intervengano su quanti si sono messi in luce nelle discussioni o che hanno dato un appoggio logistico ai predicatori (ben 3, venendo in parte assolti per il basso indice di ereticità riscontrato), mentre nella vicenda Puccerelli l'Inquisizione fiorentina

---

[184] Ottaviano collettaio, Niccolò ferrarese, Francesco calzettaro, Lione bracheraio, Paolo da Montopoli, Girolamo orefice, Giovambattista berrettaio e Piero calzettaro: GUSTAVO BERTOLI, *Un nuovo*, cit., pp. 263-264 (*ivi* pp. 296-297). Potrebbero essere questi, a mio parere, i soli nuclei formatisi con la predicazione dei due, le piccole "comunità locali ... unificate sulla base pura e semplice di attivi rapporti intercomunitari, praticamente realizzati dai ministri itineranti" (UGO GASTALDI, *op. cit.*, II, p. 568) perché di anabattisti attestati se ne possono contare proprio pochi, oltre a Niccolucci, il notaio Ducci, Niccolò ferrarese e le mogli dei primi due.

[185] GUSTAVO BERTOLI, *Un nuovo*, cit., p. 265 (*ivi* p. 296).

[186] GUSTAVO BERTOLI, *Un nuovo*, cit., p. 264 (*ivi* p. 298).

aveva incriminato e condannato solo chi aveva commesso specifici reati contro la religione; in ambedue le situazioni rimane imperscrutabile il bacino degli ascoltatori passivi, probabilmente scagionati in quanto ritenuti inoffensivi e non infettati. Le nuove acquisizioni documentarie purtroppo non aiutano a colmare questa lacuna come non gettano nuova luce sull'aspetto religioso dei protagonisti, ma servono, semmai in qualche caso, a smontare alcuni luoghi comuni.

Non era un mistero per nessuno a Firenze che Bartolomeo Panciatichi, un fiorentino nato e cresciuto a Lione, agente di Cosimo in molteplici affari, suo ambasciatore in Francia[187] e amico personale,[188] avesse opinioni poco ortodosse in materia di religione (vedi sopra i commenti dei segretari ducali). Del suo percorso spirituale e delle sue esternazioni non è emerso ancora nulla di certo[189], nemmeno dalle richieste della Inquisizione traspare qualcosa, ma che sia stato il capo della conventicola è assolutamente senza prove. Alla base di questa convinzione ci sono le voci dei suoi contemporanei testimoniate dalle memorie del periodo, e probabilmente le parole su citate di Davidico che ancora nel 1555, nel corso del processo intentatogli, avrebbe ribadito la sua fama di "fautore di heretici",[190] abbastanza ricco da sostenere i loro spostamenti e da garantirsi una quasi impu-

---

[187] Per tutti GIORGIO CARAVALE, *Panciatichi Bartolomeo*, in DBI 80

[188] Al Panciatichi riserva onori particolari: ambasciatore in Francia nel marzo del 1549 per trattare con il re sulla precedenza con il duca di Ferrara (MdP 2634 cc.181-183),fu nominato senatore nel 1567, Commissario a Pisa nel 1568; il 13 maggio 1569 il cardinale Ferdinando scrive al Concino che circolano voci circa l'elezione ad ambasciatore a Roma del Panciatichi: non sa quanto questo "bisbiglio" sia concreto, ma prega il Concino di dire a loro altezze, a suo nome, "che per nessun conto saria grata nè sodisfaria al papa [tale elezione]. Le cause taccio perchè son note a chi si rivolga per la memoria le cose passate, et bastandomi haver accennato fin qui ..." MdP 5121 alla data. Il 20 dello stesso riceve da Concini la notizia dell'elezione dell'ambasciatore che non è Panciatichi, *ivi*. Fu eletto Alessandro de' Medici. Per farsi un'idea dei suoi rapporti finanziari con la duchessa Eleonora cfr. MdP 5922 B, *saltim*.

[189] MASSIMO FIRPO, *Gli affreschi*, cit., p. 360.

[190] *Il processo Davidico*, cit., II, pp. 47-48, citato da MASSIMO FIRPO, *Gli affreschi*, pp. 359-360n.

nità, e quindi in grado di gestire una organizzazione. Nel resoconto del processo il suo nome è posizionato accanto a Bernardo Ricasoli, Giovanbattista Giovanni, Simon Bruni e Francesco del Gabelliere, fra quelli che "non havemo per ancora spedito il processo"[191] e che da quanto risulta furono esentati da pubbliche ammissioni di colpa. Nessun indizio di carattere religioso se non l'accusa li accomuna e non ci sono prove di contatti diretti di Panciatichi con Simone Bruni[192] e Francesco del Gabelliere, i cui nomi non sono riuscito a documentare altrimenti; un rapporto personale di lunga durata era invece quello con il Giovanni,[193] che nel testamento del 1550 nomina suo esecutore di riserva nel caso che quelli scelti non si fossero dimostrati in grado di espletare il loro mandato.[194] Almeno coi

---

[191] GUSTAVO BERTOLI, *Un nuovo*, cit., p. 266 (*ivi* p. 301).

[192] Un Simone di Bartolomeo Bruni, lanaiolo, nel 1550 ha in affitto un magazzino della Badia: CRSGF 78, 229 p. 243.

[193] Con Giovambattista Giovanni c'è da dire che ha avuto una lunga frequentazione: nel 1534, mentre era ancora in Francia, è la persona che anticipa 120 scudi per l'affitto triennale di una casa posta in piazza di Santa Maria Novella: NA 14335 cc.76v-78r. Nel 1541 Giovanni de' Giovanni ha un banco dove si serve Bartolomeo Panciatichi, quando questi ha una causa con Donato Acciaioli: AAF, NAS 220, 2, 21 maggio 1541. Per la sua biografia, va ricordato che il 12 aprile 1556 fu inviato in Levante per conto del duca: lettera di Bartolomeo Concini da Livorno a Lorenzo Pagni in MdP 623 c.728.

[194] Sono Francesco di Girolamo da Filicaia, Raffaele di Leonardo Nasi e Girolamo di Raffaele Panciatichi, tutti gentiluomini fiorentini, se non ricchi benestanti. Il testamento del 6 dicembre 1550 fu rogato a Firenze nell'ospedale di Santa Maria Nuova, essendo testimoni inservienti del luogo: NA 16332, cc. 319-21. Non vi si spiega il motivo della sua stesura (una malattia, un viaggio) ed è interessante perché in prima istanza, avanti le disposizioni ereditarie a favore della moglie, le due figlie e Carlo, dispone che per la tumulazione sua e del padre (il cui corpo era in deposito nella chiesa dei francescani) sia eretto un sepolcro in marmo rialzato nella cappella di famiglia nella chiesa di Santa Maria Maggiore (su cui GIUSEPPE RICHA, *Notizie istoriche delle chiese fiorentine divise ne' suoi quartieri*, Viviani, Firenze, 1754 - 1762, III 1 pp. 278-9), tenuta dai carmelitani riformati, nel cui popolo abitava in questi anni e dove stabilì di essere sepolto nel testamento del 29 luglio 1566 (ASF *Panciatichi Ximenes D'Aragona* 2 VII c.222r) per l'edificazione del quale destina 500 scudi d'oro. Nessun accenno alla precedente volontà del padre (1468-1533) di essere tumulato nella chiesa del convento di San Marco di Firenze qualora fosse morto al di qua delle Alpi, disposizione che ha portato Federica Carta a sospettarlo

primi due, Ricasoli e Giovanni, sono documentati suoi contatti di carattere finanziario.[195]

Per quel che può valere, Panciatichi, sul cui calvinismo tutti concordano, non rese mai dichiarazioni pubbliche che potrebbero collocarlo, oggi, nella galassia della riforma, e definirlo con sicurezza calvinista o valdesiano o luterano.[196] Grazie all'appoggio di Cosimo che invocava la sua posizione strategica negli affari di Stato, aveva sempre evitato di essere interrogato dagli Inquisitori di Roma (avrebbero potuto estorcergli segreti importanti) ed essi in nessun caso gli contestano un comportamento circostanziato, improprio o blasfemo. Quando il duca obietta ai commissari che nessuno aveva testimoniato sue deviazioni dal vivere cattolico,[197] doveva essere sicuro che di prove inoppugnabili non ce n'era. Con questo non è in dubbio una sua qualche forma di eterodossia (magari di carattere letterario, come il Varchi o Domenichi) ma solo quel ruolo di capo che anche Caravale gli attribuisce, perché con un numero così elevato di persone messe sotto

---

un fuoriuscito savonaroliano: FEDERICA CARTA, *La cappella Panciatichi in Notre-Dame de Confort a Lione*, in "Prospettiva", nn.159-160, 2015, pp. 163-173: 165,173, convinta in questo dalla coincidenza delle sue partenze da Firenze (1512 e 1529) con il ritorno dei Medici rilevata da STEFANO DALL'AGLIO, *Savonarola in Francia. Circolazione di un'eredità politico-religiosa nell'Europa del Cinquecento*, Aragno, Torino, 2006.

[195] Sui rapporti finanziari che legano queste persone da segnalare la supplica per un lodo che il 10 gennaio 1553 Bartolomeo Gualterotti (agente generale per conto delle vene dell'isola d'Elba: Magona 2691 alla data 25 ottobre 1544), rivolge ai suoi creditori Bartolomeo Panciatichi, Bernardo Ricasoli, Cristofano Rinieri, Averardo Serristori, Niccolò del Nero, Giovanbattista Giovanni: ABE 6025 c.80. In NA 18751, c.561 oltre a Giovanni compare anche il Ricasoli per una *confessio solutionis*. Molti di costoro al momento del fallimento di Panciatichi a Lione nel 1554 sono suoi creditori e iniziano una causa per il recupero dei crediti che si concluderà nel 1559: CRSGF 83, 130 alla data 1559.

[196] Significativa la posizione di Carnesecchi, citato da MASSIMO FIRPO, *Gli affreschi*, cit., p. 360n.

[197] Lettera di Cosimo ai Commissari sopra l'Inquisizione del 9 aprile 1552 in MdP 197 c. 58*r-v*, pubblicata da GUSTAVO BERTOLI, *Luterani*, cit., p. 110 (*ivi* pp. 256-257). Meno sicura la sua posizione nella minuta del 4 agosto 1550, già citata, in cui chiede di conoscere le prove, ammettendo la possibilità che in qualche modo sia invischiato.

torchio e collaborative qualche traccia sarebbe dovuta sopravvivere.

Di un generico gruppo di eretici pisani facente capo a Bernardo Ricasoli, il ricco mercante che trafficava in tutta Europa, da Palermo ad Anversa,[198] la Corte aveva notizia fin dal 1546 per le lettere che Ugolino Grifoni scrive al Riccio[199] da Pisa dove non mancavano altri personaggi chiacchierati per la loro "stravaganza" ma non compromessi con la riforma, come Leonardo Giachini da Empoli,[200] Simone Porzio e Chirico Strozzi. Pur essendo in stretto contatto con la corte, essi non erano in grado di influenzare, come non lo furono quanti frequentavano l'Accademia fiorentina e il circolo valdesiano della Cybo, le scelte religiose di quel cerchio decisionale ristretto a quei quattro/cinque segretari importanti, cioè Torelli, Guidi, Cristiano e Lorenzo Pagni, Riccio, Polverini, che non solo non hanno mai manifestato idee eterodosse ma non le hanno nemmeno combattute con particolare fermezza, a parte il molto ortodosso Cristiano Pagni.

Parlando della situazione pisana che ben conosceva,[201] Manelfi menziona oltre a Bernardo Ricasoli, Ludovico Manna (alias Ludovico da Messina) e i fratelli Serarrighi, e nessuno dei professori dello Studio. Del primo sappiamo che con il fratello gestiva anche una banca su cui Cosimo de Medici e la corte, che a Pisa passavano quasi metà dell'anno, si appoggiavano per affari e

---

[198] Su alcuni degli affari di questi anni in società con il fratello si vedano NA 9331, c. 248 sgg., MS 1121 n. 288; MP 755 c. 120*v*. Per i rapporti del Ricasoli con Cosimo significativa la lettera con cui chiede al duca di scrivere alla Balìa di Siena per recuperare un suo credito, 15 maggio 1550: MdP 622 c.49v.

[199] SALVATORE CAPONETTO, *Aonio*, cit., pp. 82, 231, 233.

[200] Ordinario a Pisa di Medicina teorica dall'aa. 1543-44 al 1546-47, anno in cui muore. È nota la lettera di monsignor Cristiano Pagni, protonotario apostolico, il più ortodosso dei segretari di Cosimo, in questo periodo al servizio della duchessa, al Riccio del 16 agosto 1547: "È dispiaciuta a sua eccellenza la morte del Giachino per la perdita d'un buon medico che leggeva in Pisa. Intendo ch'era luteranissimo: V.S. vede che Christo non vuol più comportar questa ribalda setta et come li batte da tutti e versi, al Caccia et al Panciatico debbe esser molto dolsuto. …": MdP 1173 n°287. La lettera è anche in PAOLO SIMONCELLI, *Evangelismo italiano del Cinquecento*, Istituto italiano per l'età contemporanea, Roma, 1979 p. 360.

[201] Ne accenna in due luoghi: CARLO GINZBURG, *op. cit.*, pp. 54 e 58

transazioni, un rapporto paraistituzionale che spiega la pressione del duca sugli Inquisitori per un trattamento speciale, benchè fosse reo confesso.[202] Come abbiamo visto il Santo Uffizio lo pone a capo di una conventicola organizzata che disponeva di un preciso ritrovo per i dissidenti religiosi, e Manelfi conferma l'informazione dicendo "che ha dato recapito a quanti sfratati vi vanno in Pisa e in Fiorenza".[203] Manelfi non si sofferma sui legami con quei fiorentini reputati calvinisti, Panciatichi e il suo gruppo (e che per inciso, nella relazione sono accomunati fra quelli in attesa di giudizio), però coinvolge direttamente Ludovico Manna (o Angelo da Messina)[204] nella vicenda delle casse di libri spedite a Firenze e della committenza – ne fa una operazione tutta pisana - della *Nicodemiana*, la cui presenza a Firenze è confermata da quel maestro Girolamo da Fabriano condannato per averlo ospitato per qualche giorno.[205] Al momento del processo il Manna è già in esilio volontario a Ginevra e niente fa supporre che sia fuggito avendo avuto sentore dell'imminente retata (le date non tornano. È partito nel giugno, quando di questa retata non c'era alcuna avvisaglia). La sua condizione di ricercato ci dice solo che soggiornò o compì qualche illecito a Firenze, e la partecipazione alla pubblicazione della *Nicodemiana* potrebbe essere un buon motivo.

Problematico il rapporto di Ricasoli coi fratelli Serarrighi che è solo dedotto dalla residenza nella stessa città (però Pisa non è Montevettolini): Manelfi non entra nei particolari e non li associa mai ad un progetto religioso comune. Non c'è niente che dimostri una triangolazione fra Manelfi, Serarrighi e Ricasoli per cui è legittimo chiedersi se è possibile che il gruppo pisano, con una identità religiosa ben definita, si sia fatto coinvolgere da missionari itineranti, in via di radicalizzazione, e con essi abbia avuto

---

[202] CARLO GINZBURG, *op. cit.*, pp. 26, 39.

[203] CARLO GINZBURG, *op. cit.*, p. 58. Nel ruolo di capo anche *Cronaca fiorentina* cit., p. 138.

[204] Su cui, per tutti, SIMONETTA ADORNI BRACCESI, *Manna Ludovico (Angelo da Messina*, in *DBI*, vol. 69 (2007).

[205] GUSTAVO BERTOLI, *Nuovo*, cit., pp. 264-265 (*ivi* p. 298). Sul rapporto di Manna con Ricasoli, le balle di libri e la *Nicodemiana* cfr. SALVATORE CAPONETTO, *Riforma*, cit., pp. 352-353.

contatti che superavano l'ambito della assistenza *causa religionis*. Della vita pubblica di Marcantonio Serarrighi si sa qualcosa ma nulla che lo colleghi al gruppo di Ricasoli o che spieghi le sue scelte eterodosse. Esercita la professione di notaio dal 1532.[206] Dopo alcuni soggiorni in Valdelsa e a Bientina, nel 1533 lo troviamo nella podesteria di Chiusi-Caprese al servizio del podestà Antonio Niccolini. Poi si sposta a Larciano, quindi a Foiano dove esercita il fratello Francesco.[207] Mancano rogiti fra il 1540 e il 1542, solo perchè dalle notizie che fornisce Polverini, vedi *infra*, dovrebbe essere stato bargello a Bologna. Nel 1542 -1543 roga a Certaldo, poi ancora a Foiano fino al 13 ottobre 1548[208] quando chiede la carica di Bargello di Pisa e con la raccomandazione di Iacopo Polverini[209] l'ottiene. Eletto il 19 dello stesso mese,[210] rimane in carica fino al 1551, allorchè sarà sospeso in seguito alla condanna: lo sostituisce il capitano Meo Corrieri con una patente del 29 gennaio 1552;[211] il 20 maggio 1552 è detenuto alle Stinche dove in un atto notarile si dichiara debitore per 200 scudi di un Ludovico di Niccolò da Pescia, abitante a Pisa, essendo testimone il noto Giovambattista da Padova, berrettaio;[212] dal 7

---

[206] NA 18900-18904 e NM 270-71

[207] Un completo sconosciuto, che esercitò quasi sempre a Foiano, con brevi soggiorni a Firenze nel 1531-1532, poi in Valdarno e a Castrocaro: NA 18888-18889 (1524-1569). Nel 1551 si sposa a Firenze con Leonarda di Alberto Altoviti: NA 6811 c. 576*v*.

[208] NA 18902.

[209] "Ill.mo et ex.mo signor duca $ Marchantonio $ Arrighi da Foiano supplica all'exc. vostra che ella si degni acceptarlo per suo servitore, et farlo bargello di Pisa, et dice che è stato altre volte bargello, et che exercitò tale offitio in bologna electo dal legato
Io l'ho praticho et conoscolo sufficientissimo per tale exercitio come altre volte ho decto all'illustrissima et ex. S.V. et ha tucte le parti che vuole havere un bargello, et di più ha questa parte che io non sapevo, che egli è stato bargello altra volta in bologna, et dice essersi portato bene, et che di questo l'ex.tia vostra si può informare. Da fiorenza el di xiij d'octobre 1548
dell'ill. et exc. S.V. humilis servus J P
Faccisi eleggere ": MS 1121 n. 53.

[210] MS 4307 c.145v: subentra a Giovambattista Bichi da Pistoia che il 22 settembre 1548 era stato nominato bargello a Firenze: MS 4307 c.140r.

[211] OP 57, c.137v

[212] NA 4752 c. 144v

marzo 1554 ricompare a Bibbona come notaio, poi dal 1554 risulta Bargello della campagna e dogana di Pisa.[213] Come bargello al servizio di Alessandro del Caccia e di Bartolomeo Concini è impiegato nella canova di Poggibonsi nel 1554-5 nel corso della guerra di Siena;[214] dal 1 ottobre 1557 riprende a rogare nella zona di Lari, fino al 1579 almeno.[215]

Per quanto riguarda il suo soggiorno a Pisa non sono accertati contatti di natura economica, clientelari o personali con i Ricasoli, né con l'ambiente accademico pisano. Sappiamo della sua ereticità in modo indiretto, solo attraverso la delazione di Manelfi e la condanna, dove si accumulano l'accusa, la ritrattazione, la confessione di aver "trascritto" per Manelfi un libretto contro l'eucaristia[216] ed è questo il solo fatto che lo colloca vicino ai due missionari, fra l'altro non sappiamo se prima o dopo la loro adesione all'anabattismo.[217] In mancanza di altri indizi possiamo pensare che sia stato infettato dal fratello Cristofano che, almeno sulla carta, ha avuto più occasioni di entrare in contatto con eretici come suggeriscono i suoi movimenti ricostruiti da Enrico Garavelli.

Manelfi asserisce che Cristofano era un ex agostiniano sfratato (una condizione che lo colloca in un filone protestante ben definito),[218] Garavelli ne dubita e suppone che sia un ex-domenicano[219] nato attorno al 1510, e a suo parere il maggiore dei tre fratelli.[220] In realtà Cristofano è un benedettino della Badia Fiorentina che professa il 20 luglio 1522 (la *Matricula monachorum* lo

---

[213] PSF 161 c. 36*r-v*.

[214] MdP 440 c. 324*r* e MdP 445 c. 374, cit. da ENRICO GARAVELLI, *Cristofano*, cit., p. 50. E già che c'è chiede il bargellerato di Siena, ma senza fortuna.

[215] NA 18903-4, poi NM 270-71, 1557-1579.

[216] Su questo cfr. ENRICO GARAVELLI, *Lodovico*, cit., p. 89.

[217] Fra l'altro "ha tenute alcune opinioni lutherane persuasoli da altri": GUSTAVO BERTOLI, *Un nuovo*, cit., p. 265 (*ivi* p. 298).

[218] CARLO GINZBURG, *op. cit.*, p. 58.

[219] Garavelli propende per la sua appartenenza all'ordine domenicano per il fatto che il manoscritto della sua traduzione e il testo su cui si è basata siano appartenuti alla biblioteca di San Marco: ENRICO GARAVELLI, *Cristofano* cit. p. 46-47 e 56, e poi per l'amicizia che lo legò a due domenicani coinvolti, Manna e Donzellini: ENRICO GARAVELLI, *Cristofano* cit. p. 56 e IDEM, *Ancora* p. 396n.

[220] ENRICO GARAVELLI, *Cristofano*, cit., pp. 45-46.

registra come "Gregorius Florianus a Florentia", lo stesso giorno in cui professa Ilarione da Montauto, fratello di don Isidoro),[221] uno *status* che ci permette di rivedere le sue coordinate culturali e i collegamenti reali. Egli partecipa sistematicamente ai *Capitoli* della Badia dal 1523 al 1526[222] e dal 1534[223] al 1539, poi scompare: da segnalare la totale mancanza di incarichi amministrativi per tutto il periodo della sua vita monacale.[224] Si può ritenere che nel 1527 sia stato *mutato* in altra sede (non ad Arezzo) e nel 1534 sia ritornato per rimanere fino al '39 quando scelse di allontanarsene (con licenza dei superiori) per seguire la propria strada. Il *terminus* 1539 è confermato da una *fede* autografa conservata in una filza della Badia relativa ad alcuni conti lasciati in sospeso coi Giunti.[225] Altra data sicura e documentata è il 24 gennaio 1540,

---

[221] ARCANGELO BOSSI, *Matricula monachorum Congregationis ordinis S. Benedicti. I. 1409-1699*, a cura di Leandro Novelli e Giovanni Spinelli, Badia di Santa Maria del Monte, Cesena, 1983, p. 231. Considerando che la professione si effettuava fra i 16 e i 17 anni (Vincenzio Borghini professa nel 1532 a 17 anni) e che nel profilo redatto dagli inquisitori è detto di circa quarantanni, si potrebbe anticipare la sua nascita al 1505 ca.

[222] Il suo primo Capitolo è del 7 novembre 1522: NA 11544 c.458r; l'ultimo del 26 dicembre 1526 (CRSGF 78, 228 p. 161)

[223] Il 5 ottobre 1534, in un "conto di stalla a uscita" è segnata la vendita di un cavallo "che portò don Gregorio, nostro monaco": CRSGF 78, 85 c.166. Si direbbe che segni il suo rientro nel convento. Altro indizio: il 16 gennaio 1535 gli viene preparata una stanza nel convento: CRSGF 78, 7 c.16v. Il 2 aprile 1535 ricompare nel *sindacatus*: CRSGF 78, 228 p. 329.

[224] Può sembrare strano che una organizzazione in cui tutti erano tenuti a dare il proprio contributo seguendo negli anni un preciso *cursus officiorum*, permettesse ad alcuni soggetti di evitare certe mansioni amministrative, ed è un dato di fatto che gli esentati da impegni interni non avevano possibilità di carriera dentro l'ordine.

[225] Da una fede di Cristofano del 8 luglio 1539 in CRSGF 78, 361, c. 140r: "addi 2 di luglio 1539. Jo don Gregorio da Foriano monaco della Badia di Firenze per la presente fo fede come li 59 scudi quali benedetto di giunta ha ricevuto da me in quattro partite, la prima adi 6 d'aprile 1538, la seconda adi 30 di marzo, la terza addi 22 detto la quarta addi 25 detto. Jo gliene ho dati per conto di altri conti che habbiamo insieme. et non per conto delli 160 et tanti che debbe havere da ser Marcantonio mio fratello. Et non si debbono metter a conto del pagamento delli detti 160. *In cuius rei fidem haec manu propria scripsi die quo supra.* Et più fo fede come delli sopradetti scudi 160 et tanti io non ne ho pagati nessuno io. Idem Gregorius de Foriano": CRSGF 78, 248

allorché da Roma chiede a Pier Vettori una raccomandazione per entrare nella *familia* del neo eletto cardinal Cervini,[226] per ingraziarsi il quale – scrive – "[a lui] ho dedicata la mia tradottione che feci di santo Giovanni Crisostomo sopra il Vangelo di Santo Matteo",[227] ovvero la traduzione della *Brevis expositio* di San Giovanni Crisostomo.[228] Nonostante l'immediato interessamento del Vettori,[229] l'operazione non riesce. Per un breve periodo è al servizio del neocardinale e vicario generale dei serviti Dionisio Laurerio, poi, nel 1540, è a Napoli, in contatto con Pietro Carnesecchi, un soggiorno decisivo secondo Garavelli per le sue idee religiose perché a Napoli aveva modo di entrare in contatto con i padri spirituali del valdesianesimo.[230] Il 15 gennaio 1541 scrive ancora al Vettori da Napoli, poi nel marzo da Foiano, segnando la fine del suo tentativo. Poi c'è il vuoto fino al 9 giugno 1547

---

c.294r (reg.: "fede di don gregorio co' giunti 1539"). Conosciamo l'esatta natura del contenzioso: Marcantonio debitore di Ridolfo Marucelli e compagni battilori aveva chiesto a Benedetto Giunti di fare il mallevadore per 161 fiorini, e non aveva onorato il debito e qualche anno dopo, precisamente il 10 novembre 1546, i Giunti fanno procuratore il cognato di Bernardo, il canonico pratese Filippo Modesti, per il recupero del credito: procura contro "ser Christoforo serarrigi de foiano alias monacho professo abbatiae florentina et nuncupato don gregorio" del 10 novembre 1546: NA 9757 cc. 43*v*-44*r*.

[226] Da ricordare che nel 1537 il Vettori era stato a Roma per trattare con il futuro cardinale un suo stabile allocamento in Roma: FRANCESCO NICCOLAI, *Pier Vettori (1499-1585)*, Seeber, Firenze, 1912, p. 13.

[227] ENRICO GARAVELLI, *Cristofano*, cit., pp. 67-68.

[228] Sul ms. di questa traduzione, appartenuto alla biblioteca del convento di San Marco, cfr. ENRICO GARAVELLI, *Cristofano*, cit., pp. 46-47. Da notare che la lettera è del 24 gennaio e la dedica è datata 1 maggio, e secondo Garavelli è probabile che non sia mai stata presentata al Cervini.

[229] Viene coinvolto Giovanni Gaddi che il 14 febbraio scrive a Pier Vettori: "…A messer Cristofano non si mancherà di tutto quel consiglio, aiuto et favore che per me serà possibile, per amore della Signoria vostra et delle sue buone qualità ché mi rendo certo che quello non lo raccomanderebbe tanto strettamente, s'ella non conoscesse che lo meritassi." cfr. SALVATORE LO RE, *La crisi della libertà fiorentina*, Edizioni di storia e letteratura, Roma, 2006, p. 317. È evidente che per gli amici romani di Vettori è un perfetto sconosciuto.

[230] ENRICO GARAVELLI, *Cristofano*, cit., p. 48. Un'altra coincidenza, in una lettera a Cosimo dell'8 marzo 1540, Pirro Musefilo scrive da Napoli che "Il Carneseche attende alle suoi prediche di fra bernardino che non ne perde nissuna, …": MdP 4068 alla data.

quando gli Otto e il gonfaloniere di Prato comunicano al maggiordomo Riccio che il precettore pubblico della comunità di Prato da lui raccomandato, messer Cristofano Serarrighi, sta subendo duri attacchi da persone che vorrebbero il precettore precedente, chiamato il Mola. Lo accusano di ignoranza e altro ma gli Otto lo ritengono "idoneo, sufficiente e di buoni costumi" e non si associano a quella richiesta.[231] Il 21 marzo 1548 Cristofano scrive a Riccio (che dal marzo a maggio era rimasto gravemente ammalato, continuando poi la malattia a fasi alterne)[232] per avere conferma del suo interesse di dare alle stampe due sue opere, una finita e l'altra bisognosa di una revisione. Si capisce che a Prato è su invito del Riccio ma si lamenta che non lo difende in modo adeguato perché lo stanno nuovamente sloggiando da casa, questa volta per farci entrare il capitano Feo.[233] Del 28 aprile altra lettera al Riccio sempre da Prato: è ancora perseguitato, fanno circolare brutte voci sul suo conto e gli hanno affibbiato un "vituperoso nome", la gente preme perchè se ne vada, e dice che se è il caso è disposto ad andarsene.[234] Una terza lettera del 6 novembre dello stesso anno, segna la fine del loro rapporto, con qualche particolare biografico in più (doc. 20). È a Prato su espresso invito di Riccio, che gli aveva promesso di occuparsi di lui. Confidando in questo ha perso molte occasioni, ma ora ha deciso di cominciare a pensare "a i casi miei" e di andarsene: cede ai malevoli che l'hanno perseguitato perché è venuto a mancare ogni suo appoggio, perché "ha cambiato l'amore mi dimostrava in odio". Gli spiace di trovarsi a mal partito, senza una prospettiva e solo per non aver voluto pensare al suo interesse. Ma se il motivo di tale rottura è stato "qualche mio difetto", gli ricorda di avergliene parlato direttamente e di averne ricevuto comprensione. Quale sia questo difetto (non c'è spazio per legarlo alla

---

[231] MdP 1173 c.431. L'incarico era biennale per un salario di cento scudi l'anno: MdP 1173 c.704. Il Riccio, su interessamento – credo – del Polverini, altro pratese di cui era intimo, fra l'altro in carica come governatore di Prato benché fosse obbligatoria la residenza in città, prende sotto la sua protezione Cristofano e lo fa nominare precettore della comunità di Prato.

[232] GIGLIOLA FRAGNITO, *Un pratese*, cit., pp. 39-40

[233] ENRICO GARAVELLI, *Ancora*, cit., p. 407.

[234] ENRICO GARAVELLI, *Ancora*, cit., p. 408.

religione) non è dato sapere, e anche arrovellandosi su quale "vituperoso nome" i pratesi potessero avergli affibbiato si rimarrebbe sempre nell'ambito delle illazioni. Comunque anche questa esperienza naufraga miseramente.

Il 4 aprile 1551 si addottora *in utroque* a Pisa.[235] Nel dicembre 1551 è incarcerato e nell'agosto dell'anno successivo ha la grazia: datata 27 febbraio 1553 è l'informazione che accompagna una sua supplica (irreperibile) in cui si espone che ser Cristofano Serarrighi da Foiano dichiara "di haver obtenuto gratia dall'eccellenza vostra illustrissima d'uscire dalle stinche nelle quali si truova confinato per hereticho et che tal gratia obtenne già sono sette mesi et più [cioè almeno dall'agosto], et che non l'ha mai potuta conseguire perché el obtenne da lui con concarico (sic) di dover paghar le spese che adscendono a scudi 15, et per povertà non le ha mai potute paghare et non ha verso alcuno a poterle paghare..." Propone un pagamento rateale a sei mesi assicurando ogni garanzia.[236] Non c'è risposta, se non che non spetta al duca condonargli le spese; comunque nel 1554 è senz'altro in libertà a Venezia, nella cerchia del Beccadelli, dove sottoscrive la *nuncupatoria* a Giovanni Della Casa della *Brevis enarratio* tradotta 15 anni prima. Sempre nel 1554 traduce e stampa anche altre operette di San Giovanni Crisostomo dedicandole a Jacopo Pellegrini canonico di Verona e coinvolgendo anche Rocco Cattaneo. Se ne perdono le tracce dopo il giugno di quell'anno.[237]

Come si è anticipato, l'appartenenza alla Badia non si può considerare un dato neutro e ininfluente, utile solo per ritoccare una biografia consolidata. Essere benedettino e soprattutto professo della Badia in quegli anni significava crescere in un ambiente per-

---

[235] ENRICO GARAVELLI, *Cristofano*, cit., p. 49. A Pisa anche il catechista valdesiano, e poi calvinista, Ludovico Manna si laurea *in philosophia et medicina* il 23 giugno 1550 (*Acta Graduum Academiae Pisanae* 1980: 327): ENRICO GARAVELLI, *Ancora*, cit., p. 395.
[236] CF 2674 e CF 759 alla data.
[237] ENRICO GARAVELLI, *Cristofano*, cit., pp. 53 sgg.

meato di cultura umanistica, con una biblioteca ricchissima specializzata in classici greco-latini, [238] in una scuola che dalla seconda metà del XV secolo aveva fatto il suo punto di forza nella Patristica greca, soprattutto in San Giovanni Crisostomo, san Gregorio, san Basilio, autori che i monaci traducevano e commentavano, animati non da pulsioni filologiche ma dal recupero di valori relativi al sacerdozio.[239] La documentazione archivistica è sufficiente per seguire il formarsi di tale scuola monastica che, avvalendosi nel tempo di validi apporti esterni, ricordo Bartolomeo Fonzio,[240] ha prodotto studiosi come Isidoro da Montauto e Mauro Pandolfini,[241] i quali a loro volta in veste di insegnanti[242]

---

[238] RUDOLF BLUM, *La biblioteca della Badia fiorentina e i codici di Antonio Corbinelli*, Biblioteca apostolica vaticana, Città del Vaticano, 1951, pp. 17-25.

[239] MASSIMO ZAGGIA, *Tra Mantova e la Sicilia*, Olschki, Firenze, 2003, pp. 480-81.

[240] Bartolomeo di Giovanpietro Fonzio fu ingaggiato nel 1494 come maestro di scuola per quasi due anni: CRSGF 78, 81 c.199, prima di riprendere l'insegnamento nello Studio fiorentino nell'anno accademico 1495/6 a partire dal 1 novembre 1495: ARMANDO VERDE, *Lo studio fiorentino*, Firenze, Istituto nazionale per gli studi sul Rinascimento, IV p. 1358. Il 12 gennaio 1496 s.c. deve avere 35 fiorini larghi per i 21 mesi che ha insegnato grammatica in casa in veste di "maestro della squola de nostri giovani". Al momento non è possibile individuare gli allievi che avrebbero potuto trasmettere – materialmente – i suoi insegnamenti ai più giovani. Prima di lui c'era stato un Francesco di Niccolò da Pietrasanta "maestro dei nostri giovani fratelli ad insegnare grammatica" che per tre anni d'insegnamento incominciati il 1 settembre 1489 e finiti il 1 settembre 1492 ebbe 60 scudi: CRSGF 78, 81, c.160.

[241] Ambedue professi nel 1514, su cui MARIANO ARMELLINI, *Bibliotheca Benedictina*, Assisi, 1732, 2°, pp. 29-61 e 104. Da ricordare poi Innocenzo di Niccolò (ARCANGELO BOSSI, *op. cit.*, p. 229), Serafino da Firenze, Benedetto Buonsignori, Zanobi Prologo.

[242] L'investimento del convento sull'educazione dei giovani è un punto fermo di ogni gestione della badia, e si misura nel sistematico acquisto di libri, di carta, di legature e nell'utilizzo di professionisti chiamati ad insegnare ad un costo annuale di circa 20 fiorini. Ad esempio, il 9 marzo 1531 il convento compra da Giampiero da Pavia, loro pigionale e uno dei tanti fornitori di libri, di legature e di fogli del convento, "uno constantino in greco hauuto per conto de discepoli del padre don Isidoro...". Lo stesso nel maggio dell'anno prima aveva legato in carta buona "3 libri d'herasmo": CRSGF 78, 84 c.CClxxxvii C'è da dire che gli acquisti di libri si accrescono soprattutto dopo il '30, una politica facilitata dal fatto che la maggior parte dei cartolai fiorentini lavora nelle botteghe di proprietà del convento. Altra voce indicativa è la spesa per

hanno formato la generazione seguente di Massimo Masi (alias Teofilo fiorentino),[243] Raffaele Castrucci e Gregorio Serarrighi.[244] Il lavoro di quest'ultimo su san Giovanni Crisostomo, sotto la probabile guida – per ragioni cronologiche – di don Isidoro da Montauto,[245] segue quella tradizione di studi senza deviazioni eterodosse[246] e in quel decennio rientra in un filone che aveva uno sbocco pratico nel dinamico mercato editoriale dei volgarizzamenti di testi classici.[247] Garavelli ipotizza un discepolato presso

---

legature e rilegature, di materiale antico e non, e di materiale scrittorio, come carta e inchiostro.

[243] Su Massimo (al secolo Leonardo) di Bernardo Masi cfr. MARIA FUBINI LEUZZI, *Una introduzione per la lettura storica dei* Ricordi in *I Ricordi di Vincenzio Borghini*, a cura di Eliana Carrara e Maria Fubini Leuzzi, Edizioni di Storia e letteratura, Roma, 2018, pp. 13-100: 88-90.

[244] Un loro profilo e relativa bibliografia (a parte il Serarrighi che non è preso in considerazione) in MARIANO ARMELLINI, *op. cit.*, 2°, pp. 106 e 164. In questo quadro, una figura come Vincenzio Borghini si può spiegare dicendo che sul suo interesse storico-antiquario ha pesato il nuovo indirizzo voluto dal monastero nel momento in cui fu deciso (si parla del 1534) di mettere a disposizione dei giovani monaci i professori che tenevano nello Studio fiorentino insegnamenti per "laici", studi destinati alla classe dirigente del paese e non costruiti per religiosi. Testimoni di questa apertura lo stesso Vincenzio Borghini che nei *Ricordi*, annota che nel luglio del 1534 Francesco Verino leggeva alle Campora "la posteriora d'Aristotele" e Isidoro da Montauto che sempre nel 1534 in una lettera all'abate Ambrogio da Roma il 15 agosto dimostra tutto il suo apprezzamento per l'iniziativa: "…At, ubi audivi filios tuos in philosophiae studia summmis viribus incumbere, dandum mihi, vitio duxi, si non & ipse, eo modo quo possem illis auxilio essem &c." in MARIANO ARMELLINI, *op. cit.*, 2, p. 61 che la trascrive da JEAN MABILLON, *Iter Italicum.* I, I, p. 173. Nel '39 a proposito di questi insegnamenti Borghini annota che venne data ai monaci *"commodità di potere studiare et diventare huomini dabbene et virtuosi."*: *Ricordi* cit. p. 114.

[245] Il futuro amministratore dell'Ospedale di Santa Maria Nuova, traduttore di San Nilo, fu il protettore di Borghini e infine inquisitore nominato dal duca Cosimo. Su di lui anche MARIANO ARMELLINI, *op. cit.*, pp. 59-61. Vedi anche MARIA FUBINI LEUZZI, *op. cit.*, pp. 36-38, 77.

[246] MARIA FUBINI LEUZZI, *op. cit.*, pp. 73-74.

[247] Fuori della religione le sue possibilità di impiego sono limitate: segretario, maestro, letterato di professione.

Pier Vettori[248] sulla base della citata richiesta di raccomandazione, ma questo non è sufficiente: non solo mancano riscontri documentari ma nella sua stessa opera non sono evidenziabili elementi tali da apparentarlo al suo insegnamento.

Come per il fratello, la sua adesione alle idee della riforma è sostenuta solo dall'accusa, (ha esternato pubblicamente le sue idee) senza altri particolari e senza supporti documentari. Sembrerebbe da escludere che si sia allontanato dalla religione per scrupoli di fede perché la sua prima azione da sfratato (con licenza) fu cercare un impiego presso il cardinal Cervini, che sensibile alle idee della Riforma proprio non era, e poi, la seconda, di lavorare con il cardinale Laurerio che fu uno dei primi cooptati nel Santo Uffizio. Ciononostante sono credibili dei contatti col valdesianesimo quando soggiorna a Napoli, ma se consideriamo che nessuno lo ha mai ricordato fra i simpatizzanti[249] e che negli anni seguenti non ci sono suoi rapporti con il circolo fiorentino dobbiamo concludere che se ci fu, quella valdesiana fu un'esperienza superficiale senza conseguenze. E stando così le cose si può spostare la sua "conversione" agli anni pisani, dopo il 1549. Lo *status* di letterato, la vicinanza con il Domenichi [250] (effettivamente per qualche mese furono molto vicini, nel carcere delle

---

[248] La condotta a leggere latino e greco nello Studio di Firenze parte dal 1 novembre 1538 e per otto mesi di insegnamento riscuote 200 scudi: MC I, 20 c. 267*v*.

[249] ENRICO GARAVELLI, *Cristofano*, cit., p. 61

[250] ENRICO GARAVELLI, *Lodovico Domenichi e i 'Nicodemiana' di Calvino*, Vecchiarelli, Manziana, 2004, pp. 66-67; IDEM, *Ancora su Cristofano Serarrighi e Lodovico Domenichi*, in *Varchi e altro Rinascimento. Studi offerti a Vanni Bramanti*, a cura di Salvatore Lo Re e Franco Tomasi, Vecchiarelli, Manziana, 2013, pp. 395-411: 399. "Il ritrovamento e la pubblicazione di alcuni *Carmina* latini del Serarrighi, antologizzati in un manoscritto autografo del Domenichi e in parte a lui indirizzati, ha posto inevitabilmente il problema del rapporto tra i due letterati; rapporto che la documentazione inquisitoriale precedentemente nota non consentiva di definire. Da quei versi emerge una relazione di stima e di fiducia, una sorta di affratellamento che non sembra poter prescindere da una comune esperienza religiosa. Un'esperienza di cui il Domenichi volle serbare memoria antologizzando nel Monacense i versi di alcuni dei sodali di quegli anni: non solo del Serarrighi, ma anche di Lelio Carani, morto tra i forzati di Portoferraio mentre scontava una severa condanna *ad triremes perpetuas*, al quale lo aveva indubbiamente legato un rapporto di amicizia personale".

Stinche, dal 3 marzo al 15 marzo e poi dalla fine di maggio al 6 settembre 1552), la presenza simultanea a Pisa di Manna e Carani[251] parimenti condannati nel 1552 nello stesso procedimento, sono indizi che legittimamente suggeriscono che fra loro sia potuta esistere una relazione ma come sostiene Garavelli,[252] senza elementi probatori l'idea di una congrega organizzata rimane una ipotesi.

Lo stesso vale per i suoi rapporti con il grecista Lelio Carani con cui il Serarrighi ha molti elementi in comune: allontanatosi dalla religione (lui per aver dato sospetto nelle cose di religione), attivo a Firenze, forse dal 1546, nel giro di Domenichi, traduttore di classici,[253] a contatto col Vettori ed intimo di alcune figure del suo *entourage*, per esempio il maestro di scuola Lodovico Buonaccorsi, come documenta una sua lettera al Vettori da Firenze, 8 ottobre 1549.[254] Come per Serarrighi non sono state le sue opere ad incriminarlo[255] ma si deve credere che si sia compromesso in qualche adunanza dove ha tenuto e professato opinioni luterane,[256] chissà dove e con chi, ma da questo non si può dedurre una esperienza religiosa condivisa e organica.[257] Lo stesso potrebbe valere sia per il condannato Bartolomeo Rolle che Felici colloca nel gruppo padano-veneto[258] sia per Domenichi essendo inevitabili i contatti fra letterati che lavoravano nel settore del libro, e di sicuro non fu Domenichi il collante della supposta conventicola.

---

[251] Supposta da Garavelli.

[252] Toccando il tema di quella comunità Garavelli scrive "(ammesso che si trattasse di un'unica comunità, cosa sulla quale è a mio avviso lecito nutrire qualche dubbio)": ENRICO GARAVELLI, *Cristofano*, cit., pp. 43-83: 44.

[253] CECILIA ASSO, *I dispiaceri di un traduttore. Morte e opere di Lelio Carani*, in *La fede degli italiani*, cit., pp. 203-222: 203.

[254] ENRICO GARAVELLI, *Ancora*, cit., p. 396n.

[255] Queste le conclusioni di Asso che ha analizzato le sue opere, p. 209.

[256] Sono in tutto 11 le persone cui viene contestato tale reato e di queste solo Cristofano Serarrighi e Niccolò ferrarese non sono condannati alla galea.

[257] ENRICO GARAVELLI, *Ancora*, cit., p. 399.

[258] Anche lui, come molti degli implicati, corrispondente di Renata di Francia: LUCIA FELICI, *op. cit.*, p. 60.

Le testimonianze dirette della presenza di Donzellino a Firenze non sono molte e tutte posteriori al dicembre 1551.[259] Di sicuro non è stato denunciato da Manelfi ma avrebbe potuto far parte della lista romana perché i deputati segnalano come supplementari a suo carico notizie procurate dal Muzzarelli presumibilmente nella fase processuale ("per gl'inditij nuovi lasciatici dal maestro sacri palatij").[260] Anche lui fu processato per azioni commesse *in loco* nonostante fosse fra i "letterati" l'eretico più compromesso e i suoi movimenti conosciuti dall'Inquisizione: era stato lettore a Ferrara presso Lavinia Della Rovere, amica di Renata di Francia e di Olimpia Morato,[261] moglie di Paolo figlio di Camillo Orsini, incarico che si consumò nel giro di qualche mese dopo il 1547, quando Camillo Orsini era stanziato a Parma;[262] compare (prima del 1549) a Pola dove è precettore dei figli del vescovo Vergerio.[263] Da qui passa a Venezia[264] dove collabora con Lucio Paolo Rosello fino al giugno del 1551 quando in seguito all'arresto ai domiciliari di quest'ultimo,[265] per possesso di

---

[259] Lettere dell'Orsini e di Renata, supplica al Riccio dalla prigione. Una sua lettera a Renata ricordata da BARTOLOMEO FONTANA, *Documenti vaticani contro l'eresia luterana*, in "Archivio della società romana di storia patria", 15, 1892, p. xxxii e quella dell'11 febbraio 1552 a p. xli; sulla sua attività di volgarizzatore cfr LUCIA FELICI, *op. cit.*, p. 22.

[260] GUSTAVO BERTOLI, *Un nuovo*, cit., p. 265 (*ivi* p. 299).

[261] SALVATORE CAPONETTO, *La riforma*, cit., p. 283.

[262] GUSTAVO BERTOLI, *Luterani*, cit., p. 114 (*ivi* p. 260).

[263] ANDREA DEL COL, *Lucio Paolo Rosello e la vita religiosa veneziana verso la metà del secolo XVI*, in "Rivista di storia della Chiesa in Italia", 32, 1978, pp. 422-459: 447. ENRICO GARAVELLI, *Ludovico Domenichi*, cit., pp. 32-34. Non risulta fra gli amici del vescovo interrogati a Venezia nel 1548.

[264] SALVATORE CAPONETTO, *La Riforma*, cit., p. 235.

[265] SALVATORE CAPONETTO, *La Riforma*, cit., p. 236 e ANDREA DEL COL, *Lucio* cit. pp. 447-457. Ben diversa la ricostruzione – che non mi sento di condividere – di Garavelli: Donzellini 'turbato' dalla piega che stanno prendendo le cose a Venezia, nell'estate del 1550 scappa e passa a Ferrara (p. 109), ma l'Orsini che rientra in sede alla fine del '50 non lo incrocia. Quindi giunge a Firenze per stampare la *Nicodemiana* il cui antigrafo (un esemplare della *princeps* latina stampata nel 1549 dal Girard a Ginevra: ENRICO GARAVELLI, *Ludovico Domenichi*, cit. p. 129), avuto probabilmente dall'Altieri, gira a Manna che lo passa al Domenichi. Garavelli calcola che costui impieghi da 3 a 5 mesi per

libri proibiti, prende il largo e presumibilmente arriva a Firenze.[266]
Non è noto quando sia giunto di preciso e non sembra che abbia
preannunciato la sua visita a qualcuno dell'*establishment* (i referenti
istituzionali sono Lelio Torelli, Pierfrancesco Riccio, Jacopo
Guidi, Cristiano Pagni). La sola informazione al riguardo è la lettera che il 20 luglio 1551 Francesco Robortello scrive da Venezia
a Pier Vettori per raccomandarlo, e anche da questa non è chiaro
da quanto tempo era già a Firenze.[267] Debole l'ipotesi che Robortello abbia scritto la raccomandazione al Vettori un anno dopo
l'arrivo del Donzellino a Firenze: in un anno avrebbe avuto tutto
il tempo di sistemarsi o perlomeno di contattare le persone
adatte.[268] Sulla scelta di Firenze come luogo per ripararsi e continuare l'attività editoriale più che il richiamo di colleghi letterati
per una operazione di propaganda calvinista, potrebbe aver pesato l'intenzione di offrire personalmente ai figli del duca una copia del suo *Methodus linguae graecae* stampato da Oporinus nel
1551,[269] dedicato loro, intenzione che aveva manifestato nella de-

---

finire la pubblicazione (p. 111) che, pronta agli inizi del 1551, comincia a girare
fra gli amici (p. 113).

[266] Già queste date dovrebbero escluderlo dall'incarico che Felici suppone abbia legato lui e gli altri al progetto di stampa della *Nicodemiana*, che come sappiamo dagli inquisitori fu ultimata nel 1550.

[267] *Italorum et germanorum epistolae ad Petrum Victorium*, Firenze, 1758, I 83-5, cit.
da ENRICO GARAVELLI, *Ludovico Domenichi*, cit. p. 109n. C'è una spiegazione
del perché Robortello, a Venezia dal giugno 1549 per insegnare nella Scuola
di San Marco (MATTEO VENIER, *Francesco Robortello*, in *DBI*, 87, 2016), si sia
rivolto a Pier Vettori: i suoi rapporti con Firenze si erano molto deteriorati da
quando, nel 1548, non onorò la consuetudine di prorogare l'insegnamento a
Pisa un anno dopo la scadenza del contratto triennale. Molteplici ma vani furono i tentativi di farlo recedere dal nuovo contratto: cfr. MdP 14 e MdP 2968
passim.

[268] Di questa idea anche ENRICO GARAVELLI, *Ludovico Domenichi*, cit., pp. 109-
113.

[269] Il colophon ha la data 1551, ma scrivendo a Girolamo Donzellini il 13
novembre 1550 da Basilea, Pietro Perna dice che la grammatica è già stampata
e ne manderà un paio di copie a Cornelio: cit. da LEANDRO PERINI, *La vita e
i tempi di Pietro Perna*, Edizioni di storia e letteratura, Roma, 2002, p. 270.

dicatoria al duca dell'altro suo libro, *Theodoreto* stampato da Giolito nel 1551.[270] Ma anche questa supposizione presenta punti oscuri.

È stato Salvatore Bongi a scoprire l'esistenza di una variante di edizione del *Theodoreto* il cui primo fascicolo di 12 carte risulta sostituito con uno di 6 numerato per pagine, con il frontespizio ricomposto senza il nome del traduttore e soprattutto senza la sua lunga dedica al duca rimpiazzata da una lettera dell'editore molto più breve ad Anna marchesa del Monferrato. Per spiegare il rifacimento Bongi avanzò l'ipotesi che Cosimo avesse ricusato l'offerta del libro e non concesso la gratifica su cui Giolito contava per sovvenzionare la pubblicazione, secondo una prassi ben documentata nel periodo;[271] poi, conosciuti i guai del fratello Girolamo con l'Inquisizione in quello stesso periodo, Bongi optò per una censura religiosa voluta dall'editore per ragioni di opportunità. L'ipotesi è condivisa da Andrea Del Col che però ha spostato l'attenzione sul sodalizio di Cornelio con Lucio Paolo Rosello e sui problemi inquisitoriali di quest'ultimo. Con la scoperta della sua condanna a Firenze sembra verosimile un'altra sequenza: dedica al duca-processo-censura. Cornelio Donzellini arriva a Firenze per presentare al duca il libro con la sua bella dedica, ma in seguito al precipitare degli avvenimenti il duca rifiuta l'offerta e a sua volta l'editore per ragioni di opportunità è costretto a rimediare. Per Firpo l'intervento sul libro deve essere avvenuto nel dicembre del 1551, dopo la sua cattura, e la data della dedica ad Anna del Monferrato (26 luglio 1551) per necessità di cose essere falsa.[272] Nemmeno questa ricostruzione è del tutto convincente, e non solo perché per reggere ha bisogno di supporre un falso. Intanto, per offrire personalmente al duca la

---

[270] TEODORETO DI CIRO, *Sermoni dieci*, c.8v, citata da MASSIMO FIRPO, *Gli affreschi*, cit., p. 376n. Su questo LEANDRO PERINI, *op. cit.*

[271] Su questo SALVATORE BONGI, *Annali di Gabriel Giolito de' Ferrari, da Trino di Monferrato, stampatore in Venezia*, Roma, 1890, I, pp. 344-349: 345. A questa ipotesi però si potrebbe obiettare che non avrebbe avuto senso togliere il nome del traduttore dal frontespizio.

[272] MASSIMO FIRPO, *Gli affreschi*, cit., p. 375.

propria opera,[273] era prassi contattare qualche segretario per preparare il terreno (vedi Davidico, sopra), e per ora di questo non c'è alcuna traccia. Nel raccomandarlo al Vettori Francesco Robortello (20 luglio 1551) non accenna a questo omaggio che pure avrebbe fatto una buona impressione e potuto pesare, a meno che l'opera di censura non fosse già stata compiuta. Che poi Cosimo si risentisse della dedica di un eretico, ne possiamo dubitare visto che proprio qualche mese dopo Rosello, incriminato e agli arresti, dedica il suo *Ritratto del vero principe* (Venezia 1552) al principe Francesco, e non c'è alcuna presa di distanza. La ricostruzione che ritengo più plausibile è che Cornelio si sia allontanato da Venezia nel giugno 1551 per timore che la vicenda in cui era coinvolto Rosello prendesse una piega per lui pericolosa e che Giolito, per prevenire eventuali grane, si sia cautelato eliminando il suo nome dal frontespizio (a questo punto non poteva lasciare la sua dedica a Cosimo), ricomponendo subito il primo fascicolo e dedicarlo ad Anna del Monferrato, con una data che fisserebbe il *terminus post quem* della nuova edizione. L'ipotesi di una tempestiva autocensura dell'editore spiegherebbe sia l'estrema rarità degli esemplari con la dedica originaria sia la mancata presentazione al duca (con che coraggio il dedicatore avrebbe potuto presentargli un libro ormai compromesso?). La ricostruzione di Firpo, infine, non tiene conto dei tempi che l'operazione avrebbe richiesto e presumendo la piena disponibilità di Giolito (e nulla traspare dalla corrispondenza con Venezia), dai primi di dicembre si sarebbe facilmente oltrepassato l'anno.[274]

---

[273] Che questa sia prassi lo dimostra, un esempio fra i tanti, Lodovico Corradi da Mantova ha tradotto di greco in latino THEOPHILUS, *Philothei medici praestantissimi Commentaria in aphorismos Hippocratis. Nunc primum e graeco in Latinum sermonem conuersa Ludouico Corado Mantuano interprete*, Comin da Trino, Venezia, 1549. La dedica è datata 13 settembre 1549), e vuole presentare personalmente una copia al duca al quale ha dedicato il libro: MdP 394 cc.1082-1083. L'anno seguente il Corradi scrive a Cristiano Pagni lamentandosi che il premio promessogli dal duca non è stato onorato, per colpa del Riccio, dice: MdP 399 cc. 669*rv*.

[274] *En passant*, perché rifacendo il frontespizio non ha aggiornato l'anno di stampa?

Tutto questo non significa che Donzellini si sia ritrovato per caso a Firenze, conosceva senz'altro i letterati che come lui, con motivazioni diverse, qui avevano trovato una nuova residenza per sopravvivere, e che ruotavano attorno alla stamperia ducale, solo che non ci sono indizi che la sua venuta rientrasse in un progetto editoriale promosso dalle comunità calviniste, e tanto meno in un programma di scambio fra di esse come propone Felici.[275] Per lui, come per il Carani e forse il Serarrighi, è più credibile che sia stata fatale la presenza dove si discutevano i soliti temi teologici: il libero arbitrio, la giustificazione per fede, il valore delle opere ai fini della salvezza, ecc., nella quale (lui come gli altri) può essere intervenuto esponendosi criticamente sulle indulgenze, la presenza di Cristo nell'eucaristia, la messa e altre "opinioni luterane" con toni propri dell'armamentario antipapista e raccontando, si può immaginare, la sua esperienza personale maturata in un gruppo riformatore avverso agli anabattisti e contrario, tanto per dargli una connotazione, alla dottrina del "sonno delle anime",[276] discorsi che gli sarebbero valsi l'accusa di aver espresso e difeso pubblicamente idee eterodosse e la conseguente messa sotto accusa. Ma anche nel suo caso non ci sono le basi per credere che si volesse piantare a Firenze una cellula calvinista.

Prima di esaminare la posizione di Domenichi, la più complessa e a mio parere emblematica, sarà bene soffermarsi sui quindici "che si fuggirono"[277] sui quali gli inquisitori non forniscono alcuna notizia (non sono stati processati) ma il cui elemento aggregante deve essere stata la loro presenza a Firenze, in tempi prossimi alla vicenda. Alcuni sono presenti nell'*Elenco* del Costituto

---

[275] Per LUCIA FELICI, *op. cit.*: "il gruppo padano-veneto…si era spostato a Firenze per pubblicare i *Nicodemiana*": p. 60, vedi anche p. 24.

[276] LEANDRO PERINI, *op. cit.*, p. 80; ANDREA DEL COL, *Lucio*, cit. p. 448 e ANDREA DEL COL, *Appunti per un'indagine sulle traduzioni in volgare della Bibbia nel Cinquecento italiano*, in *Libri, idee e sentimenti religiosi nel Cinquecento italiano*, a cura di Adriano Prosperi e di Albano Biondi, Panini, Modena,1987, pp. 165-188: 175-176.

[277] GUSTAVO BERTOLI, *Un nuovo*, cit., pp. 266-267 (*ivi* pp. 301-302).

bolognese, fuori dal contesto fiorentino: Antonio da Consandoli,[278] Giuseppe da Asola, Tiziano;[279] altri li ha conosciuti a Firenze come Demetrio e Matteo da Pola che in fuga sostarono a Firenze.[280] Latitanti che confessa aver contattato a Firenze sono Bartolomeo garzone di Ottaviano collettaio, Pietro orefice e a Pisa il su citato Manna. Non nomina invece Antonio cuoiaio, Rinaldo da Verona,[281] Leonardo Onesti da Pescia, il misterioso messer Prospero,[282] Girolamo da Siena,[283] Pietro Perna e Simon Paoli.

---

[278] Antonio Pagani, anabattista per SALVATORE CAPONETTO, *La Riforma*, cit., p. 282, che lo rammenta per aver scritto a Renata di Francia. BARTOLOMEO FONTANA, *op. cit.*, pp.xxxii e xxxix, xl: Antonio Pagani da Ferrara in galea a Venezia (1554). Cappellano a Consandoli: p. LI; e CARLO GINZBURG, *op. cit.*, p. 56n.

[279] Sul quale cfr. CARLO GINZBURG, *op. cit*,. pp. 18-24. A Firenze prima del settembre 1550 incontrò il Manelfi (p. 19). È l'animatore dell'anabattismo italiano.

[280] CARLO GINZBURG, *op. cit.*, p. 57 li rammenta come anabattisti di Pola; su Demetrio si pensa sia morto a Chiavenna, da luterano. A p. 68 Manelfi afferma di averli aiutati a scappare da Firenze a Napoli.

[281] SALVATORE CAPONETTO, *La Riforma*, cit., pp. 334-336, Rinaldo Turchi Marsili da Verona guardia civica di Lucca, calvinista legato al convento di san Frediano. Nel 1554, catturato a Lucca, confessò di avere conosciuto a Firenze il Donzellini, Ottaviano da Forlì, un Niccolò non identificato (c'è un Niccolò ferrarese, legnaiolo fra i condannati) e Ludovico Manna.

[282] Un Prospero trivisano, francescano incarcerato dal suo generale, che chiede denari e aiuto per liberarsi a Renata di Francia, senza data in BARTOLOMEO FONTANA, *op. cit.*, pp.xxxiv e xxxv.

[283] Elemosinario di Renata di Francia: BARTOLOMEO FONTANA, *op. cit.*, p.xxxi. Ben conosciuto dagli inquisitori di Bologna, incriminato e fuggito al Muzzarelli il 3 aprile 1549: CERVINI 23 c.139, su di lui *ivi* cc.128, 143, 144, 146, 150, 153, 155. La sua presenza in questa lista fa pensare che si sia rifugiato a Firenze. Autore di un libretto *De potestate ecclesiastica* dato in omaggio a Cervini 18 dicembre 1548: CERVINI 23 c. 128. Girolamo da Siena (su cui LUIGI CARCERERI, *Fra Giacomo Nacchianti vescovo di Chioggia e fra Girolamo da Siena inquisiti per eresia (1548-1549)*, in "Nuovo Archivio Veneto", nuova serie, XXI, 1911, pp. 469-495) era minore conventuale, predicatore a Chioggia nel 1547, nel 1548 guardiano del convento di Forlì fu imprigionato in Bologna da Giovanni Antonio Delfino, generale della provincia di Bologna dell'ordine minore conventuale. Ma fuggì dal carcere il 3 aprile 1549 nel momento in cui Muzzarelli cominciava a chiedergli ragioni di alcune sue affermazioni fatte durante la predicazione. Scompare, pensano che si sia rifugiato a Venezia, compare

Questi ultimi due meritano un approfondimento. Di Pietro Perna, ex domenicano rifugiato a Basilea per motivi di religione dal 1542, editore e mercante di libri, organizzatore di una rete che spostava testi eretici dalla Svizzera a Venezia e nell'alta Italia, non è chiaro il reato contestatogli a Firenze: sappiamo di un suo incontro con Pier Vettori avvenuto, forse, in occasione della ristampa della *Retorica* di Aristotele fatta da Oporinus (1549),[284] e Perini collega la sua presenza ai libri trovati a Puccerelli.[285] Sembrerebbe però più probabile collegarlo ai libri cercati dalla curia prima della cattura del notaio, anche se risulta difficile credere che il suo nome sia stato ripescato dopo due anni dal fatto. Sappiamo che nel 1551 era a Venezia[286] e che da Venezia trattava con Firenze, ma piuttosto tardi, nel 1553, con il Torrentino che in quell'anno lo sostituì come mercante di riferimento alla coppia Nicola Stopyus e Gualterio Scotto con cui era in società dal gennaio del 1551, e gli affida il controllo dei privilegi concessi alle *Pandette* dalla Repubblica di Venezia e dall'imperatore.[287]

Su Simone Paoli si possono aggiungere dei nuovi particolari biografici che però non aggiungono nulla al suo profilo di eretico. Nasce il 15 aprile[288] 1515 e professa alla Badia fiorentina il 6 gennaio 1530;[289] nella scala gerarchica è il monaco che precede immediatamente Vincenzio Borghini, è un suo coetaneo e quindi non può non aver condiviso gli stessi insegnamenti dai medesimi

---

però in un catalogo come elemosinario della duchessa di Ferrara. Carcereri non dice altro.

[284] DOMENICO MARIA MANNI, *Vita di Pietro Perna lucchese diligentissimo impressore in Basilea*, Jacopo Giusti, Lucca, 1763, p. 29.

[285] LEANDRO PERINI, *op. cit.*, pp. 71-72.

[286] PAUL F. GRENDLER, *L'Inquisizione romana e l'editoria a Venezia 1540-1605*, Il Veltro, Roma, 1983, p. 182.

[287] NA 9353 cc. 64 sgg.

[288] Simone e Romolo di Paolo di Girolamo Paoli (Pagoli) nasce a Firenze nel popolo di San Pier Maggiore, venerdì 15 aprile 1515: Firenze, Opera del Duomo, Battezzati Registri 8, c.38.

[289] ARCANGELO BOSSI, *op. cit.*, p. 232; PLACIDO PUCCINELLI, *Cronica dell'insigne ed imperial Abbadia di Fiorenza*, Malatesta, Milano, 1664, p. 141

maestri. Come don Gregorio Serarrighi, non gli vengono mai affidati incarichi amministrativi.[290] Partecipa alla dieta del primo di settembre 1543 a san Faustino di Brescia,[291] il 18 marzo 1544 Borghini in una lettera a Bernardo Torni lo rammenta come convalescente di una grave malattia.[292] Data importante è il 23 agosto 1546 quando gli viene concesso di rimanere fuori del convento di Badia per ragioni di salute.[293] Datata 7 ottobre 1550 è una sua lettera a Iacopo Guidi di accompagnamento ad una supplica al duca (di cui non è noto il contenuto) dove si sottoscrive "servitore della duchessa di Camerino".[294] Il 24 aprile 1551, la Cybo lo fa suo mondualdo e Simone è detto *clericus florentinus*.[295] Nel 1551

---

[290] Nelle filze amministrative del convento ogni tanto appare come destinatario di qualche libro: nel 1542 la Badia acquista un libro della settimana santa per don Simone (CRSGF 78, 7 c.94v); nel 1544 si compra un libro volgare per don Simone (CRSGF 78, 9 c.110)

[291] 26 settembre 1543, spese di vesteria per 20 lire "pagati a don Simone nostro monaco mutato per la dieta fatta il primo di settembre a san Faustino di Brescia": CRSGF 78, 9 c.30r e CRSGF 78, 85 c.378.

[292] Scrive "… fasciculum Simonis nostri diligenter curavi, qui quidem ex diutino et gravi morbo tandem convaluit (è in convalescenza), et nunc perbelle habet, ut mihi ipse per litteras significavi": *Il carteggio di Vincenzio Borghini I*, Spes, Firenze, 2001, XI. Di cosa si tratti non è dato sapere. L'8 giugno 1544 è presente nel convento: NA 569 c.243r.

[293] Il 25 novembre 1551 ser Francesco Vannucci registra in *Notula brevis personarum regularium permanentium extra claustra et quae per reverendum d. vicarium receptae fuerunt in diocesis florentinae, visis earum facultatibus diversi modo obtentis auctoritate apostolica seu als* … che ser Simone Paoli *als professus monasteri Beatae Mariae Abbatiae florentinae* fa fede che con lettere della Sacra Penitenzieria e con il processo fatto da don Benedetto Mercati da San Miniato, vicario dell'arcivescovo fiorentino, e rogato il 23 agosto 1546 dallo stesso Vannucci, può rimanere fuori dal convento per varie infermità che il medico, maestro Francesco del Garbo, con un certificato datato il 24 del presente mese di novembre attesta durare tuttora, certificato che il vicario riceve e ammette (AAF, NAS 222.2, 1551 c. 4*v*). Nel preambolo della *conventio* della Badia con il fratello Girolamo, di cui sotto, non si accenna allo stato di salute come motivo del suo allontanamento, ma solo alle sue dimissioni dall'ordine e alla nuova condizione di *clericus secularis*: NA 574 c.231v

[294] GUIDI 561 alla data.

[295] NA 228 I c.373 e NA 224 c.54. L'atto è stilato nella villa di Mormoreto nel popolo della pieve di sant'Andrea a Doccia, presenti Sallustio di Gabriele Vannucci clerico romano e Giovanni Antonio di Domenico da Ticino ossia da

aderisce alla Chiesa italiana di Ginevra,[296] forse dopo il 25 novembre se alla data è ancora a Firenze,[297] e per motivi ancora sconosciuti rientra nel gruppo dei contumaci.

Non si sa ancora quando si allontanò da Ginevra né come fu catturato dall'Inquisizione; sappiamo di sicuro che è a Firenze il 10 febbraio 1557[298] dopo essere stato, dall'8 novembre 1556 a febbraio 1557, in carcere a Roma "ob eius crimina et delicta".[299] A Firenze (arrivato non si sa se a richiesta della Badia o per decisione del Sant'Uffizio) avrebbe dovuto essere custodito a vita sotto la responsabilità del monastero, con una penale di 300 scudi in caso di fuga.[300] A sua volta, il 18 gennaio 1559, la Badia stipula una *conventio* con il fratello Girolamo che prevede che costui paghi i debiti di don Simone che al momento assommano a 100 scudi (da pagare a rate di 30 lire a trimestre a partire dal 18 aprile 1559) e definisce i modi del suo mantenimento nel monastero, vita natural durante.[301] Per capirne le posizioni religiose si deve ricorrere alle sue frequentazioni testimoniate da Filippo Nasi che nel 1555 nel corso del processo Carnesecchi lo definisce intimo

---

Pavia suoi familiari. La Cybo fa suo procuratore Clemente Rucellai per riscuotere dalla Camera apostolica parte dell'eredità del cardinale Innocenzo Cybo: NA 13939 c.120.

[296] SALVATORE CAPONETTO, *Aonio*, p. 188, n. 34, dal *Libro di memorie diverse raccolte da me Vincenzo Burlamacchi in Geneva de 1550-1669,* copia in BNCF Biblioteca Guicciardini.

[297] Vedi nota 293.

[298] "Venuta di don Simone. Ricordo oggi questo dì primo di marzo 1556 come per infino a di 10 di febbraio prossimo passato arrivò qui in casa don simone pagoli già nostro monacho, condotto da Roma per il venerando padre don Anselmo [di Naccio] et io don Bernardo [di Giovanni, cocellerario] di commessione del Padre don Anselmo cellerario ho fatto questo ricordo questo di sopradetto": CRSGF 78, 264 c.64v.

[299] "Don simon pagholi nostro monaco de dare fiorini 16.5.3.4 perchè tanti si pagarono per lui in Roma alla santa Inquisizione e per le spese fatte li dall'8 di novembre 1556 a tutto febbraio 1556/7 (rimando anche al giornale c.42); deve dare fl.30.0.4.8 per la spesa per condurlo a Firenze, di vettura e di spesa per le osterie dove si fermavano lui, don Anselmo (che il 13 febbraio 1556/7 aveva anticipato 16 fl. alla santa Inquisizione per conto di don Simone), Luigi, Biagio del Cha: CRSGF 78, 88 c.177 e CLXXVII.

[300] NA 574 cc.231-232: 231v

[301] CRSGF 78, 88 c.281. Il fratello Girolamo è un setaiolo: NA 904 c.237r.

del vescovo di Cortona (Giovambattista Ricasoli) e di Pero Gelido,[302] e al resoconto dell'interrogatorio fattogli l'8 agosto 1560 dal domenicano Matteo Lachi, commissario dell'inquisizione di Perugia, in margine al secondo processo al Carnesecchi il quale aveva raccontato di averlo conosciuto di vista fra il '42 e il '43 ma di non averci mai parlato.[303] Da questo interrogatorio svoltosi nella camera di detenzione del convento, non ricaviamo notizie biografiche e religiose, anche perché obiettivo dell'inquisitore non erano le sue vicende personali.[304] Per qualche ignoto motivo il 17 febbraio 1561 don Simone fugge dal monastero[305] e nel maggio del 1561 giunse la notizia a don Teofilo, il priore, che era mor-

---

[302] Discutendo della predestinazione con quest'ultimo seppe che questa opinione luterana era condivisa a Firenze da Andrea da Volterra, dal Paoli, dall'attuale bargello di Pistoia, da Alessandro del Caccia, dal Panciatichi e altri di cui non ricordava il nome.

[303] MASSIMO FIRPO, *Gli affreschi* cit., pp. 350, 363 e n. nel giugno del 1548 è a Lucca, pronto a leggere pubblicamente la sacra scrittora e forse a predicare: CERVINI 43 c.137r-v. Il particolare della sua debole salute rafforza l'ipotesi fatta da Firpo che il benedettino Paolo de Paoli, avanzato dagli inquisitori a Pietro Carnesecchi nel suo quarto costituto del 17 maggio 1560, sia in realtà Simone Paoli: "Interrogatus an cognoverit quendam don Paulum de Paolis monachum ordinis sancti benedicti, respondit: L'ho conosciuto a Firenza o a Venetia: et a questo punto me ricordo che egli si lamentava meco spesso della sua debile complexione et della tentatione che haveva per questo rispecto di uscire della religione. Onde non saria gran facto che io l'havesse confortato a farlo intendendo però co li debiti mezi et con licentia de superiori. Interrogatus an sciat ipsum fuisse lutheranum respondit: Io non sapeva quel che fusse alhor. Ho ben inteso che fu perseguitato molto tempo doppo che l'ho cognosciuto, che fu perseguitato per conto della religione. Nè poi me ricordo haverlo visto altramente, et non so quel che sia seguito né dove sia. Et dominis dicentibus an ex suis colloquiis cognoverit ipsum esse suspectum de haeresi, respondit di non perchè si ben parlò seco di lettere, non credo però havere parlato seco de relligione". MASSIMO FIRPO – DARIO MARCATTO, *Processi inquisitoriali* cit. I, 1998, p. 70.

[304] *Processo Carnesecchi* II cc.67r sgg, cit. da MASSIMO FIRPO, *Gli affreschi* cit. p. 350n. In questa occasione confessa (ma non dovrebbe essersi discostato da quanto aveva detto a Roma nel 1556) di aver letto negli anni quaranta le *Considerazioni valdesiane* nonché i *Commenti ai salmi* del Flaminio.

[305] Nella notte fra il 17 e il 18 (lunedì e martedì ultimi di carnevale), don Simone aveva attaccato con il fuoco "certi anelli di uno gagliardo chiavistello dell'uscio della prigione", quindi aveva rotto un altro uscio che serrava la prima stanza e se n'era fuggito calandosi da qualche finestra. Il capitano di

to, non si dice dove né come. [306]

Purtroppo per l'assenza di informazioni relative ai latitanti questi due personaggi (Perna e Paoli) non si possono associare ai condannati. Non si conoscono le accuse formulate nei loro confronti e rimane la possibilità che gli inquisitori li volessero solo interrogare benché il tono intimidatorio prefiguri accuse pesanti e circostanziate. Forse il primo era ricercato per aver portato libri proibiti, ma non si capisce cosa possa aver commesso di rilevante il secondo. Da scartare l'ipotesi che sia ricercato per la semplice appartenza al circolo Cybo visto che molti dei suoi frequentatori, tutti ben conosciuti dagli Inquisitori (il Volterra, Pero Gelido, Carnesecchi, Giovanfrancesco Lottini, Alessandro del Caccia, ecc.), non hanno subito la stessa sorte, in questa congiuntura. È difficile anche credere che il Paoli sia ricercato per essere espatriato *causa religionis*[307] perché il reato non è contemplato nell'ordinamento fiorentino e non ci sono precedenti nella storia dell'inquisizione fiorentina, quindi al momento l'ipotesi sarebbe pura illazione, come senza fondamento è il sospetto che si sia mosso da Firenze avendo avuto sentore di quanto stava succedendo.

Complicata è la posizione di Ludovico Domenichi sul cui caso nonostante l'approfondito studio di Garavelli e le puntuali criti-

---

piazza, chiamato dall'abate subito la mattina seguente ordina che si sorveglino le porte della città e che si vada a cercarlo a casa della sorella Margherita. La perquisizione non ha esito; un garzone del capitano dice di aver visto un tale a lui somigliante uscire da Porta san Niccolò. Vengono mandati dei famigli alla volta della villa di Margherita, ma senza risultato: dalla testimonianza resa *ad perpetuam rei memoriam* a ser Ottaviano da Ronta dal capitano Pietro da Terranuova su richiesta del monastero (NA 575 cc.123v-124v).

[306] "Nota come D. Simone pagoli fuggì dal monasterio nostro sono adi 17 di febraio 1560 secondo l'uso di Firenze; dipoi sino di maggio 1561 fu referito qui al nostro venerando padre priore d. Theofilo come detto D. Simone era passato di questa vita presente. E trovandosi Girolamo per questo disubbrigato di qui è che oggi questo di 5 di dicembre sendo detto Girolamo con el nostro venerando p. cellerario don Michele convenuti insieme per pareggiare finire e saldare questo conto...": CRSGF 78, 88 c.CCLXXXI.

[307] Con lui ci sarebbero Manna già citato, Rinaldo su cui ENRICO GARAVELLI, *Lodovico*, cit., p. 51n, il canonico Demetrio che morì a Chiavenna: CARLO GINZBURG, *op. cit.*, p. 57n.

che avanzate da Ugo Rozzo,[308] rimangono irrisolte le questioni fondamentali relative alla sua ereticità e alla sua partecipazione alla *conventicola* (da lui negate) e alla stampa della *Nicodemiana* (da lui ammessa).

A mio parere non è stato correttamente valutato quel "suspectus" con cui i giudici lo indicano e che di fatto lo scagiona dal peccato/reato di eresia: nonostante le pressioni, Domenichi non ha confessato e gli inquisitori non hanno prove della sua devianza religiosa perché non dispongono di testimonianze circostanziate contro di lui (situazione di per sé indicativa per quanti lo vogliono attivo in qualche gruppo). Stona semmai che un sospetto sia costretto ad abiurare ma questa misura era un deterrente adottato spesso contro gli indiziati perchè fossero coscienti che qualora fosse emersa l'ereticità nascosta avrebbero automaticamente acquisito lo stato di relapsi, con tutto quello che ne conseguiva. Se i dati raccolti lasciano nel dubbio gli inquisitori (si deve dare per scontato che abbia confessato tutto quanto sapeva e che fossero informazioni riscontrabili), dobbiamo prendere in considerazione la possibilità che non sia l'eretico o il nicodemita che oggi molti danno per certo, e che non siano stati qualificanti, per gli inquisitori, i tanti spunti eterodossi che oggi troviamo nei suoi scritti. A differenza degli altri, lui e Bartolomeo stampatore sono condannati dall'inquisizione non per "aver tenuto idee luterane" ma per favoreggiamento (come Piero calzettaro e Girolamo da Fabriano, anch'essi sospetti, vedi sopra, i quattro della Valdinievole) avendo contribuito materialmente alla diffusione dell'eresia con prestazioni (traduzione e stampa) che non comportano una adesione ideologica o confessionale al contenuto, e sulle quali altri avevano giurisdizione. Per rispetto, formale, alla giustizia civile che a quella data (il 4 febbraio)[309] non lo aveva ancora giudicato, inseriscono una clausola particolare (*nisi maior vel minor pena videatur imponenda*)[310] che concede al duca di avere l'ultima parola sulla durata della pena. Non è una smagliatura o

---

[308] UGO ROZZO, *A proposito della 'Nicodemiana/Nicomediana" di Giovanni Calvino*, in *Calvin insolite*, Classiques Garnier, Paris, 2012, pp. 555-564.

[309] *Cronaca fiorentina*, cit., p. 139.

[310] GUSTAVO BERTOLI, *Un nuovo*, cit., p. 263 (*ivi* p. 296).

un atto di sottomissione ai voleri del duca perché concedendo in via eccezionale di rivedere una loro decisione gli Inquisitori ribadiscono che le condanne sono di loro competenza esclusiva. Gli accordi stipulati fra il duca e il Santo Uffizio nel momento in cui a Pisa il maestro del Sacro Palazzo convince della cospirazione luterana in atto, concedevano all'Inquisizione romana la facoltà di citare, processare e condannare sudditi di altri stati sovrani che si sono macchiati di eresia,[311] e che tutte le condanne fossero stabilite in piena autonomia dai soli Commissari senza l'avallo del duca, come era avvenuto ancora nel caso Puccerelli. Questo comportava il loro diritto di modificarle a propria discrezione, senza alcuna interferenza da parte civile benchè i luoghi di pena non fossero religiosi. Ne abbiamo la prova dal corso della grazia concessa a Bernardo Ricasoli: il vescovo di Cortona Giovambattista Ricasoli chiede a Cosimo di essere clemente nei confronti del congiunto ("che voglia guardar ms bernardo con l'occio della solita clementia sua"), Cosimo gira la richiesta, a suo nome, al Maestro del Sacro Palazzo ("però mi sara grato che la paternità vostra operi appresso i R.mi Inquisitori che sia liberato del resto del confino"). Gli Inquisitori romani la concedono e allora il duca mette il suo *placet* "appiè della sententia" definitiva.[312] Stessa risposta a Camillo Orsini che perora per la liberazione del Donzellini, cioè "che la causa di costui spetta a sua Santità e a Commissari apostolici".[313] Come controprova il fatto che non chiama invece in causa gli Inquisitori quando viene chiesto a lui di rivedere la condanna che il magistrato degli Otto ha inflitto a Domenichi perché quella pena rientra nella sua esclusiva giurisdizione.[314]

Il 26 febbraio 1552, in un procedimento separato gli Otto lo condannano all'ergastolo. La sentenza contiene tali e tante accuse di eresia che chi (ieri come oggi) si limita a leggere solo quella si

---

[311] ADRIANO PROSPERI, *Per la storia dell'Inquisizione Romana* (1988) ora in IDEM, *L'Inquisizione Romana. Letture e ricerche*, Edizioni di Storia e letteratura, Roma, 2003, pp. 29-68:59.

[312] GUSTAVO BERTOLI, *Luterani*, cit., pp. 110-113 (*ivi* pp. 256-258).

[313] GUSTAVO BERTOLI, *Luterani*, cit., pp. 113-115 (*ivi* pp. 260-262).

[314] GUSTAVO BERTOLI, *Luterani*, cit., pp. 115-116 (*ivi* pp. 263-266).

fa l'idea di un Domenichi riconosciuto luterano e giustamente condannato *causa religionis* e non per essere colpevole di un reato contro leggi e statuti fiorentini[315] cioè per aver stampato libri eretici e con un falso luogo di stampa. È evidente che fu una sentenza pilotata sopra un personaggio senza peso nella *nomenklatura* cosimiana, che non gestiva capitali né era mai stato impiegato in affari delicati, e che non era fiorentino. La disinvoltura con cui gli viene addossata una macchia che gli inquisitori non avevano riconosciuto (e che comunque in quella sede non avrebbe dovuto avere rilevanza penale, al più essere una aggravante visto che nessun altro era stato messo sotto accusa e condannato dagli Otto per queste ragioni)[316] è il segno dell'intervento diretto del duca che doveva recuperare credibilità dopo una emergenza che non aveva previsto e che lo aveva obbligato a cedere al Santo Uffizio su richieste cui da anni si opponeva in quanto lesive delle sue prerogative (per ultimo la su citata reazione in difesa del Panciatichi dell'anno prima). Ora che le pene sono stabilite dalla Inquisizione romana, che è caduta la pregiudiziale della Inquisizione locale con Commissari che devono rispondere a Roma, che l'*iter* delle convocazioni di sospetti a Roma viene semplificato (vedi i casi di Niccolucci e Ghetti) e che la protezione dei suoi favoriti (Panciatichi e Ricasoli) è a discrezione del Santo Uffizio, cerca di riacquistare un ruolo e mostrandosi più intransigente di loro prova a farsi riconoscere paladino della ortodossia,[317] e può chiudere una volta per tutte il contenzioso con Roma.

Garavelli avanza l'ipotesi che il reato consistesse nel non aver avuto licenza di stampa dal magistrato competente.[318] L'ipotesi è da scartare perché in quel periodo non esisteva alcun vincolo

---

[315] La sentenza definitiva in OG 60 cc. 66*v*-67: FRANCESCO BONAINI, *Dell'imprigionamento per opinioni religiose di Renata d'Este e di L. Domenichi e degli uffici da essa fatti per la liberazione di lui secondo i documenti dell'Archivio centrale di stato*, in "Giornale storico degli archivi toscani", 3, 1859, pp. 268-281: 272-73, ENRICO GARAVELLI, *Lodovico* cit. pp. 60-61.

[316] Brucioli è un caso a sé.

[317] Difensore dell'ortodossia è uno dei titoli che Cosimo maggiormente apprezza: MASSIMO FIRPO, *Gli affreschi*, cit., pp. 377-378.

[318] ENRICO GARAVELLI, *Lodovico*, cit., p. 61.

sulla stampa. L'unica limitazione preventiva poteva semmai riguardare l'uso del logo "Nella stamperia ducale" destinato a testi approvati o voluti espressamente dal duca e da chi curava e controllava la linea editoriale della Stamperia (Torelli), ma per tutti gli altri libri – compresi quelli stampati nella tipografia del Torrentino – non c'erano vincoli e la stampa era libera, beninteso sotto la responsabilità dello stampatore per quel che riguarda i contenuti e il rispetto dei privilegi altrui. Era suo interesse ottenere un parere preventivo del vicario dell'arcivescovo nel caso volesse stampare un'opera religiosa o della amministrazione per i libri di argomento storico-politico che toccavano temi di storia fiorentina, ma solo per non incorrere poi in contestazioni e sequestri.[319] La censura preventiva ossia l'obbligo di ottenere licenza dal vicario e dall'auditore fiscale a Firenze ha una data iniziale, 16 novembre 1591,[320] e fino a quel momento non si può parlare di controllo sulla stampa. Gli esempi citati da Garavelli (Buonagrazia, Brucioli) nascono in stagioni particolari della vita civile fiorentina, e non hanno avuto seguito: non si conoscono quaderni o fondi o depositi con richieste di tale portata, o registri di concessioni; non se ne parla nelle lettere o nelle richieste di privilegi.

L'esistenza di rapporti personali di Domenichi con gli intellet-

---

[319] Cfr il contratto fra Bartolomeo de' Libri e Filippo Giunti dell'8 luglio 1500, in cui il primo chiede che "libri e quali saranno in suo piacimento non [siano] libri vietati da persona cioè ^da^ magistrati o dalla chiesa accioche io non ne potessi havere impedimento", trascritto in GUSTAVO BERTOLI, *Bartolomeo*, cit., doc. 4 pp. 49-50: 50. Può essere che Garavelli sia stato indotto in questa similitudine dagli avvenimenti veneziani, in particolare dalla *Parte* del 12 febbraio 1543 con la quale i Dieci ordinavano la licenza di stampa per testi in sospetto di eterodossia, contro la morale e lo stato: il testo in HORACE BROWN, *The venetian printing press. 1469-1800*, Putnam, New York, 1891, pp. 210-211. Dalla *Parte* veneziana si capisce che non è obbligatoria la licenza su tutti i libri che dovranno essere stampati, ma che riguarda solo "dette" opere e anche la loro rivendita. Da notare come in questa disposizione sia introdotta la pena di un anno per quanti indicheranno un falso luogo di stampa.

[320] La disposizione divenne operativa nel 1594: ANTONIO PANELLA, *La censura sulla stampa e una questione giurisdizionale fra Stato e Chiesa in Firenze alla fine del secolo XVI*, in "Archivio Storico I", 5a s., 43, 1909, pp. 140-151: 148.

tuali residenti a Firenze (Carani,[321] Serarrighi,[322] Donzellino[323]) è scontata per il suo ruolo di consulente editoriale e responsabile letterario (revisore dei testi, correttore, autore di prefazioni e dediche) della Stamperia ducale. Con tutti gli altri non è dimostrata alcuna collusione, né il suo nome è tirato in ballo da Manelfi in nessuna occasione. Come poligrafo poi non poteva esimersi dal misurarsi su temi religiosi tanto popolari e non dare un suo contributo, da letterato, senza ambizione di teologo o di uomo di fede impegnato. Non è in discussione la sua partecipazione ad un dibattito che coinvolge i letterati del tempo ma il suo coinvolgimento attivo in quel gruppo e la sua adesione alla riforma, come si è voluto desumere dalla condanna subita.

La vicenda della *Nicodemiana* è importante perché su questa edizione si è creato il mito di un progetto calvinista per Firenze di cui Domenichi sarebbe stato parte attiva. Riconosco che era forzata l'ipotesi da me sostenuta a suo tempo secondo cui la stampa sia stata scoperta nel 1550 (e subito sequestrata) e che il processo contro Domenichi sia stato congelato e ripescato al momento di chiudere con i "luterani" locali, ma – come ha riconosciuto Garavelli a p.106 – era il tentativo di coordinare l'anno e mezzo che intercorse fra la chiusura del libro e il processo,[324] con dei postulati verosimili e condivisi: esisteva una conventicola organizzata, Domenichi era nelle grazie di Cosimo, la scoperta era da attribuire agli Otto di guardia e la stampa era destinata al mercato interno (se non sopravvive alcun esemplare e se la stampa è del 1550, sembrava logico dedurne che sia stata sequestrata subito e che il fatto sia stato messo a tacere). Senonché ad una analisi più

---

[321] ENRICO GARAVELLI, *Lodovico*, cit., pp. 86-88.

[322] ENRICO GARAVELLI, *Lodovico*, cit., pp. 88-89.

[323] ENRICO GARAVELLI, *Lodovico*, cit., pp. 89-90.

[324] "...Gli è un anno e mezo [siamo a fine 1551] che [il giovane stampatore Bartolomeo] stampò la *Nicodemiana* del Calvino tradotta dal Domenichi...": GUSTAVO BERTOLI, *Un nuovo documento*, cit., p. 265 (*ivi* p. 299). Sulla stessa linea interpretativa SALVATORE CAPONETTO, *La Riforma*, cit., p. 352 che parla di un arresto di Domenichi quasi contemporaneamente alla condanna del notaio Puccerelli. Nessuno degli inquirenti però ha mai detto che la data di stampa era 1550 e nessuno di loro ha messo in evidenza che anche la data era falsa.

approfondita questi postulati si sono rivelati molto deboli e di conseguenza si è reso necessario azzerare le vecchie tesi e aprire a nuove ipotesi, da vagliare nel momento in cui emergeranno nuovi documenti.

Avendo sottoposto ad una stringente analisi linguistica la traduzione dell'*unicum* di Erlangen (*Del fuggir le superstitioni che contrastano alla sincera confessione della fede*, contenente *Escusatione di Giovanni Calvino a' nicodemiti i quali si lamentano del suo troppo rigore*, In Basilea l'anno MDLI),[325] Garavelli conclude che essa sia "innegabilmente" opera di Domenichi, da cui se ne trae che il *Del fuggir* è la *Nicodemiana* tradotta e stampata da Domenichi o una sua ristampa, non si sa fatta dove e da chi.[326] Garavelli propende per la prima ipotesi ossia che l'*unicum* fu stampato a Firenze, e fra i dati "sicuri", (oltre alla fiorentinità della stampa),[327] inserisce l'affinità di cassa fra l'*unicum* e la produzione un po' più tarda di Bartolomeo riscontrata a suo tempo dallo scriven.[328] Però nel momento in cui è necessario coordinare questo con tutti gli altri dati emergono incongruenze (titolo, data e luogo di stampa, destinazione dell'opera)[329] che fanno pensare che la convergenza di *Nicodemiana* con *Del fuggir* non sia così certa come vorrebbe l'analisi filologica, e che sia necessario riconsiderare l'intero problema, che – anticipo – non credo risolvibile senza ulteriori acquisizioni documentarie.

Per spiegare la inconciliabilità fra i due titoli Garavelli sostiene che "ci deve essere stato qualcosa chiamato *Nicodemiana*"[330] che non era la traduzione di Domenichi, e che questo titolo non sia altro che "l'appellativo convenzionale con cui gli ambienti etero-

---

[325] Particolarmente accurata è la descrizione bibliografica in ENRICO GARAVELLI, *Lodovico*, cit., pp. 115-141.

[326] *Ivi* pp. 115, 126.

[327] ENRICO GARAVELLI, *Lodovico*, cit., pp. 123-125.

[328] GUSTAVO BERTOLI, *Bartolomeo,* cit.

[329] Gli interrogativi messi in evidenza da ROZZO (*A proposito…*, cit..) sono la presenza del nome di Calvino in bella mostra sul frontespizio, il titolo, la contraddizione fra la data di stampa e quella indicata dagli inquisitori,

[330] ENRICO GARAVELLI, *Lodovico*, cit., p. 99.

dossi fiorentini designavano in compendio il *dossier* di Calvino".[331] Questa affermazione, che implica fra l'altro una diffusione del *dossier* (ossia di tutti i testi compresi nel *Del fuggir*) che invece non è accertata, è poco plausibile perchè ci sarebbe un'opera proibita che gli inquisitori conoscono (una copia gira per Firenze al collo di Bartolomeo) e denunciano, facendola includere negli Indici,[332] non con il titolo che compare sul frontespizio ma con quello compendioso e allusivo che circola in un'area marginale, che non sembra coinvolta in questa operazione. È Manelfi che nomina per primo un titolo di cui non esiste una tradizione precedente: *Nicodemiana*, che ne indica il committente, e se non parla mai di Domenichi, è perché non conosceva i particolari della vicenda, altrimenti avrebbe speso al meglio questa carta. È da considerare, a questo punto, verosimile l'ipotesi che sia stato Manelfi a mettere gli inquirenti, laici e religiosi, sulle tracce di un libro che ignoravano[333] e che ha sicuramente visto, anche se ricorda solo una copia in mano al berrettaro padovano Giovanni Battista, già testimone contro Puccerelli, perché dice che ha un falso luogo di stampa, dal che si può arguire che il nome di Domenichi sia saltato fuori in seguito ad indagini degli inquisitori o degli Otto. Chiunque abbia dimestichezza con l'editoria concluderebbe che tale titolo allusivo sia stato bene in evidenza sul suo frontespizio. La convinzione che l'*unicum* sia l'originale di Domenichi spinge inoltre Garavelli a sostenere che quel 1551 sia la data di stampa effettiva e che quella indirettamente indicata dagli inquisitori sia sbagliata, trascurando il fatto che quella data precisa contraddirebbe le loro stesse dichiarazioni quando nel 1551 ne parlano come prodotta un anno e mezzo prima, senza segnalare che anche l'anno è falso.

Un altro nodo cruciale riguarda la stampa dell'opera, non tanto per l'*atelier* dove fu prodotta – se si può escludere la Stamperia ducale per problemi logistici e di opportunità, è solo un'ipotesi che Bartolomeo abbia lavorato lontano da occhi indiscreti (ma

---

[331] ENRICO GARAVELLI, *Lodovico*, cit., p. 100.
[332] ENRICO GARAVELLI, *Lodovico*, cit., pp. 97-98.
[333] ENRICO GARAVELLI, *Lodovico*, cit., pp. 68-69, UGO ROZZO, *A proposito…*, cit.

lontano anche da Domenichi), in via nuova di san Giuliano, al Castello, dove abitava e dove probabilmente stampò nel 1553 *I Germini*[334] – quanto per i tempi di produzione perché, se a lavorarci furono solo due, e ad avanza tempo, la ricostruzione di Garavelli sulla falsariga dei tempi indicati dal *Manuale* del Campanini non è condivisibile[335] in quanto il materiale e l'organizzazione del lavoro del *proto* di Bodoni non hanno niente a che fare con un'operazione semiclandestina in ambienti e con materiali di fortuna, e le 17 forme del *Del fuggir* sono un lavoro impegnativo in simili condizioni anche in un anno e mezzo.[336] Più adeguata al potenziale di un apprendista in una tipografia in parte in disuso, mi sembrerebbe la stampa del solo testo della *Nicodemiana* che in *Del Fuggir* occupa le cc. G2v-K3v: sono circa 14 carte di testo in 4° equivalenti a 27 pagine ossia a 3 fogli e mezzo cioè 7 forme tipografiche. La consistenza sarebbe in linea con quello che si poteva permettere il giovane Bartolomeo in quegli anni: prodotti popolari destinati alla vendita ambulante, poche carte, scarsa qualità del materiale e del lavoro, e come edizione a se stante (e perduta) potrebbe giustificare sul frontespizio quel titolo, *Nicodemiana*, altrimenti incomprensibile.[337] A chi sia ascrivibile l'invenzione di questo titolo non lo sappiamo. Garavelli esclude che sia iniziativa di Domenichi, e considerando che arriva nelle sue mani un testo latino si può pensare ad un manoscritto con questo titolo, ovviamente è una ipotesi.

Relativamente alla stampa, è assodato che Domenichi ha tradotto e fatto stampare la *Nicodemiana*, ma è da capire quale fosse il progetto di questa edizione, dove doveva essere distribuita e da chi. Il falso luogo di stampa non è un problema marginale e trascurabile perché l'indicazione di Basilea non può essere stata casuale, doveva avere una qualche funzione per chi commissionò o allestì l'edizione. Se aveva lo scopo di salvaguardare l'anoni-

---

[334] Gustavo Bertoli, *Bartolomeo,* cit., p. 36.

[335] Enrico Garavelli, *Lodovico,* cit., pp. 112-113. Su questo Ugo Rozzo, *A proposito…,* cit., p. 561.

[336] Ugo Rozzo, *A proposito…,* cit., p. 562.

[337] Su questo Ugo Rozzo, *A proposito…,* cit., p. 562-563.

mato del tipografo la scelta non avrebbe potuto essere più infelice perché il nome di quella città avrebbe allertato qualsiasi inquisitore. Di fronte ad una tale macroscopica contraddizione, che sarebbe troppo semplicistico liquidare come disguido o ingenuità editoriale, possiamo formulare un'ipotesi alternativa (per ora senza alcuna pezza d'appoggio) ovvero che la dicitura Basilea servisse ad un circuito editoriale con una precisa collocazione confessionale, in altri termini questo falso non avrebbe avuto lo scopo di depistare l'inquisitore, ma di utilizzare un 'marchio' (Basilea) che era la garanzia di un prodotto destinato ad un mercato diverso da quello fiorentino e che si avvaleva di una sua rete distributiva, presumibilmente clandestina. Si spiegherebbe, in parte, perché ad un anno dalla sua tiratura nessuno a Firenze (eccetto Giovambattista berrettaro di cui sopra, una eccezione sembrerebbe) ne sapesse nulla, che sia potuta rimanere sempre nascosta e che non sia sopravvissuto nessun esemplare, nonché le parole di Niccolò Franco che parlava di un lavoro a pagamento.[338] Con questo, dopo qualche anno, come si sa, Domenichi fu completamente reintegrato come quasi tutti gli altri e non fu più perseguitato, beneficiando della tradizionale indulgenza del sistema.[339]

Con le condanne si chiude la stagione 'luterana' a Firenze e considerando che quasi nessuno degli incriminati si è trovato implicato in seguito in storie analoghe,[340] anzi che mancano proprio manifestazioni ereticali di un certo rilievo e senza che sia stata approntata una particolare macchina investigativa,[341] si direbbe che questa repressione sia riuscita in pieno e sia stata un ottimo deterrente. Il suo buon esito dipese soprattutto dalla debolezza

---

[338] Cfr. ROBERTO BRUNI, *Polemiche cinquecentesche: Franco, Aretino, Domenichi*, in "Italian Studies", XXXII (1977), pp. 52-67: 65-67.

[339] Sull'usuale scarto fra condanne comminate e quelle effettivamente scontate cfr. JOHN TEDESCHI, *Il giudice e l'eretico. Studi sull'Inquisizione romana*, Vita e pensiero, Milano, 1997, pp. 114-115, MASSIMO FIRPO, *Gli affreschi*, cit., pp. 377-381.

[340] Il solo Paolo da Montopoli, cit. da MASSIMO FIRPO, *Gli affreschi*, cit., pp. 371-372.

[341] Non si può considerare tale l'*Edictum ad extirpandas omnes haereses* del 28 marzo, su cui MASSIMO FIRPO, *Gli affreschi*, cit., p. 373.

intrinseca di un fenomeno che non trovò un progetto né un *leader* carismatico, e che non ebbe il tempo materiale per organizzarsi e radicarsi in un sociale il cui interesse per i temi religiosi andava scemando in seguito al controllo sui predicatori. Il 'modello' Puccerelli per il quale ad essere perseguito era il solo organizzatore, risulta modificato per la condanna che subiscono i fiancheggiatori e ciononostante continuiamo a non aver nozione di quale platea esistesse dietro ai condannati. La mancanza di eventi eterodossi negli anni seguenti spingerebbe a credere che si sia trattato di un pubblico passivo, che non aveva assimilato gli insegnamenti e le nuove idee, e che era corretta la convinzione dei maggiorenti che quanto era emerso non rispecchiava la realtà religiosa fiorentina e non avrebbe avuto ricadute essendo solo suoi spezzoni marginali assemblati in modo forzato da una congiuntura eccezionale (Manelfi).

Finita l'emergenza l'Inquisizione romana, oltre ad avere sbaragliato i focolai anabattisti sparsi per l'Italia[342] e facilitato l'introduzione del Santo Uffizio negli stati che vi si opponevano, ha ottenuto il riconoscimento formale di istituzione preposta alla repressione dell'eresia, primo passo per plasmare la cultura di una gerarchia locale che la percepisce come una sovrastruttura esterna portatrice di contenuti su cui non è pienamente allineata. Di questo ritardo è segno un piccolo episodio. Il 29 gennaio 1552, una decina di giorni prima della processione degli eretici per le strade di Firenze, Giovanni Conti (cancelliere alle Tratte) scrive al duca che quel giorno Alessandro Strozzi, uno dei Commissari inquisitori grande amico del Ghetti,[343] lo ha personalmente informato che il Capitolo di Santa Maria del Fiore ha eletto Andrea da Volterra predicatore per la quaresima a venire e chiede che siano i consoli in quanto patroni a eleggerlo. Dopo lo

---

[342] CARLO GINZBURG, *op. cit.*, p. 10.

[343] Sui rapporti fra lo Strozzi e il Volterra cfr. MASSIMO FIRPO, *Gli affreschi*, cit., pp. 230-234. Strozzi dedica a Cosimo nel 1544 il *Trattato sopra la \ della gratia et delle opere*, (Giunti, Firenze, 1544) che Andrea ha fatto stampare su suo invito: MASSIMO FIRPO, *Gli affreschi* cit. pp. 231-2. Alessandro Strozzi nell'aprile del '52 sarà incaricato dal duca di presentare al papa le condoglianze per la morte di Giovan Battista del Monte: MdP 3271 c.70 con la sua relazione sui colloqui avuti con il papa.

Strozzi gli si è presentato lo stesso maestro Andrea che gli ha assicurato che "le sue predicatione saranno secondo la dottrina evangelica et fuora dogni suspitione di lutherianeria, "ma il Conti non se l'è sentita di dare il via libera senza l'approvazione del duca, e il rescritto di Cosimo dà ragione alle sue remore: "costui è stato dua volte inquisito a roma però trovisi uno altro che de predicatori non mancano" (doc. 21).[344] Quello che è da sottolineare è come lo Strozzi, un inquisitore, non segua le direttive nemmeno tanto criptiche dell'Inquisizione romana, conservi una sua autonomia e viceversa il realismo del duca è determinante con posizioni decise, interessato a non complicare l'equilibro raggiunto con il Sant'Uffizio. In cambio del Ghetti (gli Inquisitori apprezzano che gli sia stato impedito di predicare e che su suo consiglio si sia presentato a Roma, nel marzo del 1552)[345] e del Niccolucci[346] che per quanto suddito di Cosimo (è della Romagna fiorentina) viene inviato a Roma a disposizione degli Inquisitori che promettono di farlo tornare quando avranno finito, il Santo Uffizio si dimostra disponibile alle richieste di Cosimo per ridurre la pena inflitta a Bernardo Ricasoli, benchè abbia confessato, e non si spinge più oltre contro il Panciatichi. È l'inizio di una collaborazione che in questo campo diventerà sempre più stretta e proficua sulla base di una centralizzazione imposta da Roma, nella quale episodi e manifestazioni di autonomia come quello dello Strozzi non avranno più spazio.

---

[344] È il precedente della nota risposta che Cosimo riserva direttamente al Volterra quando nel febbraio 1552 si fa ricevere a Pisa per ottenere l'incarico per predicare, su cui MASSIMO FIRPO, *Gli affreschi*, cit., pp. 373-374.

[345] In GUSTAVO BERTOLI, *Luterani*, cit., pp. 111-112 (*ivi* p. 258-259) l'apprezzamento del Maestro del Sacro Palazzo per il rifiuto di Cosimo di affidare la predicazione al Volterra attenzionato dal Santo Uffizio è del 23 aprile 1552. Sull'episodio vedi le lettere del Ghetti a Paolo Maffei in MARIO BATTISTINI, *Andrea Ghetti da Volterra OSA teologo oratore pedagogista. Notizie biografiche con i suoi due trattati Sull'educazione dei figliuoli e Della grazia e delle opere*, Firenze, 1928, appendice 8 e 9.

[346] La richiesta autografa del cardinale di Compostela è del 13 gennaio 1552: MdP 3721 c. 9r; la corrispondenza seguente in GUSTAVO BERTOLI, *Luterani*, cit., pp. 104-107 (*ivi* 250-253).

DOCUMENTI

1. *Praeceptum.*

La sua collocazione è AAF, CCR.PP4.2; il fascicolo consta di 3 fogli piegati per un totale di 6 carte in folio (bianca la c.5), e contiene anche la corrispondenza coeva fra il vicario dell'arcivescovo e il vicario del Mugello, sul medesimo soggetto, che sarà esaminato di seguito (doc. 3). Fa parte di una serie archivistica fattizia, risalente agli inizi del secolo XX, riunita probabilmente dal conservatore del tempo, monsignor Cioni (colgo l'occasione per ringraziare don Gilberto Aranci e la dott. Rossella Tarchi dell'Archivio Arcivescovile di Firenze). Ignote la sua provenienza e la precedente collocazione.

"Pro libris prohibitis precepta
Die iii septembris 1549
Reverendus Dominus Nicolaus vicarius ex eius mero officio commisit .... et preceptum ut infra

[da qui una seconda mano] Ex parte et mandato Reverendi Domini Niccolai de Buontempis de Perusia prothonotari apostolici et Iu. ut. doctoris ac vicari in spiritualibus et temporalibus reverendissimi domini domini Antonii Altovitae de florentia electi archiepiscopi florentini et ex eius mero officio et ad tollenda scandala ac ex aliis rationabilibus causis eius animum ad infrascripta monentibus interpellatur et monetur primo secundo et tertio magister [in bianco, ma Lorenzo Torrentino] als el tedesco impressor librorum et bibliopola florentiae morans et ei precipitur et mandatur in virtute sanctae obedientiae et sub infrascriptis censuris et penis ut non audeat retinere in sua apoteca libros et opera infrascripta nec aliquod eorum neque illos aut illa quoquomodo per se vel alium directe vel indirecte ^imprimere nec^ alicui vendere aut tradere simul vel divisim sub poena excomunicationis et amissionis librorum et operum predictorum et infrascriptorum ac ducatorum XXV auri largorum pro quolibet libro et pro quolibet volumine seu opere ex infradicendis Cum comminationibus et protestationibus consuetis et quorum

quidem librorum voluminum et operum annotationes et nomina
vulgari sermone sunt quae sequuntur videlicet
libro di frate Bernardino da Siena detto lo Occhijno scappuccino,
Dialogo di Mercurio et caronte de anima,
Dialogo di Pasquino in extasi et Marforio,
Dialogi dello Aretino, et Colloquij di Erasmo,
Messa della Baccante vulgare, Et tutte le altre opere Reprobate
dalla Santa Chiesa Romana et la Squola di Parigi."
[terza mano] Die iiij sett. 1549 Jo Mathei als tamburino nuncium
retulit se hodie interpellasse et monuisse dictum magistrum [in
bianco] als el tedescho stampatore et ei precapisse ut supra etc.
per dimissionem cedulae interpellationis et praecepti predictorum in domibus eius solitae habitationis civitatae florentiae et in
persona et manibus unius ex suis operariis ibi extantibus asseren-
tis eundem magistrum esse infermum in dicta domo in lecto et
se ei daturum dictam cedulam ‖

[Lo stesso procedimento per i fratelli Caccini ai quali il 24 ottobre
viene preparato il *praeceptum* e dal messo Bartolo regolarmente
consegnato il giorno seguente, a bottega:]

Item Die xxiiij octobris 1549
Idem D. Vicarius ex eius mero offitio commisit interpellari pro
ut supra precepto de verbo ad verbum continente Bartolomeo et
fratribus +++ de Caccinis nuncupatis fratelli Caccini bibliopolis
florentiae precipi et mandari in archiepiscopali curia ..."

2. Risposta di Cosimo de Medici a fra Luca da Ortonovo, vicario dell'inquisitore di Genova

MdP 191 c. 44r, 7 maggio 1549, dal copialettere di Cosimo de Medici. Non
ho reperito la lettera del frate.

"Ci è stato grato l'offitio che havete fatto con esso noi per la
lettera vostra d'avvisarci come alcune de nostri sudditi si trovino
macchiati della falsa dottrina de lutherani et ve ne ringratiamo

assai, come assai ci è piaciuto intenderlo per il desiderio che habbiamo di provedere che nello stato nostro la vera religione della fede catholica non solo si conservi ma si accresca, et pero ne faremo advertiti li inquisitori che qui si trovano et daremo opera che ci si ponga optimo remedio, et a comodi di vostra paternità restiamo paratissimi. Da pisa."

3. Lettera del vicario Niccolò Buontempi a Iacopo di Piero Guicciardini, vicario di Scarperia

AAF, CCR.PP4.2. la carta solidale [=c.6 del fascicolo] bianca.

Littera decreti ad vicarium Scarperiae contra suspectum de fide
A tergo
Magnifico viro Jacopo de Guicciardinis vicario Mugelli ut fratre carissimo, Scarperia
Intus vero
Magnifice vir salutem [fin qui la solita mano, posteriore alla copia del testo] E cie pervenuto a notitia che un certo ser Bastiano di giuliano di lino [ma d'Ulivo] di costì notaio ha et tiene in casa sua molti libri reprobati dalla chiesa et che sono prohibiti tenerli, Perilche se così fussi merita mente si potrebbe dire che lui fussi sospetto di sentire male, et havere mala oppinione della sancta fede catholica Et perchè queste sono cose che importono et di grandissimo scandolo, et lo offitio nostro ricerca che stiamo vigilanti, et bisognando ripariamo et provediamo quanto è di bisognio, Confidando in V.M. per le presenti la ricerchiamo et gli commettiamo che subito in nome nostro mandi uno delli suoi notarii in casa [di] detto ser Bastiano con meno demonstratione che si può, et facci cercare et vedere se vi sono libri alcuni sospetti di fede o reprobati, et massime di quegli che di sotto disegneremo Et trovandonene gli faccia torre, et per una persona fidata si degni mandarcegli, et di quanto si troverrà et in questa cosa così seguirà si degni farci aviso, et Noi quando gli accadessi ci offeriamo parati rendergli il cambio, et a V.M. ci raccomandiamo quia diu benevaleat. Ex Archiepiscopali palatio florentino

Die vij. mensis septembris 1549. E libri che sono sospetti sono
di là nell'altra faccia di questo foglio, cioè ‖
Libri di fra Bernardino da Siena detto l'occhino scappuccino
Dialogo di Mercurio et caronte de anima
Dialogo di Pasquino in extasi et Marforio
Dialoghi dell'Aretino
Colloqui di Erasmo
Messa della Baccante vulgare
Et tutte le altre opere riprobate dalla sancta chiesa romana et la
squola di Parigi
Ut frater
N. Bontempus vicarius ecclesiae florentinae [autografa la firma]."

4. Risposta del Guicciardini del 14 settembre 1549

AAF, CCR.PP4.2.

"Reverendus dominus vicarius
La S.V. mi ricercò per la sua di 7 del presente che alla ricevuta
d'epsa io dovessi mandare uno de mia in casa [di] ser Bastiano di
Giuliano di lino [sic] di qui et facessi cercare se in epsa si trovas-
sino alcuno de libri notati in decta sua, o altri sospecti di fede. Il
perchè la sera di poi che l'arrivò io mandai il mio notaio, el quale
diligentemente cercò tutte le stanze et casse dove trovò qualche
libro latino d'un suo fratello tractarsi di cose sacre, ma de sospecti
non alcuno: Et perchè ancora io havevo inteso di lui qualche cosa
simile, volsi intendere se in altro e n'havessi alcuno, et trovai che
sendosi acconcio più mesi sono per cavaliere col Podestà di
Barga,[347] et pensando havere andar seco di giorno in giorno fece
una valigia di sue robe, et mandolla costì in Firenze ma perchè al
podestà vecchio che ancora era a Barga fu prorogato l'uffitio per
qualche mese, non havendo ancora a partire ser Bastiano si
fermò qui & la valigia non mosse di quel luogo dove di principio
la mandò, nella quale se egli ha libro alcuno m'è decto che li ha

---

[347] Vieri de' Cerchi. Solo il 25 gennaio del 1550 è sostituito da Vincentio Sassetti (OP 53 c.153r).

qui, et maxime lo credo, perchè domandando io a di passati al maestro di squola e Colloqui d'Erasmo, che desideravo vederli, che m'erono stati commendati per Bastiano più volte, che havevo inteso erano qui nella terra, mi disse che li haveva ser Bastiano decto, al qual altro non si potettono chiedere per esser absente, ma facendoli domandare a uno de suoi, disse che glhaveva messo nella valigia sopradetta per portarli seco in ufficio, dove sendo quello mi parse che vi possino esser delli altri. Et per poter dare la ++++ alla S.V. dove fussi la valigia. Ho inteso qui da un suo fratello chiamato ser Piero che tiene squola costì, ma hora è qui per le vacationi, che la è in casa <u>sua costì nella via del cocomero</u> presso a san Niccolò, nella quale habita seco un suo cugino chiamato <u>Batista dal borgho a san Lorenzo, che stantia saldamente</u>[348] nella ciptà, e sta con un linaiolo in mercato vecchio chiamato Mariotto della Torre ‖ Però volendo la S.V. certificarsi se in detta valigia sono libri sospecti, sapendo dove la è, et dove è la casa, et chi l'habita, la può fare a suo piacere Io ho voluto rimetter questi particulari non tanto per satisfarli, quanto etiam ++++ medesimo perchè ancora che sia laico reputo che sia mio debito come doverebbe esser etiam di tucti li altri laici, pro posse suo, non mancare di ogni diligentia e aiuto a chi è preposto custode della gregge christiana perchè la fede Catolica di Xsto si mantenessi inviolata, sotto quelle regole et constitutioni che ci ha date et ordinate la sancta Chiesa romana, et che di essa si extirpassino tucti e captivi semi che hoggi di pullulano quasi per tucto con gran detrimento della fede di Xsto. Et se maggior aiuto potessi dare a V.S. di quel poco che li ho dato non ne manchare, anzi melo offero prompto a tutte quelle cose che le gli io possa aiutare & favorire con gli effecti quanto di sopra si dice. Alla quale non occorrendo altro molto mi offero e raccomando. Di Scarperia de 14 di septembre 1549.
Di V.S. Iacopo Guicciardini vicario."

---

[348] Non risultano nel Censimento del 1551.

5. *Punti per mettere nel bando contra li Heretici se parerà all'Ecc. V.*

Senza data, i punti dovevano essere inseriti in un *Bando contro gli eretici* non specificato che andava ad integrare l'Editto *contra rebelles* di Carlo V emanato a Ratisbona il 20 luglio 1546: CERVINI 25 cc. 199-207, *Scritti e materiali per il concilio, sopra le cose di Germania,* c.202r-v, sd, fra una copia di detto bando e la copia della capitolazione fra Paolo III e Carlo V firmata a Roma il 26 giugno 1546.

Ch'ognuno ch'è sotto'l dominio dell'Ecc.tia V. Ill.ma [questa precisazione fa pensare che i destinatari siano principi tedeschi] viva secondo i riti e costitutioni della s.ta Romana chiesa cattolica

che nessuno abbia conversazione con eretici, vivendo con quelli, favoreggiandogli, ricevendo o mandando a lor lettere o ambasciate, ovvero portandole, dando a loro alcuno sossidio, aiuto et ricetto in qualunque luogo del suo dominio o defendendo quelli e loro errori in qualunque modo.

che nessuno etiamdio fedele per alcuni segni esteriori mostri contrario sentimento alla sacre costituzioni ecclesiastiche come vendendo nelle botteghe nei giorni di festa, non andando mai o rarissime volte alla messa in pubblico o alle prediche et lettioni o chiese. mangiando il venerdì e sabato, vigilie e quattro tempora e altri giorni proibiti carne, ovi e latticini. lavorando le feste nascosamente in dispreggio de santi di cui tali feste si celebrano. mancando pigliare i s.mi sacramenti ordinati ne suoi tempi. Spreggiando qualunque etiamdio minima cerimonia della santa chiesa.

che nessuno vituperi o parli contro la santità di N. Signore ne contra religioni, religiosi o religiose o santi che tali religioni hanno instituito, ne si burlino delle loro sante immagini.

che niuno habbia libri heretici o reprobati o lettere o scritti o alcuni segni di l[+++] come immagini sue, dissegni o ritratti et altri segni.

che nessuno pinga imagini contra la comune usanza in dispreggio e vituperio dlli ministri venerandi della s.ta romana Chiesa aggiongendovi cose vituperose o che possino dare scandalo. ‖

che nessuno stampi libri dove sia alcuna cosa teologica etiandio
che non vi fosse altro, ch'una autorità delle sacre lettere se prima
non l'habbia presentati al molto reverendo padre inquisitore.

Ch'ognuno che saprà o sospettarà in qualche modo purchè probabilmente alcuno essere in tali errori et falli predetti dove si voglia nell'ill.mo dominio dell'ecc.tia v. habbia da rivelarlo senza
nessuno rispetto.

Et qualunque sarà convinto d'heresia senza rimissione sarà pu-
blicamente bruggiato come merita, i loro beni saranno confiscati
et i suoi banditi dal dominio dell'ecc.za vostra.

L'altri che mancaranno nell'altre parti assegnate etiandio quelli
che non rivelaranno li sopraddetti saranno parimenti bandeggiati
con li suoi et tutti loro beni confiscati fatta primo la pubblica
corretione.

6. Lettera del vescovo di Arezzo [Bernardo Minerbetti] del 21 gennaio 1550 s.c.

GUIDI 559|9

"Molto magnifico messer Jacopo mio honorando

.. V.S. mi farà gratia dir al duca mio signore che stamani è stato
a me l'inquisitore sopra el negotio del notaro eretico, a doman-
darmi parere di quel che io giudicassi a proposito per conve-
niente pena de' suoi errori. Conciosiacosache sua excellentia non
ha voluto scriverli determinatamente el suo parere. A che li risposi che si conveniva farlo veder in duomo, in pergamo, et a
una hora fatta nota prima al popolo * per polize apicchate a tutte
le chiese, poi farli far le cerchie, e finalmente destinarlo alla galera
per tre anni a beneplacito di sua excellentia.

Messer Jacopo, questa pena dura a chi non sa ben la vita che
questo tristo ha tenuta molti anni, ma è necessario cominciar così
perchè io so di molti che vanno dietro a questa dottrina, che forse
spaventati dall'exemplo si ritireranno. ...

Di Firenze el dì 21 di gennaro 1549, el vescovo di Arezzo"

* di mano di Guidi (?), a sinistra dello specchio di scrittura: *basta*

7. Lettera di Lelio Torelli a Iacopo Guidi del 31 gennaio 1550

GUIDI 583 alla data

" ... Il predicator davidico dice che vi aveva scritto che e' desiderava dedicar a sua excellentia la sua opera contra li heretici e ch'essa la facesse stampare. Io l'ho vista et è opera pia e credo sia catolica | maxime perchè la vedo soscritta e approvata dallo inquisitore. Tuttavia, perchè l'haveva dedicata a papa pagolo e vedendo che voi non havevi risposto alla sua lettera, io li havea detto che si converrebbe più a dedicarla a principe prelato ecclesiastico trattandovisi di cose ecclesiastiche che a principe secolare ma egli persiste nella opinione e io non volendoli dir busie come non voglio, ho mal pago se voi piacendovi non me ne aiutate sì ch'io dica che sua excellentia non vuol entrar in tal briga secondo che del vostro scrivere ho compreso, o altra risposta che tronchi la pratica. aspetto vostra lettera anco sopra di ciò. ...":

8. Lettera di Lelio Torelli a Iacopo Guidi del 25 marzo 1550

GUIDI 588/65

"Ho ben inteso che attorno a questo davidico sono alcuni capi rossi e dubito che non si lasci levare. Io li ho detto più volte che stia saldo e non si lasci levar come leggiero, che attenda a predicare la dottrina sana e catholica e reprobare le opinioni heretiche e false: riprendere li vitij, exhortare al bon vivere e non nominare alcuno perchè qui è lo inquisitore al quale appartiene insieme con l'arcivescovo e suo vicario inquisire e punire quello e questo che predicasse male, a quali doveria rimettere coloro che li rapportano una cosa più che l'altra. Egli m'ha detto che sua excellentia gli ha commesso che gli heretici perseguiti sanza alcun respetto, e io gli ho detto che facci tutto quello che sua excellentia gli ha commesso ma non ne manchi che non potrà fallare. Di cotesto di Pisa lodo che operiate con ms Selvatico (Guidi, il fratello al momento insegnante allo Studio) che se li habbi cura nel modo che scrivere, e in san Geminiano vedrò ancho d'interderne il più che potrò e darovvi aviso quanto prima mi verra fatto. A voi mi raccomando che dio vi conservi e contenti e così a ms. Vincenzo. di Firenze il di 25 di marzo 1550."

9. Lettera di Lelio Torelli a Iacopo Guidi del 12 aprile 1550

GUIDI 520, n.130

"… Al predicatore di santa Felicita[349] credo siano state dette assai cose altramente che non sono, e questa mattina m'ha detto che li è stato detto che francesco mio figliolo aiuta il detto predicatore e che questa settimana santa fu in santo spirito a una cena col predicatore e certi gentilhuomini dove fecero *gaudeamus* di bona maniera. Quando io udii questa pastocchia andai tutto sossopra da me e me non mi resolvendo bene come io dovessi responderli, cioè ridendomene o scorucciandomi, non di meno mi risolvei di dirli così posatamente padre, mio figliolo è stato meco tutta la settimana santa mattino e sera e tutta la quadragesima, nè mai si è partito di casa nè a desinare nè a cena ch'io non lo sappia, e però cotesta è grandissima busia s'ella vi è stata detta e guardate che come codesta vi è stata detta non ve ne siano state dette delle altre assai. Così me la passai senza altro dire e è certissimo che francesco non è mai stato fuora di casa │ a mangiare la settimana

---

[349] Il predicatore di Santa Felicita è il Davidico: in una lettera del 30 novembre 1553 a Iacopo Guidi (la sottolineatura è mia), Lelio Torelli scrive che "[A sua eccellenza] mi occorre fare intendere che il signor marchese di Marignano in Pisa ha detto che presto haveranno il Camuzio [Andrea] alla lettura di *Teorica* di medicina in luogo del Boldano la quale si può ricordare che sono più di tre anni che quest'huomo fu proposto dal Davidico predicatore apostolico <u>allhora qui in santa felicita</u> con dire che essendo di terra sottoposta a svizzeri non saria pericoloso che fusse revocato dal senato di Milano per lo studio di Pavia. Non gli essendo sottoposto allhora se ne hebbe informatione per mezzo del Vinta et furono mandati qui alcuni suoi scritti et in effetto non si trovava che fusse più che mediocre et ordinario dottore.". GUIDI 583 alla data.

santa; nè mai questa quaresima se non una mattina agli angeli con
ser mariotto [Baldini] di guardaroba. Si che *qui cito credit* etc... ".

10. *Sacra dogmata per fratrem Iulianum collensem eremitarum Florentiae in ecclesia sancti Spiritus publice praedicata*

NA 6811 cc. 444*v*-446*r* 18 aprile 1550. Questo è il titolo di una copia anonima
della dichiarazione giurata di Brigantino in CERVINI 29 c. 372*r* (inc.: Deus
qui corporali], parzialmente trascritta da HUBERT JEDIN, *op. cit.*, p. 805n. Fra
<< >> le cancellature di NA. Segnate con > fra [ ] le varianti di Cervini.

"Publice pateat evidenter qualiter hodie hac presenti sottoscritta
die Reverendus in Xsto prior Magister Julianus collensis eremitanus constitutus in pubblico suggesto et pulpito sito in ecclesia
sancti spiritus de Florentia coram reverendo domino Niccolo de
Durantibus de Monticolo partium marce, reverendo vicario archiepiscopi florentini, m. bernardino de Cambis ordinis minorum inquisitore, nonnullis theologis et magno hominum numero,
omni dogmata et super eis predicationes fecisse ipsaque omnia
et singula iterum et denouo esplicavit, confirmavit et adprobavit
et quaequidem dogmata sunt ista meliori modo quo potuit pubblice dixit, exposuit et asseruit se in proxima preterita quadragesima predicasse florentiae in dicta ecclesia sancti spiritus infrascripta videlicet:

Deus qui corporali ieiunio vitia comprimit mentem elevat, virtutem largitur et premiat per Xstum dominum nostrum
Quatuor sunt in causa salutis Dei voluntas Xsti passio fides et
opera
Non reddenda sunt Deo offitia cum Ismaele, Esau vel absalone
sed cum Isaac qui uti filius operatur et <u>heres</u>
<<Sanctos interpella>> Sancti interpellant et orant pro nobis ad
dominum |
Potissimam evangelii partem abnegant qui potestatem negant ecclesiasticam

Temere arbitrantur quam plures omnes in ecclesia sacerdotes esse et unicuique laico datum esse sacramenta conficere

Ceremoniae in ecclesia potissimum sunt necessariae

Negantes merita electionem abhorrent promissionem et fidem aperteque ocium subministrant

Gratia quae hominem gratum reddit perditur per peccatum

In quocumque opere bono aut ex genere vel meritorio gratia indigemus et ope vel universali vel particulari

Velle nostrum est a deo tamen datum qui operatur in nobis velle et perficere pro bona voluntate

In operibus Deo acceptis gratia dei previa est voluntas vero pedissequa

Cohoperatores dei sumus in optimis moribus et virtutibus

Sumus semper liberi sed non semper boni

Suffragio gratiae evitamus peccatum, a peccato resurgimus, legem implemus

Lex igitur iugum est quod neque nos neque patres nostri portare *potuimus* [>potuerunt]

Sine ope dei et eius auxilio [> Sine dei ope et auxilio] dispositionem habemus nullam ad Dei gratiam

Credidi purgatorium id credo etiam idemque predico cum scriptura et ecclesia

Decreta omnia ecclesiae santae romanae, sancte riteque, instituta esse saepius comprobavi

Falso arbitrantur anabaptistae omnia bona temporalia communia esse quandoquidem elemosinae meritum perderetur nec furari esset flagitium |

In catholica ecclesia nullum scisma *est* [>***] vel scissura ut heretici dicunt quia non alia est franciscana religio et Augustini sed in christo una

<<Indl >>

Indulgentiis credo, eas adprobo et predico

<<Contritio, confessio>>

Contritio confessio et satisfactio quae tres sunt penitentiae partes, Iure divino probatae, effectus sunt fidei et <<caritatis>> charitatis

Sancta romana ecclesia per orbem terrarum sanctum christi no-
men confitetur

Deus non auctor sed ultor *est* [> ***] peccati

Sacramenta gratiam conferunt

Opera a <<consilio?>> Cornelio facta pariter a Ninivitis post
Jonae predicationem et officia sareptanae Heliae <<***>> prae-
stita a Raab meretrice exploratoribus <<canc. e sostituito in interlinea sup. da >> Israelis donata initium habuerunt a fide

Nemo extra ecclesiam romanam salvatur

Septem sunt ecclesiae sacramenta

O sacrum convivium in quo christus sumitur, recolitur memoria
passionis eius, mens impletur gratia et futurae gloriae nobis pi-
gnus datur

Saepius praedicando de imaginibus verba feci

Vox sanctorum est, non intres in iudicium cum servo <u>tuo</u> domine, placebo domino in regione vivorum, dimitte nobis debita
nostra ‖

Solus Christus inter mortuos liber

Nullus ita plene legem servavit sicut Christus

Officia deo prestita acceptissima sunt *si* [> si in] caritate fiant

Iustificat fides, iustificant et opera

Negantes opera fidem obnegant et gratiam

<Xsti>

Christi passio et lugenda et adoranda est. "

11. Deposizione di Maddalena Frescobaldi moglie di Ia-
copo Salvetti *pro informatione R.di vicarii*, 17 aprile 1550

AAF, NAS 222 alla data 17 aprile 1550

"La verità è che mentre che lei si confessava il detto frate la di-
mando in che modo lei orava ^et se lei andava a l'imagine^. Et la
gli rispose che quando entrava in chiesa andava al sacramento a
fare orazione. Et lui rispose et disse che in ogni modo era in errore e che dio era in ogni lato, et che nel sacramento v'era quella
memoria, ^et parendogli che lui annullassi il sacramento le inri-
spose et disse Christo disse pure in mia memoria fai così Et allora

lui rispose che Dio fece quella cena et quello convito e così si harebbe a fare quella congregatione di pasta, et che il comunicarsi a uno a uno non rapresenta quello che ordinò cristo.^ Et dopo molte parole gli parve che volessi conchiudere che il sacramento fussi più cerimonie <che> e pasta che altro talmente che lei alhora rimase tutta confusa et scandalezzata, Et intra l'altre parole che molto la scandalizzarono furono queste che lui disse che si faceva g(rande?) coscientia del dire messa, più che di cosa che facessi, et che gli pareva far alhora il maggior peccato che facessi, et di più gli disse che non era di comandamento il guardare le feste. Dipoi soggiunse che parendogli che gl'havessi detto alcune cose che fussino heretiche, li domandò se lui sapeva o conosceva quello notaio il quale era stato mandato in galea per heretico et che lui disse che lo conosceva et che gli era suo grande amico e | più volte era andato a trovarlo alla camera sua, et che gli era buon cristiano Et che lei alhora gli disse come può egli esser buono cristiano se negava il battesimo? Et che lui rispose che il sangue di Cristo e l'acqua che e gittò in croce a battezzo e salvo tutti, Et lei di nuovo gli disse cristo si fece battezzare da san Giovanni e lui gli replicò che l'andar a battezzare con compari e testimoni era una cerimonia et che Cristo non aveva bisogno di testimoni, Et nel processo del parlar gli disse queste cose non si possono dir a ognuno, ma che le dicevono a chi vedevono che havessi un poco di lume. ^Et di più gli disse che in santo Spirito haveva a venir a predicar un valente huomo dicendogli el nome cioè maestro Giulio da colle et <> che gli era stato suo maestro et la esortò a dover andare alle sue prediche Et che il detto frate che la confessava gli disse che haveva andare a predicare alla scarperia^. *Et post haec verba discessit* et soggiunse che lui non gli dette l'assoluzione nè penitenza ma che lei ancora non se ne curò perchè l'haveva scandalizzata oltremodo et che haveva animo di confessarsi di nuovo come le fece".

12. Lettera di don Pedro de Toledo del 21 luglio 1550 a Cosimo de Medici

MdP 611 c.199r

"... ‖ de bartolome panciatico tienen en la inquisición muy mala informacion y segun me dijo ayer uno de ellos en la primera junta que hayan escriveran a los que en Florencia tienen cargo de esto que teniendo la informacion que aca les dizen dando primero parte a vuestra excelencia le prendan (h)ame parecido hazerlo saber a vuestra excelencia por todo buen respecto si es verdad lo que aca dizen justo es que vuestra excelencia ayude a castigalle y querendole vuestra excelencia ayudar no ay mejor manera que contentando a estos quando el caso venga con buenas palabras.
Si vuestra excelencia no esta contento de los que hay entienden en la inquisicion vuestra excelencia me escriva las personas que quiere que yo sin que se sepa que vuestra excelencia lo pide procurare que las señalen porque se que estan puestos en contentar a vuestra excelencia
Suplico a vuestra excelencia que todo eso sea secreto porque lo se de manera que seria mal caso saberse que lo he dicho. nuestro Señor guarde la Ilustrisima persona de vuestra excelencia. de Roma a veinte y uno de julio. criado de vuestra excelencia Don Pedro de toledo"

Traduzione: ".. ‖ di Bartolomeo Panciatico hanno nell'inquisizione pessima informazione e secondo quanto mi disse ieri uno di loro, nella prima riunione che terranno scriveranno a quelli che a Firenze si occupano di questo che, avendo l'informazione che qui comunicano loro, informando prima vostra eccellenza, lo catturino. Mi è sembrato opportuno farlo sapere a vostra eccellenza con tutto il rispetto, se è vero ciò che qui si dice è giusto che vostra eccellenza aiuti a castigarlo e volendolo vostra eccellenza aiutare non c'è modo migliore che accontentare questi quando sarà il momento con buone parole.
 Se vostra eccellenza non è soddisfatto di quelli che ci sono [a Firenze], che vostra eccellenza mi scriva le persone che desidera,

che io senza che si sappia che vostra eccellenza lo richiede farò in modo che le segnalino perché so che sono impegnati ad accontentare vostra eccellenza. Supplico vostra eccellenza che tutto questo rimanga in segreto perché lo so in un modo che sarebbe un guaio sapersi che l'ho detto. nostro Signore protegga l'illustrissima persona di vostra eccellenza. da Roma il 21 di luglio".

13. Lettera di don Pedro de Toledo del 1 agosto 1550 a Cosimo de Medici

MdP 611, 13 c.200r-v: 200v

"… lo que escrivi en la letra pasada a v.ra ex.a del Panchatico me a confirmado el cardenal de Carpi prontamente con dezirme que lo mismo se trata de alexandro del cacha aviso a v.ra ex.a por todo buen respecto, nostro Segnor guarde la ill.ma persona de v.ra ex.a. De Roma primero de agosto. Criado de vra ex.a Don pedro de toledo.

Traduzione: "… quello che ho scritto nella lettera passata a vostra eccellenza del Panciatichi mi ha confermato il cardinale di Carpi prontamente, con dirmi che lo stesso riguarda Alessandro del Caccia, …".

14. Minuta di Cosimo de Medici a don Pedro de Toledo, 4 agosto 1550

MdP 323 c.76v

: "..‖ [c.76v:] habiamo visto le informatione che la [a Roma] sono venuti sopra il panciatico e per non essere noi informati del caso non sappiamo che dirci. Sappiamo ben nostra intention esser santissima in stirpar simil homini in tucti que luoghi ove sono, el non diciano [sic] di Alessandro del Caccia del qual per haver vechia briga co frati di s.to marco altre volta ci trovamo dentro di gran tristitie e falsità contra di esso perché ne parlamo seco e con tutti quelli che ne potevon saper qualcosa. Ora stante la cosa così visto che cotesti r.mi si guardono da noi in simil casi e che come poche pratiche a fiorenza si informono da gente che v[i h]a e poca carita e molte passioni siamo resoluti a veder quello voglion fare e se procederanno giustamente lasceremo far l'offitio loro ma quando per vie indirite si cercassi nuocer al più tristo homo di questo stato che fussi innocente pensin che ce ne risentiremo di sorte che se ne meraviglierano poiché sotto ombra di carità così celatamente li mali spiriti cercon di procedere con noi e cose nostre che san bene loro che mai nissuno si è moso da stirpar li eretichi più di noi ma non comporteremo già che si faci acciachi alli onorati gentilomini quando le cause non sieno queste e vs può chiarir sia chi si vuole che in queste cose sia procedere equal-mente e non tollerar in una lucca vicina a 30 miglia a questa città molti anzi infiniti citadini luteranissimi e a noi che facia profes-sione di catolico guardandoci da noi far ogni giorno qualche afronto come VS mi advisa si che pensino di far cose che sien iniuste in cospetto del mondo che dove si pensa forse disonorar noi e questa città resterano disonorati loro perché in simil cose si solin con aiuto revelare e con cose da haverne onor procedere qual saranno queste che loro ordiscono quando le scopriranno allor saprò di che sapor le sieno e lo e scripto in questa parte inporta troppo io torrei a patti di metterci la miglior terra che io abbi e che in cristianita questa maladeta setta fussi spinta ma mi par che costoro cerchin de cattolici per farli luterani e li luterani vadin dissimulando per non li credere e insin che ogni evento non sono per far una parola di questo caso sinchè non vego dove camina questa loro tela ne altro".

15. Don Pedro de Toledo a Cosimo de Medici, 13 agosto 1550

MdP 611, 13 cc.202r-203r: 202v-203r

... ‖ ... enlo que vra ex.a me escrive en lo del panchatico y de alexandro del cacha no he aun dicho nada a estos reverendissimos esperando buena coyuntura yo la hallare y hare (haze) el oficio como conviene y procurare de saber si proceden en ‖ ello para avisar luego a v.ra ex.a ... de roma a treze de agosto ...don pedro de toledo

Traduzione: Per ciò che vostra eccellenza mi scrive a proposito del Panciatico e di Alessandro del Caccia non ho ancora detto niente a questi reverendissimi aspettando una buona occasione, io la troverò e farò l'ufficio come conviene e cercherò di sapere se procedono in ‖ questo per avvisare in seguito vostra eccellenza ... da Roma 13 agosto ...

16. Lettera di don Pedro de Toledo a Cosimo de Medici del 24 settembre 1550

MdP 611, 14 cc. 216r-224v: 217r- 219r

[c. 217r.] ... de oy a quatro o cinco dias <u>vino</u> el maestro del sacro palacio que es <u>un</u> fraile de San marcos lombardo [Girolamo Muzzarelli] gran favorido del papa y que ha <u>sido</u> muchos años inquisidor en bologna y en mi presencia no me conociendo <u>dizo</u> al cardenal de Santiago estas palabras:
Señor el dia pasado en la congregacion yo no quize dezir mi parecer porque es muy mal hecho que en las cosas de los principes y mas de un principe tan catolico como el duque de florencia se hable sino con mucho secreto y con grande acatamiento y por esto yo soy venido a dezir a vuestra señoria reverendissima dos cosas lo uno el gran daño que ay en el estado de su excelencia de estas cosas de lutero ‖ [c. 217v.] lo otro la manera que a mi parecer sea de tener en remedialla quanto a lo primero lo que yo se es

que siendo el año pasado inquisidor en bologna se prendio un clerigo el qual avia estado en pisa y este dizo que en pisa asi en el estudio como en la ciudad ay infinitos luteranos y que entre ellos ay una compañia la qual tiene una casa secreta donde se juntan a comunicar sus herejias y los principales y mas publicos y descubiertos erejes son Bernardo de recasuli [Ricasoli] luterano en todos los articulos y uno que lee filosofia que se llama el palavisino el qual se fue huyendo de bologna por ereje y un nicolo de la magona y dos clerigos corsos o sardos y otro jurista que dizen que a ora es auditor de la Rota y otros muchos de los quales depuso infinitos errores. en florencia tambien dize que ay muchos y que se entienden entre si y que frai iulian un fraile que aquí esta preso a confesado de muchos y dicho que la cuaresma pasada el viernes santo avia confesado a cincuenta en una ora y todos avian cenado a quella noche juntos porque los luteranos tienen que se ha de celebrar la muerte de cristo in saturitate et non in jejunio. dizo el maestro del sacropalacio que el sabia cierto como que dios esta ‖ [c. 218r.] en el cielo que vuestra excelencia de esto no sabe nada y que de la misma manera sabe que si vuestra excelencia lo supiese lo castigaria crudelisimamente como haria todos los otros pecados de mal exemplo y que por tanto el encargava al cardenal que procurase de remediar a esta cosa la cual y va por muy mal camino y que no pensasen remedialla por la via hordinaria porque no seria a proposito sino que hara menester buscar remedio nuevo y que este el sabia cierto que hara remitillo todo a vuestra excelencia haziendole saber el mal que en su estado ay y enbiandole las informaciones y suplicandole que por amor de dios remediase a este que es el mayor mal como ha remediado a los de mas haziendo echar su excelencia un vando rigurosissimo sobre las herejías y secutandole rigurosimamente dandoles a entender que en ello jamas a de aver remision, y que les protestava que para Florencia este es el unico remedio ase por ser vuestra excelencia principe tan cristiano que lo hara como ha hecho las otras cosas como porque la gente de su estado ninguna cosa les pone freno a nada sino el braco del principe y que juntamente con esto pusiese por inquisidores a los que a vuestra excelencia convisese por ‖ [c.

218v.] que nada seria a proposito si non lo que se hiziese con su voluntad y que no se pusiesen en puntillos ni en jurisdiciones con vuestra ex.a porque lo echarian a perder todo y que asi selo protestava delante de dios. Al cardenal parecio muy bien todo lo que el fraile dizo y creo que se seguira su parecer a despecho del teatino y alo que yo creo enbiaran o haran que el papa embie una persona a vuestra ex.a con estas informaciones y a pensar en el remedio de tanto mal escrivolo a vuestra ex.a para que sepa lo que aca pasa. Y piense lo que es mas su servicio juntamente con el de dios y si a vuestra excelencia le ocurre en este negocio alguna cosa que sea mas a su fantasia que la que a ora se platica vuestra excelencia me la escriva para que procure de encaminarla. No dexare de dezir a vuestra excelentia por no hazer traicion a lo que devo a su servicio que a ca en toda roma y mas entre los mesmos florentines se habla muy mal en el gran dano y publico y sin respeto que dizen que ay en florencia y pisa en las cosas de Lutero y vuestra excelentia me crea que esto non lo dizen frailes sino que es publica fama en roma y bien se sabe que en Luca y ferara y otras partes ay mas mal que en florencia en esta materia pero escandaliza mas lo de Florencia por la mucha mas yusticia que vuestra excelentia haze en todas las otras cosas y por la gran ventaja que vuestra ‖ [c. 219r.] ex. haze a todos los otros principes, yo hablo como verdadero criado y ….

Traduzione: [c. 217r.] … quattro o cinque giorni fa venne il maestro del sacro palazzo che è un frate di San marco lombardo, gran favorito del papa, che è stato per molti anni inquisitore a bologna [Girolamo Muzzarelli] e in mia presenza, non conoscendomi, disse al cardinale di Santiago [Juan Alvarez de Toledo, dal 27 giugno 1550, già di Burgos] queste parole:
Signore, ieri nella congregazione non volli dire il mio parere perché è una brutta cosa che nelle faccende dei principi e specialmente di un principe tanto cattolico come il duca di firenze si parli se non in gran segreto e con molto rispetto e per questo sono venuto a dire a vostra signoria reverendissima due cose, una il gran danno che provocano nello stato di sua eccellenza queste cose di lutero ‖ [c. 217v.] l'altra il modo che a mio parere si debba

seguire per porre rimedio quanto al primo ciò che io so è che
l'anno scorso essendo io inquisitore a bologna si incarcerò un
chierico che era stato a Pisa e questi disse che a Pisa sia nello
Studio che nella città ci sono innumerevoli luterani e che tra di
loro c'è una compagnia che ha una casa segreta dove si riuni-
scono per esporre le proprie eresie e i principali e più conosciuti
e dichiarati eretici sono Bernardo di recasuli luterano in tutti gli
articoli e uno che legge filosofia che si chiama il palavisino il quale
fuggí da Bologna perché eretico e un nicolo de la Magona e due
clerici corsi o sardi e un altro un giurista che dicono che ora è
auditore della Ruota [Montereggi] e molti altri di cui dichiaro innumerevoli errori. Dice che anche a Firenze ce ne sono molti e
che si intendono fra di loro, e che fra Giuliano [Brigantino], un
frate che qui è imprigionato, ha confessato di molti e detto che
la quaresima passata, il venerdí santo, ne aveva confessati cinquanta in un'ora e tutti avevano cenato insieme quella notte perché i luterani credono che si deve celebrare la morte di cristo *in
saturitate* et non *in jejunio*. Disse il maestro del sacro palazzo che
egli sapeva per certo come che dio è ‖ [c. 218r.] in cielo che vostra
eccellenza di questo non sa nulla e che allo stesso modo sa che
se vostra eccellenza lo sapesse lo castigherebbe crudelissima-
mente come farebbe con tutti gli altri peccati di cattivo esempio,
e che pertanto incaricava il cardinale che procurasse di rimediare
a questa cosa la quale va per un pessimo cammino e che non
pensassero di porvi rimedio per la via ordinaria perché non sarebbe adatta ma era necessario cercare un rimedio nuovo e che
questi sapeva per certo che lo avrebbe fatto pervenire a vostra
eccellenza facendole sapere il male che c'è nel suo stato, e invian-
dole le informazioni e supplicandola che per amor di dio ponesse
rimedio a questo che è il più grande male come ha posto rimedio
agli altri facendo fare sua eccellenza un bando rigorosissimo sulle
eresie e perseguitandole rigorosissimamente, facendo capire che
in questo non ci può mai essere remissione, e che insisteva che
per Firenze questo è l'unico rimedio per essere vostra eccellenza
principe tanto cristiano che lo farà come ha fatto le altre cose
come perché nessuna cosa tiene a freno la gente del suo stato se
non il braccio del principe e che insieme a questo designasse

come inquisitori quelli che vostra eccellenza desiderasse per ‖ [c. 218*v*.] che niente sarebbe a proposito se non ciò che si facesse secondo la sua volontà e che non si mettessero in ripicche o giurisdizioni con vostra eccellenza perché manderebbero tutto in malora e che cosí dichiarava davanti a dio. Al cardinale sembrò molto bene tutto quello che il frate disse e credo che si seguirà la sua opinione a dispetto del teatino e a quello che io credo che invieranno o faranno sí che il papa invii una persona a vostra eccellenza con queste informazioni e a pensare al rimedio di tanto male lo scrivo a vostra eccellenza perché sappia ciò che qui succede e pensi a ciò che è più di sua utilità insieme a quella di dio e se a vostra eccellenza viene in mente a questo proposito qualche cosa che sia più consona alla sua volontà di quella di ora, voglia vostra eccellenza scrivermela perché io possa avviarla. Non tralascerò di dire a vostra eccellenza per non tradire quanto devo al suo servizio che qui a roma e ancor più tra i fiorentini si parla molto male del gran danno e pubblico e senza rispetto che c'è a firenze e pisa rispetto alle cose di Lutero e vostra eccellenza mi creda che questo non lo dicono frati ma è di pubblico dominio a roma e si sa molto bene che a Lucca e ferrara e altre parti c'è più male che a firenze in questa materia però scandalizza di più quello di Firenze per la molto maggior giustizia che vostra eccellenza fa in tutte le altre cose e per il gran vantaggio che vostra ‖ [c. 219*r*.] eccellenza ha su tutti gli altri principi, io parlo come vero servitore e...".

17. L'Inquisizione fiorentina interroga Lorenzo Niccolucci

AOI 13193 c.61r [c. 61*v*. bianca]

Haec & quaedam inquisitio facta per reverendum patrem magistrum bernardinum de Cambis inquisitorem hereticae pravitatis die 19 mensis iulii 1551

Dicta die hora xxii vel circiter vocatur coram reverendis magistris ordinis mendicantium Laurentius de Modigliana de Nicholuccis aetatis 33 annorum vel circiter

Et interrogatus de pluribus (prius dato iuramento tamen) et primo inquisitus fuit

Die ii augusti 1551
Magister Iacopus olim Gabrielis Dominici alutarius de Montecatino sponte etc. promisit reverendo p. inquisitori presenti etc. In evenctum in quem liberetur a carceribus $ Laurentius de Mutiliana liberetur a carceribus in quibus ex suo officio detectus liberetur eundem ser Laurentium ad omnem simplicem requisitionem ipsum $ Laurentium semel tantum presentare in carceribus in quibus detinetur sub pena ducatorum 200 auri largorum applicari pro medietate camerae apostolicae et pro alia camerae phiscali illustrissimi ducis etc.

Presentibus $ Rosso francisci del Rosso & $ Iohanne baptista $ Bartolomei de quarantottis testibus ‖

18. Lorenzo Niccolucci viene rilasciato dal carcere del Bargello il 5 settembre 1551

OG 59 c.10r

Adi 5 di settembre da mattina in sabato
Li spettabili et dignissimi signori otto ... deliberarono che si rilasci dalle carcere del Bargello
$ Lorenzo da Modigliana et Scharollo (in indice Scharallo) del Borgo[350] ritenuti in carcere per non costare di quel tanto e stare al posto. Vinto per fave 8 nere per lo si omni meliori modo etc.

---

[350] Dovrebbe trattarsi di Filippo detto Serallo dal Borgo a Buggiano condannato per aver ospitato Niccolucci e Manelfi: GUSTAVO BERTOLI, *Nuovo*, cit., p. 264 (ivi p. 297).

19. Lettera del generale dei francescani a Cosimo de Medici del 2 giugno 1550

MdP 397A c. 748r-v, (la lettera è riassunta in MdP 622 c.76r)

Ill.mo et eccell.mo s.or
La fiducia qual tengo et debbo giustamente tener nell'equità di V.Ecc.a fa ch'io non dubito di qualsivoglia novità che si proccurasse senza il consenso suo in qualche carrico et pregiudicio della mia et molto a lei divota religione. La onde havend'inteso che al presente nelle parti di Firenza si tenta levar l'ufficio dell'inquisicione a me et a miei frati senza alcuna giusta occasione quali già tanto tempo fa per privilegi apostolici ne sono stati fedeli ministri quanto più strettamente posso priego et sopplico V.Ecc.a che non permetti il dishonor di questa religione atteso che la provisione de gl'inquisitori è fatta molto galliarda et per questi tempi assai convenevole alla qual sendo sicuro che dispiaceranno in qualche parte queste novità quali partoriscano molti mali oltra qualche scorno fatto a devoti servi di lei, non la molesterò con più longha lettera sperando che l'appoggio della soa buontà et la grandezza dell'equità di quella non patirà il suddetto disordine et con questo facendosene in soa buona gratia mi raccomando et priegho nostro signor iddio che la guardi da male, et felicemente prosperi il santo suo dominio. Di città di castello il 2 di giugno, nel 50. .. Il generale de conventuali di san francesco.

20. Lettera di Cristofano Serarrighi a Pier Francesco Riccio, 6 novembre 1548

MdP 1174 V, 17

Molto reverendo e signor mio et padrone osservandissimo
Poiché fuor d'ogni mia speranza mi truovo privo della gratia di V.S., della quale facevo tanto conto, che a una sua minima parola ho lasciato andare molti partiti et molto più utili et molto più onorevoli di quello ove mi truovo, ho deliberato finalmente cedere alla volontà de malevoli, et hoggi cominciar a pensare a i

casi miei, a i quali V.S. non ha voluto che io pensi, con dirmi che io lasciassi el pensiero a lei, et che non mi mancherebbe il pane. Io per questa mia chieggio buona licentia da quella che dovunque io sarò, le sarò buono et minimo servitore et la ringratio che ella si sia degnata servirsi di me questo tempo in Prato, dove dal primo dì che io ci venni persi la mia ventura, et cominciai a starci malvolentieri, come possono testificare le mie parole et lettere mandate a V.S quando la pregavo che ella me ne levasse. Et a quella non è paruto fino ad hora, che veggio che la S.V. ha cambiato l'amore mi dimostrava in odio, et mi ha levato le mani d'addosso. Il che visto anzi tocco con mano, non voglio mancandomi lei star qui contro la voglia di chi ha potuto più di me appresso di V.S. aspetterò questa sera la buona licentia da V.S, et poi andrò a trovare gli Otto qui et domanderò anche licentia da loro Signorie. Et iddio mi aiuti. Duolmi non havere avviamento alcuno perché non pensavo a i casi miei, sendomi dato in tutto et per tutto a V.S. la quale tanto largamente mi havea promesso di non mi mancare. Non però incolpo V.S. in conto alcuno, anzi la lodo et le resto obbligatissimo et sempre sono per tenerla per mio padrone, et se i miei scritti non haranno la trista sorte ch'ho havuto io, farò che l'opera che ho fra mano ne dia | buon testimonio che altro non posso offerire a V.S. sendo poverissimo.

Et se qualche mio difetto ne fusse stato ragione V.S. lo sapeva et in santo Romulo [a Firenze?] passeggiando seco glielo dissi, quando quella mi rispose che se fusse altro difetto sarebbe il primo a castigarmi. Non essendo la cosa di tal momento et che per quella havessi a perdermi la buona gratia di V.S. et le fatiche mie et speranze. Pure io tengo per certo che V.S. si muova a buon fine et che ella non possa errare et do la colpa a me, ma solo la prego che al tutto non mi voglia male perchè un dì ella conoscerà che le circostantie e i mali ragguagli di me son stati falsi. Altro non voglio dire se non di cuore raccomandarmi a V.S. la quale se bene mi facesse tutto il male del mondo, il che non credo, sempre terrò come ho tenuto per mio padrone e signore particolare dovunque io sarò alla quale di nuovo mi raccomando. Di Prato el dì 6 di novembre 1548. Di V.R.S humilissimo servitore Cristofano Serarrighi da Foriano. | al Magnifico et reverendo signore

il signor maggiordomo di S. Ecc.zia padrone mio osservandis-
simo. In fiorenza. | |

21. Lettera di Giovanni Conti a Cosimo de Medici del 19 gennaio 1552 s.c.

Tratte 1086 c. 592*r*.

"Illustrissimo et ecc.mo signor duca, signor et patron mio unico:
Ms Alexandro Strozzi questa mattina m'è venuto a trovar, et mi
ha detto il capitolo di santa maria del fiore haver destinato che
per la futura quadragesima si elegha in predicatore di quella
chiesa m. Andrea da Volterra del Ordine di Santo Spirito, promettendo che epso predicherà catholicamente et come si conviene a buon xristiano. Però ne ricercava che li consoli come patroni ne facessin la electione. Il che non ho volsuto fare se prima
non lo fo intendere a V. ecc.a ill.ma accioche la mi possa dir la
voluntà sua: Dipoi m'è venuto a trovar il predetto m° Andrea col
dirmi che le sue predicatione saranno secondo la dottrina evangelica et fuora d'ogni suspicione di lutherianeria, et di maniera
che la satisfaranno prima a V. ecc.a illustrissima come signora et
patrona del tutto. Et dipoi a tutta la città, et spera haver a far
grandissimo fructo, che di così piaccia a dio concederci, et a
V.Ill.ma et ecc.ma s.ria colla debita umiltà et reverentia, del con-
tinnuo mi raccomando: che idio felicissima la conservi. Di Fiorenza alli 29 di gennaio 1551. Di v. ecc. humilissimo servitore
Giovani conti
[di mano di Cosimo:] *costui è stato dua volte inquisito a roma, percio
trovisi uno altro che de predicatori non mancano* ".

APPENDICE

Processi

Le carte relative sono conservate all'Archivio dell'Istituto degli Innocenti sotto il n° 13193. Sono tutti fogli di forma, pressocchè uguali, riuniti in fascicoli che piegati misurano 22 x 29 circa. Non sono rifilati ed hanno filigrane diverse

fasc. 1 di 2 fogli (cc. 1-4, bianche 1*v*, 3-4): §§ 194-205;
fasc. 2 di 4 fogli (cc. 5-12, bianche 9*v*, 10*v*-12*v*): §§1-35, 59-63, 64-73, 74-75, 97-76, 92-96, 97-113;
fasc. 3 di fogli 1 (cc. 13-14): §§ 275-277, 279-281;
fasc. 4 di fogli 2 (cc. 15-18, bianche 15*v*, 17-18): §§282-291;
fasc. 5 di fogli 4 (cc. 19-26, bianche 24*r*-26*v*): §§ 188-193, 206-232;
fasc. 6 di fogli 7 + 3 (cc. 27-43, bianca 31*v*): §§I-LVI, §§ 292;
fasc. 7 di fogli 4 + 1 (cc. 44-53, bianca 52): §§ 114-187, 233-261, 267-271, 278;
fasc. 8 di fogli 3 (cc. 54-59, bianche 57*v*-59*v*): §§ 37-58, 79-91, 272-274, 293;
fasc. 9 di carte 2 (cc. 60-61, bianca 60*v*).

I fogli riuniti in questo faldone sono stati numerati, a suo tempo, da chi scrive secondo l'ordine in cui gli si sono presentati e che dovrebbero essere il prodotto casuale di diversi passaggi di mano, e non secondo l'ordine logico o cronologico che è stato scelto per la ricostruzione. Non appartengono al processo le carte 28, 29, 42, 60-61. Vedi nota 44

Processo a Girolamo Puccerelli e a Clemente sarto

AOdI 13193, fasc.6 (cc.27-35, bianca 31v)

[c. 27*r*.] Die xxiiij mensis septembris M.D.xlviiij

I. Reverendus pater et eximius I.V. doctor dominus Laurentius de Buonsignoribus reverendi in xpo prepositus & Dni d. Braccij de Martellis dei gratia episcopi fesulani vicarius in spiritualibus et temporalibus generalis existens in ecclesia plebe nuncupata s. Iohannisbaptistae de castro s. Johannis causa visitandi plebatum & factis interrogationibus Domino Francisco de Lapinis plebano & Domino Leonardo eius patruo cui sunt reservati fructus & incumbit cura si aliqui sunt qui hoc anno sacramentum sanctissimae eucharistiae non perceperiant respondit quod in eius parrochia tantum modo remansit unus qui vocatur Hieronimus angeli de puccerellis

II. Interrogatus dictus dominus leonardus ad coram domino vicario medio suo iuramento ad delationem & in manibus suis prestito si <scit vel coniecturare potest eam> eidem fecit debitas monitiones dixit quod sic et ipsum monuit pluries

III. Interrogatus quod dictus hieronimus respondit dixit quod respondit haec vel similia verba videlicet de casi mia voi non ve ne havete a dare briga perchè i so quello che io ho a fare

IV. Interrogatus si scit saltem coniecturaliter causam proptereaquam dictus Hieronimus noluit sacramentum eucharistiae recipere respondit quod per ea quae percipere potuit a matre ipsius $ franciscus frater ipsius Hieronimi, qui pro eo solvit certa debita, ipsum induxit ad hoc faciendum

V. Item interrogatus si dictus Hieronimus vadit ad dictam plebem ad audiendum missam & divina officia dixit quod a decem vel xij mensibus citra numquam vidit ipsum & publice audivit tam a plebanis quam a laycis quod ipse non intrat ecclesias

VI. Item interrogatus si audivit ipsum commendisse carnem diebus veneris & alijs prohibitis ab Ecclesia dixit audivisse a Paulo fratre germano dicti Hieronimi quod feria sexta Maioris hebdomade huius anni dictus Hieronimus in castro fighini in domo Clementis sutoris cum dicto Clemente commendevit carnes quos cum invenisset ipse abhorrens discessit. ‖ [c. 27v.]

VII. Deinde prefatus dominus vicarius vocari fecit ser Antonium Gabrielis gubernatorem ecclesiae sancti Laurentii in dicto castro & ipsum similiter medio suo iuramento interrogatus super infrascriptis videlicet

VIII. Interrogatus si scit predictus Hieronimus hoc anno non recepit eucharistiae sacramentum respondit se non loqui eidem Hieronimo ex eo quia audivit a Pauolo eius fratre quod ipse non recipit sacramentum neque ingreditur ecclesias & similiter audivit a nonnullis de dicto castro qualiter comedit carnes diebus prohibitis et quod ipse ab anno citra numquam vidit ipsum Hieronimum ingredi ecclesiam suam sancti Laurenti neque alias et quod audivit a Paulo ipsum Hieronimum infectum fuisse a $ Francisco eius fratre qui tenet positiones hereticas

IX. Deinde dictus dominus vicarius citari fecit Angelum eius patrem pro habenda veritate & ipsum interrogavit si scit causam proptereaquam dictus Hieronimus non comunicatur neque intrat ecclesias respondit haec verba ut infra videlicet

X. Che questo è il maggior pensiero che lui habbi maxime sentendo ogni giorno dire per tutto il castello che lui non si confessa & comunica & non entra in chiese & havendolo più volte ripreso gli ha sempre risposto attendete a vivere e non vi date cura de casi mia deinde

XI. $ Franciscus Lazeri del Badia sacrista oratorii Virginis Mariae medio iuramento interrogatus si unquam vidit dictus Hieronimus ingredi dictum oratorium respondit quod non & quod a diversis personis dicti castri dici audivit quod non comunicatur nec intrat ecclesias quia est hereticus deinde

XII. Prefatus dominus vicarius vocari fecit Paulum fratrem dicti Hieronimi pro habenda veritate & ipsum interrogavit ut infra

XIII. Et primo si haberet aliquam notitiam quod dictus Hieronimus hoc anno receperit sacram comunionem dixit quod per ea quae scit dictus hieronimus hoc anno non recepit

XIV. Item interrogatus dixit quod ab anno citra testis ipse numquam vidit ipsum Hieronimum ingredi ecclesias

XV. Item interrogatus dixit quod ipse hieronimus retinuit nonnullos libros quod ‖ [c. 30r.] ipse testis credit quod fuerit inductus ad hoc faciendum a dictis libris quos non habet amplius

XVI. Item interrogatus dixit quod ipse dici audivit a dicto hieronimo haec vel similia verba videlicet Jo credo in christo & nella vergine maria, l'altre cose della Chiesa son tutte pappolate. Et quando lui gli ha detto va alla messa gli ha risposto lievamiti dinanzi.

XVII. Et di più detto Paolo disse che la mattina di san Simone l'anno passato trovandosi in Firenze in casa di $ Francesco & dicendogli di volere ire alla messa lui gli rispose che messa o non messa tu mi pari uno sciagruato [sic] & lui gli rispose uno sciagruato siate voi & gli disse se tu vuoi udir messa va e odila fuor di Firenze & vatti con dio & da lora in qua lui non ha mai parlato al detto $ Francesco & che lui & Girolamo s'intendono insieme & per questo non lo possono patire.

XVIII. Item interrogato disse che essendo ito il venerdì santo alla festa della rappresentatione della passione a Fighino < & dicendo poi a Chimenti di Rinaldo sarto io > udì dire a Chimenti di Rinaldo sarto se tu fussi venuto a desinare meco io ti harei dato della carne deinde

XIX. $ Franciscus Jeronimi de dicto loco presbiter et cappellanus curatus in ecclesia sanctae luciae de castro predicto eius medio iuramento per dictum dominum vicarium interrogatus dixit quod testis ipse qui ab anno citra et ultra retinuit curam dictae ecclesiae s. Luciae numquam vidit dictum Hieronimum ingredi dictam ecclesiam nec alias dicti castri et testis ipse publice dici audivit in dicto castro & a diversis hominibus & personis quod ipse hieronimus non intrat ecclesias aliquas nec sacramentum eucharistiae recepit & a multis dici audivit quod $ franciscus eius frater induxit ipsum ad ita faciendum ‖ [c. 30v.]

Die xxviii eiusdem

XX. Supradictus dominus vicarius visitationem suam prose-
quendo existens in castro Fighini & percepto a canonicis prefec-
tis curae prepositurae quod Clemens Raynaldi sutor de dicto castro & Domina Lucretia eius uxor hoc anno non perceperunt
eucharistiae sacramentum, volens pergrare? causam vocavit ad se
dominum Baptistam de Genovinis canonicum dictae ecclesiae et
eum medio iuramento interrogavit super infrascriptis
XXI. Et primo si facta fuerunt ab eo vel altero dicto Clementi
debitae monitiones respondit quod ipse post peractam octavam
paschatis adivit dictum Clementem ipsumque interrogavit de
causa propterea quam ipse non comunicavit cum aliis & quod
post multos sermones eidem dixit haec vel similia verba videlicet
XXII. Se voi havete faccienda andatela a fare ch'io credo esser
miglior christiano di voi & credo far meglio a non mi comunicare
XXIII. Et di piu l'interrogo che lui faceva male a mangiar la carne
il venerdi & altri tempi prohibiti & che non andava in chiese nè
a compagnie & a tutto lui rispose io voglio far a mio modo
XXIV. Item interrogatus si hoc dat scandalum inter homines
dicti castri dixit quod dictus Clemens publice in dicto castro tenetur luteranus etiam ab infantibus
XXV. Item interrogatus dixit quod publice tenetur et reputatur
quod predicta didicerit & operatus fuerit ac persuasus a $ Fran-
cisco Angeli de Puccerellis de castro s. Iohannis eius sororio qui
ut dicitur emi fecit quendam librum luteranum deinde
XXVI. Dominus Baptista Jacobi canonicus dictae ecclesiae interrogatus a dicto domino vicario super predictis dixit quod ipse
scivit et scit qualiter dictus Clemens hoc anno Eucharistiae sacramentum non accepit et quod predictus Clemens habet paucos
qui secum praticentur ex eo quia ipse non intrat ecclesias deinde
XXVII. Dominus Johannes Bernardi de Guardis canonicus dictae ecclesiae similiter interrogatus dixit quod testis ipse scivit et
scit quod dictus Clemens in eorum Ecclesia hoc anno Eucharistiae sacramentum non accepit & a mensibus sex citra numquam
vidit ipsum ingredi ecclesias nec accedere ‖ [c.31r:] ad societates
prout ante solitus erat

XXVIII. Item interrogatus dixit quod per multos in dicto castro tenetur & reputatur quod ipse Clemens sit luteranus & quod comedat carnes diebus veneris deinde

XXIX. $ Nicolaus Bernardi de Fabbrinis de Fighino presbiter & magister scolae comunitatis per ipsum dominum vicarium vocatus & interrogatus super infrascriptis respondit se scire de predictis ut infra videlicet quod hoc anno ante festum paschatis resurrexionis ipse monuit discipulos suos ut confiteri vellent eorum peccata & cum circa edbomadam sanctam requisivisset si aliqui remanserant non confessi invenit remansisse duos filios dicti Clementis & cum eosdem iterum monuisset & post pascha invenisset nondum confessos esse & ab eis requisivisset causam responderunt quod pater eorum nolebat & cum vellet super predictis alloqui Clementem eorum patrem & non invenisset & allocutus fuisset super predictis fratrem dicti Clementis & non nullos presbiteros omnes sibi dixerunt quod desisteret ab his quia nihil operatus esset cum dicto Clemente qui erat luteranus.‖ [c. 31*v*: bianca; c. 32*r*.]

Die xviii novembris M. D. xlviiii

XXX. Constitutus coram reverendo patre domino Laurentio de Buonsignoribus I.V. Doctore & vicario generali in spiritualibus & temporalibus Reverendi in christo patris domini episcopi fesulani nec non coram reverendo patre magistro Bernardino de Cambis ordinis minorum & hereticae pravitatis inquisitore ad cautelam pro tribunali sedentibus Clemens Raynaldi sutor de Fighino & per eos medio suo iuramento interrogatus super infrascriptis respondit ut infra vulgari sermone videlicet

XXXI. Se questo hanno s'è confessato & communicato Rispose che quest'anno solo non s'è confessato ne communicato

XXXII. Dimandato della causa rispose che ebbe certa differentia con fra Lazzaro allora guardiano del convento di san Francesco di Fighino quale gli negò una partita di danari pagati di lire 4 de quali il guardiano non gnene admetteva se non lire 2 & perchè era solito confessarsi in convento per sdegno non si volse confessare

XXXIII. Dimandato poi se passato l'ottava di pasqua gli era stato fatto monitione di volersi confessare Rispose che messer Battista Genovini canonico di Fighino gnene parlò da parte di madama Alessandra donna di Averardo Serristori e che gli rispose che lui haveva fatto il debito suo aricordagnene

XXXIV. Secondo dimandato se lui ha mangiato mai carne il venerdì o altri tempi prohibiti Rispose di no.

XXXV. Terzo Dimandato se e sua figlioli si son quest'anno confessati disse che il suo figliuolo maggiore ha anni sette e che circa a meza quaresima dua sua figlioli gli dimandorno e quattrini quali son soliti dare quando si vanno a confessare da parte del maestro e dicendo se noi non andiamo ci darà un cavallo Rispose loro ditegli che io non ve lo voglio dare ‖ [c. 32v.]

XXXVI. Quarto dimandato se ha tenuto libri prohibiti Rispose di non haver mai tenuto alcuno libro excepto che gli fu lasciato in bottega dal luogotenente del capitano Mazzaloste, un libro di Mercurio e Caronte quale hebbe maestro Lionardo da Cortona medico in Fighino

XXXVII. Quinto dimandato che ragionamenti lui habbi havuti con $ Francesco Puccerelli da san Giovanni o Girolamo suo fratello delle cose della fede Rispose non haver havuto da tre anni in qua ragionamento alcuno

XXXVIII. Et circa le cose della Chiesa tucto crede & tiene esser vero secondo l'ordine & comandamenti di quella & haver udito le messe e giorni delle feste

XXXIX. Et dictus dominus vicarius ac Inquisitor & quilibet eorum visis predictis preceperunt dicto Clementi presenti etc. quod hinc ad festum Nativitatis Domini recipiat sacramentum Eucharistiae a proprio parrochiano & infra octo dies ex tunc proximos futuros fede faciat de predictis et ulterius quod filij sui confessi sint eorum peccata sub poena excomunicationis et arbitrii ‖ [c. 33r.]

Die ii decembris M.D.xlviiii

XL. Constitutus coram reverendo patre et eximio sacrae paginae doctore Magistro Bernardino de Cambis ordinis minorum hereticae pravitatis inquisitore & in presentia reverendorum patrum magistri Alexandri de Machiavellis, magistri Cosmae de Luciniano & magistri Johannis de Tancredis de Colle dicti ordinis pro tribunali sedente in conventu s. Crucis predicto,

XLI. Hieronimus Angeli de Puccerellis de s. Johanne et per eum medio suo iuramento scripturis sacrosanctis ad sancta dei evangelia per eum ob hoc manutactis ad delationem & in manibus ipsius domini Inquisitoris interrogatus super infrascriptis respondit ut infra vulgari sermone videlicet

XLII. Et primo interrogato quanti anni è che non si confessò Disse haver lasciato solo questo anno per haver havuto sdegno di esser stato diffamato per heretico

XLIII. Secondo dimandato quanto tempo è che non si è comunicato rispose haver lasciato solo questo anno per la causa medesima

XLIV. Terzo dimandato quanto tempo era stato che lui non entrava in chiese quando stava a san Giovanni Disse essere stato circa di due mesi per dette cause & accio non havessino che dir vedendolo continuar le chiese

XLV. Quarto dimandato se ha mai detto che pensava far meglio di non si comunicar rispose di no & più dimandato quello rispose al suo parrocchiano gli fece l'ammonitione del non si essere comunicato disse havergli rispose (sic) Io so quello ho a fare

XLVI. Quinto dimandato se ha mai detto Io credo in Christo & nella vergine Maria il resto delle cose della Chiesa sono tutte una pappolata disse non si ricordare haver mai detto simili parole.

XLVII. Sesto domandato se a chi l'ha esortato di andar alla chiesa ha risposto io so quello ch'io ho a fare Disse non haver mai usato simil parole se non con Pagolo suo fratello quale ha per scimunito

XLVIII. Septimo dimandato se ha mai parlato della autorità del papa disse di no

XLIX. Octavo dimandato se ha parlato degli altri sacramenti della chiesa ‖ [c. 33v.] disse di no

L. Nono dimandato se mai ha disputato col predicatore di san
Giovanni o con altri delle cose della fede disse di no

Die iii eiusdem

LI. Constitutus prefatus Hieronimus, etc. [manca la confessione;
il testo prosegue:]
Coram reverendo patre et eximio I.V. doctore domino Laurentio
de Buonsignoribus de Emporio, Reverendi domini episcopi
fesulani, vicario in spiritualibus generali & coram prefato reverendo patre inquisitore pro tribunali ad cautelam sedente in episcopali curia fesulana sponte confessus et omnia supra per ipsum
confessa coram dicto Reverendo patre inquisitore & ipsum inte-
ravit offerens se paratum sanctae Matris ecclesiae se submitere et
parere
Mandatis ipsorum & petiit expedire et secum misericorditer agi
Et dicti Reverendi domini vicarius et inquisitor pro tribunali ut
supra sedentes visis actis factis in visitatione facta per dictum dominum vicarium de mense septembris proximi preteriti & confessione suprascripta ipsum hieronimum presentem audientem
& ut apparuit intelligentem monuerunt ad statim audien(di?) eorum sententiam & ordinationem et deinde sententiam protulerunt huiusmodi sub tenore, videlicet

Christi nomine etc. ‖ [c. 34r.]

LII. Cristi nomine invocato & solum deum pre oculis habentes
& ad cautelam pro tribunali sedentes quia nobis nobis constitit
et constat tam per confessionem factam per hieronimum Angeli
de Puccerellis de castro s. Johannis quam etiam per inquisitionem
factam per dominum vicarium in visitando diocesim suam fesu-
lanam ipsum Hieronimum hoc anno confessum non esse peccata
sua ut tenebatur et per certum tempus Ecclesias non intrasse
propterea quod subspectum fuisse et esse de crimen heresis
<propterea ipsum hieronimum ad tol> ipsumque hieronimum
paratum esse satisfacere precepto sanctae Matris ecclesiae ad illius gremium redire velle prout nobis obtulit propterea ipsum

condennatum ad audiendam missam singulis diebus festivis de precepto ecclesiae in Ecclesia plebe nuncupata s. Johannis baptistae de Castro s. Johannis per tres menses proximos futuros Nec non ad recipiendum in festo nativitatis domini nostri Jesu Christi proximo futuro sanctissimum eucharistiae sacramentum & ad faciendam fidem de predictis manu plebani dictae plebis vicario seu inquisitori & hoc sub pena excomunicationis et fl.25 auri largorum in pios usus applicandos. Nec non eum condennamus per tres annos exinde proximos futuros ad fidem faciendam s.mum sacramentum predictum tempore debito recepisse manu parrocchiani sub dicta pena Ipsi hieronimo precipimus & mandamus ne de cetero audeat vel presumat disserere cum aliquo ‖ [c. 34v.] tam religioso quam layco de concernentibus orthodoxam fidem sub pena de qua supra pro qualibet vice quam contrafactum fuerit & haec omni meliori modo

LIII. Lata data & in his scriptis sententialiter pronunptiata & promulgata fuit dicta suprascripta sententia & omnia predicta facta fuerunt per dictos reverendos dominos vicarium et inquisitorem pro tribunali ut supra sedentes anno domini nostri Yesus Christi ab eius salutifera incarnatione M.D.xlviiij indictione viii die vero martis iij mensis decembris sede pontificali vacante

LIV. Presente dicto Hieronimo & acceptante & gratias agente & promittente observare omnia sibi demandata

LV. Acta fuerunt premissa omnia & singula Florentiae in dicta episcopali curia fesulana presentibus ibidem frate Marco Nicolai Antonii, fratre professo conventus s. crucis de Florentia ordinis minorum & $ Antonio Hieronimi de sancto Gaudentio dictae curiae notario substituto testibus. ‖ [c. 35r.]

LVI. Fede per me ms Leonardo Lapini piovano della pieve di san Giovanni di Valdarno di sopra come Girolamo di Agnolo Puccerelli di decto luogo in questa santissima pasqua della natività di Christo s'è confessato & comunicato da me ms. leonardo sopra detto & così per insino a questo dì ha continuato e frequentato il giorno delle feste la ecclesia in udire la messa come obbligo suo & per fede del vero io Ser paolo di francesco Corboli di detto

luogo al presente cappellano di detto messer Leonardo per commessione del sopradetto messer Leonardo ho fatta la presente di
mia propria mano questo di 30 di dicembre 1549.‖

Appendice B

Processo a ser Francesco Puccerelli

1° costituto di Puccerelli, 11 novembre 1549: §§38-58
Testimonianza di Andrea Ghetti, 13 novembre 1549: §§ 59-63
Testimonianza di Simone Guadagni, 14 novembre 1549: §§ 64-72
Testimonianza di Giovambattista Camerini, 19 novembre 1549: §§73-75
Testimonianza di Lorenzo Leoni 15 dicembre 1549: §§76-78
2° costituto di Puccerelli, 2 dicembre 1549: §§ 79-91
Testimonianza di Salvatore maniscalco, 11 dicembre 1549: §§ 92-96
3° costituto di Puccerelli, 13 dicembre 1549: §§ 114-151
4° costituto di Puccerelli, 15 dicembre 1549: §§ 152-175
2a testimonianza di Simone Guadagni, 15 dicembre 1549: §§176-186 e
Risposta di Puccerelli: §187
Interrogatoria: Quoniam dixit se non habere peccatum mortale, sd

I §§188-205 e
II §§ 206-232

Testimonianza di Martino Cavalcantini, 21 dicembre 1549: §§234-240
2a testimonianza di Salvatore maniscalco, 21 dicembre 1549: §§ 241-245
5° costituto di Puccerelli, 27 dicembre 1549: §§ 246-261
Abiura di Puccerelli 21 gennaio 1550: §§268-271
Sentenza del 22 gennaio: §§275-276
Condanna 4 febbraio 1550: §§284-287

[c. 6r:] Processus super crimine haeresis contra $ Franciscum de Puccerellis [a lato]

1. In prima si interroghi quel tanto che lui ha parlato circa la divinità di christo nostro salvatore
2. Item quello habbi havuto a dir della humanità sua et come l'abbi intesa
3. Item quello habbi parlato del libero arbitrio & come l'abbi inteso
4. Quello ha parlato del santissimo sacramento dell'eucharistia & se ha in luogo alcuno detto che pigliando un'altra cosa con il medesimo fervore basti
5. Circa la confessione come la intenda
6. Circa il baptesimo se ha mai indotto alcuno dicendogli che questa gratia la può dare ogniuno
7. Et se ha proibito alla donna o altre persone il mandare e figlioli a baptezarsi in chiesa
8. Degli altri sacramenti della chiesa quello n'abbi parlato
9. El purgatorio se lo tiene o no
10. Se intende che la chiesa romana habbi la notitia di tucte le cose appartenente alla salute & se di questo n'ha mai parlato e che cose n'ha detto
11. Se ha mai detto in che grado pensa quanto alla salute sieno e pagani
12. Et se ha mai detto che gli hebrei sieno in migliore stato de christiani in alcuna parte
13. Item se ha mai detto alcuno che non vadi a udire messa
14. Dove sia solito lui udire la messa
15. Se si confessa e dove
16. Se s'è questo anno communicato da chi e chi v'era presente ‖
[c. 6v:]
17. Quello ha ragionato della quaresima & altri digiuni
18. Et se mai il tempo quadragesimale & i giorni del venerdì & sabati ha mangiato carne
19. Se ha mai detto di tenersi migliore christiano che alcuno altro et in che cose si   tenga migliore

20. Et se ha mai detto che la fede è ridotta in tanta simplicità che ne possi parlare ognuno & a ciascuno stia bene il parlarne

21. Che cose tiene che sieno necessarie alla salute

22. Et che cose si ricerchino a havere la remissione de peccati

23. Quello habbi parlato circa il venerare e santi

24. Che libri gl'abbi letto circa le cose della fede & di theologia

25. Se ha mai dato delle busse alla donna sua per esser lei ita alla chiesa o a communicarsi

26. Se omesso se s'è questo anno communicato & dove & da chi

27. Interrogarlo se l'anno che lui non si confessò se si comunicho

28. Di poi dove s'è trovato fra secolari a parlare delle cose della scrittura & se ha   insegnato a alcuno o fatto conventicule.

29. Circa la confessione da chi tiene sia stata ordinata & quante cose pensa si ricerchi alla remissione de peccati Et così della penitentia

30. Se ha mai detto a alcuno che e farebbe meglio a non si communicare

31. Item se ha detto che le cose della chiesa sono una pispilloria

32. Et del sacramento dell'eucharistia quello ne ha tenuto

33. Della bestia descritta nella apocalipsi

34. Se ha detto circa la divinità che considerando christo crocifisso s'intende puro huomo

35. Con che spirito interpreti la sacra scrittura

36. Da chi s'è quest'anno comunicato & chi vi era presente‖ [c. 55r.]

[c. 55r.] Die xi mensis novembris M.D.Xlviiii

37. Constitutus coram reverendo patre & eximio sacrae paginae doctore maestro Bernardino de cambis ordinis minorum hereticae pravitatis inquisitore vigore privilegiorum & indultorum a sede apostolica concessorum & in presentia magistri Johannis de Tancredis de colle dicti ordinis ad presens regentis conventus sanctae Crucis de Florentia pro tribunali ad cautelam sedente in conventu sanctae Crucis predicto $ Franciscus Angeli de Puccerellis de Castro s. Johannis notarius publicus Florentiae et per eum medio suo iuramento, scripturis sacrosantis ad sancta dei

evangelia per eum ob hoc manutactis ad delationem & in manibus ipsius domini Inquisitoris interrogatus super infrascriptis respondit ut infra vulgari sermone, videlicet:

38. Et primo Interrogato in qual parrochia habiti in Firenze disse
habitare et havere habitato per cinque anni in circa nella parrocchia di san Pier Maggiore
39. Secondo Dimandato dove è solito confessarsi disse non haver tenuto confessoro fermo
40. [=] 3 Terzo Dimandato se lui conosce esser ubligato a confessarsi rispose di si quando conosce esser in peccato mortale &
bene ha tenuto che non si sentendo esser aggravato di peccato
mortale non esser ubligato alla confessione & per questo una
volta passò un anno senza confessarsi non gli parendo essere in
peccato mortale
41. [=] Quarto Dimandato se è solito udir messa le feste comandate disse che sì & che non è solito tener chiesa ferma & che
questo ha per comandamento & obligo chiaro & non ha mai indotto alcuno a non udir la messa & se ne ha parlato con alcuno
gli ha detto che bisogna oltre alla messa fare l'altre opere & senza
quelle poco giova la messa ‖ [c. 55v.]
42. Quinto dimandato del santissimo sacramento della Eucharistia Rispose che ha tenuto sempre che nella hostia consacrata sia
il corpo vero del nostro signore Jesu Christo secondo tiene la
chiesa
43. [=] Item Domandato se ha mai tenuto che pigliando un'altra
cosa con il medesimo fervore col quale si piglia il sacramento sia
il medesimo Rispose questo haver detto contro a quelli che dicono il sacramento esser in segno & per memoria & se questo
fussi vero si potrebbe pigliar ogni altra cosa per il medesimo effecto
44. Sexto dimandato quello ha parlato circa la divinità & humanità di Christo rispose che sempre ha tenuto Yesu Christo quanto
alla divinità & humanità esser figliolo unigenito naturale di Dio
& Nostro Signore & cos' haver sempre detto con tutti quelli ne
ha parlato

45. Septimo dimandato quello ha parlato del libero arbitrio Rispose haver sempre tenuto che l'huomo habbi il libero arbitrio con el quale possa meritare mediante la gratia di Dio & non altrimenti

46. Ottavo dimandato del baptesimo quello ne ha parlato & come l'ha tenuto rispose haver tenuto il baptesimo esser nella morte di christo ordinato dalla chiesa con l'acqua & le parole & che tal baptesimo habbi a administrare chi ha la auctorità salvi e casi di necessità

47. Nono dimandato del Purgatorio disse credere il purgatorio & il pregare per e morti giovi secondo che tiene la santa Chiesa

48. [=] Decimo Interrogato dell'auctorità del papa disse che ha creduto & crede lui haverla grandissima & tanto quanto e la vuol pigliare & delle indulgentie disse non haver parlato ma che bene tiene che il papa le possa dare

49. Undecimo Interrogato se crede che la chiesa habbi la cognitione di tucte le cose appartenente alla salute disse che sì & di questo non ne haver mai parlato con alcuno ‖ [c. 56r.]

50. Duodecimo dimandato se ha mai parlato con alcuno che e giudei in alcune cose sieno in miglior stato de cristiani Rispose che ha tenuto che e falsi cristiani sieno in peggior stato che gli infedeli

51. Terzodecimo Dimandato quello tenga della Invocatione de santi Rispose non si ricordare d'avere parlato di tal cosa & tiene che la invocatione de santi giovi a vivi & così l'adoratione della croce santa

52. Quartodecimo dimandato della quaresima & digiuni della chiesa dice haverle sempre tenute di precepto positivo & che ha observato tutte le quaresime excepto dua anni che non l'ha fatta per impedimento della donna che era gravida

53. Quintodecimo dimandato che cosa tenga esser la Chiesa Rispose che tiene la chiesa esser la congregatione di tutti e fedeli sottoposti alla chiesa romana & così disse non si trovare altra chiesa che l'unione de fedeli baptezati in christo

54. Sextodecimo Dimandato se ha mai parlato con alcuno se ha tenuto esser miglior christiano di altri Rispose che a qualcuno lo voleva biasimare ha detto Io mi tengo miglior christiano di te

55. [=] Decimoseptimo dimandato se tiene esser lecito a ognuno disputar delle cose della fede Disse di sì quanto alle cose necessarie alla salute

56. Decimooctavo dimandato se ha mai tenuti o letti libri luterani o sospetti disse di no anzi ripreso chi ne tiene

57. Decimonono dimandato se ha mai persuaso alcuno a non mandare e figli al baptesimo se non sono grandi disse di NO

58. Vigesimo dimandato se ha mangiato carne il venerdì o sabato disse di NO se non in casi di necessità ‖ [c. 8r.]

Die xiij Novembris M. D. xlviiij

59. Reverendus magister Andreas de Volaterris Modernus prior provincialis ordinis heremitarum s. augustini constitutus coram Reverendo patre inquisitore & medio suo iuramento interrogatus super infrascriptis videlicet quam notitiam habeat de $ Francisco angeli de Puccerellis de <assertis> positionibus quae ab illo as-seruntur teneri contra catholicam fidem & sanctam romanam ecclesiam respondit ut infra <vulgari sermone>

60. Quod testis ipse allocutus est semel dictum $ Franciscum in conventu sancti spiritus q(ui)a ad ipsum testem accessit causa disserendi & recordatur in disputando ipsum tenuisse opinionem contra omnes doctores de sanctissimo Eucharistie sacramento non tamen de particulari opinione recordatur

61. Item audivit ipsum dicere se habere doctrinam infusam & spiritum dei quo solo interpretatur scriptura & sub isto pretextu spernit omnes doctores sacrae scripturae

62. Item audivit a domina Elisabet uxor domini Vincentii tarvi-sini magistri puerorum olim bo. memoria cardinalis ravanettis (sic) quod audiverat a viro suo quem asseruit audivisse a dicto $ francisco se negasse divinitatem christi <Interrogatus in causa scientiae dixit per ea quae supra>

63. Et quibus stantibus testis ipse iudicat eum $ Franciscum sa-pere heresim Interrogatus in causa scientiae dixit per ea quae su-pra testificatur et de loco dixit se supra dixisse de tempore dixit jam annis tribus elapsis vel circa ea vero quae audivit a mense citra in ecclesia s.spiritus et ulterius quod dicta domina Elisabet

conquerebatur de viro suo dubitando ipsum esse in eadem opinione se teste presente ‖[c. 7r.]

Adi 14 di novembre 1549

64. Simone Guadagni interrogato dal padre inquisitore referì le infrascritte cose cioè
65. Prima che trovandosi nella nuntiata con ser Francesco & levandosi il sacramento all'altare maggiore & loro passeggiando non volse far reverentia & proibì al detto simone con dirgli essere idolatria & che si debbe adorare christo nel cuore & che non occorre ire alla chiesa, che la chiesa siamo noi & che adorare l'ostia è una pispilloria & una pasta & che san Paulo dice che non s'ha adorare cosa fatta di mano & che è l'adoratione della bestia scritta nella apocalisse et il medesimo disse aver detto un'altra volta in santa Maria del fiore in tale atto
66. Secondo che lui andò una mattina a casa il detto Simone dicendo che Maumetto è un nome buono & confessa christo & è propheta grandissimo & che non bisogna ire alle chiese ne a confessione o comunione ma haverlo nel cuore & chi va alla chiesa da cattivo exemplo agli altri. Ancora disse che l'elemosina si debbe dare ai poveri di Dio & non agli altri che sono e poveri del diavolo.
67. Terzo che la vigilia di Natale mangiò de fegatelli con rendere gratie a Dio & che mangia la carne le vigilie e tucti i di prohibiti & che queste cose l'ha messe nel capo a diverse persone e maxime a Giovandonato Barbadori & a molti altri quali gli contraddicevono Et ancora a Giovanbattista Camerini berrettaio che gli contradiceva del libero arbitrio e delle altre cose disse Se tu non ti rimani d'andare adorare la pasta in chiesa io non ti voglio insegnare la mia dottrina & perchè detto Giovanbattista poi fallì gli disse che haveva antiveduto che egli haveva havere un fragello & che da uno anno in qua non ha praticato seco
68. Et più che lui ha una servicina in casa quale non vuole vadi alla chiesa & così ha insegnato a sua fratelli in valdarno & tutte queste cose detto Simone sopravenendo $ Francesco in camera dello Inquisitore gnene disse in sul viso ‖ [c. 7v.]

69. Et più che havendo lui una volta veduto consecrare una chiesa referì a detto Simone che gli pareva haver veduto scongiurare diavoli

70. Ancora un altro giorno referì detto Simone ricordarsi il detto $ Francesco havergli detto che da gran tempo in qua non s'è mai salvato se non da dieci anni in giù perchè chiunque ha adorato la pasta e la bestia ordinata dalla generatione di antichristo cioè de papi quali chiama antichristo & dalla chiesa romana tutti sono damnati e allega l'apocalipse quando scrive delle sette chiese.

71. Della confessione dice non esser necessaria ma quando Pietro domanda a Christo *quotiens peccaverit in me frater meus* etc. (Mt 18,21) che [è] tante volte quante uno t'ha offeso & chiedigli perdono tante volte gli hai a perdonare & non accade altra confessione & che non ci dobbiamo confessare da sacerdoti che sono della generazione di antichristo ma solo a Dio secondo il decto di san Iacopo *Confitemini alterutuum peccata vestra* (Jc 5,16) sendo detto *Delicta quis intelligit ab occultis meis munda me domine* (Ps. 18,13)

72. Del Baptesimo che non accade mandare alla chiesa ma basta solo dire quelle parole *Ego te baptizo* etc., & non voleva che la moglie mandassi e figlioli al battesimo & che non bisogna l'acqua baptesimale come dice ancora sapere $ Martino di $ Guglielmo di Martino notaio alla Mercanzia & a questo dice adduceva il decto di san Giovanni *Ego baptizo in aqua sed qui est ante me baptizabit in spiritu* che è christo (Mt 3, 11)

Adi xv decto

73. Giovanbattista Camerini affermo esser vero quello diceva Simone guadagni circa del sacramento & del libero arbitrio & perchè <lui gli co> decto giovanbattista gli contraddiceva $ francesco gli disse Per insino a tanto che tu non lasci l'adoratione della bestia & della pasta tu non intenderai mai la scriptura sacra ‖[c. 10r.]

74. Ancora disse che $ Francesco disse a Simone Guadagni che non bazzicassi col detto Giovanbattista perchè haveva una falsa dottrina & che la sua era la vera dottrina & che dessi fede a lui & non a dottori che tutti eron falsi & lui haveva il vero lume, onde

detto Giovanbattista disse $ Francesco come notaio io vi voglio bene ma come espositor della scriptura io non vi voglio credere ma si bene a dottori della chiesa & che detto $ Francesco molto praticava con Agostino Biagi coiaio & con Giovandonato Barbadori.

75. Et di tutto pregò tenersi secreto il nome suo per non esser in voce d'altri [il testo prosegue: 11 dicembre; ma sarà da inserirci la carta 8*v*] ‖ [c. 8*v*:]

Die XV eiusdem

76. Dominus Laurentius $ Raphaelis de Leonibus monachus monasterii s. Mariae Angelorum de Florentia ordinis camaldulensis testis similiter monitus & medio suo iuramento a dicto reverendo p. Inquisitore <me> interrogatus et examinatus de opinione dicti $ Francisci & quam notitiam habeat de eo presenti circa concernentia catholicam fidem respondit ut infra vulgari sermone videlicet

77. Che già due mesi passati vel circa il decto $ Francesco venne all'orto del monastero degli Angioli con certi sua compagni fra e quali sendoci chi conosceva il detto don Lorenzo gli piacque parlare con seco & infra e ragionamenti della sacra scrittura detto don Lorenzo disse a ser Francesco che molto si maravigliava attento che quando Christo disse *Ego et pater unum sumus* (Jo 10,30) per il che volendolo e giudei lapidare dicendo che egli haveva bestemmiato per farsi dio, lui si excusò con dire che se quegli a quali è diretto il sermone di Dio sono chiamati dal psalmista Dij et figlioli dell'excelso che il detto Yesu Christo non rispondessi al proposito de pharisei di essere dio ma si bene di essere figliolo di dio Al che ser Francesco allora rispose e disse che in questo luogo era maggior prerogativa chiamarsi figliolo di Dio che Dio, con ciò sia che se lui havessi detto di esser Dio harebbon potuto dire, si come dissono, che gl'havessi bestemmiato atteso che appariva loro palpabile e visibile, & l'essentia divina è incomprensibile in modo che conchiuse Yesu Christo esser figliuol di dio naturalissimo, & il verbo & la sapientia del padre come la sacra scriptura manifesta Ma bene conchiudeva che quando si parla di

dio pure s'intende la essentia incomprensibile la quale per quanto è piaciuto al padre eterno è fatta comprensibile per Yesu Christo secondo e miracoli che ‖ [c.9r] lui divinamente faceva allegando che lui disse *Data est mihi omnis potestas in coelo & in terra* (Mt 28,18); ma che considerando Yesu Christo crucifixo s'intende puro huomo stando sempre in lui *omnis plenitudo divinitatis corporaliter* (Col 2,9) ut ait apostolus

78. Interrogatus in causa scientae dixit per ea quae supra testificatus et de loco & tempore dixit se supra dixisse de presentibus dixit se teste & Domino Vincentio tarvisino & aliis de quorum nominibus non recordatur & super generalibus recte respondit & est aetatis annorum 33 ‖[c. *9v* bianca; segue c. *56v.*]

Die ii decembris M.D.xlviiii.

79. Prefatus ser Franciscus iterum constitutus coram dicto reverendo patre inquisitore in presentia dicti magistri Johannis & in presentia reverendorum patrum magistri Alexandri de Machiavellis & magistri Cosmae de Luciniano dicti ordinis & medio iuramento similiter interrogatus & examinatus respondit ut infra vulgari sermone

80. Primo dimandato con chi lui ha parlato de casi della scrittura sacra rispose haverne parlato con don Lorenzo Lioni degli Agnoli & messer Vincentio da Trevisi maestro de paggi del cardinale di Ravenna & con Giovandonato Barbadori

81. [=] Secondo dimandato se ha mai stando alla messa detto a alcuno che e non è ben adorar la pasta disse di NO ma che bene parlando della adoratione di christo ha detto che si potrebbe fare idolatria adorando quella pasta visibile ma che si debbe adorare Dio in spirito & verità

82. Terzo dimandato se ha mai detto che considerando christo crucifixo s'intende puro huomo Rispose che ha detto che la natura humana di Christo è quella ha patito

83. [=] Quarto dimandato con che spirito lui habbi interpretato la scriptura sacra disse con quello spirito che Dio gli ha dato

84. [=] Quinto dimandato se la vigilia di pasqua di Natale mangiò fegatelli dicendo haverlo fatto con buona intentione Rispose non se ne ricordare

85. Sexto dimandato se ha mai negato il libero arbitrio o disputato di quello disse haverne parlato & detto che l'huomo non può stare senza il libero arbitrio

86. [=] Septimo dimandato se ha mai veduto consecrar chiese disse haver veduto consecrar la chiesa di Montecarlo fuor di san Giovanni

87. Item Dimandato se ha poi detto haver veduto scongiurare diavoli disse di no ma che haveva visto fare charatteri quali non intendeva ‖ [c. 57r.]

88. Ottavo dimandato se ha mai detto che da gran tempo in qua non s'è mai salvato alcuno se non da dieci anni in giù per havere adorato la pasta ordinata dalla generatione di antichristo che sono e papi Disse haver detto che chi fussi morto con la adoratione di cose materiali è stato segnalato di falsa fede non si può esser salvato

89. Nono dimandato quello ha parlato della confessione & se ha detto non esser necessaria & che non si debbe confessare a sacerdoti che sono della generatione di antichristo Disse di no

90. [=] Decimo dimandato se ha mai detto che non si debbe a dare elemosina se non a poveri di Dio & non a quelli del Diavolo Disse di sì: dimandato quali sono e poveri di Dio disse non sapere

91. & Dictus reverendus pater inquisitor ut supra pro tribunali sedens dictas suprascriptas confessiones tam primo quam secundo loco coram eo per dictum $ Franciscum ad ipsius interrogationes factas singulariter ad singulas in parte & partibus pro se & eius officio facientibus acceptavit animo & intentione alias ad ulteriora in huiusmodi negocio procedendi & haec omni meliori modo quo potuit.‖[c. 10r.]

Adj xj di dicembre.

92. Salvadore maniscalco al Canto <alle Rondini> di Nello con giuramento disse che $ Francesco più volte era stato a bottega

sua & parlato seco per indurlo al suo proposito & ragionando del viver del christiano entrava in diversi ragionamenti & dicevagli tu non s'è vangelista ma papista e papisti tengono questo modo di vivere &

93. Che il mangiar la carne il venerdì & il sabato & le vigilie non è prohibito se non da papisti non già dallo evangelio

94. Ancora che una mattina lo scontrò intorno a san Piero che tornava dalla messa & dicendogli donde veniva gli disse tu puoi pure ire dietro a queste messe che credi tu che sia la messa adorare un poco di pasta & che la messa è ordinata da papisti non dagli evangelisti & lui gli rispose come s. Agostino pure lauda el sacramento voletevi voi opporre a lui allora disse $ Francesco che s. Agostino non fu chiamato da Dio ma solo Paulo fu vaso di electione perciò non si debbe dar fede se non a Paulo

95. Delle immagini de santi disse che non si debbono adorare ma solo Dio

96. Et di più che detto $ Francesco ne ha infettati assai in Firenze ‖ [bianche 10*v*-12*v*; segue c. 5*r*, perchè contiene quell'accenno ai papisti nel modo in cui ne parla il maniscalco Salvadore:]

97. In prima si interroghi per quel tanto ha parlato circa la divinità di christo nostro salvatore

98. Secondo circa la humanità sua se ha intesa separata dalla divinità Del santissimo sacramento dell'eucharistia come habbi parlato et della pasta et della bestia dell'apocalisse & così se ha detto non si habbi adorare cosa manufacta

99. Se ha mai detto non siamo tenuti alla confessione ma ci dobbiamo confessare solo a dio

100. Del baptesimo se ha tenuto non esser necessaria l'acqua baptesimale & il mandare e fanciulli alla chiesa

101. Et se ha proibito mai alla donna sua mandare e figli a baptezare

102. Se ha mai detto gli hebrei esser in miglior stato de christiani

103. Quanti anni sono che non ha udito messa

104. Et se ha mai detto a alcuno che farebbe meglio a non la udire

105. Quanti anni sono lui non si è communicato & se dice essersi comunicato dica dove da chi & chi vi era presente

106. Della veneratione de sancti & delle imagine quello ne ha parlato

107. Se ha mai dato o gridato la donna o la serva a cio non vadino alle chiese dicendo che andandovi si da male exemplo

108. Dove e con chi ha fatto ragunate parlando della scrittura sacra & per quanto tempo & a chi insegnato ha la sua dottrina ‖ [c. 5v.]

109. Se ha mai detto ad alcuno che non gli vogli consentire tu non se vangelista ma papista e papisti tengono questo modo di vivere

110. Et se ha detti che il mangiar la carne il venerdì & sabato & le vigilie non è proibito se non da papisti

111. Se ha mai detto a alcuno che credi che sia la messa adorare un poco di pasta & che la messa è ordinata da Papisti & non dagli evangelisti

112. Delle imagini de santi se ha detto non si debbono adorare ma solo Dio

113. Et di piu se ha detto che non si debbe prestare fede a s. Agostino & agli altri dottori santi perchè non furono chiamati da dio come Paulo ‖[c. 44r.]

Die xiij decembris M.D.xlviiij.

114. Constitutus prefatus $ Franciscus coram reverendo patre et eximio I.V.doctore domino Nicolo de Buontempis de Perusia Reverendissimi in Christo patris et domini d. Antonii de Altovitis dignissimi Archiepiscopi florentini in spiritualibus et temporalibus vicario generali nec non reverendo patre inquisitore prefato pro tribunali ad cautelam sedentibus in Curia Capitanei platee civitatis florentiae & in presentia magistri Johannis de Tancredis de Colle & medio iuramento predicto interrogatus super infrascriptis respondit ut infra

115. Et prima interrogato se ha pensato di dire la verità poichè è in prigione Rispose che sempre ha pensato di dire la verità pure che la conosca

116. Secondo Interrogato se da poi fu examinato da sua S. ha observato quello gli fu imposto dal signor Vicario Rispose di sì

117. Terzo Interrogato se da poi ha parlato o dispotato della fede dove quando & con qual persone disse non si ricordar averne parlato se non con un frate degli agnoli Dimandato che ragionamenti havessi Rispose come havendo quivi el testamento nuovo quel frate et leggendosi quel passo dell'evangelio dove e giudei volsono lapidar Cristo perchè lui haveva detto *Ego et pater unum sumus* detto $ Francesco disse come Yesu Christo nel parlar che fece loro haveva mostro che quelle parole importavono *Filius dei sum* mediante la dichiaratione che lui fece dicendo *quem pater sanctificavit et misit in mundum vos dicitis blasphemas quia dixi, filius dei sum.*

118. Quarto Interrogato se ha tenuto la humanità separata dalla divinità disse di no & non ne haver mai ragionato con nessuno

119. [*] Quinto del santissimo sacramento dell'eucharistia se ha mai detto che adorando il sacramento in chiesa si adora la pasta Rispose di no: ma che quello ha detto è questo che adorando la pasta visibile sarebbe errore perchè si debbe adorare Dio in spirito & verità

120. Dimandato se crede che per le parole del sacrificio che usa il sacerdote ‖ [c. 44*v.*] in celebrare si transustantii la pasta nel corpo & sangue di Yesu Christo & che ci sia la vera essentia Rispose crederne quello che ne crede la chiesa

121. Interrogato che cosa è la Chiesa disse e fedeli di Yesu Christo & chi è guidato dallo spirito di Dio & nelle sua actione

122. Interrogato se crede el papa essere a capo della Chiesa disse di si

123. Interrogato se crede essere altro che una chiesa disse di no

124. Dimandato se ha mai detto il sacramento esser la bestia scritta nella apocalipsi disse di NO

125. Interrogato che dirà se testimoni gli proveranno al viso haver udito il contrario di quello ha detto di sopra Rispose offerirsi a ogni correctione & gastigo

126. Della Confessione interrogato se ha detto non siamo tenuti a confessarci se non a Dio disse di NO Et più se ha mai persuaso nessuno a non si confessare disse di NO

127. [=] Interrogato che dica quando ha parlato del sacramento della confessione quello ha detto Rispose haver tenuto che

chiunque si truova in stato di peccato mortale è ubligato a confessarsi

128. [*] Interrogato se crede lui esser senza peccato mortale & non esser ubligato a confessarsi disse di si

129. Interrogato che cosa è peccato mortale disse tenere sieno quelle opere che sono contrarie a Dio

130. Dimandato quanto è che non si confessò disse essersi confessato già sono cinque mesi in circa

131. [*] Dimandato se crede haver la gratia da Dio disse di sì

132. Del battesimo dimandato se ha tenuto l'acqua battesimale non esser necessaria disse sempre haver tenuto il baptesimo secondo la chiesa

133. Dimandato se ha prohibito la donna mandare e figlioli al baptesimo disse di NO ‖ [c. 45r.]

134. Interrogato se crede uno si possa salvare senza baptesimo disse di no

135. Interrogato se crede il papa esser vicario di Dio in terra & potere dare le indulgentie disse di sì

136. Interrogato se tiene si debba andare il giorno delle feste alla messa di precepto disse di sì

137. Dimandato quanto è che non ha udito messa disse è un mese per essere stato in viaggio

138. Dimandato se ha mai persuaso alcuno che non debbi udir la messa disse di no

139. Dimandato quanto è che non s'è comunicato disse ogni anno

140. Dimandato dove, disse prima in san Lorenzo poi in san Piero dove è stato

141. Dimandato se v'era presente alcuno disse non haver conosciuti quelli vi erono

142. Delle imagini de santi dimandato quello ne ha parlato disse non si ricordare haverne parlato

143. Dimandato se ha mai gridato e persuaso la donna o la sua famiglia o altri di non andare alla chiesa dicendo si dà male exemplo disse di NO

144. Dimandato se ha mai parlato o persuaso a persona di non andare a messa disse di no

145. Interrogato se ha mai per via della scrittura interpretato disse
di NO <dimandato se crede Io so questo che f> ma che sa questo christo esser morto per la salute nostra & essere d'obbligo
osservare tutte le cose comandate dalla chiesa
146. Interrogato se ha observato le cose comandate dalla Chiesa
disse qualche volta no & tenere di havere contrafatto & essersene
confessato
147. Interrogato se lui ha interpretato la scrittura altrimenti che e
dottori della Chiesa disse di NO
148. [=] Dimandato se ha mai dimostro intenderla meglio che
gl'altri disse di NO che non ha mai fatto professione di intenderla
[*] meglio che altri ma che crede intenderla <meglio> bene ‖
[c. 45v.]
149. [=] Dimandato <quali tenga sieno e poveri di dio disse,>
se ha detto non si debba fare l'elemosina se non a poveri di Dio
disse di sì
150. [=] Dimandato quali sieno e poveri di Dio disse tucti quegli
che sieno sotto la fede di Yesu Christo & quelli che si possino
indurre a tal fede con simile o altre opere
151. Dimandato se ha mai detto non ci dobbiamo confessare a
sacerdoti che sono ministri di antichristo ma a Dio Rispose di
NO

Die xv eiusdem.

152. Costitutus iterum prefatus $ Franciscus coram dicto Reve-
rendo domino vicario & inquisitore ut supra pro tribunali sedentibus & in presentia reverendi magistri Alexandri de Machiavellis
ordinis minorum magistri Johachini de Signorinis ordinis servorum & medio iuramento predicto interrogatus respondit ut infra
videlicet
153. Interrogato se ha pensato di dire la verità di quello gli è stato
e sarà dimandato disse di sì
154. [=] Interrogato se ha mai ragionato del santissimo sacramento della eucharistia con dire non si debbe adorare la pasta o
altre parole simili col prohibir la reverentia Rispose haver detto
che l'adorare quella cosa visibile sarebbe errore aggiungendo che

Christo haveva insegnato che si debbe adorare Dio in spirito &
verità

155. [=] Interrogato se l'adorare e 'l far reverentia che fa ogni
fedel christiano nella elevatione che fa il sacerdote del santissimo
sacramento lui crede esser idolatria o pure esservi il vero corpo
& sangue di Christo & prefatus constitutus vertens terga cepit
speciere (?) & respondit in hunc modum videlicet[*] Io non so
io non mi ricordo dello interrogatorio leggietemelo & iterum
lecto sibi interrogatorio suprascripto respondit <disse> che
quanto a reverentia non ha inteso mai parlar di questo ma quanto
alla <adora> vera adoratione ha detto come nel precedente interrogatorio & quanto all'esservi il corpo di Christo tenerne secondo la Chiesa ‖ [c. 46r.]

156. Interrogato <quello> che cosa ne tiene e crede la chiesa
disse che e vi sia il corpo e sangue di Christo

157. Interrogato che cosa sia la chiesa rispose ogni creatura che
sia nella vera fede di Yesu Christo guidata dallo spirito di Dio

158. Interrogato se crede e dodici articoli della fede [il *Credo*] rispose di si

159. Interrogato se crede a sette sacramenti della chiesa disse di
sì

160. Interrogato se ha mai detto che non siamo tenuti confessarci
a sacerdoti perchè sono della generatione dell'antichristo disse di
no

161. Interrogato se tiene la confessione al sacerdote vocale & auricolare essere necessaria disse di si

162. Interrogato se crede che uno che non si confessa sia dannato
disse di sì excepto e casi di necessità

163. Interrogato se ha mai detto che da gran tempo in qua non
s'è salvato nessun [=] se non da anni dieci in giu per l'adoratione
della pasta & della bestia ordinata da papi che sono della generatione di antichristo Disse di no: ma che quello ha parlato è stato
questo cioè che [*] chi gli havessi detto per christo tu non sei
salvato lui harebbe risposto che chi crede così sarebbe creatura
dell'antichristo & che crede che gli fusse risposto o questo lo dicono e frati & preti che christo non basta alla salute & lui rispose

fussi chi vuole che io non lo terrei un antichristo o sua creatura
& simili parole ma che non gli è occorso a risponderne a persona
164. Interrogato con chi pensa haver parlato & che gli sia stato
risposto in tal modo Disse credere essere stato con Simon Guadagni
165. [=] Interrogato cosa sia antichristo & come lui lo intenda
& che cose sieno le creatura di antichristo rispose Credere essere
ogni persona che non confessassi Christo esser venuto in carne
per nostra salute come dice san Giovanni nelle epistole & nel c.
che comincia *charissimi nolite omni spiritui credere* (1 Jo 4,1)
166. [E] Interrogato se crede Christo per esser venuto habbi
salvatoci senza l'opere rispose di no
167. [=] Interrogato se ha disputato del libero arbitrio disse haverne qualche ‖ [c. 46*v*:] volta ragionato non per modo di disputa
e detto che ciascuno fedel christiano ha il libero arbitrio mediante
yesu christo di poter operare le cose piacciono a Dio & che questo procede da mera gratia di Dio
168. Interrogato se ha mai detto <non bazicar> a alcuno non
bazicar col tale egli ha falsa dottrina ma attienti alla mia che è
vera dottrina Disse non si ricordare mai haver havuto simil parole
169. Interrogato se ha mai detto che il mangiar la carne il venerdì
& altri dì prohibiti non è ordinato dagli evangelisti ma da papisti
Disse [*] non haver mai usato simil vocabuli ma che può essere
che gli habbi detto che secondo la scrittura di san Paolo gli pare
che se non fussi el comandamento della chiesa sarebbe libero
ciascuno di mangiarne
170. [-] Interrogato se ha mai detto a uno che tornava dalla
messa che credi tu che sia la messa adorare un poco di pasta Rispose non si ricordare haver mai usato simil parole
171. Interrogato se ha mai letto libri proibiti disse di no
172. [=] Interrogato se ha mai usato il vucabolo di papista disse
<di NO> Io non ho mai voluto usare simil vocabuli per non
seguitare cosa che dependa da huomini sospetti
173. Interrogato se ha mai detto che non è necessaria l'acqua del
baptesimo o mandare e figli alla chiesa a baptezzare disse di no

174. Interrogato se ha prohibito alla donna mandare e figli al baptesimo o fattegli sopratenere disse di no

175. Interrogato si credit in se habere peccatum mortale Respondit se non [=] cognoscere habere peccatum mortale

176. Quibus auditis prefati domini iudices in presentia ipsius $ Francisci adduci fecerunt in testem Simonem Oliverij de Guadagnis civem florentinum & delato dicto Simoni et per eum prestito iuramento actuali ad delationem & in manibus eorundem ‖ [c. 47r.] & ab eis super infrascriptis interrogatus respondit ut infra vulgari sermone videlicet

177. Interrogato che cognitione habbi havuto del decto $ Francesco & che pratica & da quanto tempo in qua & se tra loro è stato mai ragionamento delle cose della fede & in che modo Rispose & disse in questo modo cioè

178. Che nell'anno 1544 circa il mese di settembre cominciò ad havere pratica seco & persuaselo che non giucassi & che di gennaio passato fece l'anno decto $ Francesco cominciò a ragionare delle cose della fede & infra l'altre trovandosi una volta nella chiesa de' servi la invernata & levandosi il signore all'altare grande & volendo far reverentia decto $ Francesco gli disse che lui non volessi far errore dando cattivo exemplo a inginocchiarsi per non far idolatria adorando la pasta & un'altra volta d'estate trovandosi in santa Maria del Fiore in simile atto all'altare grande gli disse che non volessi far errore adorando la pasta & più gli disse che haveva detto a Giovanbattista Camerini che non gli voleva insegnar circa del libero arbitrio se non si rimaneva di andare in chiesa a adorare la pasta perchè chi ha adorato l'adoratione della bestia quale non sa per quello se la intenda che da dieci o dodici anni in giu si sono salvati & gli altri perduti & che usava dire circa il sacramento pasta & pispilloria Et che detto $ Francesco altre volte gli disse che non andassi in chiesa perchè dava occasione agli altri di andarvi & si haveva havere Christo nel cuore continuamente & solo lui è la nostra salute & che non ha bisogno di mezo nessuno perchè parrebbe che e non fussi stato sufficiente Et che le elemosine s'avevono a dare a' poveri di Dio non agli abondonati perchè derivono dal governo di antichristo Et che ragionando circa la confessione gli disse che quando san

Piero dimandò christo quante volte gli haveva a perdonare lui gli rispose che si haveva a intendere ‖ [c. 47*v*:] circa il perdonare delle ingiurie & che s'aveva a confessare solo a Dio secondo il decto del psalmista *Delicta quis intelligit ab occultis meis munda me domine* & non a sacerdoti che sono generatione di antichristo Et più disse havergli lui detto in un ragionamento andando a spasso & parlando del baptesimo che bastava solo quelle tre parole *Ego te baptizo* etc.

179. Et più disse che $ Francesco la vigilia di natale l'anno passato gli disse in presentia di Giovanni Perini che haveva mangiato de fegategli & che haveva ringraziato Dio

180. Et di più che $ Francesco gli disse che haveva da Dio il vero lume & la vera dottrina & che non praticassi con Giovanbattista Camerini che non haveva vera dottrina & che non era costretto a credere a dottori excepto san Paolo

181. Et più disse che $ Francesco gli disse haver veduto Pasquino in extasi & non so che altro libro che gl'haveva prestato un suo amico

182. Et più che M. Morello soldato gli disse che $ Francesco gli haveva detto queste parole Io mi vergognerei di essere veduto in chiesa quanto voi in chiasso

183. Et più che ser Martino di $ Guglielmo notaio alla mercantia gli disse dalla nuntiata che la donna di $ Francesco haveva <voluto> mandato il suo figliolo al baptesimo di nascosto

184. Et di più disse che una mattina $ Francesco gli disse in casa sua che Maumetto era un <huomo> nome grande & che confessa Christo & che non accade le campane nè queste cose fatte di mano.

185. Interrogatus in causa scientiae dixit per ea quae supra testificatus est de loco dixit in civitate Florentiae & in diversis locis Interrogatus de tempore dixit a mense Ianuari 1547 usque ad mensem Ianuarii 1548 vel circa singula singulis referendo de presentibus dixit de se teste & aliis de quibus supra Et super generalibus interrogatus recte respondit & est aetatis annorum sexaginta

186. Io Simone di ulivieri guadagni dicho e affermo quanto di sopra e detto e perciò mi sono soscritto di mia propria mano In Firenze ‖ [c. 48r.]

187. Incontinenti iidem domini iudices interrogaverunt eundem $ Franciscum an ea quae supra deposuit dictus testis & quae ipse audivit & intellexit fuerint & sint vera nec ne Respondit quod non eo modo & forma quibus ipse .. dixit et deposuit neque per ea verba et verborum sustantiam quibus ipse testificatus est <negando expresse> ‖

[c. 19r.] Interrogatoria. Quoniam dixit se non habere peccatum mortale

188. [il numero fuori specchio è di mano diversa da quella che ha scritto la domanda; la risposta in volgare sembra autografa del Puccerelli] Interrogetur an credat hominem in presenti vita talem gradum perfectionis secundum legem comunem posse acquirere, ut reddatur penitus impeccabilis Io non m'intendo di questo punto: ma quando io conosco d'haver de peccati io dico i ho de peccati, et quando io non conosco haverne io dico non ne ho. Ma penso che a tutte l'hore l'huomo ne può fare.

189. Item interrogetur An dicto gradu perfectionis acquisito credat sibi licitum esse non ieiunare nec orare aut alia bona facere et pariter non esse subiectum humanae obedientiae nec preceptis ecclesiae Io credo che quanto più uno ha gratia da dio più bisogni farne dimostratione con tutte le opere buone & questo sta più subietto che li altri se più si può stare perchè sta non solo per timore ma etiam per conscientia

190. Item An ex quo prohibuit reverentia in elevatione corporis Christi exibere credat sibi esse quod imperfectionis a puritate et altitudine suae contemplationis descendere ad ministerium et sacramentum eucharistie et cogitare passionem Christi; Jo credo chel pensare a tale passione non si possa mai dire che sia imperfectione perchè ella è necessaria tal cogitatione, et non mi pare haver fatto quel che presupponete. Che io non son homo da prohibire ma è stato un tener troppo conto del proximo nel ricordargli l'ordine et modo dell'adoratione non pensando per

questo sviare quel tale dalla cogitatione della passione di christo.
patientia

191. Item An credat quod ei qui manet in fide non possit impu-
tari peccatumA questo io non posso rispondere perchè io non
ho mai lecto dove si parli di questo particulare che non è mio
interesse d'examinare la fede se non di quanto in me la sento. Et
se io ne sono ingannato me ne rimetto a chi più ne fa o a chi me
ne può consigliare o adiutare per amor di christo

192. Item An credat beatam virginem mariam non solum hominis sed etiam dei fuisse matrem Insino da piccolo imparai a dire
mater dei. Et credo il più sicuro modo sia el tener così ma a me
non tocca diffinire tanto misterio quanto è quello della maiestà
divina dove si comprende non solo il figliolo ma il padre et lo
spirito sancto, che di questo me ne rimetto a chi ha tal professione et dono d'intenderlo. et mi raccomando a ognuno. ‖ [c.
19v.]

193. Item an credat quod quicumque scripturam sacram intelligit
aliterque sensus spiritus sancti flagitat, a quo scripta est, licet non
recedat ab ecclesia, sit hereticus A ciò che io non erri d'intendere
il quesito vostro voi dite se colui è eretico il quale intende la scriptura fuor di quel vero spiritual senso che ella è scripta o sia che
questo tale non si parta dalla chiesa rispondo che si credo, ma
penso che si harebbe più tosto a chiamare errore [=] compas-
sionevole non essendo stato fatto per malitia nè con obstinatione
perchè ognuno può errare et ha bisogno di misericordia, et Iddio
l'ama maxime al tempo della gratia come è quello di Iehsu Christo il quale ci doni il suo adiuto in tante angustie acciò noi possiamo godere quella carità grande che il padre in lui ci dimostrò
et di nuovo mi raccomando a ognuno per l'amor di dio il quale è
potente a rimediar a tutte le cose et a lui mi raccomando ancora.
Se io ho erato perdonatemi [a lato due freghi a penna] che insino
a qui ne ho gran pena et danno. Iddio ci adiuti che penso pure
che noi siamo christiani. ‖

[il seguente è un secondo interrogatorio, posteriore (§200: "…
non posso dire altrimenti che l'altra volta …") su identiche domande di §§190-201; c. 1r.]

Interrogatoria. quoniam dixit se non habere peccatum mortale

194. Interrogetur an credat hominem in presenti vita talem gradum perfectionis secundum legem comunem posse acquirere et
reddatur penitus impeccabilis
195. Item interrogetur an dicto gradu perfectionis acquisito credat sibi licitum esse non jeunare nec orare aut alia bona facere &
pariter non esse subiectum humanae obbedientiae nec preceptis
ecclesiae
196. Item an ex quo prohibuit reverentiam in elevatione corporis
christi exhibere credat sibi esse quod inperfectionis a puritate &
altitudine suae contemplationis descendere ad ministerium & sacramentum eucharistiae & cogitare passionem christi
197. Item an credat quod ei qui manet in fidem non possit impu-
tari peccatum
198. Item an credat beatam virginem mariam non solum hominis
sed etiam dei fuisse matrem
199. Item an credat quod quicumque scripturam sanctam intelligit aliter qui* sensus spiritus sancti flagitat a quo scripta etiam
licet non recedat ab ecclesia sit hereticus ‖ [verso bianco, * la q
ha un segno orizzontale sopra e un taglio trasversale nella gamba;
c. 2r:]
200. Quanto al primo non posso dire altrimenti che l'altra volta
cioè che io non so quello si disponga la legge comune perchè non
ho atteso a simili studi, ma che quel che io risposi semplicemente
di non aver peccato mortale fu per esserne stato io domandato
dal mio superiore, et non fu fondata la risposta mia sopra il re-
putarmi impeccabile, perchè questo nol credetti mai et non lo
credo, ma fu in sul non mi ricordar d'haver peccato mortale. Può
esser che la fussi mala risposta che in questo ne chieggio perdono, ma non m'intendo di disputar simil cosa. Però perdonatemi.
201. Quanto al secondo dico che io non credo che grado di per-
fectione sia in me tale che mi liberi dal digiunar et fare orationi
et altre opere et quel che in ello interrogatorio si contiene perchè
non credo che la gratia di dio disoblighi persona da questo. Et io

mi reputo più imperfecto et subdito di tutti li altri et più mi offerisco esser che mai, maxime dove a mia superiori paressi che io havessi mancato, che è stato per non haver più cervello che si bisogni et gli chieggo misericordia per l'amor di dio sottomettendomi a loro consigli et per correctioni che qui in prigione son quasi affatto senza memoria et cervello, et male ho fatto a pensar mai d'haverne.

202. Quanto al 3° io confesso che fu errore parlar con Simone contro tale elevatione del corpo di christo sebbene io mostravo farlo per advertentia della adoratione che si debbe far a Dio ‖ et me ne adveggo et chieggone perdono come di sopra

203. Quanto al 4° credo che chi vive con buona fede se bene fa de peccati et non gli habino a esser poi finalmente imputati come disse *Beatus vir cui non imputavit dominus peccatum* (Rm 8). Ma non posso dire come si stia tal fede perchè non m'accadde mai veder dove se ne disputi

204. Quanto al 5° credo la beata vergine maria essere stata madre non solo d'homo ma di dio. Et però confesso havere errato a parlar sopra l'humanità et divinità di christo come io scrissi nella mia confessione et ne chieggo misericordia offerendomi paratissimo a ogni emendatione et esser da qui innanzi reverente et obediente subdito alla santa chiesa et sua determinationi non solo in parole ma in fatti et in tutti e modi secondo che dio me ne darà gratia et con li aiuti vostri

205. Quanto al 6° io credo che lo intendere male la scriptura sia spetie di heresia ma heretico ho inteso dire da predicatori che è quello che essendo advertito dell'errore vuole stare pertinace in quello Il che non vorrei far io, che così mi offerisco in tutto volermi humiliare et correggere secondo che da vostre signorie et altri mia superiori mi sarà ordinato et imposto et così sempre ho pensato fare in tutto quel che mi sarà mostro che io habbia errato perchè mi avveggo che sono state cose pericolose et però mi raccomando alle signorie vostre perchè ognuno si può ingannare come ho fatto io. Et di nuovo chieggio misericordia perchè io ho errato come di sopra. ‖ [seguono due carte bianche; il testo seguente è tardo per l'accenno finale alla lunga prigionia, c. 20r.]

206. Primo come habbi inteso & parlato della divinità & humanità di Iesu Christo & la divinità separata o unita dalla humanità & con chi ne ha ragionato

207. Del S.mo sacramento dell'eucaristia quello ne ha tenuto & con chi ha detto non si debbe adorare la pasta & cosa manufacta che è la bestia descritta nell'apocalipsi & una pispilloria

208. Se ha detto non si debbe udire la messa perchè non è altro che adorare un poco di pasta & che non si debbe ire alle chiese che si dà malo exemplo ma basta haver christo nel cuore

209. Se ha detto non si debbe adorare l'imagine de sancti ma solo dio in spirito & verità

210. Se ha detto non si habbia a prestare fede a dottore alcuno della chiesa ma solo a san Paulo

211. Se ha detto che non è prohibito il mangiar carne il venerdì & i tempi ordinati dalla chiesa perchè non lo dice l'evangelio

212. Se ha detto la confessione haversi a fare solo a Dio & non a sacerdoti

213. Se ha detto nel battesimo non si ricercare altro che le parole *ego te baptizo* etc.

214. Se ha detto che alla nostra salute basta solo la passione di christo & che quella non ha bisogno di altro mezo ‖ [c. 20*v*.]

215. Se ha negato il libero arbitrio & quello ne ha parlato

216. xj Quello ha parlato del purgatorio & se tiene sia stato predicato dalla chiesa o pure si trovi nella sacra scriptura

217. xij Dove ha letto o parlato delle cose della scriptura sacra & in qual botteghe & a che persone

218. Et in tutte le decte cose dica dove con chi & in che tempi ne ha parlato ‖ [c. 21*r*.]

219. Quanto al primo, narrando insieme il caso et quel che io ho tenuto, dico che da un frate che altra volta s'è scritto il nome, che non me ne ricordo per le passioni e travagli della prigione et altro, fu preso scandolo sopra il proposito di quelle parole *Ego et pater unum sumus*, (Jo 10:30) che a sorte, leggendosi sul testo che l'haveva il frate dissi che le non potevon significare *Deus sum*, che questo sarebbe il senso che ne presono li hebrei, *tu homo cum sis facis te ipsum deum*, ma che esso Yesu Christo le dichiarò quivi di

sotto dicendo *quem pater sanctificavit et misit in mundum vos dicitis blasphemas quia dixi filius dei sum*, (Jo 10:36) et non affermò d'haver detto *deus sum*, et aggiunsi che questo *filius dei* s'accomodava ancora alla significatione di Yesu Christo in quanto homo perfecto et naturalmente iusto allegando che parlandone alli hebrei nel principio, proprio con questo vocabulo *filius dei* Paulo fa argumento da esso agli angeli che non è da credere che intendendosi quivi i Dio per dire *filium dei*, che Pauolo havessi a dubitare che 'l fussi migliore degli angeli. Et così si allegò qualche luogo dell'evangelio come è *De die autem illa et hora nemo scit neque angeli in coelo neque filius nisi pater* (Mt 24:36)

220. Ma quanto alla divinità non ho mai dubitato nè detto che la sia separata dalla humanità se non fussi stato quando lui dixe *Deus meus Deus meus ut quid dereliquisti me*, (Mc 15:34) il che non affermo perchè perchè non mi è occorso mai più parlarne. Et si ragionò ancora che si poteva considerare homo quanto all'operation della salute nostra, pur sempre havente in sè la divinità per simil luoghi delle scripture, cioè ‖ [c.21v:] *Si enim unius delicto multi mortui sunt multo magis gratia dei et donum in gratia unius hominis Iesu Christus in plures abundavit* (Rm 5:18) *Et quoniam quidem per hominem mors et per hominem resurrectio mortuorum* (1 Cor 15:21) et esso Christo dixe dove in san Giovanni dicevano *Patrem habemus Habraam si filii hebreae estis opera haebraee faceretis nunc autem quaeritis me interficere hominem qui veritatis vobis locutus sum quam audivi a Deo hoc Habraam non fecit* (Jo 8:39-40) Ma quanto all'unione col padre sempre l'ho affermata con quelli detti che accaddono come fu *nonne ego in patre et pater in me est* (Jo 14:11) et altri che per brevità non replico. Et così affermo et tengo.

221. Quanto al sacramento parlandone per il modo di comunicatione overo comunione del corpo e sangue di xpo me ne son rimesso sempre a quello cioè che vi sia il corpo di xpo come lo tiene et crede la chiesa ma quanto all'adoratione io dissi già con quel simone guadagni che l'era stata cosa pericolosa di fare idolatria quel modo di levar in alto quell'hostia che qualche volta la chiamai pasta perchè gli ignoranti et semplici agevolmente potevano pensare et credere d'adorare quella cosa visibile et non .. [sanno] l'adoratione si doveva far a dio in spirito et verità et che

così si farebbe idolatria adorando quella pasta visibile. Ma non l'ho chiamata bestia ne pispilloria.

222. Non mi ricordo haver mai parlato del non si dovere ‖ [c. 22*r*:] udir messa in altro modo o con altra occasione che dell'esser cauto di non fare idolatria come è detto di sopra che quanto al resto ho tutto tenuto doversi fare & ire alle chiese purchè vi si exerciti le opere perchè le sono ordinate che altrimenti sarebbe meglio non vi ire. Et in simil modi ho parlato.

223. Non ho mai parlato d'adoratione de sancti che la si debba fare o no. ma di quella di dio ne ho parlato et che a lui solo si debba fare l'oratione et petitione per christo come lui insegnò, ma non so poi entrato altrimenti nel parlare de santi.

224. Quanto all'haver detto contro a dottori non l'ho fatto in particolar alcuno ma ben ho detto che io credo che nelli scripti non sol di san Paulo ma pigliando tutto il testo nuovo sia tanto che basterebbe per il bisogno nostro et della salute christiana senza legger mai altro. Questo ho fatto per veder che vi si truova scripto più assai che non si observa non che si habia considerato che li altri venghin biasimati

225. Della prohibition de cibi ho detto che se non fussi per il comandamento della chiesa che io non credo che nella scriptura del testamento nuovo si trovi mai, ma ho lodato l'usanza et co-mandamento di detta chiesa aggiugnendo che solo non vi vorrei veder pena del peccato per rispetto della necessità per che quel timore può far nascere che una persona si governi con cibi che non sieno a proposito della sanità sua

226. Quanto alla confessione ho sempre detto che chi si truova in stato di peccato mortale è obligato confessarsi ma ho detto credere che si possa venir a tal gratia per christo che si vive- ‖ [c. 22*v*:] rebe senza peccato mortale allegando quel detto di san Gio-vanni *Qui in deo manet non peccat sed nec peccare potest* (1 Jo 3, in questi termini il testo è ripreso da Ambrogio Catarino, *Compendio di errori et inganni de luterani*, Roma, 1544, c.8v) et di questi tali haver cre-duto ce ne sia qualcuno et cosa poter fare senza confessione salvo che a dio con il confessarsi tutto peccato se non fussi la gratia predetta che lo preserva come membro di christo.

227. Del baptesimo ho detto esser necessario l'acqua et parole ordinate da Christo ma che bisogna sia creduto quello che significano le parole che altrimenti l'acqua non gioverebbe, allegando l'exemplo dell'eunuco che chiedendo a Phylippo l'acqua egli disse *Si credis toto corde licet*, et lui rispose *credo yesum esse filium dei* (At 8:37*) et allhora ebbe l'acqua da san Phylippo insieme con le parole

228. Ho detto che il fatto et operato per christo in carne e la salute nostra ma che necessarie sono le opere et mezzi ordinati a condurci a tale salute operata per xpo, come sarebbe dire non si può andar a dio se non per xpo, a xpo non si può andar se non per fede et la fede non s'ha senza il mezzo della parola e dell'udito, et così le altre opere vengono a esser necessarie per confermarci et exercitarci in tal fede et secondo simil modo ho tenuto sempre, ma l'efficacia ho tenuto venga da esso principal fondamento Yesu Christo che ha fatto perfecta con il sangue suo la fede & l'opere predette

229. Quanto al libero arbitrio ho sempre tenuto che l'huomo christiano non ne habia da dubitare con ciò sia che tutti i fedeli per xpo sono fatti figlioli di Dio et per consequenza liberi ‖ [c. 23r] a tutte le opere piacente a dio et prompti all'abstinentia da mali

230. xi Quanto al Purgatorio non mi ricordo mai haverne parlato per contravenire all'ordine della chiesa ma può essere che io habia allegato la scriptura dove san Pauolo dice al principio delli hebrei parlando di Yesu Christo *Portasque omnia verbo virtutis suae se metipsum purgationem peccatorum nostrorum facta sedet ad dexteram maiestatis in excelsis* (Haeb 1:3) et che io habbia detto che ci è de testi che dicono *purgationem peccatorum faciendorum*, mostrando che al primo modo la si può intendere fatta al secondo ancor da farsi, ma non ho poi mostro tener conto se non del trovarsi differentia ne testi. et così non m'intendo se si sia trovato nella scriptura ma ho creduto per insino a qui che sia stato predicato dalla Chiesa et così lo credo.

231. xij Quanto all'haver parlato delle cose della scriptura sacra il primo che io praticassi circa ciò fu detto Simone guadagni che fu nel 47 e nel 48 che leggevo nella stanza a terreno dove lui habita

el testamento nuovo che lui vi haveva che però mi vi riparavo. In altri luoghi non ho usato conversare a leggere ma ne ho parlato da circa sei mesi indietro nell'andare a spasso qualche volta per Firenze con Giandonato Barbadori, Agostino Biagi et fermomi qualche volta dalla sua bottega ma non sempre per tal conto, con messer Vincenzo maestro de paggi del cardinale et dua frati di santo Spirito che credo uno havessi nome frate Pietro maestro de novizi et l'altro non so. In diversi tempi non di meno, che hor non me ne ricordo.

232. Et in tutto quello che io havessi mancato o errato secondo la ‖ [c. 23*v*] verità della santa fede christiana et ordini della chiesa me ne offerisco a ogni pia correctione che piacerà a mia superiori e a essere sempre buon figliolo di detta sancta chiesa et di ciascun fedele di quella. ‖ [bianche cc. 24*r*-26*v*]

233. [c. 48*r*] Prefati domini iudices acceptando confessiones <als fattas> quascumque predictum $ Franciscum factas tam coram eis quam qualiter eorum ac depositionem suprascriptam in parte & partibus faciens pro officio & curia & tarditate horae presenti Mandaverunt et fecerunt ipsum reintrudi in carceribus animo & intentione als procedendi etc.

Die xxj decembris M. D. xlviiij

234. Prefatus Reverendus Dominus vicarius pro tribunali sedens in archiepiscopali curia florentina vocari fecit $ Martinum $ Gulielmi Martini Notarium publicum florentinum & eidem delato ac per eum prestato iuramento in forma consueta & interrogatus super infrascriptis videlicet

235. Quanto tempo è che lui conosce $ Francesco puccerelli & che notitia habbi havuto delle cose da lui dette <circa la> concernente la fede respondit ut infra vulgari sermone videlicet

236. Che lui già sono anni dieci in circa cognobbe & congnosce decto $ Francesco per esser stato notaio alla Mercantia con $ Francesco Salamoni <suo> di esso $ Francesco Puccerelli & che non ha mai sentito il decto $ Francesco ragionare con lui di cose

concernente la fede ma bene alcune volte sentito il decto $ Francesco parlare con altri & biasimare religiosi in qualche modo non gli pareva stessi bene da quali ragionamenti lui si partiva

237. Item Interrogato che nome havessi il decto $ Francesco così fra gli altri notai come ancora fra quelli ne havessino notitia di lui Rispose che lo sentiva tener come huomo biasimevole [=] di alcuna cerimonia della chiesa delle quali lui non ha particolare notitia ‖ [c. 48*v.*]

238. Item Interrogato se mai ha saputo il decto $ Francesco non haver voluto mandare anzi havere prohibito si mandassi un suo figliolo al baptesimo Rispose ricordarsi uno anno fa vel circa havere sentito dire che sendogli nato un figliolo & non volendo mandarlo al baptesimo che la moglie lo mandò di nascosto & tal cosa haver detta a Simone Guadagni infra altri ragionamenti & da poi detto $ Francesco è carcerato haver sentito dire nella mercantia al fuoco (?) come $ Francesco haveva mandato tuti e figli a baptezzare & a l'ultimo gli nacque tolse per compare quello che acconcia le serve a san Giovanni

239. Interrogato con chi $ Francesco fussi solito praticare intrinsecamente disse non sapere lui praticassi con altri che con Simone Guadagni

240. Interrogatus in causa scientiae dixit per ea quae supra testificatus et de loco dixit in civitate Florentiae de tempore supra dixisse de presentibus dixit de se teste Et super generalibus interrogatus recte respondit et quod est etatis annorum triginta, Deinde vocari fecit

241. Salvatorem Johannis maniscalchum populi s. Petri maioris & eidem delato ac per ipsum prestito corporali iuramento scripturis sacrosantis ad sancta dei evangelia manutactis ac monitus de importantia iuramenti & exinde

242. Interrogatus & examinatus super infrascriptis videlicet quam notitiam habuerit & habeat de $ Francisco de puccerellis & de his de quibus ipse $ Franciscus locutus e concernentibus catholicam fidem respondit ut infra vulgari sermone videlicet

243. Che già sono mesi quattro in circa comincio a conoscer il decto $ Francesco perchè lui spontaneamente andò un giorno a

trovarlo a bottega & dettesegli a cognoscer cominciando a ragionare delle cose della scriptura sacra & così continuò andarvi dua
o tre volte a ragionar seco & infra e ragionamenti mostrava tutta
charita & venendo a particulari una volta se gli scoperse dicendo
‖ [c. 49r.] come intendete voi el mangiar della carne el venerdì &
altri dì prohibiti dalla chiesa al che rispondendogli il detto testimone <lui gli disse> che se non era bene el non ne mangiar [=
] che male non poteva egli essere, $ Francesco gli disse che egli
era fratescho & papista & non era evangelista & che lo evangelio
non prohibiva el mangiare della carne Et passato certi giorni tro-
vandolo il decto $ Francesco che lui tornava dalla messa presso
a s. Piero Maggiore & dimandandogli donde veniva & dicendogli
che veniva dalla messa $ Francesco rispose de (sic)   voi siate
papista & volete pur ire drieto a queste messe & lui gli rispose
che la [-] messa era cosa santa & ordinata dalla Chiesa & approvata da s. Dottori & che s. Agostino laudava & approvava le cose
della chiesa allora $ Francesco rispose e dottori non hanno inteso
bene le cose di dio come Paulo che fu chiamato vaso di eletione
& per quello vedde decto testimone lui si faceva beffe della messa
per il che detto testimone <se gli levò> non volse più praticare
col detto $ Francesco
244. Et si ricorda in quelle volte ragionava seco che parlando del
libero arbitrio & dicendogli detto testimone che huomo ha il libero arbitrio & che non era necessitato a far male lui gli rispondeva che l'huomo era nato nel peccato & voleva negare il libero
arbitrio dicendo che l'huomo ha il libero arbitrio solo [=] nel
far male per il che lui si adirava seco non lo poter da far cedere
245. Et più si ricorda che una volta dicendogli lui donde credi tu
che fussi causato il peccato originale & decto testimone rispondendogli che haveva charo sapere se ne haveva alcun secreto fuor
di quello lui sapeva per la scriptura allora gli disse E fu perchè
Adam usò carnalmente con Eva & che [=] questo non dicessi a
nessuno. Interrogatus in causa scientiae dixit per ea quae supra
testificatus est, de loco in civitate florentiae, de tempore dixit se
supra dixisse, de presentibus dixit de se teste et super generalibus
interrogatus recte respondit & est aetatis annorum 54. ‖ [c. 49v.]

246. Constitutus iterum prefatus $ Franciscus coram prefatis reverendis presbiteris domino vicario & inquisitore iudicibus predictis ut & ubi supra pro tribunali sedentibus in presentia prefati magistri Johannis de Colle eximii I.V. doctoris, domini Anselmi de s. Lepidio?? vicarii reverendi domini episcopi pistoriensis & per eos suo medio iuramento predicto interrogatus respondit ut infra vulgari sermone videlicet

247. Interrogato se lui ha prohibito nella elevatione del santissimo sacramento della Eucharistia la adoratione & che vogli dire la verità senza manco <Rispose che era di opinione> & se ha tenuto per fermo che l'adoratione del sacramento non si debba fare, persuaso altri a non la fare chiamandola pasta & dove quando & con che persone [=] Rispose di si & con Simone guadagni già sono circa dua anni nella chiesa della nunziata & in santa Maria del fiore che in quel tempo haveva questa fantasia quale non intende tenere & in tutto rimettersi alla correctione & dichiaratione della santa Chiesa & in questo cognosce haver errato

248. Secondo Interrogato se ha detto non si debbe andare alla messa & persuaso el non vi andare agli altri Rispose che qualche volta ha persuaso & detto che sarebbe meglio non vi andare per non incorrere el pericolo della idolatria adorando la pasta visibile perchè ha tenuto opinione che <el sacramento sia stata> la elevatione sia stata inventione di [=] preti & frati

249. Terzo interrogato se ha detto non si debbe andare alle chiese per non dar male exemplo ma che basta haver christo nel cuore Rispose Non haver mai detto che non si debba andare in chiesa ma che bene ha detto che gli è necessario haver christo nel cuore.

250. Quarto interrogato se lui ha detto haver spirito da dio mediante il quale si interpreta la scriptura & se ha disprezzato sotto questo pretexto e dottori della sacra scriptura Rispose Di no ma che ha creduto intendere la scriptura bene & secondo la intendono e sacri dottori & detto che san Paulo è il proprio dottore de gentili

251. Quinto se ha detto che el mangiar della carne el venerdì &
il sabato & altri giorni prohibiti dalla chiesa non è nello evangelio
‖ [c. 50r.] & che questo observono e papisti & non gli evangelisti
Rispose che ha detto non haver mai trovato nella scriptura
prohibitione de cibi ma bene tiene che per ordine della chiesa si
debba observare [=] ancor che lui contravvenissi mangiando de
fegatelli un sabato santo
252. Sexto Dimandato se ha detto la confessione doversi fare a
dio & non a sacerdoti che sono della generatione di antichristo
Rispose haver detto che la vera confessione è quella che si fa a
Dio perchè a lui si manifesta le cose certe & le incerte & in questo
cognosce haver dato cagione a chi l'ha udito di creder che lui
nieghi la confessione vocale & auricolare
253. Septimo interrogato se ha detta l'acqua del baptesimo non
esser necessaria ma che basta solo le parole *Ego te baptizo* etc. Rispose haver tenuto e tener essere necessaria l'acqua & le parole
secondo l'ordine della chiesa
254. Ottavo dimandato se ha proibito mandare e figlioli al baptesimo disse di NO ma che bene dette commissione alla donna
ne <Nono dimandato> facessi baptezzare uno senza procurare
altro andando a bottega credendo non essere di bisogno provedere compari
255. Nono interrogato se ha detto che alla salute nostra basti solo
la passione di christo senza altre opere perchè non ha bisogno di
altro mezzo rispose di Non haver detto così ma che la efficacia
e fondamento della nostra salute è tutto quello ha fatto & operato christo per noi & tutte le altre opere buone sono di necessità
& [è?] il pedagogo a indurci e a preservarci in questa salute operata per christo.
256. Decimo Interrogato se dette buone opere le intende per e
sacramenti della chiesa & altri sua precepti & institutione Rispose
che Si
257. Undecimo Interrogato quello ha tenuto circa il libero arbitrio & se ha detto che huomo non ha il libero arbitrio se non al
peccare Rispose che NO ‖ [c. 50v.]
258. Duodecimo Interrogato del libero arbitrio quello ne ha parlato & con chi disse haver risposto a Girolamo manischalco [ma

Salvatore?] che lo interrogava del libero arbitrio queste parole che
teneva che per christo noi fussimo di tal sorte liberi che noi ci
potessimo promettere ogni bene
<Quibus audi>
259. Et che in tutte le cose dove lui <ha tenuto> ha errato, et
contravenuto alla fede chatolica & apostolica quale tiene crede &
predica la sacrosancta romana chiesa detto $ Francesco sponta-
neamente disse & offerissi parato stare a ogni dichiaratione correctione sententia & penitentia & mandato della santa romana
chiesa & de detti signori vicario & inquisitore & loro successori
adimandando si proceda seco con pietà & misericordia
260. Quibus auditis prefati domini iudices acceptando si qua sint
quae pro eis & eorum officio & curia faciant in parte & partibus
mandaverunt & fecerunt ipsum ser Franciscum reintrudi in carceribus animo & intentione als prosequendi omni meliori modo
etc.
261. Io $ Francesco d'angelo puccerelli sopra detto dico et af-
fermo tutto quello è scritto nella confessione soprascritta fatta
questo dì 27 di dicembre 1549 et per fede ho fatta questa soscrit-
tione di mia propria mano detto di nel palazzo del capitolo [au-
togr.]

Die Mercurii xxij mensis Januarii M. D. xlviiij sedc apostolica vacante & indictione viii in vesperis

262. Prefati reverendi dominus vicarius et dominus inquisitor
pro tribunali sedentes in audientia publica causarum archiepiscopalis curiae florentinae ad solitum banchum iuris assistentibus
ibidem infrascriptis canonicis cathedralis Ecclesiae florentinae
nec non in sacra theologia magistris per eos ante ad infrascripta
vocatis & adhibitis nec non alijs religiosis tam secularibus quam
regularibus et laycis ‖ [c. 53r.] in copiosa multitudine volentes ad
expeditionem causae et negocii huiusmodi iuxta sacrorum canonum instituta procedere adduci fecerunt coram eis dictum ser
Franciscum angeli de Puccerellis & quem coram ipsis genuflexum coram omnibus interrogaverunt si intendit corrigere erro-

rem suum et omnem hereticam pravitatem abiurare et se submittere correctioni sanctae Matris Ecclesiae prout als coram eis obtulit

263. Qui ser Franciscus dixit & asseruit se fuisse et esse paratum omnia facere ad quae tenetur ac ostensa sibi subscriptione sui examinis recognovit illam fuisse & esse sua manu propria subscriptam

264. Et demum prefati domini iudices publice coram omnibus astantibus mandaverunt ac legi fecerunt per me notarium processum & confessionem per ipsum ser Franciscum coram ipsis ultimo loco factas quibus prelectis idem ser Franciscus ad interrogationem eorum omnia per ipsum confessa iterum ad omnem abundantiorem cautelam rhatificatvit & approbavit petens secum misericorditer agi

265. Incontinenti vero post predicta

266. Prefati domini iudices eundem ser Franciscum coram eis presentem genuflexum et humiliter petentem admiserunt ad abiurationem hereticae pravitatis, ipse vero statim ad delationem & in manibus dictorum dominorum iudicum ambobus manibus scripturis sacrosanctis ad sancta dei evangelia tactis alta & intelligibili voce publice legit abiurationem suam prout in infrascripta papiri cedula quam exinde in presentia dictorum dominorum iudicum manu propria subcripsit huiusmodi subtenoris videlicet
 [all'esterno della riga:] Ponatur tenor

267. Ego Franciscus etc.

268. [c. 51*r*.] Ego Franciscus angeli de Puccerellis de castro sancti Johannis vallisarni superioris Notarius publicus florentinus & Florentiae commorans confiteor coram vobis Reverendis patribus domino vicario reverendissimi domini archiepiscopi florentini & domino inquisitore hereticae pravitatis in provincia Thusciae ab apostolica sede deputato Unam sanctam ecclesiam chatolicam atque apostolicam quae regitur per Romanum pontificem Petri successorem & domini nostri Yesus Christi vicarium & sub sanctissimo eucharistiae sacramento verum Yesus Christi corpus & sanguinem contineri et labie adoratione adorandum esse & quemlibet fidelem christianum ad ecclesias convenire &

sacrificiis Missarum iuxta preceptum ab Ecclesia traditum interesse debere ac saltem semel in anno peccata sua sacerdoti ore proprio confiteri ieunia & abstinentias a carnibus & aliis cibis iuxta eandem traditionem observare ac sacram scripturam iuxta sanam doctrinam sacrorum doctorum interpretari & non aliter posse

269. Ceteraque sacramenta precepta traditiones ac instituta ab ecclesia & eius prelatis observare & eis acquiescere omnino debere

270. Ac dico & cognosco me in predictis errasse iuxta & secundum formam responsionum mearum coram vobis & altero vestrum ad interrogationes respective factarum & in predictis corde contrito & humiliato absolutionem & penitentiam requiro & hanc heresim & omnem aliam quocumque nomine censeatur abiuro & promitto quod de cetero servabo illibatam fidem quam sacrosancta romana ecclesia tenet credit & predicat cum Dei adiutorio submittens me fidei chatholicae [quam in perpetuum illibatam observare canc.] et quod hereticos & credentes eorum pro viribus persequar & tam eos quam eorum fautores receptores & benefactores bona fide sine dolo & mora manifestabo Ecclesiae vel prelato Et penitentiam quae mihi propter dictam ‖ [c. 51v.] culpam iniungetur integre servabo & perfecte complebo Et volo atque concedo quod si ab hac hora in antea (quod deus avertat) contigerit me relabi ad errores eosdem vel aliquem ipsorum aut alterius cuiuscumque heresis quocumque nomine censeatur errando forte in aliquo capitulo vel credendo seu fidem habendo errantibus vel eos aut credentes eorum recipiendo scienter aut defendendo dicto vel opere aut eis benefaciendo qualitercumque eos ve celando aut eos non manifestando bona fide sine mora vel si penitentiam, a vobis mihi iniungendam integre non servavero & perfecte non complevero ipsofacto excomunicatus habear periurus & hereticus manifestus Et talem ego me iudico Ita quod sine ampliori cognitione & sententia quae relapsis & manifestis hereticis infligitur mihi pena imponatur Insuper assero & protestor me totam & puram veritatem de me & aliis in quantum scio dixisse & si forte constare poterit me malitiose de veritate aliquid supprexisse vel tacuisse imponenda vel

iniungenda mihi a vobis penitentia & absolutio obtenta vel obti-
nenda nihil prosit Ita me deus adiuvet & haec <sancta evangelia>
sacrosancta evangelia

271. Ego Franciscus qui supra dico et adiuro ut supra continetur
et in fide manu propria subscripsi [autogr.] ‖ [cc. 52*r-v*: bianca. c.
54*r*]

272. Quibus peractis prefati domini iudices eundem ser Franciscum adhuc genuflexum presentem ac humiliter petentem in
forma ecclesiae consueta a sententia excomunicationis & aliis
censuris quibus prope premissa innodatus erat in forma Ecclesiae consueta decantato psalmo *Miserere mei* & cum baculo super
spatulis absoluerunt.

273. Qua absolutione completa eundem ser Franciscum presentem audientem et ut apparuit intelligentem ad statim audiendam
sententiam pro ultimo & perentorio termino monendum duxe-
runt pariter & monuerunt

274. Postremo vero iidem domini iudices visis actis ac actitatis
per eos et quemlibet eorum ac coram eis & ipsorum quolibet
factis & gestis Nec non confessionibus factis per dictum ser
Franciscum ad interrogationes sibi factas ‖ [c. 53*v*:] ac etiam per
cedulas eius manu propria scriptas & abiurationem per ipsum
publice et solemniter facta ac monitione per ipsos de eo facta ad
audiendum sententiam & forma iuris & sacrorum canonum &
omnibus visis & consideratis quidem & consideranda fuerunt talem in scriptis sententiam protulerunt quam per me notarium publice ac alta & intelligibili voce legi mandaverunt & fecerunt hui-
smodi subtenoris videlicet
[fuori riga:] Ponat tenor
Christi nomine ‖ [segue a c. 13*r*]

Die xxij Januarij M. D. xlviiij

275. Christi nomine invocato per hanc nostram sententiam quam
Deum solum pre oculis habentes & pro tribunali sedentes ferimus in his scriptis ad cautela adherentes indulto apostolico Ecclesiae florentinae de procedendo sola facti veritate inspecta concesso quia per confessionem factam per $ Franciscum angeli de

Puccerellis ipsum hereticum comperimus & hereticorum opinionem secutum fuisse ac de haeresi damnata locutum & scandalum propterea intulisse & coram nobis saniori consilio asseruisse & asserere ad sanctae matris ecclesiae unitatem redire velle Iccirco illum in primis presentem ac genoflexum id humiliter petentem abiurata omni heretica pravitate ab erroris vinculis quibus prope premissa tenebatur abstrictus absolvimus in forma ecclesiastica consueta si tamen ad ecclesiam predictam corde redierit ac iniungenda sibi servaverit et quia in deum et sanctam ecclesiam temere deliquit in scandalum plurimorum ad hoc ut conversio eiusdem publice innotescat pro penitentia salutari imponimus ac committimus ipsum duci ad ecclesiam dive annuntiatae cum scapulari crocei colori ac duabus crucibus rubeis in eo super sutis una videlicet in pectore & altera post scapulas ac funali in manibus accenso & ibidem genuflexus humiliter coram sanctissimo Eucaristiae sacramento a domino nostro jesu christo de tanto crimine per eum perpetrato suppliciter veniam deprecetur dicendo alta & intelligibili voce integrum salmum *Miserere mei deus* etc. deinde ad maiorem ecclesiam florentinam postea ad ecclesiam sanctae crucis & postremo ad ecclesiam s. petri maioris in qualibet earum idem faciendo & quod per annum qualibet die legat septem psalmos penitentiales cum letanijs & orationibus & qualibet sexta feria ieiunet abstenendo ea die ab ovis caseo butiro ac laticinis nisi in casu necessitatis & ter ad minus quolibet anno videlicet Pascate Resurrexionis et Nativitatis ‖ [13v.] ac pentechostes per annos quinque proxime futuros peccata sua sacerdoti confiteatur & nisi legitima causa differendi arbitrio confessoris emerserit in dictis solemnitatibus sanctissimum Eucharistiae sacramentum recipere Reservantes nobis <auctoritatem et facultatem> seu nostris in officio successoribus auctoritatem et facultatem eidem penitentiam iuxta sacrorum canonum instituta pro delictis per ipsum perpetratis quando expedire videbitur imponendi et haec omni meliori modo quo possint

276. Lata data & in his scriptis sententialiter pronunptiata ac lecta ut supra fuit suprascripta sententia & omnia suprascripta facta & gesta fuerunt per dictos Reverendos Dominum Nicolaum de Buontempis de Perusia J.V., doctorem prefati Reverendissimi

Domini Archiepiscopi florentini in spiritualibus & temporalibus vicarium generalem & magistrum Bernardinum de Cambis sacrae theologiae doctorem ordinis minorum in provincia tusciae hereticae pravitatis inquisitorem auctoritate apostolica deputatum pro tribunali sedentes ut supra anno in dictione mense et die suprascriptis sede apostolica vacante Assistentibus infrascriptis videlicet

R.do domino Philippo de Machiavellis subdecano [SALVINI 575]
Domino Jacobo de Mannellis [SALVINI 490]
Domino Renato de Pazis [SALVINI 499]
Domino Leonardo de Nobilibus [SALVINI 532]
Domino Petro de Nerlis [SALVINI 548]
Domino Nicolao de Capponibus [SALVINI 549]
Domino Francisco de Albizis [SALVINI 554]
Domino Francisco de Diacceto & [SALVINI 568]
Domino Francisco de Strozis [SALVINI 569]
Canonicis cathedralis Ecclesiae Florentinae
Magistro Alexandro de Machiavellis ordinis minorum
Magistro Johanne de Tancredis de Colle dicti ordinis et regente Conventus sanctae Crucis
Magistro Stefano de Sestino Magistro studii conventus sancti Spiritus ‖ [c. 14r.] ordinis heremitarum sancti augustini
Magistro Johanne baptista de urbe veteri ordinis servorum & regente conventus sanctae Mariae annuntiatae de Florentia
Fratre Angelo Bernardi de Contis de Senis & Fratre Bartolomeo de Tusis de Massa[351], ordinis carmelitarum conventualium
fratre Marcantonio de Aiardis de Brignano ordinis Carmelitarum de observatia & priore conventus s. Mariae Maioris de Florentia

---

[351] È uno dei padri del convento del Carmine: m. Bartolomeo della Massa reggente e discreto - ovvero "delegato inviato dalle comunità al capitolo provinciale e dal capitolo provinciale al capitolo generale" BATTAGLIA IV - : CSGF 113 23 63r.

Et presentibus ibidem domino Francisco Nicolai de Burgo cho-
rista & $ Jacobo Nicolai de Pagni cappellano substituto Ecclesiae
florentinae [$ Dominico $ Iuliani canc.] domino
Sebastiano Petri de Gatteschis de Pistorio $ Dominico $ Iuliani
de Ripa & $ Papino Petri de Fighino dictae archiepischopalis cu-
riae causidicis testibus ad premissa omnia & singula vocatis ha-
bitis & rogatis
Postmodum vero prefati domini iudices Mandaverunt eundem $
Franciscum modo et forma suprascriptis duci ad ecclesias per eos
ordinatas ad penitentiam salutarem impositam peragendam &
demum reintrudi in carceribus animo & intentione als eidem imponendi penitentiam pro delictis iuxta reservatione

Item postea eadem die post predicta

277. Jacobus Bastiani als Fagnino tabulaccinus Curiae archiepiscopalis florentinae retulit dictis dominis iudicibus & mihi notario
se sociatum fuisse eundem $ Franciscum ad ecclesias suprascrip-
tas eundemque servasse sibi imposita per dictos dominos iudices
& exinde ipsum reintrusum fuisse in carceribus quibus ante
detinebatur. ‖ [c. 51r.]

Postmodum vero & die martis xxviij dicti mensis januarii

278. Prefati domini iudices pro tribunali ut supra sedentes in archiepiscopali palatio florentino volentes ac intendentes ad to-
talem expeditionem negocij huiusmodi procedere commiserunt
imposuerunt & mandaverunt Benedicto Antoni als betterino
nuntio publico et iurato archiepiscopalis curiae florentinae & cui-
libet ali nuntio dictae curiae in solidum quatenus vadat & ex ipsorum parte commissione & mandato citet et requirat eundem $
Franciscum de Puccerellis quatenus die crastina quae erit 29 dicti
mensi Januari legitime compareat coram eis in archiepiscopali palatio florentino in tertijs hora causarum consueta ad audiendum
diffinitivam sententiam quam in causa & negotio huiusmodi dare
intendit & hoc pro ultimo & peremptorio termino ‖ [c. 14v.]

Dicta die post predicta.

279. Benedictus Antoni benedicti als betterino nuntius publicus
& iuratus archiepiscopalis curiae florentinae retulit dictis dominis
iudicibus adhuc ut & ubi supra pro tribunali sedentibus & mihi
Petro causae huiusmodi notario & scribe se ivisse ad carceres capitanei platee Civitatis Florentinae & ibidem prefatum $ Franci-
scum personaliter in eius propriam personam inventum et recep-
tum citasse monuisse & requisivisse ad ea omnia & singula suprascripta & pro ea die & hora ac in omnibus & per omnia &
prout & sicut superius a dictis dominis iudicibus habuit in commissione & mandatis cum dimissione cedule dictae citationis

Die lunae iij mensi februarii M.D.xlviiij

280. Reverendus pater eximius J.V. doctor Dominus Nicolaus
Durantes de Monticulo modernus vicarius prefati R.mi domini
Archiepiscopi florentini in spiritualibus et temporalibus generalis
ob discessum prefati domini nicolai de Buontempis requisitus a
dicto R.do domino inquisitore ut asseruit si ad ulteriorem expeditionem causae et negocii huiusmodi & declaratione pene im-
ponende pro delictis commissis iuxta reservatione per eas factas
interesse volebat attendens qualiter ipse non interfuit examina-
tioni & discussioni causae predictae & quod eius in officio pre-
cessoris hactenus citationem ad audiendam sententiam una cum
prefato domino inquisitore commiserat & ad invicem processum
& cognitionem causae & causarum huiusmodi contulerant prope
quod ipse dominus Inquisitor de meritis cause ac mente ipsius
predecessoris optime informatus existit & quod causam et nego-
cium huiusmodi ex eo quia prefatus $ Franciscus carceratus de-
tinetur celerem desiderat expeditionem ea prope vigoris sui vica-
riatus officii & omni meliori modo quo potuit sententiae cognitionem decisionem declarationem ac pene impositionem predic-
tas ad dictum dominum inquisitorem licet absentem remisit ac
eidem licet absenti & mihi notario pro eo recipienti vices suas
commisit Mandans mihi notario iam dicto & infrascripto ut de
predictis publicum conficere instrumentum unum & seu plura

281. Acta fuerunt predicta omnia in archiepiscopali palatio florentino presentibus ibidem Domino Marco Leonardi de Finalibus[352] priore ecclesia santorum apostolorum de florentia & $ Francisco Johannis de Rossinis de Fighino notario publico florentino testibus ad premissa omnia & singula vocatis habitis & rogatis ‖[c. 15r.]

Dicta die post predicta

282. Supradictus dominus inquisitor pro tribunali sedens in audientia publica causarum archiepiscopalis curiae florentinae visa remissione ac commissione sibi facta a dicto reverendo Domino vicario illam in primis recipiendo & acceptando ac volens causam huiusmodi decidere & terminare commisit & mandavit per quemlibet iuratum nuntium dictae curiae in solidum citari & requiri eundem $ Franciscum de Puccerellis quatenus die crastina quae erit quarta huius mensis l(egiti) me compareat coram eo in dicta archiepiscopali curia florentina in tertiis hora causarum consueta ad audiendam diffinitivam sententiam quam in causa & negocio huiusmodi dare vult & intendit & hoc pro ultimo & perentorio termino

Postea vero post predicta

283. Jacobus bastiani als fagnino nuntius publicus & iuratus archiepiscopalis curiae florentinae iens ac rediens retulit dicto domino Inquisitori ut & ubi supra pro tribunali sedenti & mihi Petro causae huiusmodi notario & scribae iam dicto & infrascripto se ivisse & expedienti domini iudicis parte commissione et mandato prefatum $ franciscum per eum perquisitum & personaliter non repertum domi & ad domum eius solite habitationis citasse monuisse & requisivisse ad ea omnia & singula suprascripta & pro ea die & hora & prout & sicut superius a dicto domino iudice habuit in commissione & Mandatis cum demissione cedule dicte citationis

---

[352] no PIANA

Die martis iiij mensis februarii M. D. xlviiij in tertijs hora causarum consueta

284. Prefatus Reverendus dominus inquisitor pro tribunali ut supra sedens volens ad expeditionem causae et causarum ac negocij huiusmodi procedere viso processu ac remissione & commissione de qua supra & citatione pro dicta die & hora facta peremptoria ad audiendum diffinitivam sententiam & forma iuris sacrorum canonum & quae videnda fuerunt talem inscriptis sententiam protulit & promulgavit quam per me notarium iam dictum & infrascriptum legi & promulgari omnibus circumstantibus Mandavit huiusmodi sub tenore videlicet [a lato: Ponatur tenor] Christi nomine etc. ‖ [verso bianco, c. 16r.]

Die Martis iiij mensis februarii M.D.xlviiij

285. Christi nomine invocato per hanc nostram diffinitivam sententiam quam pro tribunali sedentes & solum deum pre oculis habentes damus & ferimus in his scriptis volentes prefatum $ Franciscum angeli de Puccerellis de dilictis per ipsum in deum & sanctam Ecclesiam in scandalum plurimorum commissis & perpetratis in animae suae et aliorum periculum non modicum debite iuxta sacrorum canonum instituta punire ne de sua malitia glorietur sed ut ceteris sit exemplum ac aditus committendi similia quantum fieri potest alijs precludatur prope ea eundem $ Franciscum relegamus ad triremes ad penitentiam de predictis per agendam ac condennamus ad standum & permanendum in illis per tres annos a die qua in eis presentatus fuerit incipiendos Declarantes et nunc pro ut et tunc & e converso in omnem casum & eventum contraventionis vel inobservantiae predictae relegationis & penitentiae salutaris alias sibi impositae & cuiuslibet eorum (quos deus avertat)   ipsum $ Franciscum fuisse & esse relapsum ac haeresi teneri & reputari pro relapso & subiacuisse et subiacere penis & preiudicijs omnibus quae de iure infliguntur talibus relapsis Nec non ipsum in expensis tam factis quam faciendis condennamus illarum taxatione nobis vel nostris in officio successoribus in posterum reservata

286. Et predicta omnia facimus Dicimus pronunptiamus senten-
tiamus decernimus ac declaramus omnibus melioribus modo via
iure causa et forma quibus possumus validioribus & efficaciori-
bus & in fidem & robur premissorum manu nostra propria sub-
scripsimus
287. Ego frater Bernardinus de Cambis inquisitor pronuntiavi ut
supra & manu propria subscripsi
288. Lata data lecta & promulgata fuit illa suprascripta sententia
& omnia suprascripta facta fuerunt per dictum reverendum dominum inquisitorem pro tribunali ‖ [c. 16v.] ut supra sedentem
anno indictione mense & die suprascriptis sede apostolica vacante Assistente reverendo Domino Laurentio de Buonsignori
de Emporio I.V. doctore vicario reverendi in Christo presentis
domini episcopi fesulani & magistro Bonaventura de Masis moderno guardiano fratrum capituli & conventus s. Crucis de florentia et presentibus ibidem venerabilibus domino francisco nicolai canonico burgensi & corista ecclesiae florentinae & domino
bernardo marci de emporio canonico ecclesiae fesulanae & cappellano dictae ecclesiae $ Johanne Zenobij de Vannuccis & $ Benedicto francisci albizi dictae curiae notariis & scribis & multis
aliis clericis & laycis ibidem> testibus etc.
289. Et q (tagliato con segno sopra) pluribus aliis clericis & laycis
ibidem astantibus
290. Quibus sic gestis prefatus dominus inquisitor commisit et
mandavit predicta omnia intimari & ad memoriam reduci dicto $
Francisco ad hoc ne ullam de predictis ignoratiae causam preten-
dere valeat seu quodlibet allegare

Dicta die post predicta.

291. Benedictus antonii als betterino nuntius etc. retulit etc. predicta omnia intimasse & ad memoriam reduxisse dicto $ Franci-
sco domi & ad domum eius solitae habitationis quia ipsum personaliter reperire non valuit una cum dimissione copiae intima-
tionis ac sententiae predictae ‖ [bianche le cc. 17r-18v. Il testo
seguente, la supplica al duca, è da considerare un atto allegato al
processo, c. 27r.]

292. Illustrissimo et eccellentissimo signor duca

Pensavo che potessi essere che Dio movessi la voluntà de l'eccellentia vostra a volere sentire & conoscere in voce & con la presentia chi sia questo Francesco Puccerelli notaio tanto perseguitato et tribulato, per cimento della fede, per le segrete carcere tante settimane benchè da poco in qua allargato, et in altri modi. Et questo speravo potessi essere nell'esser presentati a quella gli scripsi di mia mano già tre volte fatti che sono appresso gli avversari o vero examinatori et iudici della causa mia tra quali è l'inquisitore e altri frati de sua di santa Croce. Ne i quali scripti pensavo potessino esser capi tanto importanti et degni d'esser examinati & intesi che io speravo havendon'io a render conto in mia voce a l'eccellentia vostra che agevol cosa fussi che io ne restassi non solo con honore et fama di vero et fedel cristiano et servitore di v. ecc.zia ma etiam quella ne havessi a pigliar benefitio all'intelletto suo & a quel proposito che gli fussi potuto occorrere maxime del moderare tal tribulatione che per tal conti ha fatta et data a subditi di quella che a me si può dire esser poco meno che morte et i miei poveri figlioli et famiglia fino a hora ne restono disfatti. Et altro rimedio non ci conosco che l'adiuto misericordioso de l'ecc.tia vostra il quale domando et supplico perchè essendo la fede come a scritto particular dono del'altissimo Dio per Yesus Christo nostro signore et salvatore certo è che non può così da ognuno esser cognosciuto et examinato maxime da chi ha qualche proprio interesse nella causa. Ma in vostra illustrissima et eccellentissima signoria confido e a quella humilmente mi racomando che Dio la preservi felicissimamente ‖ [c. 54v.]

A sua eccellenza non par s'habbi a mancar di dargli severo gastigo, maxime trovandosi le cose della religione nel termine che trovono, & se loro non lo farranno, sua Eccellentia non mancherrà di farlo lei per esser debitrice di conservar la fede & religione christiana come qual si voglia altro. Lelio T. ‖[c. 55r.]

ALLEGATI

Luterani e anabattisti processati a Firenze nel 1552[*]

Fra le carte di Francesco Vinta, auditore delle Riformagioni, e precisamente nella sua *Filza prima di memoriali e relazioni (1558-1563)*,[1] è conservato un memoriale di Massimo Milanesi, il quale segnala che fra le carte del padre, ser Bernardo, un segretario ducale morto pochi mesi prima, il 16 settembre 1559,[2] ci sono documenti appartenenti alle magistrature presso le quali aveva servito per anni.[3] Per quanto abbia occupato dei posti di rilievo nell'amministrazione, le notizie su ser Bernardo non sono moltissime. Figlio di Giovanni di Pasquino Milanesi (o del Milanese) dal Borgo alla Collina, nel Valdarno casentinese, esercita la pro-

---

* Già in in «Archivio storico italiano», 154, 1996, pp. 59-122.
Ringrazio Nicoletta Baldini, il prof. Salvatore Caponetto, il prof. Gino Corti, la dott. Giovanna Lazzi e il prof. Leandro Perini per la disponibilità e i suggerimenti.

[1] ASF, *Auditore delle Riformagioni* 4, n.72, cc. 316r-317v, 324 r-v, vedi Appendice I.

[2] "Settembre. Ser Bernardo di Ser Giovanni del Milanese morì adi 16. riposto in san Michele bisdomini", ASF, *Arte dei Medici e Speziali* 251, c. 30r. Dal 19 ottobre sulla filza 19 del *Magistrato supremo* cc. 7v, 11v, è documentata la lite tra Alessandro da una parte e Massimo Milanesi assieme alla madre Maddalena dall'altra per la divisione dei beni e degli emolumenti del notaio Bernardo. Il 26 ottobre 1559 (ASF, *Magistrato supremo* 4310, c. 10v), Luca Fabroni viene eletto al suo posto cancelliere dei Capitani di Parte.

[3] Non deve destare meraviglia che un notaio impiegato nella pubblica amministrazione trattenesse presso di sé documenti prodotti nell'esercizio di mansioni ufficiali. Faceva parte del "costume civico" dei notai e amministratori pubblici: è noto il caso del notaio senese nei cui atti Valerio Marchetti ha trovato un intero fondo inquisitoriale, cfr. VALERIO MARCHETTI, *L'archivio dell'Inquisizione senese. (Rendiconto di una ricerca in corso)*, in "Bollettino della società di studi valdesi", 93, 1972, pp. 77-83 e GIULIANO CATONI e SONIA FINESCHI nella loro *Introduzione* a Archivio di Stato. Siena, *L'archivio notarile (1221-1862)*, Roma, 1976.

fessione di notaio dal 1518 al 1551,[4] dal 28 febbraio 1540 fu cancelliere delle Bande,[5] nel 1549 e 1550[6] lo fu del magistrato dei Conservatori di Leggi. Il 25 febbraio 1550 il duca gli ordinò di intervenire presso il magistrato degli Otto di guardia come suo cancelliere nell'esame della vedova di maestro Antonio da San Gallo.[7] Il 4 febbraio 1552 diventò cancelliere alla Parte al posto di ser Bernardo Bindi defunto.[8] Il 12 febbraio dello stesso anno fu eletto maestro dei contratti.[9] Benché non sia disponibile la documentazione relativa all'incarico, Bernardo Milanesi sta con i deputati sopra l'Inquisizione[10] in qualità di segretario ducale con compiti di cancelliere: è lui che collaziona il testo dell'Editto "Ad estirpandas omnes hereses" del 28 marzo 1552, stampato nella

---

[4] ASF, *Notarile Antecosimiano* 14203-10.

[5] ASF, *Carte Sebregondi* 3580; ASF, *Consulta* 100 septies n. 6

[6] ASF, *Conservatori di leggi* 1 e 1 *bis.*

[7] ASF, *Auditore delle Riformagioni* 192, c. 315*r.*

[8] ASF, *Magistrato supremo* 4308, c. 136*r*; ad occupare il posto presso i Conservatori di leggi fu scelto Niccolò Modesti da Prato. Vedi anche ASF, *Conservatori di leggi* 2, c. 1*r.*

[9] ASF, *Magistrato supremo* 4308, c. 139*r-v.*

[10] Il tribunale fiorentino dell'Inquisizione romana, istituita con la bolla *Licet ab initio* il 4 luglio 1542 (su cui LUDWIG VON PASTOR, *Storia dei papi*, Desclée, Roma, 1914, V, pp. 673-675), aveva una organizzazione collegiale composta da esponenti del mondo ecclesiastico fiorentino, nella fattispecie Alessandro Strozzi, canonico della chiesa metropolitana di Firenze, (su cui SALVINO SALVINI, *Catalogo cronologico de' canonici della Chiesa metropolitana fiorentina*, Cambiagi, Firenze, 1782, p. 74; MASSIMO FIRPO – DARIO MARCATTO, *Il processo inquisitoriale del cardinal Giovanni Morone*, Istituto storico per l'età moderna e contemporanea, Roma, 1981, 1, pp. 240-241 lo ricorda come amico di Andrea da Volterra, del *Trattato* del quale scrive la dedicatoria a Cosimo de Medici), don Isidoro da Montauto, un benedettino il cui nome secolare era Bernardo di Lorenzo Ciaini da Montauto (1486-1573), (su cui *Famiglie patrizie fiorentine*, a cura di Carlo Sebregondi, Cya, Firenze, 1940, alla voce "Ciaini", tav. I), spedalingo di santa Maria Nuova. Il terzo commissario sopra l'eresia era Niccolò Duranti vicario generale dell'arcivescovo. Al *placet* ducale era sottoposta l'esecutività delle sentenze, inoltre il duca, al quale era riservato il diritto di concedere volta volta i propri bargelli per le catture, non permetteva l'uso di carceri proprie.

tipografia del Torrentino, in un cui esemplare si sottoscrive "cancellarius de mandato".[11] Il 25 ottobre 1552 è eletto Commissario sopra le farine per il capitanato di Pisa, il vicariato di Vico, i capitanati di Pistoia e sua Montagna, il vicariato di San Miniato.[12]

Il materiale che Massimo Milanesi vuole rendere comprendeva le carte prodotte nell'esercizio delle suddette funzioni amministrative e consisteva, in ordine, in "due filze grandi legate in cartapecora di negozi in voce e per lettere dell'ultimo anno del Magistrato delle bande che ser Bernardo per comandamento di V. Ecc.za Ill.ma negoziava giornalmente come il cancelliere degli Otto di Balia"; "una filza sciolta di negozi nel magistrato de sig.ri conservatori di legge"; una filza di negozi con lettere e rescritti ducali fra "i processi e le scritture de luterani"; "due sacha di scritture e più quaderni e notule di mugnai dell'anno 1552 quando S Ber.do fu mandato commissario sopra la Gabella delle Farine a Pisa, Pistoia & altri luoghi"; "un processo di molte scritture di madama Isabella donna che fu di m° Anton San Gallo, d'Oratio suo figliuolo & molti altri che ebbe il suo debito fine avanti a dua del Mag.to de S.ri Otto di Balia dove per comandamento di V. Ecc.za Ill.ma intervenne ser Bernardo come cancelliere". Il documento, privo della data ma che in calce presenta la sottoscrizione al rescritto del duca Cosimo de Medici datata 26 luglio 1560, di mano di Lelio Torelli, prosegue con l'elenco dei "processi e scritture de luterani che son molte". Il blocco, in cui c'era un "mazzo di descrizioni degli ebrei commoranti nello stato di V. Ecc.ma Ill.ma con più scritti circa a detti ebrei fatte e un bando & altro in causa di detti ebrei", era composto da "un libro in foglio mezzano bolognese legato in cartapecora bianca con tre correggie rosse di carte 150 scrittovi dentro esamini constituti e sententie di piu luterani da carte 8 sino a 121 di mia mano e le ultime due carte di mano di detto ser Bernardo", "un breve in cartapecora di papa Giulio 3° che conferma la elezione fatta dallo

---

[11] È l'esemplare riprodotto fotograficamente in *La comunità cristiana fiorentina e toscana nella dialettica religiosa del cinquecento*, Becocci editore, Firenze, 1980, p. 141. Su questo Editto vedi anche ARNALDO D'ADDARIO, *Aspetti della controriforma a Firenze*, Roma, 1972, pp. 491-492.
[12] ASF, *Magistrato supremo 4308*, c. 167*v*.

spedalingo di santa maria nuova e di ms Alessandro strozzi in commissari sopra l'eresia dali sotto li 24 di xmbre 1551", una filza di "81 tra memoriali e suppliche con li loro rescritti & lettere ducali…in stringa di cuoio bianco", una filza di 55 lettere di diversi ai commissari della Inquisizione, una filza composta di 11 liste di libri di librai di Firenze legate insieme (probabilmente gli elenchi delle pubblicazioni dai contenuti eterodossi consegnati dai librai in ottemperanza del citato editto del 28 marzo 1552),[13] una filza con i processi ai luterani "quasi tutti messi al detto libro de constituti", 26 fogli, forse sciolti, contenenti 24 abiure e due costituti. Seguono "altre scritture cioè bozze di lettere, fedi private, copie, editti e altro come tutto apparisce in detta filza e tutte queste scritture sono l'interesse de luterani".

La sola lettura di questo inventario è sufficiente per farci capire che si parla di un archivio prodotto dall'attività della Inquisizione romana a Firenze e nello stesso tempo darci un'idea della perdita di una documentazione che, per quanto di parte, avrebbe permesso una ricostruzione approfondita dei singoli episodi e della diffusione delle idee della riforma, per non parlare dei contenuti e delle relazioni fra i diversi personaggi che sarebbero scaturite da costituti e interrogatori. Del materiale passato al Vinta qualcosa si è trovato, ovviamente per caso: gli "Atti criminali contro la moglie di m.o Antonio da San Gallo" sono conservati in Archivio di Stato di Firenze, *Auditore delle Riformagioni* 193, cc. 314 e segg. Delle altre filze invece nulla, meno che meno di ciò che viene indicato con la dicitura "processi e scritture di luterani". Quello che abbiamo recuperato sono solo i nomi di coloro che subirono un processo presso quel tribunale entro gli estremi cronologici su indicati. Non è specificato a quali episodi tali processi si debbano riferire, però molti di quei nomi appartengono a personaggi coinvolti nella nota retata del dicembre 1551 che seguì alle confessioni di don Pietro Manelfi e che chiuse in modo definitivo la breve stagione anabattista fiorentina. Si potrebbe so-

---

¹³ Cfr. SALVATORE CAPONETTO, *Aonio Paleario (1503-1570) e la Riforma protestante in Toscana*, Claudiana, Torino, 1979, p. 91; ARNALDO D'ADDARIO, *Aspetti della controriforma a Firenze*, cit., p. 491.

spettare che alcuni di essi siano stati processati in epoca successiva. Ma su eventuali avvenimenti posteriori al 1551 e avanti il 1560 mancano informazioni e riscontri, mentre viceversa tutti i nomi noti hanno un preciso punto di riferimento con quella vicenda.

L'episodio nei suoi tratti più generali è noto. Tutto inizia il 17 ottobre del 1551 allorché don Pietro Manelfi, un prete nativo di Senigallia,[14] si costituì all'inquisitore di Bologna, il domenicano Leandro Alberti, confessando dieci anni di frequentazioni luterane, di predicazioni per l'Italia settentrionale e centrale e infine la sua recente adesione al movimento anabattista all'interno del quale era stato eletto ministro.[15] Ai primi di novembre consegnò all'Alberti una deposizione che faceva luce sui gruppi luterani e anabattisti esistenti in Veneto, in Emilia Romagna e in Toscana. La portata della denuncia convinse l'inquisitore bolognese a spedire il pentito a Roma. Da qui, in seguito ad ancora più particolareggiate confessioni (soprattutto sugli anabattisti veneti), partì una missione guidata dal maestro del Sacro Palazzo, il domenicano Girolamo Muzzarelli,[16] con il compito di attivare i tribunali locali dell'Inquisizione e di ottenere la collaborazione del duca di Firenze e del Consiglio dei Dieci di Venezia per poter spazzare definitivamente i gruppi eterodossi che erano attecchiti nei loro territori.

---

[14] CARLO GINZBURG, *I costituti di don Pietro Manelfi*, Firenze-Chicago, 1970, pp. 10-27; SALVATORE CAPONETTO, *La Riforma protestante nell'Italia del Cinquecento*, Claudiana, Torino, 1992, p. 250.

[15] UGO GASTALDI, *Storia dell'anabattismo*, Claudiana, Torino, 1972, pp. 35-45.

[16] Su cui PIO PASCHINI, *L'inquisizione a Venezia e L. Beccadelli*, in "Archivio della Deputazione romana di storia patria", 65, 1942, pp. 63-150: 121 e PAOLO SIMONCELLI, *Eterodossia religiosa e dissidenza politica agli inizi dell'età moderna*, Cacucci, Bari, 1989, p. 205. Girolamo Muzzarelli, bolognese, domenicano, dal dicembre del 1548 fu inquisitore di Bologna, dal 1550 gli fu affidata la carica di maestro del Sacro Palazzo, nel 1553 fu creato arcivescovo di Conza creato da Giulio III e nunzio presso l'imperatore (MASSIMO FIRPO – DARIO MARCATTO, *Il processo inquisitoriale del cardinal Giovanni Morone*, cit., I, pp. 285-287; sulle attribuzioni del Maestro del Sacro Palazzo cfr. ALBERTO ZUCCHI, *Roma domenicana. Note storiche*, Edizioni Memorie domenicane, Firenze, 1938-1943, 3°, pp. 71 e segg.

Non conosciamo di preciso le parole che usò il maestro del Sacro Palazzo per convincere Cosimo (forse le stesse contenute nella "Scrittura indirizzata alle autorità veneziane")[17] ma è credibile che siano stati toccati i soliti luoghi comuni dell'ideologia degli anabattisti, sottolineando magari la loro diffidenza verso lo stato e ogni forma di autorità civile.[18] Il risultato raggiunto della missione fu quanto meno positivo se il 26 dicembre 1551 l'ambasciatore veneziano a Roma, Nicolò Da Ponte, poteva raccontare ai capi del Consiglio che papa Giulio "mi disse poi che il Duca di Fiorenza havea inteso l'esposition del maestro del sacro palazzo fino con le lacrime agli occhi, et da bon christiano ne havea fatta gagliarda provisione havendogli fatti retenir tutti".[19] Cosimo, in quel periodo a Pisa, aveva ordinato che si procedesse con gli arresti (come siano stati inseriti e da chi tutti quelli che non erano presenti nella lista del Manelfi non è dato sapere), con la stessa procedura d'urgenza che sarebbe stata applicata una decina di giorni dopo a Venezia, dove il Consiglio dei Dieci che di solito ostacolava e raffreddava il Santo Uffizio si dimostrò altrettanto sensibile al racconto del medesimo Muzzarelli e totalmente

---

[17] Pubblicata da CARLO GINZBURG, *I costituti di don Pietro Manelfi*, cit., pp. 83-84.

[18] "Questi maledetti heretici oltra le altre cose, levano le authorità di ogni Signoria et predicano una libertà christiana che non dobbiamo essere soggetti ad alcuno; direttamente contra et a distruttione di tutti gli stati" dalla lettera di Girolamo Muzio a Ferrante Gonzaga in PIO PASCHINI, *L'inquisizione a Venezia e L. Beccadelli*, cit., p. 124. Cfr. anche ALDO STELLA, *Anabattismo e antitrinitarismo in Italia nel secolo XVI*, Liviana, Padova, 1969, p. 8.

[19] Citato da PIO PASCHINI, *L'inquisizione a Venezia e L. Beccadelli*, cit., p. 125 e ripreso da PAOLO SIMONCELLI, *Eterodossia*, cit., pp. 205-206. Il 24 gennaio 1552 il duca risponde al maestro del Sacro Palazzo: "Ho ricevuto la lettera vostra del 22 del presente et inteso quanto mi scrivete sopra l'esecutione che havete trovata fatta in Fiorenza contra quelli infettati d'heresia, che tanto più me ne satisfò quanto io veggo la cosa non esser seguita punto differente da quello che io vi promessi da principio quando ragionammo insieme di questo negotio, nel quale mi sarà gratissimo che si vada seguitando per haver d'Iddio et satisfattione di S. Santità et perchè ne succeda quel buon fine che si desidera..."ASF, *Mediceo del Principato* 196, c. 81*v*.

disponibile ad aiutare gli inquisitori.[20]

Le poche cronache che registrano l'accaduto si soffermano soprattutto sul momento più appariscente, ossia sulla processione degli eretici per le strade di Firenze. Sull'antefatto e gli sviluppi seguenti la documentazione è particolarmente deficitaria.[21] Mancano del tutto gli atti ufficiali, come rapporti, ordini e relazioni attraverso i quali ricostruire i comportamenti dell'amministrazione e le relazioni del duca Cosimo, conoscere metodi e procedure impiegate, i tempi e i modi di cattura degli eretici, sapere i particolari e i retroscena della retata, ad esempio per quanti partì l'ordine di cattura e quanti invece furono i prosciolti. Sul piano dei contenuti poi niente è disponibile al momento mancando completamente le confessioni e le abiure, che avrebbero potuto illuminarci, se non altro darci tracce e spunti, sulle conventicole dei luterani fiorentini, sulla loro organizzazione e sui temi dibattuti.

La descrizione contenuta nella *Cronica* attribuita a Orazio da Sangallo,[22] quello meno ampia del *Summario* di Agnolo Dovi-

---

[20] Per quanto successe a Venezia vedi la lettera di Lodovico Beccadelli a Innocenzo del Monte da Venezia il 19 dicembre 1551, in *Nunziature di Venezia V (1550-1551)*, a cura di Franco Gaeta, Istituto storico italiano per l'età moderna e contemporanea, Roma 1967, p. 330; ANDREA DEL COL, *L'inquisizione romana e il potere politico nella repubblica di Venezia (1540-1560)*, in "Critica Storica", 28, 1991, pp. 189-250: 217 dice che la delazione del Manelfi fu fatta conoscere il 18 dicembre 1551 in pieno collegio: "Lo stesso giorno il Consiglio dei Dieci decise di far arrestare immediatamente gli imputati e di farli condurre a Venezia con ogni cautela, evitando assolutamente che uno potesse parlare con l'altro tale era il timore che gli anabattisti suscitavano. [...] I primi arrestati [...] furono interrogati direttamente dai capi dei Dieci. Furono poi rimessi il 29 dicembre al Sant'Uffizio...".

[21] Poche anche le voci sull'accaduto. Ricordo il passo di una lettera del cardinale di Gyens a Carlo V spedita da Roma il 5 gennaio 1552 dove c'è scritto che "En Florentia dizen de que el Duque ha hecho prender en sus tierras quaranta personas in un dia" ma forse sono voci incontrollate. La lettera è in parte trascritta da Franco Gaeta, rec. a PIO PASCHINI, *Venezia e l'inquisizione romana*, in "Rivista di storia della chiesa in Italia", 14, 1960, pp. 130-131.

[22] Pubblicato da GUIDO BIAGI, *Per la cronica di Firenze nel secolo XVI*, in "Rivista delle biblioteche e degli archivi", 17, 1906, pp. 70-96, 118-128: 120-121. Il testo qui seguito è quello che in parte SALVATORE CAPONETTO, *Aonio...*, cit.,

zi,[23] le citate confessioni di Paolo il bello sono le fonti per quanti hanno studiato l'avvenimento, fonti che è possibile integrare per piccoli particolari con le *Memorie* che Bernardino Bonsignori, nipote del più noto Bonsignore, aggiunse al *Libro di famiglia*, e che sono inedite per gli anni dopo il 1529[24] (Appendice II).

La *Cronica* racconta come il 6 dicembre 1551 fu scoperta e incarcerata una "setta di uomini i quali sotto specie di santità fingevano di interpretare le sante scritture"; "erano mescolati artigiani e nobili di ricchezze" fra i quali il ricco Bartolomeo Panciatichi, uno sfratato e un sangeminianese. Il duca ne fece imprigionare 35 e 15 di essi furono rinchiusi nelle Stinche. Quasi due mesi dopo, il 4 febbraio, la *Cronica* riporta che i prigionieri furono dichiarati eretici; dopo di che sabato 6, dicono le *Memorie*, 22 di essi furono mandati in processione per le strade di Firenze in due gruppi, uno di 16 persone con bavagli gialli e una croce dipinta sul davanti e sul dietro, l'altro di 6, senza bavaglio e con torce

---

p. 236 ha tratto dal BNCF II.IV.19 che in questi passi non si differenzia notevolmente dal testo "secentesco" del Marucelliano del Biagi.

[23] Il *Summario delle cose degne di memoria successe dalla guerra d'Algeri che fu l'anno 1541 sino al mese di giugno del 1553*, BNCF, magl. XXIV 122 (già Biscioni 201), del gesuita Agnolo Dovizi (su cui la voce in *Dizionario Biografico degli Italiani*, Ist. Enc, Bibl., Roma, XLI, 1992, pp. 588-591 curata da Raffaella Maria Zaccaria) "fu composto per desiderio di Cosimo de' Medici […] che voleva facilitare il vescovo di Pavia, Giovanni Girolamo de' Rossi nella stesura delle sue *Storie*". L'autore nell'*Introduzione* dice di aver rivoltato tutte le scritture della segreteria; quel testo fu in seguito utilizzato dal Settimanni: cfr. *Comunità...*, cit., n. 126, p. 139 che pubblica un brano di quelle *Memorie Fiorentine* conservate in ASF, *Manoscritti* 127. Il *Summario* fu finito a Pisa il 16 febbraio 1558.

[24] Il *Libro* di memorie della famiglia Bonsignori contiene le ben più famose pagine del *Viaggio in Levante* compiuto da Bonsignore Bonsignori e Bernardo Michelozzi, su cui vedi EVE BORSOOK, *The travels of Bernardo Michelozzi and Bonsignore Bonsignori in the Levant (1497-98)*, in "The Journal of the Warburg & Courtauld Institutes", 36, 1973, pp. 145-197. Il 6 gennaio 1529 (a c. 129*r*) il compilatore di questo diario, forse il nipote Bernardino, annota la morte de "il dolcissimo zio Bonsignore" (ivi p. 178 n). Un brano di questo libro di memorie, relativo all'ingresso di Leone X a Firenze nel 1515, è stato trascritto da ILARIA CISERI, *L'ingresso trionfale di Leone X in Firenze nel 1515*, Olschki, Firenze, 1990.

bianche in mano; il Becattini[25] senza citare la sua fonte descrive
"una processione preceduta da uno stendardo con una croce no-
dosa in campo nero in mezzo a una spada e un ramo d'olivo, con
le parole *exurge Domine et iudica causam tuam* ps. 73". Alle scalee del
Duomo era stato addobbato un palco e qui ad attendere la processione partita dalle Stinche c'erano un vescovo de' Serristori[26]
e Bernardo Milanesi che si mise a leggere i capi di imputazione
agli eretici. Dopo la benedizione del vescovo furono condotti in
piazza san Giovanni e qui essi stessi bruciarono i libri che erano
stati sequestrati loro. Dopo di che fu ripresa la processione e da
santa Maria del Fiore essi raggiunsero la santissima Annunziata,
san Pier maggiore e furono rinchiusi nelle Stinche. Le *Memorie* del
Bonsignori aggiungono che i due gruppi ebbero pene diverse: i
senza bavaglio furono liberati con una multa di dieci scudi, dei
rimanenti alcuni furono condannati alla galea e altri alle Stinche
con pene fino a 10 anni.

Il maggiore limite di queste fonti narrative, a parte il vuoto totale sui temi dell'organizzazione e del contenuto religioso, sta
nella mancanza dei nomi degli inquisiti, che sono la condizione
indispensabile per una corretta comprensione del fenomeno. La
Cronica indica tre persone, il Panciatichi, un sangeminianese e uno
sfratato; le *Memorie* si soffermano su uno dei capi riconosciuti
della setta, Bernardo Ricasoli, il quale, dicono, non partecipò alla
processione perché favorito dal vescovo, ebbe una multa di 1000
scudi e la pena di un anno di reclusione nel convento di san
Marco.

---

[25] FRANCESCO BECATTINI, *Fatti attenenti all'inquisizione e sua istoria generale e particolare di Toscana*, Pagani, Firenze, 1783, p. 128.

[26] Quasi sicuramente Ludovico di Francesco vescovo di Bitetto (BA) dal 1539
al 1583, in quel periodo a Firenze dove il 23 aprile 1552 consacrava la chiesa
di santa Maria della quercia. Su di lui cfr. FERDINANDO UGHELLI, *Italia sacra*,
Coletti, Venezia, 1721 (Forni, Bologna, 1973), VII, col. 682, n. 23 e *Genealogia
e storia della famiglia Serristori di Firenze*, L'Arte della stampa, Firenze 1924, n.
123; in quegli anni però ci sarebbe anche un Bartolomeo di Averardo Serristori che Giulio III nel 1551 aveva eletto arcivescovo di Trani (su cui *Genealogia e storia..*, cit., n. 135, SALVINO SALVINI, *Catalogo cronologico de' canonici della
Chiesa metropolitana fiorentina*, cit., p. 90 e FERDINANDO UGHELLI, *Italia sacra*,
cit., col. 911), ma sembra meno probabile.

A questo vuoto ha sopperito in parte la pubblicazione del costituto del 2 novembre del Manelfi[27] il quale denuncia 25 luterani contattati a Firenze e in Toscana, precisamente alcuni artigiani sicuramente forestieri, Ottaviano da Forlì che fa colletti, il berrettaio Giovanni Battista da Padova, il legnaiolo ferrarese Niccolò, un legatore di libri veneziano. Al momento non è possibile indicare il luogo di origine di altri artigiani: i maestri calzettari Pietro e Francesco, un medico chirurgo Leone, due orefici i maestri Pietro Orso e Girolamo. A questi egli aggiunge due carmelitani, il provinciale di Toscana[28] e fra Giovanni da Padova e un ex, Lodovico Messina, da identificare in Ludovico Manna;[29] inoltre due personaggi sicuramente fiorentini, il tessitore Paolo da Montopoli[30] e Bartolomeo Panciatichi. Di Pisa parla in due volte, prima denunciando il bargello e suo fratello ex agostiniano, e uno studente piemontese, il frate carmelitano Apollonio; poi nomina anche Bernardo Ricasoli mercante e protettore del citato Ludovico Manna.[31] A Borgo a Buggiano, in Valdinievole, rammenta un gruppo di luterani: il marescalco Antonio, il fabbro Antonio, il sarto Serallo e due speziali di cui ricorda il nome del solo Gioacchino.[32] A Monte Vettolini, in Valdinievole, il Manelfi afferma di aver incontrato gli unici anabattisti della Toscana, il notaio Bartolomeo e la moglie. In tutto sono 15 artigiani, 3 frati, 2 sfratati, 1 notaio, 1 bargello, 2 mercanti, 1 donna, non molti per una città dove fino a qualche anno prima, quando era vivo l'insegnamento del Savonarola, erano diffusi atteggiamenti antipapali e potenzialmente eterodossi.

---

[27] CARLO GINZBURG, *I costituti di don Pietro Manelfi*, cit., pp. 39-60.

[28] Al quale CARLO GINZBURG, *I costituti di don Pietro Manelfi*, cit., p. 39n dà il nome di fra Angelo de Abbazia.

[29] Su questo personaggio chiave che nel 1552 era già a Ginevra vedi SALVATORE CAPONETTO, *Riforma…*, cit., p. 126.

[30] Su Paolo il bello che fu inquisito di nuovo per gli stessi motivi religiosi nel 1567 vedi ADRIANO PROSPERI, *L'Inquisizione fiorentina dopo il Concilio d Trento*, in "Annuario dell'Istituto storico italiano per l'età moderna e contemporanea", 37-38, 1985-1986, pp. 97-124: 107.

[31] CARLO GINZBURG, *I costituti di don Pietro Manelfi*, cit., p. 58.

[32] CARLO GINZBURG, *I costituti di don Pietro Manelfi*, cit., p. 38.

Nel *Memoriale* di Massimo Milanesi si registrano invece 40 processi tre dei quali contro più di una persona (le monache benedettine dell'Arcangelo Raffaello, i 5 carmelitani del Carmine[33] e alcuni del convento di Santa Maria Maggiore). Solo per una piccola parte dei personaggi denunciati da Manelfi non c'è riscontro: non ci sono Ottaviano da Forlì, che pure risulta fra i condannati,[34] il legatore di libri veneziano, Ludovico Manna e il frate carmelitano Apollonio, segno che le informazioni del Manelfi trovarono una sostanziale conferma, almeno relativamente ai primi accertamenti visto che non sappiamo che di essi fu prosciolto. Di alcuni dei personaggi che compaiono in ambedue i documenti è stato possibile recuperare qualche frammento biografico, completare un nome, ricostruire una storia e una attività, tasselli che forse potranno essere utilizzati in futuro per nuove ricerche.

Dei quattro di Borgo a Buggiano attraverso la testimonianza del vicario di Pescia; Marcantonio del Fiore da Terni (Appendice III) intervenuto per difenderli, sappiamo che erano descritti nella Banda di Pescia. Sono fra i pochi di cui possiamo conoscere, indirettamente, la difesa, debole e di cui ignoriamo l'esito: sostenevano che il loro unico peccato era stato di non aver denunciato all'inquisitore le *avances* di un tale che voleva ribattezzarli, ma non potevano allora farlo incriminare per essere soldati e non spie.

A "Ser Bartolomeo Notaro colla moglie, anabattisti" possiamo dare anche il cognome. Si tratta del notaio Bartolomeo di ser Sebastiano Ducci di Monte Vettolini del quale si conserva il registro dei protocolli che copre l'arco di tempo che va dal 5 maggio 1539 al 12 novembre 1561,[35] con un salto di qualche anno. Posterior-

---

[33] Una cifra notevole se consideriamo che nel censimento del 1552 ne erano registrati 27 in tutto: cfr. ARNALDO D'ADDARIO, *Aspetti della controriforma a Firenze*, cit. p. 396.

[34] Non si sa in che modo egli fu implicato nella retata fiorentina anche se non è presente nella lista del Milanesi: c'è una "promissio et fideiussio pro octaviano calzaiolo forzato", in ASF, *Notarile Antecosimiano* 12403 (Appendice XXVIII).

[35] ASF, *Notarile Antecosimiano* 6380 (già D 153).

mente all'11 novembre 1551 (c. 93*v*) egli lo chiude sottoscrivendosi "Ego ser Bart(olomeu)s ol(im) ser bast(ian)i de monte vett(urin)o imperiali autem iudex ordinarius et non dicti castri de predittis rogatus fidem feci et facio et in fidem me subscripsi"; c. 94*r* bianca. A c. 94*v* la data "Die 3 augusti 1554" sembrerebbe segnare la ripresa della sua attività nel medesimo luogo. Su cosa sia successo in questo arco di tempo disponiamo di una parziale documentazione (Appendice XXIV-XXVII), dalla quale si ricava che egli era stato condannato a vita alla galera, che era stato consegnato al Commissario dell'isola d'Elba il 23 marzo 1552 e che fu liberato il 12 aprile 1554 in seguito all'accoglimento di una sua supplica di poter permutare la condanna in confino. Alla sua domanda accettata dagli Inquisitori anche il duca accondiscende, al patto però che "disegni d'habitar fuori il detto nostro dominio senza venirci mai in alcun tempo, et venendoci incorrerà in maggiore pregiuditio et disdetta che fusse mai" (Appendice XXV). La destinazione che il notaio sceglie è Lucca, "dove i suoi l'aspettano" (Appendice XXVI). Non si sa però se effettivamente c'è andato ed eventualmente per quanto c'è rimasto, visto che nell'agosto riapre il suo libro di protocolli. Almeno apparentemente c'è una contraddizione fra la perentorietà della condanna e della condizione – accettata – per ottenere la grazia del duca da una parte, e la data del rilascio e quella di reintegrazione nelle sue funzioni di notaio dall'altra, ma i pochi documenti parlano in questo senso e non ci sono elementi per pensare che le cose non abbiano avuto quello sviluppo.[36] Quello che capita a Ottaviano di Agostino di Francesco da Forlì è più o meno lo stesso: condannato a 5 anni di galera è preso in carico fra i forzati l'8 maggio

---

[36] Sempre sul Ducci c'è da registrare un'altra notizia: "Bart. Ducci da Monte-Vettolino" è il segretario che il 3 gennaio 1553 firma il resoconto dell'inchiesta su un tentativo di fuga da una galera toscana, ordinata da Gian Vasquez luogotenente di dette galere e dal capitano Costantino: ASF, *Mediceo del Principato* 413, cc. 4*r*-6*v*. Non sembra che possa avere avuto funzioni ufficiali di notaio perché qualche giorno dopo, il 12 gennaio 1553, Cosimo scrive al Vasquez "Per meglio chiarire e intendere il caso della congiura delli schiavi et forzati et per ritrovare la verità di chi ha più o meno errato [...] mandiamo il presente notaio al quale voi farete consegnare tutte le scritture et processi fatti..." ASF, *Mediceo del Principato* 199, c. 7*r*.

1552, ma un anno e mezzo dopo beneficia dei privilegi che Cosimo concedeva a quanti decidessero di andare a lavorare e ad abitare nell'isola d'Elba, con la condizione di non allontanarsi senza licenza (Appendice XXVIII).

Su "Maestro Lione chirurgo che abita presso la p. san Giovanni" sappiamo dal *Memoriale* che era bracheraio ossia fabbricante di fasciature di ferro per sostenere gli intestini, dice la Crusca, in altri termini di cintoli per le ernie.

Fra questi processati Bartolomeo Panciatichi[37] è il personaggio più illustre e conosciuto, citato spesso come riformato ma soprattutto come agente, finanziatore e amico di Cosimo de Medici per colpire il quale Paolo III lo aveva perseguitato e incarcerato.[38]

Un po' meno conosciuto, ma senz'altro appartenente alla classe dirigente, è Bernardo Ricasoli, un ricco mercante che trafficava in tutta Europa, da Palermo ad Anversa.[39] Per Caponetto egli fu il punto di riferimento per "quanti sfratati vi vanno in Pisa e in Firenze" e usava le balle delle mercanzie per trasportare il materiale propagandistico.[40] Il suo nome compare fra gli investitori della Magona del ferro con Panciatichi, Giovambattista Giovanni e altri.

---

[37] Un breve profilo biografico in SALVATORE CAPONETTO, *Aonio..*, cit., pp. 88-91.

[38] GIGLIOLA FRAGNITO, *Un pratese alla corte di Cosimo I*, in "Archivio storico pratese", 62, 1986, pp. 31-83:48.

[39] LUIGI PASSERINI, *Genealogia e storia della famiglia Ricasoli*, Cellini, Firenze, 1861, p. 101 registra un Bernardo di Iacopo Ricasoli nato il 25 ottobre 1504 e morto il 13 maggio 1557 che visse a Pisa lontano dai pubblici affari e fu dedito al commercio. Sposò Maddalena Mannelli, ebbe un figlio, Cesare, vissuto dal 1544 al 1572. È un luterano storico che ha un suo gruppo a Pisa, che protegge e nasconde il Manna e che nel 1546 viene ricordato come tale da Ugolino Grifoni da San Miniato, segretario di Cosimo e Maestro generale dell'ordine dei cavalieri dell'Altopascio. Il Grifoni nel 1546 racconta al Riccio dell'arresto di Francesco Maria Strozzi avvenuto a Venezia e teme che egli riveli i nomi di Bernardo Ricasoli e altri pisani. SALVATORE CAPONETTO, *Aonio...*, cit., pp. 231 e 233; IDEM, *Riforma..*, cit., p. 337. Queste due lettere in ASF, *Mediceo del Principato* 1171. Su questo vedi anche GIGLIOLA FRAGNITO, *Un pratese alla corte di Cosimo I*, cit., p. 44n. SALVATORE CAPONETTO, *Riforma...*, cit., p. 352 dice che il materiale propagandistico passava attraverso le balle del Ricasoli.

[40] SALVATORE CAPONETTO, *Aonio..*, cit., p. 86 e IDEM, *Riforma..*, cit., p. 352.

La lista del Milanesi ci fornisce il nome del bargello di Pisa inquisito. Il cognome è stato facilmente recuperabile dalle filze del Magistrato supremo cui competeva la registrazione di tali cariche pubbliche. Il 19 ottobre 1548 era stato eletto bargello di Pisa ser Marcantonio di ser Arrigo Serarrighi da Foiano.[41] Altrettanto importante è per noi la notizia che il 29 gennaio 1552 gli Otto di Pratica abbiano rilasciato una patente al capitano Meo Corrieri con la quale subentra al Serarrighi. Nessun accenno ai motivi della destituzione.[42] La sua attività riprende come notaio: fra il 1553 e il 1562 egli roga prima a Bibbona e poi a partire dal 1557 a Lari.[43] Nessuna notizia invece ho trovato sul fratello sfratato.

Altro nome che ricorre nei due documenti è quello di Lorenzo Niccolucci da Modigliana, località della Romagna fiorentina, quel "Lorenzo da Modiana mastro di scuola" a Bagnacavallo, che intratteneva rapporti epistolari con Renata di Francia,[44] su cui Manelfi si sofferma perché era un vescovo della setta anabattista,[45] e il "compagno" con il quale aveva visitato le chiese di Toscana e di Romagna, e Ferrara nell'inverno 1550-1551.[46]

Ai 22 presenti nelle due liste va aggiunto un frate carmelitano che Manelfi sostiene – e non ci sono motivi per dubitarne – di aver conosciuto a Ravenna,[47] ossia il maestro Alberto da Monte Catino che credo sia possibile identificare in frate Alberto Parto da Montecatini che nel 1550 fu nominato Decano dei maestri del Collegio teologale di Firenze, che in seguito fu priore nel Carmine, provinciale della Toscana, priore e vicario generale, e che morì a Montecatini nel 1586,[48] anche se la fonte, il Cerracchini,

---

[41] ASF, *Magistrato supremo* 4307, c. 145*v*.

[42] ASF, *Otto di Pratica* 57, c. 137*v*.

[43] ASF, *Notarile Antecosimiano* 18903.

[44] BARTOLOMEO FONTANA, *Renata di Francia*, Roma, 1893, III, pp. XXXIV, XLIV.

[45] CARLO GINZBURG, *I costituti di don Pietro Manelfi*, cit., p. 62.

[46] CARLO GINZBURG, *I costituti di don Pietro Manelfi*, cit., p. 36n.

[47] CARLO GINZBURG, *I costituti di don Pietro Manelfi*, cit., p. 54.

[48] LUCA GIUSEPPE CERRACCHINI, *Fasti teologali*, Moucke, Firenze, 1738, pp. 248-249; i documenti del suo decanato che durò dal 18 novembre 1550 al 12 ottobre 1551 in CELESTINO PIANA, *La facoltà teologica dell'Università di Firenze*

farebbe dubitare di un suo coinvolgimento fra le fila della riforma luterana.

Un nutrito gruppo di persone appare solo nel *Memoriale*, e parecchi di costoro rimangono del tutto sconosciuti: sono quelli che potrebbero essere stati oggetto di persecuzione fra il 1551 e il 1559. Purtroppo non ci sono riscontri. Oltre ai nomi delle monache e dei carmelitani di cui sopra, per ora nulla si è riusciti a scoprire a proposito di don Fidelio maestro di scuola a Empoli, Simon Bruni, Francesco del Gabellieri (forse quel maestro Francesco calzettaro di cui parla Manelfi), Bartolomeo Rolle da Modena, messer Cristofano da Foiano (stessa località della Valdichiana da cui proveniva ser Marcantonio Serarrighi), maestro Girolamo da Fabriano, prete Vincenzo da Lucca, Giovanni stampatore, ser Antonio prete d'Arezzo, don Rosso da Faenza, fra Piero da Piombino, Piero Fantini calzaiolo.

Compaiono poi personaggi altrimenti conosciuti come eretici che però non si sapeva essere stati coinvolti in questa retata, e altri ancora che non si sospettava aver avuto delle collusioni luterane o comunque eretiche. Fra i primi, di "Maestro Piero perugino medico" possiamo dire che si tratta del medico perugino Pietro Fracani famoso ai suoi tempi. È uno degli imputati di eresia che compaiono nel *Compendium processuum*: "Magister Petrus Fracanus perusinus medicus docuit Crescium presbyterum haereses in Burgo sancti Laurentii florentinae Diocesis [...] et Ibidem tunc Michaelem Angelum Tramuntanum de sancto Geminiano ibi notarium".[49]

---

nel quattro e cinquecento, Editiones Collegii s. Bonaventurae, Grottaferrata, 1977, pp. 410-411.

[49] MASSIMO FIRPO – DARIO MARCATTO, *Il processo inquisitoriale del cardinal Giovanni Morone*, cit., p. 288n: in *Detti e fatti di diversi signori ecc.* del Domenichi, Torrentino, stampato a Firenze, 1548 e Lorenzini, Venezia, 1562, c. 161*v* è riportata una sentenza di messer Piero Fracani da Perugia medico eccellentissimo. COSTANTINO CORVISIERI, *Compendio dei processi del s. Uffizio di Roma (da Paolo III a Paolo IV)*, in "Archivio della società romana di storia patria", 3, 1880, pp. 261-290, 449-471: 287. A proposito di tale Cresci il *Compendium*, cit., p. 273 registra un "Crescius de Mugello de Mariadi presbyter [c. 4*v*]". Di Michelangelo Tramontani da San Giminiano (non dovrebbe trattarsi del "sangeminianese" di cui parla la *Cronaca* per motivi cronologici) esistono due filze di

Che Cornelio Donzellini,[50] dopo aver lasciato Venezia nel giugno 1551 in seguito all'arresto di Rosello, fosse giunto a Firenze in questo periodo era noto. Lo documentano due lettere: una di G. Muzzarelli a Ludovico Beccadelli del 27 gennaio 1552 da Roma, dalla quale ricaviamo che fu condannato alla galea perpetua;[51] un'altra di sua mano del 10 febbraio 1552 dalle Stinche a Pier Francesco Riccio, il maggiordomo del duca, anch'essa nota.[52] Non si sapeva con certezza che fosse stato imprigionato in seguito a quella retata. Di lui comunque si perdono le tracce. Il 23 agosto del 1553 Ippolito Fenaro (o Fenerio), speziale a Venezia all'insegna del saracino, la cui bottega era luogo abituale di incontri dei riformati,[53] racconta al Santo Uffizio che "per quanto

---

Protocolli all'ASF, *Notarile Antecosimiano* 20445-20446 (1539-1569). Egli, un notaio vagante, dal marzo 1552 era a Borgo San Lorenzo dopo che aveva interrotta la sua attività del maggio 1550 mentre esercitava a Palazzuolo. In questi protocolli non ho trovato richiami al Fracani o al presbitero Cresci. Nel citato *Compendium* p. 281 e in MASSIMO FIRPO – DARIO MARCATTO, *Il processo inquisitoriale del cardinal Giovanni Morone*, cit., p. 295: "M.T. de sancto Geminiano lutheranus iustificatorius", il suo nome compare assieme a quelli di P. Fracani (qui scritto Travano) e il prete Cresci: "San Geminiano ebbe Michelangelo Tramontano luterano, e un medico detto il Travano suo maestro. In Perugia insegnò l'eresia il detto medico Travano, il quale ebbe per discepolo un prete detto Crescio e il Tramontano soprascritto". Il terzetto è rammentato da DOMENICO STEFANO BERNINI, *Historia di tutte l'heresie*, Baglioni, Venezia, 1711, IV, p. 493 la cui fonte è il libro terzo, capitolo terzo della *Vita Pauli IV* di frate Antonio Caracciolo, (ripubblicato in *Compendium inquisitorum. Notizie intorno agli eretici delle principali città italiane*, in "La rivista cristiana", 4, 1876, pp. 129-136: 134) integrato dalle informazioni del *Compendium* contro il Morone.

[50] Su di lui SALVATORE CAPONETTO, *La Riforma...*, cit., pp. 234-236; ANNE JACOBSON SHUTTE, *Donzellini Girolamo*, in *Dizionario Biografico degli Italiani*, cit., XLI, 1992, pp. 238-243: 239; LEANDRO PERINI, *Ancora sul libraio Pietro Perna e su alcune figure di eretici italiani in rapporto con lui negli anni 1549-1555*, in "Nuova rivista storica", 51, 1967, pp. 363-385: 368-370.

[51] La lettere è conservata a Parma, Bibl. Pal. 1030/11 e su di essa cfr. GIGLIOLA FRAGNITO, *Un pratese alla corte di Cosimo I*, cit., p. 69n.

[52] GIGLIOLA FRAGNITO, *Un pratese alla corte di Cosimo I*, cit. pp. 68-69.

[53] ANDREA DEL COL, *Lucio Paolo Rosello e la vita religiosa veneziana verso la metà del secolo XVI*, in "Rivista di storia della Chiesa in Italia", 32, 1978, pp. 422-459: 441. Sul Donzellini a Venezia cfr. ivi pp. 447-456.

ho inteso [Cornelio Donzellini] è morto, o in pregion over il galea per queste cose…".[54]

Fra i secondi risalta invece il nome di Giovambattista Giovanni, di antica famiglia fiorentina, le cui notizie sparse non sono utili però a definire né il personaggio né l'eretico. Nasce il 4 febbraio 1504 da Pier Francesco di Giovanni Battista e da Brigida di Simone del Nero; sposa Caterina di Lionardo di Lionardo da Filicaia nel 1532.[55] Abita nel popolo di San Felice in piazza, quartiere Santo Spirito, gonfalone Nicchio. Per i suoi beni accatastati alla Decima del 1534[56] deve dare 9 fiorini il 28 marzo 1560, di cui 4 alla madre, e averne 8 da madama Caterina sua moglie il 20 dicembre 1570.[57] Dal primo maggio 1550 è console dell'Arte della Lana,[58] e l'11 giugno dello stesso anno riceve una appuntatura per essersi presentato in ritardo, dopo il suono della campana, nell'ufficio del consolato dell'Arte,[59] a cui si immatricola il 30 agosto 1550.[60] Il 2 giugno 1559 è eletto sottoprovveditore alla Gabella delle macine.[61] Nel 1573 è già morto. Circa i suoi affari finanziari si può dire che compare nei libri della Magona con Leonardo da Filicaia e in quelli di Bartolomeo Gualterotti[62] e che è registrato fra i creditori di Bartolomeo Gualterotti insieme a Bartolomeo Panciatichi, Bernardo Ricasoli, Cristofano Rinieri, Averardo Serristori, Niccolò del Nero.[63] Ad essi il 10 gennaio 1553 (così sottoscrive il Rinieri) il Panciatichi chiede un lodo per

---

[54] Citato da ENRICO ALBERTO RIVOIRE, *Eresia e riforma a Brescia*, in "Bollettino della società di studi valdesi", 105, 1959, pp. 33-37; 106, 1959, pp. 59-90: 72.

[55] BNCF, *Carte Genealogiche Passerini* 188, c.197*v*.

[56] ASF, *Decima granducale* 3564, c. 150*r* e BNCF, *Carte Genealogiche Passerini* 188, c. 201*r*.

[57] ASF, *Decima granducale* 3564, c. 150*r*.

[58] ASF, *Manoscritti* 541 alla data.

[59] ASF, *Magistrato Supremo* 4308, c. 57*r*.

[60] BNCF, *Carte Genealogiche Passerini* 188, c. 200*v* e ASF, *Manoscritti* 541.

[61] ASF, *Magistrato Supremo* 4309, c. 174*r*.

[62] ASF, *Soprassindaci* 1, ins. 9.

[63] Che nell'agosto 1552 spediscono un promemoria al duca: cfr. ASF, *Mediceo del Principato* 410, c. 3*r*.

comporre alcune sue divergenze con Roberto Ubaldini.[64] Assieme al suocero Leonardo da Filicaia Giovanbattista Giovanni il 6 febbraio 1551 (stile comune?) a Pisa vende alla duchessa un gioiello del valore di 1200 scudi.[65]

Di un personaggio di ben altro rilievo culturale, Lelio Carani da Reggio,[66] si sa ancora meno – è stato messo in dubbio che non fosse di Reggio Emilia ma di Reggio Calabria come sostiene il Moreni[67] –, e quel poco possiamo ricavarlo dai libri essendo inspiegabilmente scarse le testimonianze di contemporanei. Dal '49 sembra essere vissuto stabilmente a Firenze, dove – amico di Domenichi e Arnoldo Arlenio[68] – pubblicò presso Torrentino alcune traduzioni dal latino e dal greco: Sallustio, *Historia*, Torrentino, Firenze, 1550 (Moreni 1550/6) che dedica (Firenze, 28 aprile 1550) a Giovanni Bernardino Bonifacio marchese d'Oria (un riformato in esilio dal 1557);[69] l'Eustathio, *Gli amori di Ismenio*, Torrentino, Firenze, 1550 (Moreni 1550/13) che è dedicato al

---

[64] ASF, *Auditore dei beni ecclesiastici* 6025, c. 80; il Giovanni è registrato anche a c. 544 per un credito che rivendica alla Magona del Ferro nel 1554.

[65] ASF, *Soprassindaci* 3, n. 36.

[66] MARCO PALMA, *Carani Lelio*, in *Dizionario Biografico degli Italiani*, cit., XIX, 1976, pp. 636-637. Un accenno di sfuggita in GIOVANNI GUASCO, *Storia letteraria del principio e progresso dell'Accademia di Belle Arti di Reggio*, Vedrotti, Reggio Emilia, 1711, pp. 102-103.

[67] DOMENICO MORENI, *Annali della tipografia fiorentina di Lorenzo Torrentino stampatore ducale*, Daddi, Firenze, 1819 (2), p. 106.

[68] MARCO PALMA, *Carani Lelio*, cit., p. 637.

[69] Su cui cfr. DOMENICO CACCAMO, *Bonifacio Giovanni Bernardino*, in *Dizionario Biografico degli Italiani*, cit., XII, 1970, pp. 197-201; vedi anche SALVATORE CAPONETTO, *La Riforma..*, cit., pp. 445-447. Secondo GIUSTO FONTANINI, *Biblioteca dell'eloquenza italiana con le note di Apostolo Zeno*, Mussi, Parma, 1804 e altri fra cui LUIGI AMABILE, *Il santo Officio della Inquisizione di Napoli*, Lapi, Città di Castello, 1892, I, p. 227, fu lui il traduttore di Sallustio. Sui suoi contatti con il Domenichi è testimone la dedicatoria al suddetto marchese del cortonese Francesco Baldelli, "sicuramente un eterodosso", autore di *Filostrato Lemnio* pubblicato a Firenze dal Lorenzo Torrentino nel 1549 e volgarizzatore di classici per Gabriele Giolito a Venezia: cfr. CLAUDIA DI FILIPPO BAREGGI, *Il mestiere di scrivere*, Bulzoni, Roma, 1988, pp. 77, 221-223, 266 e NICOLA DE BLASI, *Baldelli Francesco*, in *Dizionario Biografico degli Italiani*, cit., V, 1963, pp. 452-453.

marchese di Polignano (Firenze, 21 agosto 1550). Raccoglie *Le lettere di diversi illustrissimi Signori e Repubbliche scritte a Vitello Vitelli*, Torrentino, Firenze, 1551 (Moreni 1551/9), e le dedica al conte di Popoli, il marito di Giulia de' Medici, la figlia del duca Alessandro, (Firenze, 12 giugno 1551). Altre traduzioni pubblica a Venezia presso il Giolito in quegli stessi anni. Traduce i *Proverbi* di Erasmo pubblicati a Venezia, Giolito, 1550 (Bongi a 278) dedicandoli (Firenze, 20 gennaio 1550) a Giovanni Vincenzo Belprato conte d'Anversa, un valdesiano,[70] la cui attività culturale ruotava a Firenze;[71] Herodiano, Giolito, Venezia, 1551, con dedicatoria a Giovanni Naldini datata Firenze, 11 luglio 1551 (Bongi a 327); Polieno, *Strattagemmi*, Giolito, Venezia, 1552 con dedicatoria all'arcivescovo di Firenze Antonio Altoviti del 22 settembre 1551 (Bongi a 360). Cura poi l'edizione di Polibio del *Modo di accampare* tradotto da Filippo Strozzi, Torrentino, Firenze, 1552 (Moreni 1552/6) e la dedica a Camillo Vitelli (Firenze, 14 novembre 1551); e infine Aelianus Tacticus, *De nomi e degli ordini militari*, Torrentino, Firenze, 1552, dedicato a Pandolfo Pucci il 6 novembre 1551 (Moreni 1552/7) con una lettera dello stesso Carani del 25 novembre 1551 a Giovanbattista Sanmarino. È poi l'autore di 4 epigrammi inseriti negli *Illustrorum virorum elogia* del Giovio (e precisamente quello per Enrico VIII, per Tamas

---

[70] Su cui ROMEO DE MAIO, *Belprato Giovanni Vincenzo*, in *Dizionario Biografico degli Italiani*, cit., VIII, 1966, p. 49.

[71] Qui pubblicò la traduzione del *Liber de Augustii progenie* attribuito a Messala Corvinus stampato nel 1549 da Torrentino (Moreni 1549/12) e quella del *Brevarium rerum gestarum* di Sextus Rufus, edito da Bernardo Giunti nel 1550; fu inoltre il destinatario di altre dediche dell'ambiente fiorentino: a lui il Gelli indirizza la sua seconda *Lezione* e il Domenichi (29 giugno 1548) *La nobiltà delle donne*, Giolito, Venezia 1549 (Bongi a 246), le *Rime* di Laura Terracina, Giolito, Venezia, 1548 (da Firenze il 29 novembre 1547: Bongi a 227), il *Ragionamento in lode delle donne* di Agnolo Firenzuola stampato da Bernardo Giunti nel 1548 e le *Prose* dello stesso, presso il Torrentino nel 1552 (Moreni 1552/13, p. 209).

sufi di Persia e i due per il duca di Nortfolk);[72] e c'è un suo epigramma latino in *Del tempio di Giovanna d'Aragona*.[73] Marco Palma ipotizza che sia stata la dedica del Polieno all'arcivescovo Altoviti a costargli l'amicizia della corte. Invece, se non bastasse l'alta concentrazione di simpatizzanti della riforma fra i suoi amici, un passo di una lettera di Lucantonio Coppi detto Cuppano,[74] governatore di Portoferraio, ci fornisce una preziosa traccia su quanto gli era capitato e forse doveva ancora capitargli. Il 25 giugno 1552 raccontando al duca dei forzati adibiti "si al terrapienare come al fare le piazze dove le artigliorie hanno a stare intorno alla terra et nelle fortezze"[75] che si erano ammalati per le pessime condizioni ambientali e alimentari egli scrive:

Li forzati cominciano a rengagliardirsi e fare cose maravigliose & quelli che non sono cusì ben gagliardi al presente sonno da circa vinti & questi sonno a bon termine, excepto uno ms. Lelio da Reggio che credo farà compagnia a quel fiorentino che per non volere magniare volse morire, se vede che questa aria alli forzati se confà, che non paiono quelli che erano quando vennero, & questa aria non se poterà mai dire se non bona, & se alli mesi adietro ne sonno morti alcuni non è causato dall'aria ma dalle incomodità che occorrono & in le qualità delle persone, quanto allo adoperare li forzati se fa con consideratione che quelli che sonno sani & gagliardi se ne adopra una parte la matina e

---

[72] PAOLO GIOVIO, *Illustrorum virorum elogia*, Torrentino, Firenze, 1551, rispettivamente alle pagine 298, 329 e 330. Gli stessi epigrammi in italiano, probabilmente tradotti dal Domenichi (GIOVANNI GUASCO, *Storia letteraria del principio e progresso dell'Accademia di Belle Arti in Reggio*, cit., p. 103), nella edizione stampata dal Torrentino a Firenze nel 1554, alle pagine 384, 423e 425.

[73] *Del tempio della divina signora donna Giovanna d'Aragona*, a cura di Girolamo Ruscelli, Pietrasanta, Venezia, 1554, c. b6r; la *Raccolta* nacque, come si sa, all'interno della neonata Accademia dei dubbiosi che chiamò tutti i letterati a dare un omaggio alla poetessa, per inciso valdesiana (GIUSEPPE ALBERIGO, *Aragona Giovanna d'*, in *Dizionario Biografico degli Italiani*, cit., III, 1961, pp. 694-696: 695). Cfr. MICHELE MAYLENDER, *Storia delle Accademie d'Italia*, Bologna, 1926, II, pp. 224-226; CLAUDIA DI FILIPPO BAREGGI, *Il mestiere di scrivere*, cit., p. 124.

[74] Su cui CARLO COPPI DA GORZANO, *Il conte Lucantonio Coppi detto Cuppano, ultimo condottiero delle Bande nere e dimenticato governatore generale di Piombino*, in "Rivista araldica", 58, 1960, pp. 87-105.

[75] ASF, *Mediceo del Principato* 409, c. 375r.

una parte per la sera per el fresco. [in margine il rescritto: piace a sua Eccellenza che gli si trattino bene].[76]

Del Domenichi al contrario dei due precedenti abbiamo molte notizie, sia biografiche che letterarie, e la sua eterodossia è riconosciuta e ben studiata.[77] Però il processo e la condanna che gli fu inflitta dal tribunale degli Otto di guardia in quei giorni – la sentenza fu registrata il 26 febbraio di quell'anno[78] – non avevano alcun riferimento diretto con il processo intentatogli per causa di religione. Può darsi che sulla pesante sanzione (ergastolo da scontare nella torre nuova di Pisa) inflittagli dal tribunale civile per la stampa clandestina della *Nicodemiana*, la cui traduzione, come rilevò Pietro Manelfi, fu commissionata da Ludovico Manna,[79] abbia influito il riconoscimento della sua partecipazione alla setta luterana. In ogni caso si tratta di due procedimenti separati, come si evince anche dal fatto che questa fu l'unica sentenza emanata in quella sede contro uno di quei luterani.[80]

L'identità delle tre donne che furono benedette in san Simone una settimana dopo la processione la dà il *Memoriale*; esse sono

---

[76] ASF, *Mediceo del Principato* 409, cc. 666r-671r: 666v (lettera al duca del 16 luglio 1552, da Portoferraio). Nella lettera del 28 maggio scrive che "ms Bastiano [Campana] ne ha scritto a Pisa de forzati [scalzi e scamiciati] ne sonno ammalati otto dei quali ne è morto solo uno fiorentino e è morto per non volere magniare e quello pigliava selli dava a forza, qua sonno morti a questi dì da xv persone da poi ha fermato e se va migliorando": ASF, *Mediceo del Principato* 408A, c. 1058v. Il 4 giugno 1552 aveva accennato alla morte di uno dei nuovi: vedi ASF, *Mediceo del Principato* 409, c. 64r.

[77] Per tutti cfr. ALESSANDRO D'ALESSANDRO, *Prime ricerche su L. Domenichi*, in *Le corti farnesiane di Parma e Piacenza (1545-1622)*, a cura di Amedeo Quondam, Bulzoni, Roma 1978, pp. 171-208.

[78] ASF, *Otto di Guardia e Balìa* 60, cc. 66v-67v, il testo della sentenza in FRANCESCO BONAINI, *Dell'imprigionamento per opinioni religiose di Renata d'Este e di L. Domenichi e degli uffici da essa fatti la liberazione di lui secondo i documenti dell'Archivio centrale di Stato*, in "Giornale storico degli archivi toscani", 3, 1859, pp. 268-281 e in PAOLO SIMONCELLI, *Eterodossia...*, cit., p. 221.

[79] Per tutti SALVATORE CAPONETTO, *La Riforma...*, cit., pp. 350-357; vedi anche CARLO GINZBURG, *I costituti di don Pietro Manelfi*, cit., pp. 25-26.

[80] Nessun esito ha dato l'esplorazione del fondo Otto di Guardia e Balìa attorno a questi anni,

monna Antonia moglie di Francesco (del Gabelliere?) calzettaro, monna Giovanna moglie di ser Lorenzo Niccolucci e monna Lisabetta moglie di ser Bartolomeo Ducci.

Di altri due non è chiara la posizione in questa storia. Il *Memoriale* registra due costituti a parte, uno presentato da un libraio, Antonio Raggi,[81] e non sappiamo cosa possa aver confessato o come possa aver collaborato con l'Inquisizione, e un altro da non identificato prete Giovanpiero da Fivizzano.

Anche sul rapporto condanne inflitte e pene scontate le informazioni sono frammentarie e indirette, tali da lasciare aperte ipotesi anche contrapposte. Dalle *Memorie* del Bonsignori sappiamo che 6 eretici furono liberati nel giro di otto giorni con il pagamento di una multa; 15 furono i condannati alle galee (fra questi Ottaviano da Forlì che ebbe 5 anni, il Donzellini,[82] Lelio Carani, il notaio Ducci che fu condannato a vita: per affinità con quest'ultimo si potrebbe pensare che i 15 siano stati anabattisti ed abbiano avuto le condanne più pesanti) e 5 alle Stinche per una pena variabile (fra di loro Paolo il bello che nel 1567 ricorda di essere stato condannato al confino di tre anni nelle Stinche e di essere uscito dopo 4 mesi). Un discorso a sé va fatto per il Ricasoli che fu condannato a sei mesi. Anche Domenichi sembra un caso a parte: egli doveva scontare l'ergastolo a Pisa ed ebbe la grazia di scontarlo alle Stinche,[83] dalle quali uscì dopo sei mesi

---

[81] Per errore in GUSTAVO BERTOLI, *Librai, cartolai e ambulanti immatricolati nell'Arte dei medici e speziali di Firenze dal 1490 al 1600*, in "La Bibliofilia", 94, 1992, pp. 125-164, 227-262, al num. 65 (p. 151) sono riunite due persone diverse: Iacopo Antonio del Raggio e Antonio Raggi. Il primo era già morto il 16 settembre 1532 (ASF, *Notarile Antecosimiano* 9621, c. 38*v*) e relativamente al secondo, non matricolato, cui sarà da attribuire il terzo paragrafo del detto num. 65, c'è da aggiungere che il 18 luglio 1551 supplica di potersi rimettere nel buon dì e difendersi dalla condanna in contumacia per "aver percosso di pugna nel viso con livido" certa m.a Caterina. Era assente al processo per aver accompagnato sua sorella andata a Roma con la signora Giulia, la figlia del duca Alessandro che nel 1550 si era sposata con il conte di Popoli: vedi ASF, *Camera Fiscale* 752, n.57.

[82] GIGLIOLA FRAGNITO, *Un pratese alla corte di Cosimo I*, cit., p. 69n.

[83] ASF, *Otto di Guardia e Balìa* 62, c. 9*r* pubblicato da FRANCESCO BONAINI, *Dell'imprigionamento per opinioni religiose di Renata d'Este*, cit., p. 276.

per scontare la condanna dell'Inquisizione consistente in un anno nel convento di santa Maria Novella, che poi come si sa fu sospesa per permettergli di correggere la stampa delle *Historie* del Giovio.[84] Il Serarrighi, liberato nel 1553 e reintegrato fra i notai, avrebbe scontato poco più di un anno di galea. Come abbiamo già scritto, due anni di sicuro furono scontati dal Ducci, che ebbe la pena permutata in confino ma che sembra sia tornato a fare il notaio nel dominio fiorentino poco dopo; un anno e mezzo da Ottaviano da Forlì che però aveva usufruito – come abbiamo visto – di una concessione particolare.

Se escludiamo i religiosi, fra l'altro presenti in un numero indeterminato per l'indicazione generica delle monache benedettine e dei carmelitani di santa Maria Maggiore,[85] che il Manelfi non denuncia e che forse furono messi sotto processo per fatti non collegati direttamente alla sua attività di ministro anabattista, gli artigiani appaiono il gruppo sociale preponderante. Rispetto alle indicazioni di Manelfi aumenta il numero delle donne, ma sono tutte mogli di processati, con un valore quindi limitato relativamente alla efficacia di propaganda luterana; tre anche i "letterati"; Domenichi, Donzellini e Carani. Il numero dei mercanti (o finanzieri) aumenta in proporzione per l'inclusione del Giovanni. Abbastanza numerose restano le persone di cui non possiamo stabilire la posizione sociale: Simone Bruni, Francesco del Gabelliere, il Rolle da Modena, Cristofano da Foiano.

Mi sembra prematuro, se non pretenzioso, qualsiasi tentativo di definire la composizione socio-economica di questi eretici con così pochi dati. Comunque le asserzioni semplificatorie di Cosimo e di Muzzarelli appaiono a tal riguardo più che contraddittorie limitate e strumentali. Il primo in una lettera al vescovo di

---

[84] Su questo Alessandro D'Alessandro, *Prime ricerche su L. Domenichi*, cit., pp. 188-189.

[85] Questo dato suggerisce che erano stati attivati altri meccanismi, che Manelfi aveva mosso le acque e probabilmente che la gerarchia ecclesiastica aveva colto l'occasione per ripulire l'ambiente religioso. Sulla politica nei confronti dei religiosi con tendenze luterane vedi Salvatore Caponetto, *Aonio...*, cit., p. 87.

Castellammare (Juan de Fonseca [1537-1559] suo corrispondente dal Concilio) scriveva l'8 gennaio da Pisa

> La cosa dell'heresia per la quale sono stati presi alcuni in questo stato come
> la S.V. ha inteso non è di molto momento perchè sono per la maggior parte
> forestieri artigiani et persone vili che, infecti da qualche opinione luterana,
> mangiavano carne il venerdì. Di che sendo io stato avvertito per obviare che
> non andassino macchiando altri, desideroso che nel mio stato si via christiana
> et catholicamente li feci prendere acciò si emendino et siano con la loro peni-
> tentia et castigo exemplo alli altri.[86]

Il secondo scrivendo il 27 gennaio 1552 da Roma al Beccadelli,
nunzio a Venezia, lo informa che durante la sua recentissima so-
sta a Firenze di ritorno da Venezia aveva potuto vedere "grandi
essecuzioni senza accettacione di persona, et castigo severis-
simo", e segnalava che a Firenze si facevano i nomi di "alcuni
pertinenti alla Serenissima Signoria".[87] In realtà essi hanno solo
prospettive e interessi diversi, volto l'uno a sminuire un fenomeno di cui non si sente responsabile per la presenza massiccia
di religiosi e di forestieri; l'altro a sottolineare la disponibilità del
duca ai fini delle buone relazioni con Roma e l'Inquisizione.

Per lo più gli storici trovano nell'atteggiamento accondiscendente di Cosimo verso il maestro del Sacro Palazzo una conferma di quel riavvicinamento al papato in atto almeno dal 1549,
dopo le polemiche che avevano contrapposto i Farnese alla casa
Medici e che erano culminate con l'imprigionamento del Panciatichi e del cardinale di Ravenna perseguitati da Paolo III solo
perché erano "entrambi finanziatori di Cosimo".[88] La normaliz-
zazione dei rapporti con la Chiesa è vista procedere di pari passo
con lo sviluppo in senso assolutistico e autoritario del ducato[89] e

---

[86] ASF, *Mediceo del Principato* 196, c. 59*v*.

[87] Parma, Bibl. Palatina, Pal. 1030/11, citata da GIGLIOLA FRAGNITO, *Un pratese alla corte di Cosimo I*, cit., p. 69n.

[88] GIGLIOLA FRAGNITO, *Un pratese alla corte di Cosimo I*, cit., pp. 50-51. Sulla
controversia fra il Medici e Paolo III cfr. ANTONIETTA AMATI, *Cosimo I e i
frati di san Marco*, in "Archivio Storico Italiano", 1923, pp. 227-277: 247-277, e
ARNALDO D'ADDARIO, *Aspetti della controriforma a Firenze*, cit., pp. 144-161.

[89] Per PAOLO SIMONCELLI, *Eterodossia…*, cit. pp. 204-205 gli atteggiamenti
antipapali di Cosimo hanno ragione di essere forse fino al 1547, dopodiché si

sostenuta da una chiara idea espansionistica, il cui presupposto non poteva non essere una accorta ed equilibrata politica di alleanze.

La reazione di Cosimo fu effettivamente eccezionale per tempestività se misurata alla luce di alcuni suoi comportamenti precedenti.[90] Ma tanta disponibilità alle richieste dell'Inquisizione romana si può leggere in una chiave diversa dalla strategia di espansione territoriale alla quale egli avrebbe sacrificato la sua naturale tolleranza (o indifferenza) religiosa. Mi sembra che in quella congiuntura abbia pesato in modo particolare la preoccupazione, se non proprio la paura, per un radicamento dell'anabattismo e del luteranesimo,[91] eresie che nascondevano una organizzazione potenzialmente eversiva ed avevano trascorsi violenti e antistatali, per le quali non potevano valere le normali procedure e garanzie.[92] Che Cosimo non abbia avuto semplicemente

---

stemperano perché "il progressivo evolversi assolutistico dello stato aveva imposto al duca un repentino cambiamento del suo atteggiamento suppostamente tollerante".

[90] Così Iacopo Polverini scrive il 21 dicembre 1550 "Ill.mo & Ecc.mo S.or Duca Et si mostrò a ms Agnolo et a ms Lelio quello che l'Ecc.za V. haveva rescripto all'informatione che si mandò per causa del vicario dell'arcivescovo, et con il parer loro conforme al detto rescripto s'è fatto intendere al Bargello qui di Firenze et al Luogotenente di quel di Campagna, et a famigli d'otto et a quelli della mercanzia che sotto alcuno quesito colore non ardischino fare ad istantia della corte del prefato arcivescovo captura o executione alcuna tanto reale quanto personale, et che in cosa alcuna non gli obedischino", ASF, *Pratica Segreta di Firenze* 1, n. 113.

[91] Di segno contrario la ricostruzione di GIGLIOLA FRAGNITO, *Un pratese alla corte di Cosimo I*, cit., pp. 43-44, che sottolinea invece la disinvoltura di Cosimo anche sul tema della eterodossia in genere. Sulla diffusione della paura popolare per i luterani nel secolo XVI cfr. LUIGI FUMI, *L'Inquisizione romana e lo stato di Milano*, in "Archivio storico lombardo", 37, 1910, pp. 5-124, 285-414, 145-220: 413.

[92] Ad esempio, nel 1567 viene comunicata a Cosimo la sospetta presenza di alcuni luterani in questi termini (il corsivo è mio): "c'è un Andrea francese vezzaio in via de Servi che sembra luterano con tutta la sua famiglia: non odono mai messa, sono stati visti mangiare carne il giovedì santo, e la moglie si è comunicata senza confessarsi, hanno in casa libri francesi e luterani, [...]; *e perchè in questi casi d'heresia basta il sospetto...*", ASF, *Carte Strozziane*, I serie, filza

una reazione emotiva personale ma che la sua sia stata la manifestazione di un sentimento diffuso in Italia lo dimostra il fatto che la stessa reazione inusitata,[93] la stessa attenzione e lo stesso spirito di collaborazione con l'Inquisizione romana si riscontrarono a Venezia dove l'esistenza di gruppi anabattisti organizzati fu avvertita come evento imprevisto, sfuggito al controllo e perciò pericoloso per la stabilità dello stato, e affievolì momentaneamente la tradizionale ostilità della Serenissima verso l'Inquisizione.

Sui pericoli del luteranesimo Cosimo era attento da anni, egli conosceva perfettamente gli effetti che aveva avuto sul tessuto politico e sociale sia tedesco che francese,[94] e non poteva confonderlo con quelle generiche idee evangeliche che circolavano anche a Firenze e non intendevano modificare i rapporti di forza esistenti, avendo un'indole letteraria che non si calava nella realtà.[95] In termini concreti non esisteva un problema del dissenso religioso che potesse preoccupare lo stato. Se l'evangelismo era innocuo fin tanto che rimaneva elitario e continuava a manifestarsi in letture erudite e a svilupparsi in seno ad organizzazioni culturali – per inciso controllate dal potere –, il savonarolismo a sua volta rappresentava una esperienza ormai lontana e svuotata di contenuti politici antagonistici al regime, era un fenomeno ridotto a cenacoli religioso-culturali che non avevano possibilità di incidere sull'assetto politico e non poteva più far

---

22 trascritto in *Carte Strozziane del R. Archivio di Stato di Firenze*, a cura di Cesare Guasti, Firenze 1884.1891, I, p. 127.

[93] Come appare chiaramente dalle lettere del nunzio Della Casa al Beccadelli: vedi ANTONIO SANTOSUOSSO, *Vita di Giovanni della Casa*, Bulzoni, Roma, 1979, pp. 108-138.

[94] Tanto che questa sua attenzione divenne un *topos* storiografico: Bernardo Davanzati, ad esempio, disegnando i suoi comportamenti verso la Chiesa dice "Tutti i pontefici sempre obbedì e difesegli dalla pestilenza degli eretici, di che non è paese più netti del suo. Contr'a' gli Ugonotti, danari più volte al re di Francia": BERNARDO DAVANZATI, *Orazione in morte del granduca Cosimo primo*, in *Le Opere*, vol. II, p. 472 cit. da LEANDRO PERINI, *Un patrizio fiorentino e il suo mondo: Bernardo Davanzati*, in "Studi storici", 17, 1976, pp. 161-170:166.

[95] Sul distacco di queste idee dalla realtà politica si sofferma EMILIO SANESI, *Dell'Accademia fiorentina nel '500*, in "Atti della società colombaria fiorentina", 1935-1936, pp. 223-244: 239-243.

paura, sebbene Cosimo nel pieno della lotta con i frati di san Marco avesse ricordato al papa che in Germania Lutero aveva ritenuto suo predecessore il Savonarola.[96]

Oltre al timore per il luteranesimo c'è un altro fatto che può spiegarci l'intensità di tale reazione. Prima di questo episodio Cosimo non aveva trascurato occasione per dichiarare che il suo stato era immune dalla "infetione di mala semenza o di lutheraneria",[97] ed era "assai noto che non è principe in Italia che habbia tenuto tanta cura che nel suo stato non pulluli alcun seme d'heresia".[98] La mancanza di luterani in Toscana era stato uno dei cavalli di battaglia del duca nella lotta contro Paolo III ed era usato per rintuzzare certe accuse di scarsa ortodossia e dimostrare la qualità della sua vigilanza per l'ortodossia, al contrario di tanti altri stati. Tanto più era convinto di queste asserzioni quanto più sembra credibile che potesse essere rimasto colpito dal sapere che sotto i suoi occhi si era sviluppata una rete organizzata in conventicole più o meno segrete[99] e che aldilà di un

---

[96] Il riferimenti di ROBERTO RIDOLFI, *Vita di Girolamo Savonarola*, Sansoni, Firenze, 1974, p. 447, è al *Proemio* di Lutero a *Expositiones in Psalmos*, Strasburgo 1524 (LUCIA GIOVANNOZZI, *Contributo alla bibliografia delle opere del Savonarola*, tip. Giuntina, Firenze, 1953, n. 121). Da ricordare sul pericolo del savonarolismo il *Discorso contro la dottrina e le profezie di fra Girolamo Savonarola* di Ambrogio Catarino Politi (ivi pp. 451-452), nonché gli attacchi di padre Laynez e papa Paolo IV contro il Savonarola negli anni immediatamente seguenti (ivi pp. 453-454). In tema di savonarolismo alla metà del XVI secolo saranno da vedere PAOLO SIMONCELLI, *Momenti e figure del savonarolismo romano*, in "Critica storica", 11, 1974, pp. 47-82 e IDEM, *Eterodossia...*, cit., pp. 225-240.

[97] ASF, *Mediceo del Principato* 12, c. 366 (lettera al Minerbetti del 13 marzo 1549 s.c.) citato da LUCIA FRATTARELLI FISCHER, *Gli ebrei, il principe e l'inquisizione*, in *L'inquisizione e gli ebrei in Italia*, Laterza, Bari, 1994, pp. 217-231: 220.

[98] Lettera al Serristori del 22 agosto 1550, ASF, *Mediceo del Principato* 15, c. 277*r* (Appendice IV).

[99] C'è un passo interessante a c. 94*r* del *Summario* del Dovizi a proposito di questa retata: "Nel medesimo tempo furono prese in Fiorenza molte persone macchiate dell'heresia luterana sendosi trovato che facevano alcune ragunate segrete insegnando quella falsa dottrina contro i quali S.E. per mezzo delli deputati sopra l'inquisizione fece fare pubblica dimostrazione, dando a ciascuno il castigo che meritava con grande sua laude, esercitio della vera religione toscana".

pericolo più o meno reale questa presenza contraddiceva le sue asserzioni e danneggiava la sua immagine pubblica di difensore del cattolicesimo. Tale reazione non l'inizio di un suo nuovo atteggiamento verso l'eterodossia in generale ma solo la risposta ad un fenomeno che aveva sfiorato la società toscana in un preciso momento: l'epurazione si limitò a colpire una precisa categoria di eretici, luterani e anabattisti, e non furono coinvolti ossia inquisiti e processati (almeno nessuno di essi compare nelle liste del Manelfi), né i savonaroliani né i tanti simpatizzanti riformati che frequentavano la corte ducale e sedevano nella Accademia fiorentina. Riccio,[100] Varchi ed altri passarono indenni attraverso la bufera e non si direbbe che la loro attività seguente in seno all'Accademia sia stata in qualche modo limitata o condizionata. Lorenzo Torrentino, ad esempio, continua a stampare testi in odore di evangelismo. Nel 1554 pubblica due traduzioni erasmiane: *Il paragone della vergine e del martire* e *Il sermone della grandissima misericordia di Dio*,[101] nel 1558 è la volta delle *Quattro lettere* di Gasparo Contarini.[102]

Potrebbe semmai essere considerato una prova del cedimento di Cosimo alle pressioni dell'Inquisizione l'invio di Lorenzo Niccolucci, suddito fiorentino, a Roma, dal momento che poco più di un anno prima egli si era opposto ad una analoga richiesta che aveva per oggetto il Panciatichi. Il 22 agosto del 1550 (Appendice IV), di fronte all'iniziativa di un "certo sostituto delli Reverendissimi deputati sopra l'heresie", (sembrerebbe Lorenzo Davidico[103]), che aveva chiesto al vicario dell'arcivescovo (Niccolò Durante) di far citare a Roma Bartolomeo Panciatichi per luteranesimo, il duca chiese al suo ambasciatore di intervenire presso il papa per annullare una richiesta che stava a significare che "sotto noi non si possa sufficientemente esercitar tale offitio". Cosimo è certo che dietro tale richiesta ci sia la volontà di spostare a Roma il controllo e la repressione di alcuni reati che invece rientravano tradizionalmente nella sfera giurisdizionale

---

[100] Su cui GIGLIOLA FRAGNITO, *Un pratese alla corte di Cosimo I*, cit., pp. 41-42.

[101] Vedi SALVATORE CAPONETTO, *La Riforma…*, cit., p. 353.

[102] PAOLO SIMONCELLI, *Eterodossia…*, cit. p. 219n.

[103] Così suggerisce il prof. Salvatore Caponetto.

dello stato e di mettere in discussione l'Inquisizione fiorentina e la supremazia che in essa avevano i frati minori conventuali, per favorire l'avvento dei domenicani (storici nemici della casa Medici). L'oggetto del contendere viene spostato dalla persona del Panciatichi al riconoscimento dell'autorità di quel tribunale, e almeno per il momento si deve registrare la vittoria del duca.

Diversamente il duca si mosse per il Niccolucci, ma le situazioni, il contesto e i personaggi sono troppo diversi per essere certi che il suo sia stato un ripensamento. Il 22 gennaio 1552 gli Inquisitori chiedono attraverso il Serristori di "mandar loro uno di quei prigioni per potersi informar del tutto" (Appendice V) e il duca nella lettera al cardinale di san Iacopo del 26 gennaio stesso accondiscende: "Volentieri per obedir a sua santità in cosa massimamente del servitio di Dio N.S. et per far cosa grata alla S.V.Ill.ma et alli altri R.mi Inquisitori mi contento di mandar loro Lorenzo Niccolucci, uno di quelli che si trovano presi in Fiorenza per heretici…" (Appendice VI). Però chiede che dopo l'esame inquisitoriale egli sia condotto a Firenze a scontare la pena che il locale ufficio dell'Inquisizione gli aveva comminato: "Quando le S.V.R.me me l'haveranno examinato havendolisi poi a darli castigo saranno contente rimandarmelo perchè voglio che l'executione si faccia a Fiorenza come mi pare che si convenga". Ribadisce questa sua volontà nella lettera al Serristori dello stesso 26 gennaio (Appendice VII): "Direte a R.mi Inquisitori che li concediamo il sopradetto prigione heretico perchè lo possino far examinare per il che ce lo domandano, et ciò fatto, havendosi a gastigar, desideriamo che ce lo rimandino per farne l'executione in Fiorenza come ci par che sia ragionevole per dar l'exemplo agli altri et procurerete che di ciò si contentino". Benché il Serristori confermi le intenzioni degli Inquisitori di rispedire il prigioniero a Firenze perché lì abbia a scontare la sua pena (Appendice VIII), il 2 marzo egli chiede conferma ufficiale al cardinale di Burgos che il suo diritto verrà salvaguardato (Appendice IX) – per inciso è la posizione di Ercole II che qualche anno prima pretendeva che Fanino Fanini fosse giudicato dove era stato catturato, benché il suo stato fosse vassallo di quello della Chiesa –, e la richiesta viene esaudita senza problemi, come documenta la lettera datata 10 settembre 1552 del Ghislieri, commissario generale in carica dall'estate del 1551 al posto di fra Teofilo Scullica[104] (Appendice X).

Quale sia stata poi la fine del Niccolucci per ora non è dato sapere, forse non diversa da quella del Carani. Di sicuro la sua vicenda non ebbe nulla in comune con quella del Panciatichi sulla quale ebbe sicuramente un peso determinante l'aiuto del duca. Se prima, nel 1550, non veniva messa in discussione la sostanza dell'imputazione, ovvero l'effettiva adesione del Panciatichi al luteranesimo, in questo momento, nel gennaio 1552, il duca chiede "quando non habbiate inditio contra di lui che stringa ci sarà caro che voi supprimiate questa inquisitione a fine che senza causa o colpa sua non habbi ad apportargli danno et pregiuditio nelle bande di Francia et altrove dove lui come sapete fa faccende mercantili d'assai importantia" (Appendice XI). La richiesta di prove sicure e di testimonianze inoppugnabili per applicare le pene previste dalla sentenza nasconde il persistere di un dubbio radicato, il sospetto di un *fumus persecutionis* – come già per Francesco Maria Strozzi.[105] È l'unico personaggio – che io sappia – per il quale esige il conforto di indizi stringenti, senza i quali, si sottintende, farà il possibile, con tutti gli strumenti a sua disposizione, per

---

[104] Cfr. MASSIMO FIRPO – DARIO MARCATTO, *Il processo inquisitoriale del cardinal Giovanni Morone*, cit., I, p. 418n. La vicenda si chiude, stando ai pochi documenti recuperati, il 14 settembre dello stesso anno allorché Cosimo scrive al funzionario che doveva ricevere il Niccolucci: "Al Capitano di Cortona, Alamanno de Medici, adi xiiii di 7mbre 1552. Dallo stato de la Chiesa vi sarà mandato un Lorenzo Niccoluccio, quello che da Commissari de la Inquisitione è stato condannato per heretico et destinato alle nostre galee. Riceveretelo sotto buona custodia dal vicelegato di Perugia o da altri ministri ecclesiastici che vi sia mandato, et per il bargello di Arezzo lo farete condurre salvo qui nella città, in forze delli Otto di Balia. Et Dio vi conservi. Da Fiorenza". ASF, *Mediceo del Principato* 198, c. 112v.

[105] Su cui ANTONIO SANTOSUOSSO, *Vita di Giovanni della Casa*, cit., pp. 109-110.

impedire che sia assicurato alla giustizia dell'Inquisizione.[106] Panciatichi a sua volta proclama la sua innocenza in modo ostinato, da nicodemita convinto, ed è fermo nel negare "persuasioni di prava dottrina ne meno con l'opere contrarie al catolico vivere", nel ricusare imputazioni di "disunione della santa chiesa" e nell'accusare manovre di calunniatori: da Firenze il 6 aprile 1552 esprime al duca tutta la sua preoccupazione "vedend'io ch'il mio travaglio con la Inquisitione non si termina et che la mia innocenza resta in preda de calonniatori" il cui unico scopo è "aprire la via alla rapina delle mie possessioni nel bolognese: alle quali ben si conosce voltano l'occhio : et il pensiero" (Appendice XII). Il duca risponde a lui in modo molto comprensivo (Appendice XIII) e nello stesso giorno agli Inquisitori, chiedendo che in mancanza di prove egli venga lasciato in pace (Appendice XIV).

Anche per Bernardo Ricasoli il duca si muove, ma ad un altro livello, utilizzando argomenti e toni opposti a quelli impiegati per il Panciatichi. Di certo non furono le pressioni per quanto autorevoli del vescovo di Cortona a convincerlo perché in altre occasioni su di lui intervennero personaggi più importanti, ma furono le diverse condizioni del reo ad offrirgli la possibilità di intercedere nei modi propri della migliore tradizione. Giovanni Battista Ricasoli, il vescovo di Cortona, gli comunica l'abiura del mercante avvenuta il 19 gennaio del 1552 alla presenza di Alfonso Quistelli e dei tre deputati dell'Inquisizione (Appendice XV). Qualche mese più tardi, il 12 aprile, il duca scrive al Maestro del

---

[106] Proprio in quei giorni, il 27 gennaio 1552, il vicario dell'arcivescovo di Firenze in una lettera a Lorenzo Pagni denuncia come avendo richiesto il braccio secolare al Bargello di Firenze per un motivo non specificato gli fu risposto che non si poteva far nulla senza ordine del duca. Lo stesso era successo qualche giorno prima quando ai messi della corte arcivescovile che avevano chiesto aiuto al podestà di Barberino fu ribattuto "di tener commissione di non prestar aiuto né favore in cosa alcuna alla corte archiepiscopale". Il vicario dice che qualora l'ordine sia stato dato dal duca non era il caso di parlarne più, ma se fosse partito dai magistrati chiede al Pagni di supplicare a nome suo il duca perché desse un ordine diverso "tanto che, come s'è fatto per il passato, et fassi in tutti i luoghi del mondo, la corte ecclesiastica fusse accomodata del braccio secolare quando l'invoca perché invero senza si può far male". ASF, *Mediceo del Principato* 407, c. 282r.

Sacro Palazzo (Appendice XVI) che siccome il reo è confesso, ha abiurato ed ha osservato due mesi di confino, gli si può applicare quel perdono che "usa la santa madre chiesa" per quanti si pentono. Prega quindi il Muzzarelli di intervenire presso gli Inquisitori per risparmiargli il resto del confino (che ammontava in tutto a sei mesi), affinché possa curare i suoi traffici. Se poi incorrerà ancora in quegli errori e non vivrà cattolicamente si potrà sempre dargli più grave castigo. Il 23 aprile il Maestro risponde di aver trasmesso le richieste del duca (Appendice XVII) e annuncia che gli Inquisitori hanno condonato i restanti mesi del confino al Ricasoli anche per compiacerlo dei meriti più recenti, quali la repulsa di Andrea da Volterra che è valsa "la salute del padre". La vicenda si conclude felicemente il 30 aprile quando don Isidoro, lo spedalingo di santa Maria Nuova, annuncia a Cosimo la liberazione del mercante (Appendice XVIII).

Oltre ad assumere le sembianze del garantista (per Panciatichi), dell'ossequioso supplicante per una questione di giustizia e di clemenza (per Ricasoli) agli stessi ai quali chiedeva conto delle accuse rivolte ad un cittadino fiorentino, del condiscendente sovrano (per Niccolucci), il duca di Firenze riesce anche a mostrarsi un campione dell'ortodossia bollando gli eretici e quanti si adoperano per difenderli. Una lezione in tal senso la dà, ad esempio, a Camillo Orsini, uno dei più famosi capitani del tempo con il quale aveva da sempre ottini rapporti,[107] che il 16 gennaio 1552 (Appendice XIX) gli aveva raccomandato "un messer Cornelio Donzellini quale me scrivono che altre volte inderizò alla Ex. vostra doi libri",[108] che era stato maestro della nuora Lavinia[109] a

---

[107] Sull'Orsini vedi soprattutto GIOVANNI MICCOLI, *Storia religiosa*, in *Storia d'Italia. Annali*, 2, 1, Einaudi, Torino, 1974, pp. 431-1079: 1049-1058.

[108] I due libri del Donzellino cui accenna sono il *Methodus linguae grecae libris IV comprehensa*, Oporinus, Basilea, 1551 dedicati a Francesco e Giovanni de Medici, e la traduzione del THEODORETO, *Sermoni dieci della providenza di Dio*, Giolito, Venezia, 1551, inizialmente dedicato a Cosimo de Medici, in seguito — per volere dell'editore che cancellò perfino il nome del traduttore — ad Anna marchesana di Monferrato (cfr. SALVATORE BONGI, *Annali di Gabriele Giolito de Ferrari*, Ministero della Pubblica Istruzione, Roma, 1890, I, pp. 344-345).

[109] Lavinia della Rovere, discendente di papa Giulio II, amica di Renata di Francia e Olimpia Morato, nel 1541 aveva sposato Paolo di Camillo Orsini,

Ferrara. L'Orsini, figura esemplare di nicodemita secondo Giovanni Miccoli, dice di fare "questo offitio contrario al mio istinto per…condescender alla infirmità de mia nora", "purtroppo" studiosissima, presa dalle scienze e dallo studio della filosofia al punto di essere divenuta malinconica. Non è da credere ad un cedimento straordinario dovuto all'amor filiale. L'anno prima l'Orsini aveva intercesso, nello stesso modo sfuggente e prudente, per Fanino Fanini presso Ercole d'Este,[110] e non si può credere solo per obbedienza a Renata di Francia in quanto lui stesso nelle parole di Francesco Negri appare, con Ascanio Colonna, il Pole, il Priuli, il Flaminio e altri "haver fatto una nuova schola d'un cristianesimo ordinato alloro modo, ove essi non niegano la giustificatione dell'huomo essere per Giesu Christo sì, ma non vogliono poi admettere le consequentie che indi necessariamente ne seguono". Ora tenta la stessa operazione di salvataggio per il Donzellini.[111] Anche questa volta non è fortunato.[112] La risposta del duca è "che la causa di costui spetta a sua Santità et a Commissari apostolici et che è vero che si può in molti casi usar la remissione et accompagnar la misericordia con la giustitia ma

---

che nella guerra di Parma è dalla parte dei francesi e che durante la guerra di Siena sarà con i senesi.

[110] SALVATORE CAPONETTO, *La Riforma…*, cit., p. 283 dice sotto la spinta di Renata di Francia.

[111] FRANCESCO NEGRI, *Della tragedia intitolata Libero arbitrio*, 1550, c. B6v, citata da MASSIMO FIRPO – DARIO MARCATTO, *Il processo inquisitoriale del cardinal Giovanni Morone*, cit., I, p. 248.

[112] Sul cattivo esito della sua richiesta, ma è solo una lontana eventualità, potrebbe aver pesato il poco conto in cui pochissimo tempo prima l'Orsini aveva tenuto una raccomandazione di Cosimo perché Bernardino Peruzzi da Fano, gentiluomo e soldato, militasse nelle fila dell'Orsini stesso, che è oggetto della lettera di Cosimo del 7 ottobre 1551 (ASF, *Mediceo del Principato* 3111, c.9r). La richiesta non trova l'Orsini disponibile. In un inserto senza data, ma dell'ottobre dello stesso anno, Cosimo risponde a Fabrizio Ferraro che era stato il latore di quella risposta: "Se al signor Cammillo non torna bene accettare quel messer Bernardino Peruzzi e ne rimettiamo a S.S. la cui satisfattione in questo caso ci ha à premere più che l'interesse di quel gentilhuomo, il quale ci movemmo a raccomandarli come soldato et persona honorata, per esser cosa del nostro messer Lelio…", ivi c. 108r.

questo sua Eccellenza lo reputa di sorte scandaloso per le discussioni discordie et ruine de che Christiani che non la perdonerebbe per l'interesse suo a un suo figliolo se ne fussi machiato". Un simile atteggiamento sostenuto e intransigente si registra a fronte di una analoga supplica che qualche giorno dopo, il 22 gennaio 1552, Francesco Vinta in quel momento agente mediceo a Milano, indirizza a Cosimo perché sia clemente verso il Domenichi in carcere – dice – per non si sa qual ragione (Appendice XX). Il Vinta confessa di essere stato pressato da molti "gentiluomini" fra i quali il conte Giovanni Anguissola, che fu capo della congiura contro Pier Luigi Farnese, piacentino come Domenichi. Rammenta il peso culturale del personaggio: "la 'lingua volgare' ha grande obbligatione a ms Lodovico Domenichi in la quale si è molto tempo a benefitio comune esercitato", e il buon nome del fratello "doctore et podesta a Castelgiofredi e tien cura delli figliuoli del signor luigi buona memoria".

A questa supplica Cosimo replica con una minuta abbastanza sofferta (Appendice XXI) che tocca i medesimi temi sviluppati per l'Orsini. Senza risposta invece resta una seconda lettera a difesa del Domenichi, questa dalla firma illeggibile,[113] datata Piacenza 12 marzo 1552, quando cioè la condanna per la stampa della *Nicodemiana* era già operativa, anzi con esplicito riferimento ad essa e non a quella inflitta dall'Inquisizione (Appendice XXII).

A questo proposito si può sospettare che le pressioni di Renata di Francia del 20 marzo 1552[114] e dello sconosciuto difensore del

---

[113] Per Archivio di Stato, Firenze, *Carteggio Universale di Cosimo de Medici , V (1551-1553)*, Giunta Regionale Toscana & Editrice bibliografica, Firenze, 1990, p. 106 si tratta dubitativamente di Juan Manrique.

[114] ASF, *Mediceo del Principato* 4726, c. 121*r*. "Ill.mo et Ecc.mo mio cugino, per essere pregata da persona che merita esser compiaciuta di raccomandar a l'Ecc.za un lodovico Domenichi pregione per conto della religione, non ho potuto fare di non scriverle questa mia, col mezzo della quale la prego quanto più posso di cuore che si contenti di liberarlo, a fine che quello che di ciò mi ha ricercata conosca che i preghi miei siano stati di valore appresso di lei, et di ciò ne le terrò sempre obligo, et a lei di cuore mi offero e raccomando. Di consolando il xx di marzo del lii. Votre bonne cousine Renee de france", Pubblicata anche da FRANCESCO BONAINI, *Dell'imprigionamento per opinioni religiose*

Domenichi abbiano avuto qualche effetto ma solo per la grazia relativa alla condanna comminata dal tribunale degli Otto di Guardia e Balia per i soli reati attinenti alla stampa clandestina della *Nicodemiana*[115] e che nulla abbiano potuto per il confino di un anno inflittogli dagli inquisitori da scontare a santa Maria Novella. Per altri personaggi secondari, i Ducci, per i quali si smosse nientemeno che Giovan Battista del Monte (Appendice XXIII), non abbiamo invece le reazioni di Cosimo, cosa peraltro comprensibile per i quattro di Borgo a Buggiano.

Ricapitolando, il comportamento di Cosimo più che spregiudicato o contraddittorio si direbbe improntato ad un pragmatismo moderato che mirava al miglior risultato possibile nell'immediato, e che fu di reciproca soddisfazione se non per tutti almeno per buona parte dei protagonisti. Per questa ragione, a mio parere, è una forzatura scorgervi un disegno politico tanto in anticipo sui tempi, quando invece sarebbe da apprezzare che, superata la prima sorpresa, il duca Cosimo si sia fatto guidare da una giusta ed equilibrata analisi della situazione fiorentina, nella quale non c'era spazio per il proselitismo anabattista. Firenze si dimostrò una città sostanzialmente impermeabile alla penetrazione del pensiero e della pratica riformata, alla quale a parte sporadici contatti documentati da Caponetto[116] non era riuscito l'aggancio con la precedente esperienza savonaroliana di cui pure condivideva alcune idee chiave.[117] Semmai sarà più tardi, in un clima profon-

---

di Renata d'Este, cit, e da BARTOLOMEO FONTANA, *Renata di Francia*, cit., II, pp. 280-281.

[115] La sentenza fu emanata dagli Otto di Guardia il 26 febbraio 1552, un mese dopo, approssimativamente, le condanne inflitte dal tribunale dell'Inquisizione e venti giorni dopo la processione. Il testo di esse pubblicato da FRANCESCO BONAINI, *Dell'imprigionamento per opinioni religiose di Renata d'Este*, cit., pp. 272-273.

[116] SALVATORE CAPONETTO, *Lutero nella letteratura italiana della prima metà del '500. Francesco Berni*, in *Lutero in Italia. Studi storici nel V centenario della nascita*, Marietti, Casale Monferrato, 1983, pp. 47-63 e IDEM, *Aonio...*, cit., pp. 50-51.

[117] La missione di Manelfi e Niccolucci a Firenze e in Toscana non era stata particolarmente fortunata, soprattutto se la valutiamo alla luce dei risultati già scarsi confessati dal 'ministro' anabattista Giuseppe Sartori, un veneziano che

damente diverso, che il duca di Firenze dovrà dimostrare una attenzione maggiore per non sconvolgere le nuove, più delicate relazioni che sole potevano aiutarlo a guadagnare l'appoggio internazionale e sostenerlo nelle sue mire espansionistiche e nelle ambizioni riguardanti il titolo onorifico.

nel 1550 in compagnia di Tiziano aveva fatto opera di propaganda a Firenze fra i filoprotestanti locali (ALDO STELLA, *Anabattismo e antitrinitarismo*, cit., pp. 49-50) ed era riuscito solo ad incontrare don Antonio cappellano di Renata di Francia, a battezzare Pietro Manelfi e a discutere con un medico che abitava a Firenze ma non era fiorentino (forse è quel Piero Fracani che è stato trattano sopra).

Appendice

I

Massimo Milanesi al duca di Firenze
Firenze ante 26 luglio 1560

Ill.mo Ecc.mo Sig,or S.or Padrone Unico:

Massimo Milanesi con ogni Reverentia supplica V.ra Ill.ma
Ecc.za restar servita per le sue infelicità & disgratie, non lo tenere
in minor concetto di servo affectionato & fedele che li sia stato
sempre, & a sieme comandarli quello debbe fare delle annotate
scritture & negotij rimasti nella morte di ser Ber.do suo padre: E
tre primi capi delle quali al suo poco iuditio pare che concernino
l'interesse di V. Ecc.ma S. per i molti rescritti et commissioni
segrete vi si trovano di suo pugno.
Due filze grandi legate in cartapecora di negozi in voce & per
lettere dell'ultimo anno del Magistrato delle bande che ser Bernardo per comandamento di V. Ecc.za Ill.ma negoziava giornalmente come il cancelliere degli Otto di Balia le quali alla sua fine
disse lei haverli ordinato le salvassi con diligentia. [al margine sinistro: "si consegnorono il 29 di 9mbre a ser Meo Antonio cancelliere alle Bande"]
Una filza sciolta di negotij nel magistrato de sig.ri Conservatori
di legge.
Infra i processi & scritture de luterani che son molte vi è una filza
di negotij con Vostra Eccellenza Illustrissima per lettere con e
rescritti di suo pugno in quantità & d'importantia. /
Due sacha di scritture et più quaderni et notule di mugnai
dell'anno 1552 quando S Ber.do fu mandato commissario sopra
la Gabella delle Farine a Pisa, Pistoia & altri luoghi, le quali do-
vetton servir più per processare i mugnai che per altro: Perchè
alla tornata rimesse i conti della administratione er dette i delinquenti & condennati al Prov.re & suo cancelliere che se ne chia-
morno ben serviti; Et queste scritture che non dovevano impor-
tare se gli rimasono.
Un processo di molte scritture di mad. Isabella donna che fu di
m. Anton San Gallo, d'Oratio suo figliuolo & molt'altri che ebbe

il suo debito fine avanti a dua del Mag.to de S.ri Otto di Balìa
dove per comandamento di V. Ecc.za Ill.ma intervenne ser Bernardo come cancelliere.
dia tutte queste scritture al Vintha il quale le distribuisca et dia a
chi hanno a andare
Lelio T 26.7.60 /

[c. 317r]: Inventario di scritture di ser Ber.rdo Milanesi conseg.te
al mag.co messer Franc.° Vinta per me Massimo suo figliolo questo di 29 d'ottobre 1560 in Canc.a delle riformagioni & per sua
signoria a Guidozzo Guidi, aiuto di detta cancelleria & tutto per
comandamento di S. Ecc.za Ill.ma come per suo rescritto a un
mio memoriale che resta con dette scritture, si vede che dice, Dia
tutte queste scritture al Vinta il quale le distribuisca e dia à chi
hanno andare.
Un libro in foglio mezzano bolognese legato in cartapecora
bianca con tre correggie rosse di carte 150 scrittovi dentro esamini constituti & sententie di piu luterani da carte 8 sino a 121 di
mia mano et le ultime due carte di mano di detto ser Bernardo
Un breve in cartapecora di papa Giulio 3° che conferma la electione fatta dallo spedalingo di santa maria nuova e di ms Alessandro strozzi in commissari sopra l'eresia dali sotto li 24 di
xmbre 1551
81 tra memoriali e suppliche con li loro rescritti & lettere ducali
infilzate in stringa di cuoio bianco
Un mazzo di descrizioni delli ebrei commorati nello stato di S.
Ecc.za Ill.ma con più scritti circa a detti ebrei fatte & un bando
& altro in causa di detti ebrei
Una filza di lettere di diversi alli commissari della inquisizione in
tutto n° 55 /
xi listre di libri de librai di fiorenza legate insieme
Una filza dentrovi più processi cioè di
ser Bartolomeo Ducci da Montevetullino
Nicc° ferrarese
m° Alberto da Montecatino frate del Carmine
Bernardo da Ricasoli
m° Piero perugino medico

De frati di santa Maria maggiore
Don Fidelio maestro di squola in Empoli
Bartolomeo Panciatichi
ser Marcantonio bargello di Pisa
Giovambattista Giovanni
Simon Bruni
Francesco del Gabellieri
ser Lorenzo Niccolucci da Modigliana
Bartolomeo Rolle da Modena
Lione bracheraio
Girolamo orefice
m° Piero Calzettaro
Paulo da Montopoli
Cornelio donzellino da Verona
ms Cristofano da foiano
Antonio maniscalco
Giovacchino Trinciavelli
Niccolò fabbro
Filippo als Serallo / [c. 324*r*]:

Giovanbattista padovano berrettaio
m° Girolamo da Fabriano
Lelio carano da Reggio
ms Lodovico Domenichi
prete Vincenzo da Lucca
madama Antonia di Francesco Calzettaro
madama Giovanna di ser Lorenzo Niccolucci
madama Lisabetta di ser Bartolomeo Ducci
Giovanni stampatore
ser Antonio prete d'Arezzo
Don Rosso da Faenza
Monache dell'Angiolo raffaello e loro confessore
Fra Piero da Piombino
fra Iacopo da Piombino
5 frati del Carmine & maestro Alberto un'altra volta
Piero Fantini calzaiuolo
e quali processi son quasi tutti messi al detto libro de constituti

24 abiurationi del donzellino & altri in 24 fogli
un constituto d'Antonio raggi legatore di libri in un foglio
Un constituto di prete Giovanpiero da Fivizzano
Più altre scritture cioè bozze di lettere, fedi private, copie, editti
& altro come tutto apparisce in detta filza e tutte queste scritture
sono l'interesse dei luterani /
Due filze grandi legate in carta pecora bianca una con tre cor-
regge bianche, l'altra con 3 gialle dell'ultimo anno del Magistrato
delle bande, contenenti tutti i negotij fatti con Sua Eccellenza Illustrissima per decto messer Bernardo alhor Cancelliere che cominciò adi primo di maggio 1547 & finì nella secondo filza adì
primo di maggio 1548
Una filza sfilzata & legata con corda di Memoriali di detto ser
Bernardo con sua Eccellenza Illustrissima nella cancelleria de Signori Conservatori di leggi di n° 117 cominciata il di 5 di luglio
1548 & finita adì 17 di luglio 1550
Un rivolto d'un processo di Madama Isabella da Sangallo, Oratio
suo figliolo & molti altri agitato per decto ser Bernardo come
cancelliere con dua del Magistrato de Signori Otto di Balia per
comandamento di Sua Eccellenzia Illustrissima, il quale processo
ebbe il suo debito fine
Tre sacha di scritture & piu quaderni & notule di mugnai
dell'anno 1552 quando ser Bernardo fu mandato commissario
sopra la Gabella delle farine a Pisa, Pistoia e altri luoghi, le quali
al mio poco iuditio non furno fatte a altro fine che per processare
i mugnai & delinquenti

ASF, *Auditore delle Riformagioni* 4, n. 72, cc. 316*r*-317*v*, 324*r-v*. Il titolo
del fascicolo (c. 325*v*, capovolto) è "Memoriale sopra le scritture"

II

Memorie di Bernardino Bonsignori, dal *Libro* di Bonsignore di
Francesco Bonsignori

Memoria chome sabato adi 6 di febbraio 1551 in firenze eran
presi 22 uomini eretici e quali erano istati 2 mesi o più ina(n)zi

che fusino giudicati istanno al bargello et alle isti(n)che di poi adi
detto andono a santa maria del fiore 16 con bavagli g(i)alli e una
croce ro(s)sa dina(n)zi e dirieto e 6 sanza bavaglio co(n) torce
bianche i(n) mano e in sulle schalee era fatto j° palcho che v'era
el veschovo de seristori in po(n)tificale co(n) chanonici e vichari
o e altri frati e quivi gli benedì / tutti di poi gli meno in chiesa
dove era fatto j° grande palcho co…che? intorno [e quivi canc.]
parato d'arazi e velluto la sedia del veschovo et qui vi a chopia
tuti venero dinanzi al veschovo ginochioni 2 volte per uno e Ser
Bernardo cancelliere alora de chonservadori di lege legeva loro el
proscesso di quello avevano fatto di poi detto vescovo andò
atorno chon una bachetta da penitenzieri et dava loro la peniten-
zia 3 o quattro volte per uno in capo di poi li vj famigli / d'otto
e bargello a chopia gli legono cho(n) manette a una mano per
uno pur cho(n) torce in mano acese e menorgnogli fuori di santa
maria del fiore e quando furno in sulla piaza di s.to giovanni v'era
uno capanucio alto 4 bracia e largo 6 cho(n) legniame e schope
su vi essi que libri isquadernati che avevano questi eretici e da
loro vi ficharono dre(n)to al fuocho di poi andonno a lanunziata
a santo piero maiore e di poi alle stinche / e poi pas(s)ato otto di
que sei furno liberati che non avevano el bavaglio pagando scudi
10 per uno di spese (??) et 15 ne fu condanati in galea e 5 nelle
stinche chi per ani 10 e chi per mancho per insino a meno (?)
pagando pure quelle ispese che gli a(l)tri e anchora v'era un cittadino fiorentino che era capo no(n) a(n)do fuora perchè era da
richasoli el veschovo l'a(i)uto istette in veschovado e fu condannato in scudi 1000 e istare un anno i(n) sa(n) marcho e andare
cho frati a tutte l'ore in choro e di poi libero / [il testo continua
per altre quattro righe ancor meno decifrabili: e lo istiparono
che…delli libri andò in san martino e di poi in galera e serano
più sano di tutti al]

BNCF, Magl. XIII, 93 (già Strozziani in 4°, n. 795), cc. 164*v*-166*v*.
Molte le parole di incerta lettura e per me incomprensibili.

Il vicario di Pescia, Marcantonio del Fiore da Viterbo, al duca.
Pescia 18 aprile 1552

Illustrissimo et eccellentissimo signor mio
El si trovano confinati dal Borgo a Buggiano Giovacchino di
Giovanni Maria, Antonio di Pierantonio, Niccolò di Guasparri
fabro et Filippo detto Serallo soldati, et tre di loro armati quali
son confinati nel Borgo proprio per le cose luterane a tutto che
il peccato loro per quanto mi hanno detto sia stato per non haver
notificato alli inquisitori un certo che propose loro che'l doves-
sino ribattezzarsi e questo dicano non haverlo fatto per esser soldati e non caschare in concetto di spia. In però per esser come è
vero buon soldati desidererei saper se V. Ecc.za si contenta che
levandosi la banda io gli meni alla guerra et al sì se quando fo la
rassegna possano venir securamente e di questo V. Ecc.za mi farà
gratia accio loro et io non facciamo errore. Ne altro occorrendo
reverentemente megli raccomando che Iddio nostro signore in
felicità conservi e prosperi. Da Pescia el giorno xviii d'aprile
1552.
Di V. Ecc.za obedientissimo servitore
Marcantonio del Fiore

ASF, *Mediceo del Principato* 408, c. 331*r*.

Minuta del duca ad Averardo Serristori
Firenze 22 agosto 1550

a) Al Imbasciatore Serristoro alli xxij d'agosto 1550
Questi di passati successe che certo sustituto delli Reverendissimi
deputati sopra l'heresie commise qua al vicario dell'arcivescovo
citasse a Roma bartolomeo Panciatichi il qual motivo ci parse
alquanto strano sendo pur assai noto che non è principe in Italia
che habbia tenuto tanta cura che nel suo stato non pulluli alcun

seme d'heresia , quanto habiam noi fatto & sempre favorito & aiutato ciascuno inquisitore a fare & esequire tal offitio senza alcuno risparmio Hora che si metta…anella [?] di citar li nostri sudditi a Roma per heresia non par altro che un volerci notar come sotto noi non si possa sufficientemente esercitar tale offitio. La qual nota per niente non ci par meritar. Ci muove adunque che a sua santità facciate intender questa novità e la supplichiate a ordinar che l'inquisitore ordinario facci qui l'offitio suo con quel vigore & con quella discretione che si conviene. Et se la persona che hoggi è in offitio paresse debole che si muti in altra persona ma notisi che il mutare bisognerebbe che fusse ancho per modo usitato perchioche la inquisitione è stata qui sempre ne frati minori conventuali, qua li superiori di quella religione hanno messo & mutato li inquisitori per li tempi così s'harebbe al presente a fare che li medesimi o generale o altri administratori di quella religione provedessero adesso di quelle persone della loro religione che piacesse a sua Santità perchè se si tenesse nuovo modo ancho questo daria nota & alteratione in questo tempo. Et rendete certa & sicura sua santità che qui non si manca di diligentissima cura che la fede catholica & la religione proceda per la diritta via & non serà persona si audace che andasse torcendo o sinistrando che tutti sanno che ne seriamo acerrimo vendicatore etc. [fin qui la mano del Torelli]
Procurerete adunque che al una et l'altra cosa sia opportunamente provisto et del seguito dare particolare aviso, Et Dio vi conservi

ASF, *Mediceo del Principato* 15, c. 277r. Originariamente la lettera era del Torelli al Pagni, ma sono state apportate delle aggiunte e delle modifiche per far parlare il duca in prima persona plurale.

b) Lettera di Lelio Torelli a Cristiano Pagni
24 agosto 1550

Reverendo & magnifico messer Christiano honorandissimo
Hebbi ieri la vostra con la lettera che va a Roma per conto del Panciatico la quale drizzerò al Buonanni come scriveste, che al

panciatico non l'ho data perchè di quella pratica esso non sa nulla ch'io sappia, a me la disse il vicario dell'arcivescovo e messer Agnolo & io la dicemmo a sua Excellentia come osa che importasse a quella e alla sua città e stato, il metter questa spina di citar suoi sudditi a Roma per heresia, e a questo effetto parve a sua Excellentia che se rihavesse a essere con Nostro Signore & sviar questa bottega da Roma riducendo a l'ordinario della inquisitione solita a essercitarsi qui con più & manco vigore secondo le persone da più o da meno che vi si prepongono. Il panciatico fu posto in capo di lista da quel predicatore prete reformato il quale vi haveva posto molti altri cittadini che li vidi io in mano sua & dissemi di voler parlare a sua Excellentia Et havea procurato d'esser fatto inquisitore qui col vicario del vescovo & maestro Alessandro di santa Maria Novella, la qualcosa io dissi a sua excellentia più fa, la qual mi disse ch'io li dicesse che ne parlasse seco e così feci. Hora perchè / poi che costui è ito a Roma è venuta questa citazione pensomi che egli l'habbia proposta e procurata, e di qui a qualche di se questa succede ne farà citar qualchun altro, secondo che da questi suoi capirossi è stato messo in guerra secondo il mio credere. [...]. Servitore Lelio Torelli.

ASF, *Mediceo del Principato* 398, cc. 601*r*-602*v*: 601*r-v*. Il prof. Caponetto ha identificato quel prete riformato in Lorenzo Davidico, che nel 1550 era a Firenze.

c) Ancora dello stesso Torelli al solito Pagni
27 agosto 1550

…Hebbi hiersera la vostra & quanto alla cosa del Panciatico la lettera si manderà per la prima occasione & è ben vero che sarà molto ben fatto ch'el fatto della inquisitione qui fusse un poco più vivamente exercitato & in quella nota era tocco questo proprio del mutar la persona ecc. [...]. Servitore Lelio Torelli

ASF, *Mediceo del Principato* 398, cc. 653*r*-654*v*: 653*r*.

V

Averardo Serristori al duca Cosimo
Roma 22 gennaio 1552

Illustrissimo et eccellentissimo signore
[…] / I Reverendissimi Inquisitori scrivono a V.E. a far mandar
loro uno di quei prigioni per potersi informar del tutto et perchè
con l'alligata saranno due lettere una per il signor don Diego de
Mendoza et l'altra per il governatore d'Acquapendente, è necessario che quelli che lo menono le dieno al signor don Diego, al
quale haranno a consegnar il pregione. […]. Di Roma il di xxij di
gennaio 1551. […].
Humil servitore Averardo Serristori.

ASF, *Mediceo del Principato* 3720, cc. 670*r-v*; lo stesso in ASF, *Mediceo del
Principato* 3468 alla stessa data. Il passo è trascritto da ARNALDO D'AD-
DARIO, *Aspetti della controriforma a Firenze*, cit., p. 492. Un accenno in
LUDWIG VON PASTOR, *Storia dei papi*, cit., VI, p. 153n.

VI

Il duca al cardinale di san Iacopo
Pisa 26 gennaio 1552

Volentieri per obedir a sua santità in cosa massimamente del servitio di Dio N.S. et far cosa grata alla S.V. Illustrissima et Reverendissima et alli altri Reverendissimi Inquisitori mi contento di
mandar loro Lorenzo Niccolucci, uno di quelli che si trovano
presi in Fiorenza per heretici come la S.V.R.ma con la sua de 18
mi ha ricercato, ma parendomi più facile et commodo il cammino di Perugia donde verrà sempre a passare la iurisdizione
della chiesa che quello di Siena, potrà V.S.R.ma far ordinare al
vice legato di Perugia che mandi per esso a confini di Cortona
dove ordinerò che li sarà consegnato dal capitano di quella mia
città come li dirà anche l'Ambasciator mio, et all'Ill.ma et R.ma

S.V. di core mi raccomando, et prego dio la conservi felice ecc.
Da Pisa.
Quando le S.V.R.me l'haveranno examinato havendolisi poi a
darli castigo saranno contente rimandarmelo perchè voglio che
l'executione si faccia a Fiorenza come mi pare che si convenga.

ASF, *Mediceo del Principato* 18, c. 494r. Si tratta di Juan Alvarez de Toledo
(1488-1557), zio di sua moglie Eleonora, domenicano, vescovo di Burgos nel 1537, cardinale dal 1538, che nel 1550 aveva ottenuto l'arcive-
scovato di san Giacomo di Compostela: MASSIMO FIRPO – DARIO
MARCATTO, *Il processo inquisitoriale del cardinal Giovanni Morone*, cit., I, p.
237.

VII

Il duca al Serristori
26 gennaio 1552

[…]. Ci contentiamo di mandar alli Inquisitori Lorenzo Niccolucci uno delli heretici che si trovano presi in fiorenza siccome
l'Ill.mo et R.mo card.le di [*burgos* canc- e sostituito da] di san Iacopo chi ha ricercato. Ma ci pare più facile e miglior espediente
mandarlo per la via di Perugia donde andrà sempre per le terre
della Chiesa che per quella di Siena. Però direte a lor S.ie R.me si
come anco ne rispondiamo a esso Car.le di san Iacopo che ordi-
nino al legato di Perugia che mandi per esso al confine di Cortona
dove sarà a suoi ministri fatto consegnare dal capitano di quella
nostra città. […].
Direte a R.mi Inquisitori che li concediamo il sopradetto prigione
heretico perchè lo possino far examinare per il che ce lo domandano, et ciò fatto, havendosi a gastigar, [*vogliamo* canc.] desideriamo che ce lo rimandino per farne l'executione in Fiorenza
come ci par che sia ragionevole per dar l'exemplo agli altri et procurerete che di ciò si contentino. […].
Le lettere del car.le di san Iacopo per il signor don Diego de
Mendozza et per il governatore d'Acquapendente per conto del

prigione heretico si rimandano non essendo necessarie poichè è migliore la via di Perugia che quella di Siena come è detto.

ASF, *Mediceo del Principato* 18, cc. 497*v* e 498*r*.

VIII

Il Serristori al duca
Roma 2 febbraio 1552

Illustrissimo et eccellentissimo signor mio osservandissimo
[…]. Li S.ri Inquisitori hanno avuto molto piacere d'intendere che l'E.V. mandi loro Lorenzo Niccolucci uno delli heretici, et mi dicono esser contenti rimandarlo in costà per esequir di lui quella iustitia che meriterà, quando si risolvino a dargli castigo. […]. Di Roma il di ij Febraio M.D.Ij.
Di Vostra Signoria Illustrissima et Eccellentissima
Humil servitore Averardo Serristori

ASF, *Mediceo del Principato* 3270, c. 711*r* e ASF, *Mediceo del Principato* 3468 alla data. Questa frase compare in *Comunità Cristiana*, cit., scheda n. 127, p. 140. Nella stessa lettera si dice che "questi signori inquisitori si trovano sette luterani condannati alla galera" e siccome ci sono le prigioni piene il duca può prenderli e non ne mancheranno altri. I due passi sono trascritti da ARNALDO D'ADDARIO, *Aspetti della controriforma a Firenze*, cit., p. 492. Un accenno in LUDWIG VON PASTOR, *Storia dei papi*, cit., VI, p. 153n.

IX

Il duca al cardinale di Burgos
Pisa 2 marzo 1552

Al reverendissimo Burgos, il di ii di marzo 1551
Io ho ordinato alli miei ministri di Firenze che senza alcuna dilatione debbano enviare alla volta di Cortona in man del cap.no di

quella loro città Lor.o Nicoluccio per consegnarlo a quelli che dal
vice legato di Perugia saran mandati a levarlo secondo l'ordine
che mostra Vostra Signoria Reverendissima esserli stato dato
sotto a questa hora di costa, / al quale vicelegato sarà similmente
da esso capitano di Cortona scritto opportunamente quando sarà
in sua mano a ciò possa mandar egli ancora con opportunità a
pigliarlo per seguirne poi quanto tiene in comessione da Vostre
Signorie Reverendissime Et così parendo a me che resti tutto ben
provisto che occorre per lo effecto di questo negozio, di nuovo
tornando a ricordarle che lo si si haverà da far di detto Lorenzo
si rimetta a far in fiorenza, non mi occorre altro che raccoman-
darmi a V.S.R.ma, ecc. Da Pisa.

ASF, *Mediceo del Principato* 197, cc. 15*r-v*.

X

Il commissario generale dell'Inquisizione al duca
Roma 10 settembre 1552

Ecc.mo s. duca
La causa di Lorenzo Nicolucio è espedita nel modo che se scri-
verà a quelli Reverendi Commissari alli quali rimandasi accio che
essequito l'ordene di sue Reverendissime et Illustrissime Signorie
si mandi alle galere di vostra Ecc.a Però piacerà a quella di com-
mettere al Capitaneo di Cortona che lo ricevi et facci condurre in
Fiorenza, così bacio la mano a Vostra Eccellenza quale il Signor
Dio conservi e guardi da malo, Di Roma alli x, di settembrio
MDLij
Di v-Illustrissima Eccellenza
servitore
f. Michel'Alissan°Comissario delli Reverendissimi et Illustrissimi
Cardinali Inquisitori

ASF, *Mediceo del Principato* 3721, c. 313*r*. Fra Michele Ghislieri divenne
commissario generale dell'Inquisizione romana nel corso del 1551 su

proposta del card. Carafa: LUDWIG VON PASTOR, *Storia dei papi*, cit., VIII, p. 34.

XI

Cosimo ai Commissari sopra l'Inquisitione.
Pisa 9 gennaio 1552

Alli Comissarij di Sua Santità sopra l'inquisitione de 9 di decto [gennaio 1552]
Noi abbiamo inteso che voi havete inquisito Bartholomeo Panciatichi per essere stato imputato che senta male della fede catholica et quello havete examinato sopra di tale imputatione, onde potete haver compreso se la imputatione è vera o falsa. Et perchè questa inquisitione li potrebbe molto nuocere et pregiudicare nelli suoi negotij di Francia, ne quali quando la si intendesse tale imputatione, potrebbe causarsi la rovina sua. Però quando non habbiate troavato in lui alcuno demerito di momento o che non habbiate inditio contra di lui che stringa ci sarà caro che voi supprimiate questa inquisitione a fine che senza causa o colpa sua non habbi ad apportargli danno et preiuditio nelle bande di Francia et altrove dove lui come sapete fa faccende mercantili d'assai importantia. Altro non occorre, conservatevi sani.

ASF, *Mediceo del Principato* 196, c. 60*v*.

XII

Bartolomeo Panciatichi al duca.
Firenze 6 aprile 1552

Illustrissimo et Eccellentissimo mio Signore [il duca di Firenze]
Vedend'io ch'il mio travaglio con la Inquisitione non si termina et che la mia innocenza resta in preda de calonniatori: ho pertanto risoluto rimandare a V.E. Lucantonio Ridolfi [console della

nazione fiorentina di Lione nel 1549: ASF, *Mediceo del Principato* 192, c. 112*v*] per supplicarla che se la mia servitù può havere appresso di lei luogo alcuno di riconoscenza voglia con la buona sua iustitia difendere sopra tutto l'honore mio il quale cercan di macchiare, per aprire la via alla rapina delle mie possessioni nel bolognese: alle quali ben si conosce voltano l'occhio: et il pensiero. Ateso che in verità non hanno iusto apicco [?] con le mie persuasioni di prava dottrina ne meno con l'opere contrarie al catolico vivere di potere imputarmi di disunione dalla santa chiesa, sonoci anchora delli altri pericoli, li quali detto Lucantonio esporrà a pieno a V.E. et le quali si come iniustamente cagionerebbero la mia rovina: così ancora so le sarieno di non piccolo dispiacere, voglia donque per sua bontà nella quale spero et per grandezza di sua iustitia appresso di tutti liberarmi dalli lacci et artigli della malignità. Acio che con honore, Il quale è la vera vita dell'huomo da bene del quale fo professione, possa sempre servire honoratamente vostra Eccellenza, alla quale anchora la portatore referma certe differentie fra la sua magona et me. Le quali sarà servita resolvere come le parrà ragionevole. Baciole le mani et supplico Dio la faccia sempre felicissima.
Di Fiorenza alli vi. d'aprile 1552
Il servitore di V.E.I.F.
Bartolomeo Panciatichi /

Havendo scritto et sul serrare di questa hebbi una poliza dal signor maggiordomo di quella per la quale mi dice che per ordine di lei io pigli scudi quattromila a cambio per due fiere il che si farà acertandomi venendo da lui, che sia il volere D.V.E. di che degnisi farmene certo, perch'io possa assettare le scritture con li suoi debiti ordini. Acertandola che sempre sarò pronto alli servizi nelli quali ove le forze mancheranno supplirà il buon volere.
Il medesimo servitore suo Bar.meo Panciatichi

ASF, *Mediceo del Principato* 408, cc. 63*r-v*.

XIII

Il duca di Firenze al Panciatichi
Pisa 9 aprile 1552

Noi scriviamo a' Commissari sopra la inquisitione conforme al desiderio vostro perchè venghino alla espeditione del processo con tal determinatione che l'honor vostro non resti macchiato nè aperta la via ad altri di potervi nuocere, et crediamo non ne mancheranno, poichè lo possono anco fare con giustizia constando loro per le buone opere dell'innocentia vostra et non essendo la colpa / legittimamente provata. È stato ordine e commissione nostra che pigliate per noi li quattro mila scudi a cambio per dua fiere secondo che il nostro maiordomo vi ha fatto intendere et ci piacerà che lo mandiate ad effetto assettando le scritture in buona forma et restando certo di non si havere a patire nè interesse nè danno alcuno. Et Dio vi conservi. Da Pisa.

ASF, *Mediceo del Principato* 197, cc. 57*v*-58*r*. Una copia, con sottoscrizione autografa del duca, in ASF, *Soprassindaci* 3, n.36. In questo fascicolo sono documentati i prestiti che in quel tempo il Panciatichi otteneva da Cosimo.

XIV

Il duca ai Commissari sopra l'Inquisizione
Pisa 9 aprile 1552

A commissari sopra la inquisitione alli ix. di detto [aprile]
Havendo voi fatto il debito processo nella Inquisitione formata contra Bart° Panciatichi, et non vi essendo secondo intendiamo ne per confessione di lui nè per testimonio di altri provato alcuna cosa del fatto che rilievi onde si possa dire che con l'opere contraria habbia deviato dal vivere catholico ma che più presto s'è giustificato per legittime fedi che con le buone opere, o vissuto da buon christiano et catolicamente ci sarà sommamente grato che voi veniate alla espeditione della causa sua in tal modo che

256

non / resti l'honor suo macchiato nè aperta la via ad altri di po-
terli nuocere. Rimettendoli a nostra intercessione tutto quello di
che si potessi imputar del passato di persuasione di prava dottrina a finchè ne sia liberamente assoluto e questo non abbia a
aggravare le altre imputazioni che li potessino esser date nello
avvenire. Et il che ci par anco che possiate con giustizia terminare
poiche vi consta più dell'innocentia sua che della colpa. Dio vi
conservi. Da Pisa.

ASF, *Mediceo del Principato* 197, cc. 58*r-v*.

XV

Giovan Battista Ricasoli, vescovo di Cortona, al duca
Firenze 19 gennaio 1552

Havendo sin a hoggi raguagliato l'eccellentia vostra del caso et
successo di Bernardo de Ricasoli, così voglio ancora dirli come
questa sera con la dio gratia et aspiratione del Spirito santo esso
Bernardo si è disdetto di tutte quelle sue eresie et erronee oppi-
nioni et mostrò grandissima humiltà et contrition di cuore causato dal detto santo Spirito, destrezza et persuagioni di ms Alfonso quistelli come da signori 3 deputati serà più a lungo avisata
l'eccellentia vostra restami a pregar quella che voglia guardar ms
bernardo con l'occio della solita clementia sua. Come so per sua
gratia et obligatissima servitù gli porto si degnerà di fare. Che Dio
la tenghi in sua gratia et me di quella. Di Fiorenza alli 19 di gennaio 1551.
Di sua Illustrissima et eccellentissima Signoria
Obligatissimo servitore il vescovo di Cortona

ASF, *Mediceo del Principato* 407, c. 223*r*.

XVI

Il duca al Maestro del Sacro Palazzo
Pisa 12 aprile 1552

Al maestro del sacro palazzo a Roma alli xii di aprile 1552. Havendo Bernardo de Ricasoli fatta la abiuratione et mostro d'esser co'punto delle sua heretiche opinioni et di più osservato due mesi del confino che li fu imposto nella villa sua, non mi pare che disconvenga usar con esso la remissione et la gratia secondo che usa la santa madre Chiesa a quelli che pentiti ricorrono al gremio d'essa, / però mi sarà grato che la p.ta vostra operi appresso i R.mi inquisitori che sia liberato dal resto del confino che era per sei mesi a finchè possa attendere alle faccende et trafichi suoi mercantili, che se incorrerà per lo avvenire più in quelli errori et non viverà catholicamente si potrà darli più grave castigo et quello che merita a chi ricade et persevera in essi errori, Et Dio la conservi da Pisa

ASF, *Mediceo del Principato* 197, cc. 61*v*-62*r*.

XVII

Il Maestro del Sacro Palazzo al duca
Roma 23 aprile 1552

Illustrissimo et Eccellentissimo signor padrone mio osservandissimo [il duca di Firenze]
Avanti hieri e riveri[i] le lettere di xii. di Vostra Illustrissima et eccellentissima signoria. Letto il giustissimo disio di quella per messer Bernardo Ricasoli, subito ottenni dalli Reverendissimi signori Inquisitori quanto mi imponeva. Essi graciosissimamente per la cause scritte da Vostra Eccellentissima et Illustrissima Signoria per li meriti di quella, per la soa sincera et grande proteccione della santissima fede rilassano a messer Bernardo il confino restante delli sei mesi, con animo di compiacer V.Ill.ma Ecc.za

258

in molto maggior importanza per giusticia et affecione, Riconosco io a beneficio singolarissimo che quella si degni comandarmi
perch'io non cedo di servitù sincera, sino della vita, a quanti ser-
veno i meriti vostri.
La repulsa fatta prudentissimamente la quadragessima passata a
Volterra [è il su citato Andrea Ghetti da Volterra] predicatore dal
zelo santo di vostra illustrissima et eccellentissima signoria fu
grata a questi reverendissimi signori et è stata la salute del padre
a tale che ne l'advenire o sarà sincero nel suo predicare o haverà
l'ultimo castigo, ha promesso gran sincerità, il che non era predi-
cando esso in Fiorenza.
Messer Antonio de Pretis novo vicario di mons. Arcivescovo di
Fiorenza [in sostituzione di ms. Niccolò Durante, come fu comunicato a Cosimo il 17 giugno 1552: ASF, *Mediceo del Principato*
409, c. 241] ha narrata la piaga eccessiva di Luc[c]a.
Honoro et riverisco con tutta la mia affecione vostra illustrissima
et eccellentissima signoria, bramo et prego che Dio vi doni ogni
prosperità et raccomandandomi alla gracia soa, humilmente gli
bascio le mani. Di Roma alli xxij d'Aprile 1552.
di vostra illustrissima et eccellentissima signoria
Humillimo servitore il Maestro del sacro Palazzo.

ASF, *Mediceo del Principato* 408, c. 430*r*.

XVIII

Don Isidoro di Montauto al duca
Firenze 30 aprile 1552

Illustrissimo et Eccellentissimo Signore [il duca di Firenze]

Si è exeguito quanto vostra Eccellentia mi ha commesso per la
liberazione di Bernardo da Ricasoli, e ser Bernardo [Milanesi] ha
notato la gratia e registrato appiè della sententia la lettera di vostra eccellentia con far intendere agli agenti di Bernardo che gl'è
liberato dalla relegatione e può andar dove gli piace con buona

gratia di vostra Eccellentia, alla quale humilmente mi raccomando, con pregar nostro signore Dio la prosperi et feliciti lungamente.
Di Fiorenza l'ultimo d'Aprile 1552
Di V. Eccellentia
servo
Don Isidoro

ASF, *Mediceo del Principato* 408, c. 552*r*.

XIX

Camillo Orsini al duca
Bologna 16 gennaio 1552

Illustrissimo et eccellentissimo signore
Delli offitii che fo mal volentieri questo ne è uno, raccomandare a magnifici signori alcuno caso de iustitia sapendo quelli como informati delli casi et con il consiglio sopra questo che hanno come debito loro non dovere fallire, ne ad altri in alcun modo se conviene con alcun modo o mezzo o favore cerchar non solo de impedire ma pur de infirmare quella de la qual tanto al mondo se ha bisogno, per poterse vivere tra tanta moltitudine de cattivi, et guai alli principi da dio posti ad quanto, ad vindictam quidem malorum laudem vero bonorum (dice san Paulo [in realtà si tratta di I Pietro 2,14]) se in alcun modo per compiacere o ad se o ad altri declinano niente da quella via perchè la Eccellenza vostra porta degno nome de prencipe circa questa parte (causa potentissima [?] della sincera servitù che li tengho) ho tanto sicuramente havuto ardire a far questo offitio contrario al mio instinto per […] et condescender alla infirmità de mia nora quanto che sono stato certo da lei tanto dover esser admesso per la rectitudine sua quanto lo iudicarà conforme allo honesto che così io lo intendo et non altrimenti. Io ho una mia nora studiosissima pur troppo, in scientie et maxime in philosophia, donde ne è venuta (contra mia voglia) melanconica, però vado quanto posso compiacendola per non la scandolizzar et augmentarli quello humore

260

et questo ne è uno de compiacimenti come le ho decto che fo
contra mia voglia, tra li altri maestri che li hanno lecto, in Ferrara
mentre la casa mia stava lì, che io ero in Parma, par che lì andasse
alcuni mesi a leger un messer Cornelio Donzellini quale me scrivono che altre volte inderizò alla Ex. vostra doi libri, hora ad
istantia de inquisitori è incarcerato a Firenze, desidera lei per esserli grata, summamente aiutarlo et li ha parso intendendo lei per
sua gratia, haverne nel numero dei soi servidori de astrengerme
a far questo offizio, resta che lei con la solita sua bontà et inte-
grità faccia quanto sente degno del grado che dal signore dio li è
dato, et me faccia degno de risposta tale che a lei possa mostrare
havere abundantemente / satisfacto al debito offizio mio paterno
verso de lei, essendo così debito a me medesimamente per el loco
che verso de lei tengo et della indispositione che tiene de com-
partirla et consolarla mostrando tenere in conto come certo merita per le altre honeste virtù sue, ne per hora me occorrendo
altro che pur troppo li son stato longo quanto più posso humilmente me li recomandola, cordialmente suplicandola alla ispedi-
tion iusta e sancta del matrimonio de Carlotto tanto più quanto
se serria a pericolo de desamicitia er scandalo de sorte che non
solo è opera degna della pietà et iustitia sua per operar el bene
ma de più che schifar el male et della vergogna et de quella che
resteria desperata de più maritarsi, et ogni altro modo che seguir
potesse che il signor dio per mezo di quella al [...], sì come heri
apposta di nuovo per tal conto li rimandai el capitano Agabito di
quanto di [...] occorre et se intende si come è debito al mio se-
cretario(suo subdito et servitore) ho dato carico che satisfaccia,
et so non mancha, nel resto come più volte li ho scripto me reputo appresso S. Santità. V.Eccellenza nel medesimo loco, pregando el signor dio li doni ogni bene et la guardi da ogni male lei
et tutta la succession sua. Da Bologna adj 16 gennaio 1552
Di vostra illustrissima et eccellentissima Signoria
humile servitore
Camillo Ursini

[al lato sinistro di c. 169r]: che la causa di costui spetta a sua Santità et a Commissari apostolici et che è vero che si può in molti

casi usar la remissione et accompagnar la misericordia con la giustizia ma questo sua Eccellenza lo reputa di sorte scandaloso per
le discussioni discordie et ruine de che Christiani che non la perdonerebbe per l'interesse suo a un suo figliolo se ne fussi machiato

ASF, *Mediceo del Principato* 407, cc. 169*r-v*. Camillo Orsini (su cui POM-
PEO LITTA, *Famiglie celebri d'Italia*, Milano, 1819, disp. 118, tav. XXVI)
che nel 1547 era stato nominato governatore di Parma da papa Paolo
III all'indomani dell'uccisione di Pier Luigi Farnese, in quel momento
difende Bologna da possibili attacchi francesi e dopo poco, nell'aprile,
avrebbe sostituito Giovan Battista del Monte alla guida dell'esercito
papale. Il Carlotto (o Carlo) di cui parla è quel Carlotto di Orsino Fau-
sto Orsini, impegnato al campo papale nell'assedio della Mirandola.
(ASF, *Mediceo del Principato* 407, c. 276*r*, 25 gennaio 1552, lettera di Nicola Dini al duca), che nella guerra di Siena combatte per Cosimo con
la sua compagnia (sarà Ridolfo Baglioni nel maggio 1552 a raccomandarlo a Cosimo per suo capitano, essendo già suo cognato: ASF, *Mediceo del Principato* 408A, c. 877*r*) e che morirà tragicamente nell'assedio di
Foiano nel 1554 (POMPEO LITTA, *Famiglie celebri d'Italia*, cit., disp. 115,
tav. XIV). C'è un accenno al tentativo che si stava perfezionando in
quei giorni di sposarlo con Faustina Baglioni sorella di Ridolfo, forse
con la mediazione di Cosimo I (cfr. ASF, *Mediceo del Principato* 407, c.
374*r*, lettera di Monaldesca Baglioni a Cosimo da Firenze il 7 febbraio
1552), che sembra impegnarsi pure per una parte dei soldi della dote
trovandosi Ridolfo Baglioni in quel frangente "in disordine" (ASF, *Mediceo del Principato* 407, c. 449*r*, vedi anche 549, 581). Il matrimonio dovrebbe essere stato celebrato i primi di maggio del 1552 presente Giovanni Orsini, l'altro figlio di Camillo (ASF, *Mediceo del Principato* 398, c.
732*r* del 31 agosto 1550 e *Mediceo del Principato* 408A, c. 659*r*, lettera di
Camillo Orsini del 5 maggio 1552). Ridolfo muore il 22 marzo 1553
presso Chiusi, in un fatto d'armi in cui fu catturato Ascanio del Monte,
nipote di Giulio III: DOMENICO MELLINI, *Ricordi intorno ai costumi,
azioni e governo del granduca Cosimo I*, Magheri, Firenze, 1820, p. 89.

Francesco Vinta al duca
Casale 22 gennaio 1552

Illustrissimo et eccellentissimo signore Signor mio et padrone osservandissimo
La 'lingua volgare' ha grande obligatione a ms Lodovico Domenichi in la quale si è molto tempo a benefitio comune esercitato, et perchè egli è per ordine di vostra eccellenza detenuto in carcere, nè si sa la cagione quando la colpa sua non sia grave, la supplico per le qualità sue et per le preghiere di molti gentiluomini che mi hanno ricerco strettamente glielo raccomandi, si degni esser verso di lui clemente, et con la sua benignità liberarlo, suo fratello è doctore et podesta a Castelgiofredi e tien cura delli figliuoli del signor Luigi buona memoria così mi ha referto il conte Giovanni Anguisciola (che fra li altri prega v.e. li sia pietosa et favorevole, offerendosele con tutto il cuore. Et con questo reverentemente le bascio la mano, pregando Dio per ogni sua felicità. Di Casale il xxii di gennaio M. D. LI. Di V.E. servo obligatissimo Francesco Vinta.
dir la causa

ASF, *Mediceo del Principato* 407, c. 238*r*.

Il duca a Francesco Vinta
Firenze 4 febbraio 1552

[...] Quel ms Lodovico Domenichi che voi ad istantia di molti gentilhuomini ci raccomandate si trova in carcere per conto di heresia, il quale peccato per essere gravissimo et di quella importantia che conoscete essendo da simili peste seguiti molti danni et ruine alla christianità. La giustitia et la pietà non patiscono che resti impunito, oltre che ci dispiace tanto che non la perdoneremo a un nostro figliolo se ne fusse punto macchiato, et dovendo anco dispiacer ad ogni buon christiano, et ci rendiam certi che se quelli che pregano per lui sapessino la causa non si sarebbono mossi a raccomandarcelo, et quando lo intendino ci haveranno excusati se in questo non li gratifichiamo.

ASF, *Mediceo del Principato* 18, c. 520r. Il brano è riprodotto fotograficamente in Archivio di Stato, Firenze, *Carteggio*, cit., fig. 26.

XXII

Lettera al duca di Firenze
Piacenza 12 marzo 1552

Illustrissimo et eccellentissimo signore
Confidato nella magnanimità et generosità della Eccellenza vostra la qual è solita ne i bisogni verso i suoi servitori essendo io nel numero di essi il più minimo et, più, molto affezionato, ho preso siccurtà di supplicare per questa humilmente la Eccellenza vostra sia servita di haver per raccomandato ms Luddovico Domenichi Gentil'huomo piacentino il quale è detenuto ivi in carcere havendolo comandato vostra Eccellenza per alcune sue cose che le sono accascate al detto, che per il concetto ch'ho di lui credo che non deven esser di grand'importanza per il che di nuovo supplico vostra Eccellenza non manchi di farmi questo favore (anzi singularissima grazia). Certificandola che tutto ciò se li farà in suo beneficio mi sarà come a la mia propia persona, et perchè son certo che vostra Eccellenza non sarà servita che la mia confidanza sia diffraudata come è solita per la sua molta e grande valorosità mettendo questo con li di più obligui che ho à vostra eccellenza finirò priegando N.S. la sua Illustrissima et Eccellentissima persona guardi con l'acrescimento di stato ch'io suo servitore gli desiddero di Piacenza il xii. di marzo 1552
[firma illeggibile]

ASF, *Mediceo del Principato* 407, c. 667r.

XXIII

Giovanni Battista del Monte al duca
Mirandola 13 gennaio 1552

Illustrissimo et Eccellentissimo signore et patron mio osservandissimo
Astretto dalle preghiere d'amici miei, torno di nuovo [ma non ho
trovato la lettera in questione] a raccomandare a V.E. Ser Bart.°
Ducci da Monte Veturini, pregandola che sel caso che lo tiene in
prigione merita clementia, gli voglia far gratia di liberarlo, quando
altramente sia si degni per amor mio d'haverlo per raccomandato
in quello che licitamente lo puole gratificare, che ne resterò a
V.Eccellenza obligato d'ogni honesto favore che gli concederà
per benignità sua, raccomandandomi humilmente alla sua buona
gratia.
di santo Antonio della Mirandola il xiii di Gennaio 1552. Di Vostra eccellentia Humilissimo et devotissimo servitore
Gio. Batt.a del Monte

ASF, *Mediceo del Principato* 407, c. 99*r*, solo la firma è autografa. Giovanni Battista del Monte, che è nipote di Giulio III e generale delle
truppe papali nell'impresa per la riconquista di Parma contro Ottavio
Farnese (maggio 1551-aprile 1552), muore il 14 di aprile del 1552 in
una scaramuccia nell'assedio della Mirandola (ASF, *Mediceo del Principato*
408, c. 282*r*).

XXIV

Dall'inventario dei forzati e degli schiavi in carico al neo provveditore dell'isola d'Elba Agnolo Guicciardini.
18 ottobre 1553

Yesus M. D. LIII
Forzati et stiavi mandati da ms Luca Martini sopra la galeotta
nomata Pellegrina sotto dì xviii. d'ottobre

n° 812. Ser Bartolomeo di Bastiano da Montevetturino mandato
dalli Inquisitori et confinato per sempre alla galera per luteranesimo et consegnato alli 23 di marzo 1551, all'inventario di Luca
Martini a n° 812----------------per sempre

Adi xii di aprile 1554 liberato per gratia di S.E.I. con permuta-
tione di star sempre fuor del ducal dominio come appare in lettera della prefata S.E. del 30 di marzo in filza di forzati n° 28 e
rescritta al registro delle lettere a c. 32

Archivio Guicciardini, Firenze, *Legazioni e Commissarie* IX, n° 142, c. 6*r*.

XXV

Il duca ad Agnolo Guicciardini
Firenze 30 marzo 1554

Perchè Ser Bartolomeo Ducci da Montevettolini quale per heretico si trova confinato nelle nostre galere ha impetrato dalli Reverendissimi inquisitori che altrove gli sia promutato con buona
nostra gratia purchè sia tal permuta fuori dal nostro ducal dominio. Però V.S. ordinerà che ne sia libero quanto prima et a nostro
nome gli piaccia dire che questa sua liberatione è condizionata
nel modo che di sopra si dichiara et disegni d'habitar fuori di
detto nostro dominio senza venirci mai in alcun tempo, et venendoci incorrerà in maggior pregiuditio et disdetta che fusse

266

mai. Et altro non havendo che dirle Il signore dio la conservi
sana. Da Fiorenza il di 30 di marzo 1554. al piacer di V.S.
Il duca di Firenze.

Archivio Guicciardini, Firenze, *Legazioni e Commissarie* X, n° 153, c. 32*r*.

XXVI

Luca Martini ad Agnolo Guicciardini
7 aprile 1554

ms Luca Martini di vii d'aprile 1554

Molto magnifico signor mio.
Come vedrà per l'inclusa lettera V.S. di S.E. Illustrissima un Ser
Bartolomeo Ducci da Montevettolini è stato liberato dalla galera
dalli Inquisitori dell'Heresia purchè sia con buona gratia di S.E.I.
con fare che sia in perpetuo come era suo confino in galera, fuor
del suo ducale stato. Et perchè detto Bartolomeo potrebbe haver
costa qualche debito et pur gli bisognano danari d'andarsene
verso Lucca dove li suoi l'aspettano, et per dar all'auzino et altri
di galera Imperò piacerà a V.S. pagarlo insino alla somma di ducati 8 d'oro in oro d'Italia, et pigliarne da esso la quietanza et
mandarmela che subito gliene rimetterò costì, questi suoi non
havendo perchè fu data me n'hanno richiesto et jo confidato
nella S.V. non ho potuto mancar d'accomodarliet gliene terrò oltre degli altri obligo.
Al molto magnifico s. mio osservadissimo, il S. Commissario et
provveditore dell'Elba messer Agnolo Guicciardini

Archivio Guicciardini, Firenze, *Legazioni e Commissarie* X, n° 153, c. 32*v*.

XXVII

Sottoscrizione del notaio Ducci alla notifica della sua liberazione.
13 aprile 1554

Al molto Illustrissimo signore il signore di Piombino, generale
delle nostre galere et in sua assenza a Luca Martini

Presentato adi xij d'aprile avanti al magnifico signore commissario messer Agnolo Guicciardini et atteso Ser Bartolommeo trovarsi sulla galeotta et notificarsi quanto di lettera per me Luca
Lutii notaio pubblico fiorentino et cavaliere del sopraddetto S.
Commissario in persona, presenti Antonio Moscardini da san
Giminiano segretario della galeotta et Barg° di Luca da Mumigno
di Pistoia testimoni
Jo Ser Bartolomeo soprascritto confesso essermi stato notificato
quanto di sopra e in fede mi sono sottoscritto oggi questo di 13
aprile

Archivio Guicciardini, Firenze, *Legazioni e Commissarie* X, n° 153, c. 32r.
Il citato notaio Luca di Marco Luzzi rogò a Portoferraio per la prima
volta il 4 ottobre 1553: cfr. ASF, *Notarile Antecosimiano* 12403, c. 37r.

XXVIII

Notifica ad Ottaviano da Forlì della grazia di poter esercitare il
suo mestiere nell'isola d'Elba (*a*) e licenza di venti giorni con la
sola restrizione di Firenze (*b*)

a) M.D.liii Indictione xij

Eiusdem anno et indictione et tempore [21 ottobre]. Actum in
fortilitio stellae in domo solitae habitationis magnifici Domini
Commissarii presentibus ibidem Zenobio Rafaelis de Mazzeis
cive florentino et Bartholomeo als botticino Dominici de Burgo
ad sanctum Laurentium bombarderio, testibus

Cum sit qualiter Octavianus olim Augustini Francisci de Forlivio calzolarius esset relegatus ad triremes per annos quinque continuos pro ut de eius relegatione constare dicitur in actis et processu Inquisitionis de Florentia in quibus continue permansit a die viij maij 1552 usque in presentem diem. Et cum sit quod preces direxerit ad Illustrissimum et Excellentissimum Dominum Dominum ducem Florentiae a quo habuerit hunc rescriptum vs: *eserciti l'arte nel Elba, cavisi la catena con sic(u)ra* pro ut de dicto rescripto constare vidi manu magnifici magistrati domini provisoris Lucae de Martinis in fil. de forzati sub n.3. Hinc est quod hodie hac presenti suprascripta die constitutus predictus Octavianus coram magnifico domino commissario Ilvae Angeli de Guicciardinis de Florentia et me notario infrascripto et testibus suprascriptis et volens dictarum gratiarum consequi, liberatus ab omni vinculo catena et ferro et in sua positus libertate promisit et se exercere eius artem in Ilva et inde non discedere absque gratia Illustrissimi ducis sub pena scutorum centum auri in auro applicanda et fisco et camerae suae Excellentiae et pro eo et eius precibus mandatis solenniter fideiusserunt.
Giannoctus Niccolai de Biliottis civis florentinus, Filippus Iacobi de Tarcionibus de Florentia calzolarius et Domenicus Antonii Francisci de Bustolis de Castrocaro bombarderius et quilibet eorum in solidum quam scientes etc., tam volentes etc., promiserunt se facturos etc. als. etc. ...Rogantes

ASF, *Notarile Antecosimiano* 12403, c. 39*v*.

b) Eisdem anno indictione et loco die vero xxij mensis Julii [1554] presentibus Lionardo Niccolai de Campo de Insula Ilve et Cipriano Linini de Insula Planose testibus

Cum sit qualiter [*Filippus ol.* canc. e sostituito da] Octavianus olim Augustini de Forolivio sutor calceorum relegatus in insula Ilve et habitans in Portu ferraio, visis de causis obtinuerit licentiam a magnifico viro Angelo de Guicciardinis dignissimo Commissario pro illustrissimo ac Excellentissimo D. Domino duce Florentie in insula Ilve eundi per statum et dominium Sue Excellentie absque preiudicio sue persone Hinc est quod hodie hac presenti

supradicta die constitutus personaliter coram me notario infra-
scritto et testibus suprascriptis etc. sponte et omni meliori modo
etc. promisit et solenni stipulatione convenit se rediturum ad
confinia predicta in terram Portus ferrai infra tempus et termi-
num xx dierum proxime futurorum et se non ingressurum in civitatem Florentie sub pena scutorum centum auri in auro in pro-
quo precibus et mandatis etc. solemniter fideiusserunt Filippus
Iacobi de Tarcionibus de Florentia et Zelonus Jo.vantinis de Pistorio habitantes in portu Ferraio quam scientes tam volentes etc.
promiserunt et quilibet eorum in solidum se facturos als etc. pro-
quibus etc. obligaverunt se ut quibus per […] Rogantes

ASF, *Notarile Antecosimiano* 12403, c. 74*v*.

Un nuovo documento sui luterani e anabattisti processati a Firenze nel 1552[*]

Il documento è conservato all'Archivio di Stato di Firenze in due fogli piegati a mezzo, rilegati all'interno di una filza da inventariare del fondo Miscellanea Medicea[1] intitolata "Vari processi dal 1536 al 1602". Il fascicolo non ha titolo nè data ma dal contenuto, dai personaggi citati, dalla firma dei sottoscrittori è riconoscibile quale scrittura originale e ufficiale trasmessa al duca di Firenze dai tre Commissari deputati sopra l'Inquisizione nel corso del processo ai luterani e anabattisti catturati a Firenze alla fine del 1551 in seguito alla delazione di don Pietro Manelfi[2].

Sebbene la documentazione relativa all'attività dell'Inquisizione a Firenze sia particolarmente carente per la nota dispersione degli archivi dell'Inquisizione e di quello civile in materia, soprattutto per il primo sessantennio del secolo[3], l'episodio può

---

[*] Già in «Archivio italiano per la storia della pietà», 11, 1998, pp. 245-267]

[1] ASF, *Miscellanea Medicea 666*, già 6395, cc. 509*r*-512*v*, qui trascritto in Appendice. Non è un testo del tutto inedito. Due frammenti, uno relativo a Ludovico Domenichi e l'altro al giovane stampatore che lo aiutò nella stampa della *Nicodemiana* sono stati pubblicati il primo da RIGUCCIO GALLUZZI, *Istoria del granducato di Toscana sotto il governo della casa Medici*, Cambiagi, Firenze, 1781, (rist. anastatica, Cisalpino-Goliardica, Milano, 1974), I, pp. 143-144 e il secondo da COSTANTINO ARLIA, *I correttori di stampe nelle antiche tipografie italiane*, in "Il bibliofilo", 7, 1886, pp. 81-83, senza indicarne la fonte, con il risultato di dar luogo a delle incongruenze·

[2] Su questo episodio vedi SALVATORE CAPONETTO, *La riforma protestante nell'Italia del Cinquecento*, Claudiana editrice, Torino, 1972, pp. 350-357, GUSTAVO BERTOLI, *Luterani e anabattisti processati a Firenze nel 1552*, in "Archivio storico italiano", 154, 1996, pp. 59-122, e più recentemente MASSIMO FIRPO, *Gli affreschi di Pontormo a san Lorenzo. Eresia, politica e cultura nella Firenze di Cosimo I*, Einaudi, Torino, 1997.

[3] Sulla situazione documentaria dell'Inquisizione a Firenze vedi ADRIANO PROSPERI, *L'Inquisizione fiorentina dopo il Concilio di Trento*, in "Annuario dell'Istituto storico italiano per l'età moderna e contemporanea", 37-38, 1985-1986, pp. 97-124: 99-101.

dirsi ricostruito a grandi linee. Sappiamo che nei primi giorni del dicembre 1551 arriva a Pisa il maestro del Sacro Palazzo, il domenicano Girolamo Muzzarelli, e informa il duca di Firenze che nel suo stato c'è un gruppo organizzato di luterani e anabattisti. L'immediata reazione di Cosimo de Medici porta alla cattura e alla condanna di un certo numero di eretici, e subito dopo ad un processo che è di straordinaria importanza essendo la prima manifestazione del tribunale fiorentino dell'Inquisizione romana che per l'occasione subentra all'Inquisizione fiorentina fino a quel momento gestita dai francescani di santa Croce.

Il frammento, individuato del tutto fortuitamente, apparteneva al disperso archivio inquisitoriale di stato[4], ed era l'atto amministrativo in cui i Commissari avevano steso le conclusioni processuali e proposto le pene che dovevano essere convalidate dal duca, ed è importante per più motivi. Innanzitutto ci permette di verificare le poche fonti superstiti, indirette e ufficiose, che hanno trasmesso i nomi degli eretici implicati, ovvero i *Costituti* di don Pietro Manelfi (settembre-novembre 1551)[5], con i nomi di coloro con i quali egli aveva avuto dei contatti a Firenze e in Toscana, e il *Memoriale* di Massimo Milanesi con l'elenco di coloro che avevano subìto un processo per causa di religione fra il 1552 e il 1559, al quale il padre Bernardo aveva partecipato in qualità di cancelliere ducale presso l'Inquisizione.

In questo resoconto (che si direbbe steso fra il 19 gennaio, giorno della abiura di Bernardo Ricasoli[6], e il 6 febbraio 1552, giorno dell'autodafè e della processione per le strade di Firenze[7])

---

[4] Da qui dovrebbe essere stato tolto dal Galluzzi ed arrivato come tanto altro materiale utilizzato dallo storico al fondo Miscellanea Medicea.

[5] Pubblicati da CARLO GINZBURG, *I costituti di don Pietro Manelfi*, Sansoni – Newberry Library, Firenze-Chicago, 1970.

[6] Gli inquisitori accennano alla presenza di un caso a se stante riguardante il Ricasoli, vedi Appendice.

[7] Viene proposto per Lodovico Domenichi e il giovane stampatore della *Nicodemiana* quel giro sull'asino con un libro al collo che effettivamente fu registrato nelle cronache contemporanee, ovvero nel cosiddetto Diario di Orazio da Sangallo edito da GUIDO BIAGI, *Per la cronica di Firenze nel secolo XVI*, in "Rivista delle biblioteche e degli archivi", 17, 1906, pp. 70-96, 118-128, su cui vedi anche SALVATORE CAPONETTO, *Aonio Paleario (1503-1570) e la Riforma*

sono menzionate complessivamente 45 persone, di cui 26 esaminate, quattro in attesa di esserlo e ben 15 latitanti. Sotto l'aspetto dell'identità e del numero degli inquisiti il documento in esame può dirsi definitivo e ci permette in primo luogo di escludere dal loro novero alcuni che nominati nel *Memoriale* di Massimo Milanesi non ci sono nei *Costituti* del Manelfi.

Con un certo margine di sicurezza possiamo dire che erano stati inquisiti fra il 1552 e il 1559 in processi in cui aveva fatto da cancelliere il notaio Milanesi, le monache dell'Angelo Raffaello con il loro confessore, i frati del Carmine e quelli di santa Maria Maggiore, don Fidelio maestro di scuola a Empoli, Giovanni stampatore, ser Antonio prete d'Arezzo, don Rosso da Faenza, fra Piero da Piombino, fra Iacopo da Piombino. Non trova conferma l'ipotesi, che imprudentemente postulavo nel mio contributo precedente, che quanti non erano stati denunciati da Manelfi fossero stati inseriti dagli inquisitori al fine di bonificare l'ambiente fiorentino e toscano[8].

Viceversa troviamo sicuramente implicati, perché nominati anche in questo rapporto, nomi presenti nel *Memoriale,* che però mancano a Manelfi, quali Simon Bruni, maestro Francesco del Gabelliere, Bartolomeo Rolle da Modena, messer Cristofano da Foiano, maestro Girolamo da Fabriano, Piero calzettaro, Lodovico Domenichi e prete Vincenzo da Lucca. Alcuni compaiono solo in Manelfi e in questo documento: Ludovico Manna, Giovanbattista padovano, Francesco calzettaro, Paolo da Montopoli, Niccolò ferrarese, Pietro Orso e Girolamo orefici.

In questa lista ci sono anche nomi che Manelfi non lega direttamente a Firenze ma al più ampio movimento anabattista, come il famoso Tiziano, i canonici Demetrio e Matteo da Pola, Giuseppe da Asola, Antonio da Consandoli. Da rilevare, infine, nomi assenti nel *Memoriale* e nei *Costituti* e mai collegati prima a questo

---

protestante in Toscana, Claudiana editrice, Torino,1979, pp. 236-237, e le *Memorie* di Francesco Buonsignori, su cui GUSTAVO BERTOLI, *Luterani e anabattisti processati a Firenze nel 1552*, cit., pp. 99-100 (ivi p. 246-247).

[8] GUSTAVO BERTOLI, *Luterani e anabattisti processati a Firenze nel 1552*, cit., p. 82n (ivi p. 227).

episodio, come Pietro Perna, Lionardo Onesti da Pescia, Girolamo da Siena, messer Prospero, Bartolomeo garzone del collettaio, Antonio cuoiaio e Bartolomeo stampatore, tutti latitanti ad eccezione dell'ultimo. A causa della scarsità di dati espliciti solo per pochi è possibile precisare se sono cittadini o sudditi fiorentini, forestieri residenti a Firenze o di passaggio. (fra parentesi il n. che occupano nel documento trascritto nella Appendice).

Sono cittadini fiorentini Giovanbattista Giovanni (n.27), Bernardo Ricasoli per quanto residente a Pisa (n.30), Bartolomeo Panciatichi (n.29) e probabilmente Simone Bruni (n.28) e Simon Paoli (n.31) Sono sudditi fiorentini: Paolo da Montopoli (n.7), i quattro di Borgo a Buggiano (nn.10-13), Cristofano (n.15) e Marcantonio Serarrighi (n.17), Lorenzo Niccolucci e la moglie Giovanna (nn.21 e 25), Bartolomeo Ducci e la moglie Helisabet (nn.23 e 26), Leonardo Onesti (n.32). Forestieri "commoranti" dovrebbero essere molti degli artigiani e dei letterati, comunque sicuramente: Ottaviano da Forlì (n.2), Ludovico Domenichi (n.3), Niccolò ferrarese (n.4), Giovanbattista Camerini (n.9), Pietro calzettaro (14). Forestieri che possiamo presumere non residenti sono Girolamo da Fabriano (n.16), Cornelio Donzellini (n.20), Lelio Carani (n.22), Bartolomeo Rolla (n.24), Rinaldo da Verona (n.34), Ludovico Manna (n.36), Giuseppe Sartori (n.37), Antonio da Consandoli (n.38), Tiziano (n.39), Demetrio e Matteo da Pola (nn.40 e 41), Pietro Perna (n.44). Non classificabili Vincenzo da Lucca (n.1), Lione bracheraio (n.6), Francesco calzettaro (n.7) e la moglie Antonia (n.19), Girolamo (n.8) e il fratello Piero orefici (n.33), Bartolomeo stampatore (n.18), Girolamo da Siena (n.35), il garzone Bartolomeo (n.42), messer Prospero (n.43), Antonio cuoiaio (n.45).

L'interesse maggiore di questo documento consiste però nel fatto che ad ognuno dei 26 che gli inquisitori avevano interrogato fino a quel momento è riservato un breve profilo psicologico e biografico (chiamato anche "parere"). Ogni profilo contiene in sequenza il nome dell'inquisito, il suo mestiere o lo *status* religioso, il suo livello culturale e, in termini approssimativi, l'età. A questo punto, quasi sempre, si inserisce la notizia sulle opinioni religiose da lui professate o solo tenute (una sfumatura da cui si arriva a comprendere come fu classificato), se e in che modo le abbia diffuse e per quanto tempo, se era in grado di fare opera di proselitismo, in sostanza quanto fosse pericoloso e, qualora non fosse apparso ostinato nelle sue idee, quanto poteva essere credibile la sua abiura. In calce gli Inquistori propongono la pena che ritengono appropriata.

Sebbene i Commissari delegati non forniscano informazioni sugli altri 19 (i quattro in attesa di giudizio e i 15 latitanti), il materiale è sufficiente per inquadrare l'occupazione e approssimativamente il ceto di buona parte di questi eretici. Dei 30 catturati almeno 6 erano ex religiosi: Vincenzo da Lucca (n.1), sfratato con licenza, Cristofano Serarrighi (n.15), fratello di Marcantonio (n.17), che nel *Memoriale* era citato come Cristofano da Foiano, sfratato con licenza, Cornelio Donzellini (n.20) sfratato, Lelio Carani (n.22) spretato, Girolamo da Fabriano (n.16) sfratato senza licenza. Più problematica l'identificazione di Simon Bruni (n.28) che può essere con qualche dubbio il carmelitano Simone Alessandro Bruni che si laurea in teologia all'Università di Pisa il 12 giugno 1552[9], dove insegna logica dal 1552-1553 al 1554-1555[10] in veste di lettore, concorrente di Agamennone Salviani (o Agamennone da Castello) insegnante di logica ordinaria[11]. Essendo solo nominato assieme ai personaggi più influenti e facoltosi in attesa di processo (è con Bartolomeo Panciatichi – n.29 -, Bernardo Ricasoli – n.30 – e Giovanbattista Giovanni – n.27) si potrebbe ritenerlo una figura importante, e forse il carmelitano

---

[9] RODOLFO DEL GRATTA, *Acta graduum Academiae pisanae*, Pisa, 1980, p. 401 n.6: "Brunis de Alexander, magister carmelita, florentinus. STU.: Senis et Pisis per multos annos. PROM.: Venturinius Franciscus; TEST. Lapinius Antonius florentinus, Ghettinus Sylvaggius florentinus, artium et medicinae doctor; Aquilanus Maximus pisanus, artium et medicinae doctor, Strozza Johannes florentinus [lettore in Filosofia straordinaria]".

[10] *Storia dell'Università di Pisa*, a cura della Commissione rettorale per la storia dell'Università di Pisa, Pacini, Pisa, [1993], I bis, p. 511; ANGELO FABRONI, *Historia Academiae pisanae*, Mugnaini, Pisa, 1791-1795 (ristampa anastatica: Forni, Bologna, 1971), II p. 471: "Alexander Bruno carmelita".

[11] Da *Deliberationes supremi magistrati pro studiis florentino et pisano et Academia florentina* in BNCF *Corte d'Appello* 3 c.26r. Cfr. ANGELO FABRONI, *op. cit.*, II p. 471.

era legato al gruppo di eretici pisani facente capo a Bernardo Ricasoli. Ma potrebbe essere stato messo fra i "benestanti" solo perché come loro era cittadino fiorentino[12]. Aumenta la percentuale di ex-religiosi sul totale se consideriamo Lodovico Manna (n.36), Tiziano e i due canonici di Pola, Demetrio e Matteo (qui numerati rispettivamente 39-41), tutti nominati da Manelfi. Oltre ad essi ci sarebbe Girolamo da Siena (n.35), sempre che si tratti proprio di quel cappuccino accusato con il vescovo di Chioggia, Iacopo Nacchianti, del quale si erano perse le tracce dal momento della sua fuga da Bologna[13], e non di un omonimo.

Ma sono gli artigiani, presumibilmente tutti attivi, la categoria meglio rappresentata. Ci sono Ottaviano collettaio (n.2)[14], Nic-

---

[12] Un ricordo del 18 agosto 1554 del libro delle *Ricordanze* del convento di santa Maria del Carmine di Firenze collega un carmelitano con quel nome ad un incarico nell'ateneo pisano: "Ricordo come noi frati e convento avendo bisognio e necessità di pagare decime et non avendo modo di fare danari senza alienar beni ... mosso a pietà di tal bisognio del convento el reverendo m° Alessandro di Lorenzo Bruni avendo un credito collo Illustrissimo duca Cosimo di Firenze di scudi 30 di moneta per salario della lettura di Pisa per la logica ordinaria d'un anno el quale salario essendone creditore el detto m° Alexandro suplicò a sua eccellentia domandando che tale salario li fussi promutato in nome suo e per lui al convento nostro per pagare le dette decime ..": ASF *Congregazioni Soppresse dal Governo Francese* 113 filza n.23 c. 94*r*. Manca sempre qualcosa che lo colleghi all'eterodossia.

[13] LUIGI CARCERERI, *Fra Giacomo Nacchianti vescovo di Chioggia e fra Girolamo da Siena inquisiti per eresia (1548-1549)*, in "Nuovo Archivio Veneto", nuova serie, 21, 1911, pp. 469-495. Minore conventuale, predicatore fra cui anche a Chioggia nel 1547, nel 1548 guardiano del convento di Forlì fu imprigionato in Bologna da Giovanni Antonio Delfino, generale della provincia di Bologna dell'ordine minore conventuale. Ma fuggì dal carcere il 3 aprile 1549 nel momento in cui Massarelli cominciava a chiedergli ragioni specifiche su alcune sue affermazioni fatte durante la predicazione. Carcereri non dice altro. Scompare, pensano che si sia rifugiato a Venezia, compare però in un catalogo come elemosinario della duchessa di Ferrara. Così lo indica BARTOLOMEO FONTANA, *Renata di Francia, duchessa di Ferrara*, Forzani, Roma, 1898, III p. .xxxi: Elemosinario di Madama.

[14] CARLO GINZBURG, *I costituti di don Pietro Manelfi* cit.,:Ottaviano da Forlì che fa colletti; GUSTAVO BERTOLI, *Luterani e anabattisti processati a Firenze nel 1552*, cit., p. 121 (ivi p. 268): Ottaviano di Agostino di Francesco da Forlì.

colò ferrarese che "fa licci" (n.4)[15], Francesco calzettaro (n.5), Lione bracheraio (n.6), Paolo da Montopoli tessitore di panni (n.7)[16], Girolamo orefice (n.8), Giovanbattista berrettaio padovano (n.9) che di cognome dovrebbe fare Camerini e che fra tutti è l'unico a comparire marginalmente nel processo al notaio Francesco Puccerelli (1549-1550) che sto curando per la stampa. Già noto il mestiere dei quattro di Borgo a Buggiano, un maniscalco, un fabbro, uno speziale e un sarto; inoltre c'è un Pietro calzettaro (n.14) e Bartolomeo stampatore (n.18). Se a questi tredici aggiungiamo gli artigiani latitanti, ovvero maestro Piero orefice (n.33), Bartolomeo garzone del collettaio (n.42) e Antonio cuoiaio (n.43), la categoria risulta contare su più di un terzo degli inquisiti[17].

Dei nove (nn.5-9, 10-13) di cui non fu tracciato il profilo e di cui non si conoscono l'età e la professione di fede, gli inquisitori ci assicurano che l'implicazione era casuale e superficiale. Furono classificati come "persone idiote e senza lettere" dagli estremi biografici non degni di approfondimento, insomma dei semplicciotti usati da forestieri, figure insignificanti da condannare a pene relativamente blande proporzionate alla loro pericolosità.

Circa i "leviter suspecti" che nel documento occupano i nn.10-13, gli inquisitori fanno sapere che avevano offerto supporto logistico ai missionari senza assimilare idee eretiche; essendo quindi idioti, ignoranti e oltretutto carichi di figli, con facilità si convincono della loro buona fede e propongono per loro una

---

[15] Non legnaiolo come dice Manelfi (CARLO GINZBURG, *I costituti di don Pietro Manelfi*, cit., p. 39), ma lanaiolo.

[16] Su cui ADRIANO PROSPERI, *L'Inquisizione fiorentina dopo il concilio di Trento*, cit. p. 107.

[17] Oltre ai religiosi e alle tre donne, tutte mogli di inquisiti, ci sono un letterato di professione, il Domenichi (n.3), un notaio, Bartolomeo Ducci; un funzionario statale, il bargello Marcantonio Serarrighi (n.17); un banchiere Bartolomeo Panciatichi, un mercante Bernardo Ricasoli e un benestante Giovanbattista Giovanni. A sé, Lorenzo Niccolucci vescovo anabattista prima che maestro di scuola (a Bagnacavallo). Ancora ignota l'attività di Bartolomeo Rolla da Modena (n.24) e quella di Pietro Perna (n.44) in quel momento.

condanna ad un anno di confino nelle carceri del castello di Buggiano[18]. Più leggero il castigo per Pietro calzettaro (n.14), un buon cristiano che una volta aveva permesso che nella sua bottega certi eretici facessero "una congregazione" ed era stato ad ascoltare: tutti i giorni per un anno avrebbe dovuto sentir messa nella chiesa della santissima Annunziata. Meglio andò al giovane stampatore di nome Bartolomeo (n.18) che aveva aiutato il Domenichi nella stampa della *Nicodemiana* per il quale gli inquisitori pensano sia sufficiente il solo giro sull'asino per le strade, con uno di quei libri al collo. Tenui, ma solo perché sedotte dai mariti e non responsabili, le colpe e le pene alle tre donne, anche se due risultano ribattezzate: madama Antonia (n.19) agli arresti domiciliari per sei mesi, madama Giovanna (n.25) e madama Elisabetta (n.26) ad udir messa ogni giorno per un anno e a digiunare a pane ed acqua ogni *sexta ferie*.

Ai pentiti fu riservata una condanna da scontare nel carcere fiorentino delle Stinche[19]: tre anni di prigione ai cinque artigiani di cui sopra (nn.5-9) perchè "hano credute le opinioni luterane", anche se riconosciuti semplici e in buona fede. A tre anni è anche la condanna proposta per il bargello di Pisa, Marcantonio Serarrighi (n.17), così pentito da essere perdonato per colpe molto gravi quali l'aver ricoperto una carica pubblica e l'aver copiato per il Manelfi un libretto contro l'Eucaristia. Suo fratello invece, Cristofano Serarrighi (n.15), ebbe cinque anni di carcere benchè non gli siano stati contestati fatti specifici: sfratato se pure con licenza, dottore, in grado di disputare e abile nel convincere, però forse non sufficientemente pentito.

La pena alla galera fu richiesta per i sette che dai profili riconosciamo come pertinaci: cinque anni di triremi[20] a prete Vincenzo

---

[18] Su di loro vedi GUSTAVO BERTOLI, *Luterani e anabattisti processati a Firenze nel 1552*, cit. p. 101 (*ivi* p. 247), Appendice III

[19] Sul tema delle carceri inquisitoriali cfr. ADRIANO PROSPERI, *Tribunali della coscienza. Inquisitori, confessori, missionari*, Einaudi, Torino, 1996, pp. 194-198.

[20] Dal sommario spoglio di una filza di suppliche degli Otto di Guardia, la n.2231 dell'ASF, che copre il periodo novembre 1554 - febbraio 1556, traggo alcuni esempi di condanne alla galea, puramente indicative, visto che sono estrapolate dal loro contesto. A tre anni fu condannato un rapinatore violento:

da Lucca (n.1) che aveva "tenute tutte le opinioni luterane"[21] ed era in grado di insegnarle, a Vincenzo Rolla (n.24) per "haver tenute opinioni luterane" ma non aver mostrato pentimento, e a Ottaviano collettaio (n.2) per esser "huomo di mala natura" benchè idiota; a vita per gli altri quattro, Cornelio Donzellino, Lorenzo Niccolucci, Lelio Carani e Bartolomeo Ducci (nn.20-23). I primi due avevano "tenute tutte le opinioni luterane" e fatto proselitismo, erano rimasti ostinati nelle loro idee e non mostravano pentimento di sorta; a Carani[22], Donzellino e Ducci venne applicato il termine "audace" ad indicare, forse, una personalità dominante, un soggetto in grado di organizzare un gruppo; per il solo Niccolucci quello di "molto astuto". Si deve dedurre che costoro, uomini di lettere fra i 30 e i 38-40 anni all'incirca, rappresentano il nucleo più combattivo e pericoloso, da cui potevano partire altre iniziative, e forse anche il più radicale sul piano religioso. Sono gli unici comunque sui quali gli inquisitori si dilungano, senza tuttavia aggiungere molto sul piano personale a

---

Niccodemo di Sabbatino Pollai da santa Maria a Campi che aveva con altri sequestrato, massacrato con la vanga e depredato un oste (ASF, *Otto di guardia del Principato*, 2231 n.22); a cinque era stato condannato per bigamia, Giovanni detto Roncone, figlio di Berardino di Pietro da Casalecchio, quando si scoprì la terza moglie; a tre anni un mariuolo recidivo, ivi n.38; fu condannato a quattro anni di galera un ladro che era stato confinato a Pisa e che era scappato: ivi n.53; galea a vita invece allo stupratore di una bambina di dodici anni, Senso di Gisto da Romarino, del vicariato di Monterchi, ivi n.117. Di norma scontata metà della pena i prigionieri chiedevano (e spesso ottenevano) la scarcerazione e un cambiamento di pena. Lo scarto fra condanna per causa di religione e pena scontata è ancora maggiore in quanto molto spesso vi pesavano categorie come pentimento e magnanimità, indulgenza, ecc.: su questo cfr. JOHN TEDESCHI, *Il giudice e l'eretico. Studi sull'Inquisizione romana*, Vita e pensiero, Milano, 1997, pp. 25-26, 114-119.

[21] L'espressione, che con la variante *tutte* si ripete nel documento, non è chiara ma credo si riferisca alle eterogenee esperienze di quell'indistinta "sottospecie di un'unica eresia" che agli occhi dei teologi riuniva luterani, zwingliani e calvinisti: UGO GASTALDI, *Storia dell'anabattismo*, Claudiana, Torino, 1992, I, p. 533. Si distinguono in questo caso dagli anabattisti per i quali i Commissari usano il termine di *ribattezzato*.

22 Di Carani sappiamo ora la sua età, che era stato frate e che sospettato di predicare al di fuori dell'ortodossia aveva preferito uscire dalla religione.

quello che Manelfi aveva detto. Per Ducci e Niccolucci le argomentazioni sfiorano il piano religioso. Del solo Niccolucci l'Inquisizione sospetta "che non abbia tenuta la divinità di Cristo", ed è questo l'unico elemento che richiami al Concilio di Venezia del settembre 1550 e alla breve stagione dell'anabattismo italiano[23], ma anche in questo caso non emergono relazioni fra le loro esperienze e non si parla dei loro eventuali contatti.

Leggendo le pene proposte per questo primo gruppo di eretici nulla fa pensare che gli inquisitori svolgano i loro compiti in modo inidoneo o improvvisato in quanto si limitano a consigliare sanzioni previste dalle norme canoniche e ad applicare, come era prassi nei processi per causa di religione, specifiche attenuanti (il pentimento) e aggravanti (in questo episodio si direbbe la cultura, oltre che la pertinacia e la capacità di convincere il prossimo[24]).

Anche la sanzione prevista per i latitanti rientra nella norma canonica: "Contro a questi si ha da formar il processo, citarli & condennarli se non compariscano, secondo vogliono e Canoni, la lor condannatione in contumacia sarà il fuoco & la confiscatione de Beni, come contra Confessi & pertinaci".

Purtroppo per la genericità della formula non traspare quale ruolo i latitanti avessero avuto a Firenze, quale grado di pericolosità gli inquisitori attribuissero loro e non si riesce a distinguere quelli che Manelfi aveva indicato come gravitanti su Firenze e che Muzzarelli doveva aver passato alle autorità fiorentine[25], da quelli che possono essere stati individuati dalla Inquisizione in

---

[23] Su cui UGO GASTALDI, *Storia dell'anabattismo*, cit., pp. 531-590.

[24] Ad esempio, Niccolò ferrarese (n.4) è l'unico dei tre anabattisti maschi accertati dall'Inquisizione ad essere condannato al carcere e non alla galea. Dal profilo sembra che la sola sua colpa sia stata l'essere ribattezzato, ma pentito, "idiota, semplice e senza lettere" riesce a ottenere una condanna lieve.

[25] Probabilmente Muzzarelli fornì ai fiorentini solo i nomi che Manelfi ha collegato a Firenze, come CARLO GINZBURG, *I costituti di don Pietro Manelfi* cit., ha supposto si sia comportato con Venezia. Gastaldi ritiene che delle informazioni ottenute dal Manelfi siano filtrate (e sopravvissute) solo quelle che il santo Uffizio riteneva più utili per premere sulla signoria di Venezia (*Storia dell'anabattismo*, cit., p. 537n). Per analogia si potrebbe pensare che anche al duca di Firenze sia stata passata una lista di eretici ricavata da tutte le confessioni.

seguito alla collaborazione di qualche confesso o sulla base di
materiale raccolto in precedenza. I nomi di Demetrio e Matteo
da Pola[26] con ogni probabilità erano stati fatti da Muzzarelli: in
fuga da Venezia i due canonici ebbero a Firenze "cavalcatura per
Roma et lettere per havere cavalli in Roma per Napoli" dallo
stesso Manelfi che racconta il fatto[27]. Il loro passaggio per Firenze dovrebbe essere stato così veloce che non poteva lasciar
traccia nella memoria locale. Un po' diverso il discorso su altri
latitanti: Lodovico Manna, che frequentava sia Pisa, dove era
protetto dal Ricasoli, che Firenze, poteva essere stato riconosciuto e denunciato da molti per la sua non segreta attività. Manelfi poi ricorda il soggiorno fiorentino di due che da tempo
erano lontani da Firenze, Tiziano e il notaio Giuseppe d'Asola
(alias Giuseppe Sartori[28]) protagonisti della prima missione anabattista a Firenze, dopo l'agosto del 1549 e prima del concilio di
Venezia del settembre 1550[29]. Ci sono anche nomi che Manelfi
ricorda ma non collega a Firenze. Egli accenna ad Antonio da
Consandoli, quell'Antonio Pagani legato al circolo di Renata di
Francia[30] che era stato ribattezzato a Ferrara nel 1550 da Tiziano[31], ma a collegarlo a Firenze dove si era rifugiato per paura
di essere incarcerato c'è la testimonianza di Giuseppe Sartori[32].
Sappiamo poco di ms. Simon Paoli[33], proprio nulla invece di

---

[26] CARLO GINZBURG, *I costituti di don Pietro Manelfi*, cit., p. 57n.

[27] CARLO GINZBURG, *I costituti di don Pietro Manelfi*, cit., p. 68.

[28] ALDO STELLA, *Anabattismo e antitrinitarismo in Italia nel secolo XVI*, Liviana,
Padova, 1969, p. 48.

[29] UGO GASTALDI, *Storia dell'anabattismo*, cit., p. 539. CARLO GINZBUG, *I Costituti di don Pietro Manelfi*, cit., p. 33; ALDO STELLA, *Anabattismo e antitrinitarismo
in Italia nel secolo XVI*, cit., pp.c49-50.

[30] BARTOLOMEO FONTANA, *Renata di Francia*, cit., III, pp. xxxii, xxxix, xl, xli,
don Antonio Pagani da Ferrara in galea a Venetia

[31] Compare in CARLO GINZBURG, *I costituti di don Pietro Manelfi*, cit., p. 56n.

[32] ALDO STELLA, *Anabattismo e antitrinitarismo in Italia nel secolo XVI*, cit., p. 49.

[33] Sulla attività e le relazioni fiorentine di Simon Paoli, benedettino legato a
Caterina Cybo ed esule a Ginevra, vedi ora MASSIMO FIRPO, *Gli affreschi di
Pontormo a san Lorenzo. Eresia, politica e cultura nella Firenze di Cosimo I*, cit., pp.
350, 363 e segg. Filippo Nasi nel corso di una deposizione contro il Carnesecchi data a Roma nel 1555 racconta di aver inteso dallo stesso che era in stretto

maestro Lionardo Onesti da Pescia, di messer Prospero[34] e Girolamo da Siena che non compaiono negli altri documenti.

Sono solo cinque i latitanti non rammentati da Manelfi che potrebbero essere il (modesto) frutto delle indagini degli inquisitori. Rinaldino da Verona avrebbe potuto essere stato denunciato da qualcuno che conosceva le sue frequentazioni luterane[35]. Il primo nome che salta in mente è quello di Cornelio Donzellini, catturato e confesso[36]; e sempre al Donzellini è possibile collegare un altro nome che manca a Manelfi, Pietro Perna, di cui Donzellini era amicissimo, e che nel 1549 aveva avuto una condanna da parte del Santo Ufizio della Dominante[37]. Sarebbe stato interessante sapere qualcosa degli altri tre personaggi, forse fiorentini fuggiti da Firenze per l'occasione: Antonio coiaio (n.45), il garzone di Ottaviano collettaio (n.42), e soprattutto l'orefice Pietro Orsi (o Orso, n.33), ricordato con il fratello Girolamo da Manelfi come luterano[38].

---

contatto con il vescovo Ricasoli al quale leggeva le epistole di san Paolo ad istanza di Pero Gelido, e discutendo della predestinazione seppe che questa opinione luterana era condivisa a Firenze da Andrea da Volterra, dall'attuale bargello di Pistoia, da Alessandro del Caccia, dal Panciatichi e altri di cui non ricordava il nome.

[34] In BARTOLOMEO FONTANA, *Renata di Francia*, cit., III p. xxxiv, appare un "Prospero trivisano heretico", poi a p.xxxv "frate di san Francesco incarcerato per heretico dal loro generale".

[35] Su Rinaldo da Verona, che fu processato a Lucca fra il 1554 e il 1555, vedi SIMONETTA ADORNI-BRACCESI, *La repubblica di Lucca e l'"aborrita" Inquisizione: istituzioni e società*, in *L'Inquisizione romana in Italia nell'età moderna*, Ministero per i Beni culturali, Roma, 1991, pp. 233-262: 256-8. Vedi anche MARINO BERENGO, *Nobili e mercanti nella Lucca del Cinquecento*, Einaudi, Torino, 1965, p. 445; SIMONETTA ADORNI-BRACCESI, *'Una città infetta". La repubblica di Lucca nella crisi religiosa del Cinquecento*, Olschki, Firenze, 1994, pp. 256 e segg., 303-310.

[36] SIMONETTA ADORNI-BRACCESI, *'Una città infetta". La repubblica di Lucca nella crisi religiosa del Cinquecento*, cit., p. 307n.

[37] ANDREA DEL COL, *Lucio Paolo Rosello e la vita religiosa veneziana verso la metà del secolo XVI*, in "Rivista di storia della Chiesa in Italia", 32, 1978, pp. 422-459: 435n.

[38] CARLO GINZBURG, *I costituti di don Pietro Manelfi*, cit., p. 39.

Per coloro di cui i delegati non avevano "ancora spedito il processo", Panciatichi[39], Ricasoli[40], Giovanbattista Giovanni e Simon Bruni, le cose andarono un po' più per le lunghe. Certamente furono processati, visto che appaiono nel *Memoriale*, ma ebbero un trattamento inequivocabilmente di favore (dispensa dalla "pubblica umiliazione", attenzioni garantiste, condanne molto leggere, sempre che ci siano state per tutti), e ad eccezione del Ricasoli che abiurò il 19 gennaio del 1552 e che ebbe sei mesi di confino (in parte condonati)[41], nessuno di questi cittadini fiorentini, facoltosi e ben appoggiati a corte, risulta condannato[42]. La spiegazione si deve cercare nella subalternità al potere politico dei tre Commissari delegati[43], la cui nomina fu il frutto di una personale scelta del duca (per quanto concordata con il maestro del Sacro Palazzo)[44] e non della Inquisizione romana dalla quale essi pur dipendevano formalmente. Nessuno dei tre risulta peraltro legato ad essa abbastanza da giustificare una scelta maturata in quella sede, non il benedettino Isidoro da Montauto spedalin-

---

[39] Su cui ora MASSIMO FIRPO, *Gli affreschi di Pontormo*, cit., pp. 359-361, 370 e segg.

[40] Su cui vedi anche MASSIMO FIRPO, *Gli affreschi di Pontormo*, cit., pp. 362 e segg.

[41] GUSTAVO BERTOLI, *Luterani e anabattisti processati a Firenze nel 1552*, cit., pp. 110-112 (ivi pp. 257-260).

[42] Nulla risulta per Simon Bruni; per Panciatichi non sono note condanne: cfr. GUTAVO BERTOLI, *Luterani e anabattisti processati a Firenze nel 1552*, cit., pp. 107-109 (ivi pp. 253-256)e MASSIMO FIRPO, *Gli affreschi di Pontormo a san Lorenzo* cit., pp. 359-362; Giovanbattista Giovanni il 14 luglio 1552 è in libertà e con altri abitanti di piazza de' Mozzi supplica il duca perché faccia smettere gli operai di Agostino del Nero i quali per murare un casolare in detta piazza disturbano il loro riposo: ASF, *Capitani di Parte, numeri neri* 700 n.107.

[43] Su questa figura vedi ADRIANO PROSPERI, *Tribunali della coscienza*, cit., p. 142.

[44] Fra le carte di Bernardo Milanesi figura "un breve in cartapecora di papa Giulio 3° che conferma la elezione fatta dello spedalingo di santa maria nuova e di ms Alessandro strozzi in commissari sopra l'eresia dali sotto li 24 di xmbre 1551": cfr. GUSTAVO BERTOLI, *Luterani e anabattisti processati a Firenze nel 1552*, cit., p. 97 (ivi p. 243). A questa data l'incarico evidentemente era già stato affidato loro. La collocazione della minuta originale del Breve nell'Archivio Vaticano è indicata da ADRIANO PROSPERI, *Tribunali della coscienza*, cit., p. 79n.

go di santa Maria Nuova[45] e nemmeno Alessandro Strozzi, canonico di santa Maria del Fiore e intimo del duca, di cui fra l'altro
era nota l'amicizia con un personaggio chiaccherato e altrimenti
perseguitato, Andrea Ghetti da Volterra[46]. L'unico poi a poter
vantare una esperienza in materia era il terzo Commissario, Niccolò Durante, vicario dell'arcivescovo, che nel gennaio del 1550
aveva presieduto le ultime sedute del processo Puccerelli, e di lui
non sono noti vincoli particolari con Roma. Anche ammettendo
che la loro nomina sia stata un cedimento dell'Inquisizione romana alle prerogative giurisdizionali del duca[47], in ogni caso non
si sarebbe trattato per essa di una sconfitta[48] bensì di un compromesso sostanzialmente vantaggioso perché dopo un periodo di
alta conflittualità era riuscita a coinvolgere in una sua operazione
di polizia uno stato geloso della propria sovranità, e soprattutto
perché aveva potuto sostituire senza complicazioni la vecchia Inquisizione locale con la nuova struttura centralizzata rifondata
nel 1542.

L'atteggiamento remissivo verso i potenti e in particolare verso
il duca sono solo i tratti più appariscenti che ci permettono di
parlare di subalternità del tribunale fiorentino dell'Inquisizione
alle direttive del potere civile. Ed è invece nelle loro conclusioni
che i delegati si sbilanciano maggiormente svelando una sintonia
non casuale con la tesi ufficiale sostenuta da Cosimo: "la cosa
dell'heresia per la quale son stati presi alcuni in questo stato come
la S.V. ha inteso non è di molto momento perchè sono per la
maggior parte forestieri artigiani et persone vili che, infecti da

---

[45] Dal 1544, cfr ARNALDO D'ADDARIO, *Aspetti della Controriforma a Firenze*,
Ministero dell'interno, Roma, 1972, p. 77.

[46] MASSIMO FIRPO – DARIO MARCATTO, *Il processo inquisitoriale del cardinal Giovanni Morone*, Istituto storico per l'età moderna e contemporanea, Roma, 1981,
I, pp. 240-241 lo ricordano come amico di Andrea da Volterra, del *Trattato* del
quale scrive la dedicatoria a Cosimo de Medici.

[47] Cfr. ADRIANO PROSPERI, *Tribunali della coscienza* cit., p. 78; che voleva riconosciuti il suo tradizionale privilegio di tutela sulla ortodossia e il diritto di
ratificare le sentenze di condanna: cfr. ARNALDO D'ADDARIO, *Aspetti della
Controriforma a Firenze*, cit., p. 147.

[48] Semmai un adattamento "alle regole imposte dalle autorità secolari": JOHN
TEDESCHI, *Il giudice e l'eretico*, cit., p. 72.

qualche opinione luterana, mangiavano carne il venerdì"[49], alla quale offrono le necessarie pezze d'appoggio minimizzando la portata del fenomeno eterodosso e mostrando gli eretici implicati come un corpo estraneo alla realtà fiorentina, e senza risultati la propaganda anabattista. Facendo apparire coloro che avevano offerto supporto logistico, e in genere quasi tutti gli artigiani, come figure del tutto marginali e al limite della credibilità dai punti di vista religioso, culturale e socio-economico, essi screditano quella base sulla cui sensibilizzazione verso la riforma religiosa[50] avevano contato le spedizioni anabattiste condotte da Tiziano e Giuseppe Sartori prima e da Manelfi e Niccolucci poi[51]. Una Firenze così impermeabile all'eresia, di fatto li esenta dal verificare quanto sia radicato il pericolo luterano, operazione potenzialmente pericolosa perché avrebbe potuto contraddire o screditare le tesi di Cosimo, tanto più che gli inquisitori romani in questo frangente non avevano alcun interesse a forzare i rapporti con i fiorentini (come quelli con il Senato veneziano) per il rischio di urtare la loro suscettibilità.

Sempre alla luce di una sostanziale concertazione con il duca è spiegabile il fatto che essi esaminano, a parte poche eccezioni, solo personaggi nominati da Manelfi e trasmessi dal maestro del Sacro Palazzo, e che abiure e confessioni non fanno allargare le indagini a coloro con cui gli inquisiti quotidianamente erano stati a contatto ascoltando, e forse condividendo le loro idee. Siccome è poco credibile che Manelfi abbia nominato tutti i luterani fio-

---

[49] Questa lettura degli avvenimenti consentiva al duca di declinare ogni responsabilità formale (dato il gran numero di stranieri) e di mantenere integra la sua immagine pubblica di difensore della fede a Firenze; e sarebbe stata solo interessata ad evitare eventuali critiche, se non dissimulasse il timore che il radicamento di luterani e anabattisti a Firenze avrebbe potuto creare nel tempo problemi di ordine pubblico offendendo il comune sentimento religioso e dando pubblico scandalo con la predicazione ed il proselitismo: vedi GUSTAVO BERTOLI, *Luterani e anabattisti processati a Firenze nel 1552*, cit., p. 82 (ivi p. 228). Sulla paura dei luterani nel corso degli anni quaranta del secolo, cfr. ADRIANO PROSPERI, *Tribunali della coscienza*, cit., pp. 46-52.

[50] ALDO STELLA, *Anabattismo e antitrinitarismo in Italia nel secolo XVI*, cit., p. 48.

[51] UGO GASTALDI, *Storia dell'anabattismo*, cit., II, p. 539.

rentini, che abbia conosciuto così bene la società fiorentina e toscana e l'abbia fotografata con una precisione tale che gli inquisitori non abbiano trovato nulla da correggere o integrare, si può ipotizzare, a questo punto della ricerca, che ai Commissari fosse stato conferito – più o meno formalmente - l'incarico di liquidare il più velocemente possibile una situazione venuta dall'esterno[52], cioè l'infiltrazione dell'anabattismo veneto in Toscana, utilizzando i soli fatti fino a quel momento accertati.

Tale ipotesi, che spiegherebbe sia il giudizio sulle sole persone coinvolte da Manelfi, sia la scarsa estensione delle indagini, sia la scelta di far presiedere il tribunale fiorentino da religiosi estranei alla pratica inquisitoriale (di fatto dei burocrati coinvolti in vario modo nell'apparato statale), ha sul piano generale delle implicazioni non trascurabili: se l'infiltrazione anabattista a Firenze fu considerata la propaggine, la manifestazione periferica di un movimento nato altrove, le misure adottate per fronteggiare quell'emergenza furono eccezionali e da esse non si possono trarre indicazioni corrette circa la realtà religiosa della città e circa l'atteggiamento del duca Cosimo e dell'Inquisizione verso i riformati luterani.

Sull'operato degli inquisitori fiorentini ci sono alcune smagliature. C'è il silenzio sopra un personaggio minore rimasto in libertà nonostante fosse menzionato da Manelfi che inserisce una prima ombra sulla trasparenza dell'azione dei Commissari, una prima incrinatura riguardo alla linearità della repressione, anche se nello specifico non è da escludere che si tratti di una spia. E' il caso del "ligatore de libri venetiano, ligatore de libri lutherani"[53] identificabile in Bernardino di Zaccheria, del cui comportamento religioso il cartolaio Giulio Manfidi rese nel 1566 una testimonianza *ad perpetuam rei memoriam* ad istanza di Bernardo di Francesco Littotti di Bergamo, velettaio[54]: "cominciò a tener pratica

---

[52] Cfr. MASSIMO FIRPO, *Gli affreschi di Pontormo a san Lorenzo*, cit., pp. 361-364.

[53] Manelfi lo cita fra i luterani conosciuti a Firenze, cfr. CARLO GINZBURG, *I costituti di don Pietro Manelfi*, cit., p. 39.

[54] Giulio Manfidi si dichiara testimone del fatto che "cominciò a conoscere nel 1548 Bernardino di Zaccheria vinitiano legator di libri et cartolaio vinitiano et madama Caterina figliuola di Andrea de Cattani di Mantova sua moglie nel

et raccetto con persone heretice et luteriane e quali mangiavano della carne il venerdì et il sabato".

Dei dubbi sorgono anche sulla correttezza delle informazioni da essi raccolte e trasmesse, almeno in un caso. Confrontando il profilo del Donzellini con la sua lettera a Pier Francesco Riccio, segretario di Cosimo, del febbraio 1552[55] notiamo una discrepanza notevole fra quanto gli viene contestato e quanto egli stesso scrive qualche giorno dopo gli interrogatori. Il Donzellini racconta di essere uscito dalla religione con licenza, mentre gli inquisitori sostengono che se ne sia allontanato senza permesso; confessa di aver tenuta come moglie un'orfana rinchiusa contro la sua volontà in un monastero dove non aveva mai fatto professione, di converso gli inquisitori insinuano un matrimonio sacrilego per il quale la norma canonica prevedeva la pena di morte.

Un caso a sé il "vehementer suspectus" Ludovico Domenichi[56], che per aver tradotto dal latino e fatto stampare la *Nicode-*

---

qual tempo detto Bernardino et detta madama Caterina sua moglie stettono in casa detto testimone in Fiorenza della piazza de Peruzzi dietro a s, Iacopo tra fossi et nella parte di sotto di detta casa a pigione nella qual casa stettono circa quattro mesi et nel qual tempo / detto testimone come padrone di detta casa spesse volte andava in detta casa et vedeva e detti Bernardino e madama Caterina sua moglie mangiare et dormire insieme come fanno gli altri mariti con le loro moglie Et così et per tali eran tenuti et reputati da vicini et conoscienti de prefati Bernardino et madama Caterina. Et perchè in detto tempo [1548] mentre che e predetti Bernardino e madama Caterina stavono in detta casa detto Bernardino cominciò a tener pratica et raccetto con persone heretice et luteriane e quali mangiavano della carne il venerdì et il sabato. Et avvedutosine detto testimone dette loro licentia et gli cavò di detta sua casa. Et che di poi l'anno 1552 deti Bernardino et madama Caterina stavono in Firenze in casa uno chiamato il tamburino nelle stanza di sopra di una casa posta in Firenze nel popolo di san Pulinari appresso alla casa dove oggi si tien la posta.", ASF, *Notarile Antecosimiano* 12168 cc. 482r-v.

[55] Pubblicata da GIGLIOLA FRAGNITO, *Un pratese alla corte di Cosimo I*, in "Archivio storico pratese", 62, 1986, pp. 31-83:68-69.

[56] Non sono molti i sospetti: i quattro di Borgo a Buggiano (che ebbero il confino), Pietro calzaiolo (abiura, visita quotidiana alla santissima Annunziata e digiuno per tre mesi), maestro Girolamo da Fabriano (al confino, perché straniero).

miana[57] viene comunemente annoverato fra i calvinisti, o perlomeno fra i simpatizzanti[58]. Finora è stato associato – anche dal sottoscritto[59] – alla retata del 1551 e a maggior ragione il suo nome in questo rapporto sembrerebbe confermare un suo pieno coinvolgimento. In verità alcune considerazioni fanno pensare diversamente ovvero che Domenichi sia stato inserito fra gli anabattisti e i loro simpatizzanti luterani in un secondo momento per volontà di Cosimo.

Intanto la stampa fu portata a termine nel 1550[60] e a quel che se ne sa tutta la tiratura fu subito sequestrata e distrutta[61]. Siccome non risulta che Domenichi abbia interrotto la sua attività nel corso del 1551[62] e visto che Manelfi pur denunciando il committente non fece il suo nome[63], credo che si debba prendere in considerazione l'eventualità che quanto meno egli sia rimasto in attesa di giudizio o per autorevoli pressioni o per scarso interesse dei magistrati fino al momento della cattura di questi eretici, as-

---

[57] Nessun esemplare sopravvissuto. Una ricostruzione dei fatti e dell'edizione in *Bibliotheca calviniana*, Droz, Ginevra, 1996, pp. 375-377.

[58] Certamente, come sostiene Simonetta Adorni-Braccesi, l'iniziativa di tradurre il testo di Calvino non fu isolata nè individuale ma fu il risultato di una azione organizzata da un gruppo di filoriformati; da questo però non possiamo dedurre che Domenichi era un eterodosso legato a quel gruppo pisano, così come altrettanto ardita e semplificatoria risulta l'ipotesi di complicità dei calvinisti nella corte medicea, nell'Accademia fiorentina e nella stessa tipografia ducale: vedi SIMONETTA ADORNI-BRACCESI, *"Una città infetta". La repubblica di Lucca nella crisi religiosa del Cinquecento*, cit., p. 306. Analoghi rilievi in ALESSANDRO D'ALESSANDRO, *Prime ricerche su L. Domenichi*, in *Le corti farnesiane di Parma e Piacenza (1545-1622)*, a cura di Amedeo Quondam, Bulzoni, Roma, 1978, II, pp. 171-208: 190.

[59] GUSTAVO BERTOLI, *Luterani e anabattisti processati a Firenze nel 1552*, cit., p. 80 (ivi p. 225).

[60] Fonte gli Otto di guardia, cfr FRANCESCO BONAINI, *Dell'imprigionamento per opinioni religiose di Renata d'Este e di L. Domenichi e degli uffici da essa fatti per la liberazione di lui secondo i documenti dell'Archivio centrale di stato*, in "Giornale storico degli archivi toscani", 3, 1859, pp. 268-281.

[61] ALESSANDRO D'ALESSANDRO, *Prime ricerche su L. Domenichi*, cit., p. 183n.

[62] Cfr. GAETANO POGGIALI, *Memorie per la storia letteraria di Piacenza*, Orcesi, Piacenza, 1789, I, pp. 273-277.

[63] CARLO GINZBURG, *I costituti di don Pietro Manelfi*, cit., p. 39.

sieme ai quali, per volontà del duca – meno probabile che i Commissari abbiano rivendicato la competenza inquisitoriale sul letterato –, fu esaminato al fine di verificare la sua fede e valutare la gravità della sua impresa, e quindi – unico fra tutti - passato alla giustizia ordinaria. Il duca probabilmente pensò che una traduzione di quel tipo non poteva non comportare una adesione al contenuto dell'opera[64] o almeno dimostrava un suo stretto collegamento al gruppo di calvinisti che gli aveva commissionato la traduzione, ed è verosimile che gli inquisitori abbiano usato tutti gli strumenti a loro disposizione per trovare una conferma a questo e ai tanti altri indizi che suggerivano una sua implicazione, cui vanno ascritte le molte amicizie chiaccherate, con Renata di Francia, Camillo Caula nel 1544 e negli stessi anni il Brunetto[65]. Angela Piscini a sua volta si sbilancia definendolo estremamente prudente nel celare il suo interesse religioso, che comunque si esprime "sotterraneamente" attraverso certe scelte editoriali[66]. Purtroppo queste scelte sospette avanti il 1551 sono traduzioni poco indicative se non, addirittura, insignificanti per valutare una eterodossia di stampo luterano o anabattista[67], e vanno invece inquadrate in una ampia e articolatissima attività di traduttore professionale, di cui la *Nicodemiana* non è a mio avviso nient'altro che un esempio. Non è da escludere l'ipotesi che egli vi si sia prestato per amicizia, ma personalmente non credo del tutto falsa la linea difensiva attribuitagli con una punta di veleno da Niccolò Franco: "Io so bene ch'egli si difende con dire che non è stato per miscredenza né per opinione cattiva, ma per interesse d'un guadagnuzzo: tutta volta questa difesa non si riceve, sapendosi

---

[64] Le parole sono di ALESSANDRO D'ALESSANDRO, *Prime ricerche su L. Domenichi*, cit., p. 187. Se ne discosta SALVATORE CAPONETTO, *La riforma protestante* cit., pp. 352-353 che dubita che Domenichi abbia condiviso il contenuto della "reprimenda calviniana".

[65] Su cui CARLO GINZBURG, *I costituti di don Pietro Manelfi*, cit., p. 26n.

[66] ANGELA PISCINI, *Domenichi, Ludovico*, in *Dizionario Biografico degli Italiani*, 40, pp. 595-600.

[67] ANDREA DEL COL, *Lucio Paolo Rosello*, cit., p. 432: Della vanità delle scienze di Cornelio Agrippa (s.t., Venezia., 1546) dedicata a Cosimo de Medici; Del bene della Perseverantia di s. Agostino (all'insegna del Pozzo, Venezia, 1544).

che Scariotto ancora tradì Cristo per trenta dinari"[68]. Tantomeno deve convincere il suo comportamento "ostinato", perché proclamare la propria estraneità ai fatti non può essere interpretato come segno di pervicace nicodemismo (fra l'altro proprio da una persona che aveva tradotto quel testo). Nelle poche parole del "parere" a lui dedicato gli inquisitori dimostrano di non disporre di scritti comprometttenti, di non conoscere alcuna attività religiosa al di fuori della ortodossia e di non avere nessuna denuncia circostanziata (ricordo che non ne approfitta se non a condanna avvenuta, ben dopo la rottura dei loro rapporti – 1548 –, il suo nemico giurato, Anton Francesco Doni, che evidentemente non era a conoscenza della supposta eterodossia[69]). Il suo non è il profilo di un elemento pericoloso: egli non risulta luterano, non è implicato nemmeno marginalmente nell'avventura anabattista, e l'unico addebito che gli si contesta, e che lui confessa, è di aver curato la stampa clandestina del testo di Calvino[70]. La colpa è grave ai loro occhi e merita il carcere (come i pentiti e non come i pertinaci), ma la sua appartenenza al luteranesimo o all'anabattismo non è accertata.

Se i Commissari si bloccano di fronte ai suoi dinieghi e non lo riconoscono come eretico, invece i magistrati fiorentini, con gli stessi indizi in mano, gli si accaniscono contro e con l'aggravante

---

[68] Massimo Firpo, *Gli affreschi di Pontormo a san Lorenzo*, cit. p. 365n.

[69] "[..]. Alla fine chi tien simil vie d'esser traditore a gli huomini, l'attacca ancho a chi sta disopra, et spesso spesso [..] e' sono imbavagliati di giallo et vanno a processione con le torce accese in mano dando fuoco a' lor libri tradotti, non meno goffi che pazzi": Anton Francesco Doni, *I marmi*, ed. Chiorboli, I, pp. 152-153, citato da Giorgio Masi, *Postilla sull'affaire Doni-Nesi. La questione del Dialogo della stampa*, in "Studi italiani", 2, 1990, pp. 41-54: 48n che rimanda a Idem, *Inferni*, Marcolini, Venezia, 1553, p. 161.

[70] Nella sentenza degli Otto di guardia si parla espressamente di un costituto nel quale Domenichi *aveva* confessa*to* di aver tradotto e fatto stampare con falso luogo di stampa l'opera di Calvino: Francesco Bonaini, *Dell'imprigionamento per opinioni religiose di Renata d'Este e di L. Domenichi*, cit., p. 273. È da ricordare che a Venezia la *Parte* del 10 febbraio 1542 condannava il tipografo che avesse pubblicato un libro con un falso luogo di stampa ad un anno di prigione, ad una multa di 100 ducati e al bando perpetuo dalla città: cfr. Giuliano Pesenti, *Libri censurati a Venezia nei secoli XVI-XVII*, in "La Bibliofilia", 58, 1956, pp. 15-30: 16.

di essere "instigato da spirito diabolico" e di aver vissuto a Firenze "atendendo a eresia e cose luteriane" gli infliggono una condanna esemplare per un illecito i cui estremi sono da cercare nel bando del 1549 con il quale il duca intimava la consegna di libri di eretici al vicario dell'arcivescovo e ne vietava la stampa[71]. Non ci sono insomma due condanne, ma una sola, quella del tribunale ordinario che, giudicando un reato di stampa che rientrava nella sua giurisdizione, aumentava a propria discrezione i dieci anni di carcere proposti in un ergastolo da scontare nella torre nuova di Pisa. Accettando per buona questa ricostruzione, dobbiamo desumere che per quanto organici al potere secolare i Commissari non cedettero a probabili pressioni del duca o dei suoi magistrati per incriminare il letterato piacentino di delitti contro la religione per essi non provati, dimostrando di saper mantenere, nonostante tutti i condizionamenti e i cedimenti, una loro autonomia di giudizio in materia religiosa.

Per concludere, appare evidente che il documento è solo un altro tassello di un episodio i cui retroscena più significativi ri-

---

[71] Rigucccio Galluzzi, *Istoria del granducato di Toscana*, cit., I, p. 142 dice che Cosimo promulgò nel 1549 un bando contro i libri degli eretici sulla falsariga del bando dell'imperatore in Fiandra, che però fu emanato (per la prima volta?) nel 1540, più di dieci anni prima, troppo quindi perché ci sia una relazione. La *Cronica* di Orazio da Sangallo lega questo bando alle vicende del notaio Francesco Puccerelli che era stato catturato nel settembre del 1549: "[Nel settembre 1549] andò un bando che chi avesse libri luterani massime di Bernardino scappuccino e di un fra Pietro Martire, gli dovesse in capo di 15 giorni presentare al vicario sotto pena di scudi 100 e anni 10 di galea: e che frattanto andranno i cercatori e chi sarà trovato contro al bando, sarà co' libri bruciato" cfr. Guido Biagi, *Per la cronica di Firenze nel secolo XVI*, cit., p. 91. Salvatore Caponetto, *Un "luterano" fiorentino del cinquecento: il notaio ser Francesco Puccerelli*, in *I Valdesi e l'Europa*, Torre Pellice, 1982, pp. 267-283, sostiene che l'autore del *Diario* si confuse con il bando del 28 marzo 1552 (per il quale vedi Arnaldo D'Addario, *Aspetti della Controriforma a Firenze*, cit., pp. 491-492); si dà il caso però che i Commissari motivino la condanna al Domenichi "quia fecit contra leges V.Excellentiae super impressione" e alla fine scrivono che "sarà bene rinnovar e' bandi prohibendo tutti gli libri prohibiti generalmente", vedi Appendice. Un dato è certo: nessuno recentemente è riuscito a leggere quell'editto.

mangono ancora oscuri. Non ci sono novità sulle cosiddette conventicole, nessun dato è utile per individuare eventuali gruppi e capire l'organizzazione interna e le relazioni fra gli adepti; trascurabili e generici, comunque insufficienti per conoscere la circolazione di idee e le esperienze religiose maturate, i riferimenti dottrinali. La cena zwingliana[72] crea dei problemi interpretativi in quanto viene contestata ad anabattisti e non a zwingliani o a luterani o calvinisti[73], ma si dovrà ritenerla il segno di una curiosità propria di momenti di transizione e di assestamento dottrinario. Tutto sommato c'è ancora molto da portare alla luce, e d'altronde da un rapporto come questo non si possono aspettare notizie generali e per conoscere tempi e modi dell'"infezione', procedure

---

[72] In cosa essa consista ci viene descritto da Rinaldino da Verona che riporta il racconto sentito a Venezia, dove aveva conosciuto Cornelio Donzellini (fra il 1550 e il 1551), da un pedante calabrese di nome Armenio: «Fanno un pane grande nel quale tutto il popolo della parrocchia ci ha parte havendosi ognuno dato una elemosina e il ministro cioè il principale di loro lo fa portare in un bacino d'argento, un gran vaso d'argento pieno di vino quale puone su una tavola apparecchiata et fa un sermone a tutto il popolo esortandolo a depuor li odii, se ne hanno et se alcuno è adultero o in altro peccato non si comunichi et simili cose, et poi consacra il detto pane con le parole che disse Hiesù Christo et le dice forte in vulgare che ogni huomo intenda e poi spezza il detto pane et ne dà a tutto il populo un pezzuolo per uno». Vedi SIMONETTA ADORNI-BRACCESI, *"Una città infetta". La repubblica di Lucca nella crisi religiosa del Cinquecento*, cit., p. 303.

[73] Da ricordare che in questi anni la riforma è "un movimento d'opinione renitente a ogni definizione confessionale rispetto al quale l'uso di termini come 'luteranesimo', 'zwinglianesimo', 'calvinismo' risulta nella maggior parte dei casi fuorviante": SILVANA SEIDEL MENCHI, *Inquisizione come repressione o inquisizione come mediazione? Una proposta di mediazione*, in "Annuario dell'Istituto storico italiano per l'età moderna e contemporanea", 35-36, 1983-1984, pp. 53-77:56. L'uso generico del termine luterano per indicare "tutti li moderni heretici" è testimoniato da LORENZO DAVIDICO, *Steccato spirituale*, Dorico, Roma, 1550, c. 52r, citato da SILVANO CAVAZZA, *"Luthero fidelissimo inimico di messer Jesu Christo". La polemica contro Lutero nella letteratura religiosa in volgare della prima metà del Cinquecento*, in *Lutero in Italia. Studi storici nel V centenario della nascita*, Marietti, Casale Monferrato, 1983, pp. 65-94: 89n. Sul tema della compenetrazione delle diverse componenti eterodosse, nel Veneto come in Toscana, vedi ANDREA DEL COL, *Lucio Paolo Rosello*, cit., pp. 432-433.

e tecniche inquisitoriali adottate dai Commissari e direttive e ordini dell'Inquisizione romana sarà necessario attendere, con pa-
zienza, il ritrovamento di altri documenti.

Appendice

[1] c. 509*r*: Prete Vincenzio da Lucca, persona di qualche dottrina di età di anni 40 o poco più, fu frate, poi si sfratò con licenza, ha tenute tutte l'opinioni luterane et ragionatone con altri per spazio di anni sei, è atto ad insegnarle di nuovo & puossene suspicare etc.

Facta abiuratione et degradatione ad triremes per quinquennium

[2] Ottaviano collectaio persona idiota di anni 40 o poco più, Ha tenute tutte le opinioni luterane, l'ha persuase a molti altri, et si è travagliato et faticato assai con questo et con quello, in tenere ferme queste opinioni, dimostra huomo di mala natura nel aspetto & nel parlare, è da sospicar di lui in futurum

facta abiuratione ad triremes per quinquennium

[3] Lodovico Domenichi Persona litterata, huomo di 38 anni vel circa, ha tradotto di latino in volgare la Nicodemiana del Calvino è stato assistente sempre alla stampa & al correggerla, l'opera è dishonestissima, et stampata in Fiorenza sotto il titolo, & nome di Basilea falsamente, et per questo egli è sospetto d'Eresia benchè lui neghi haver mai tenuta opinione cattiva

Primo, abiurare debet tamquam vehementer suspectus, deferens ad collum unum ex libris ab ipso traductis, mox condannari debet ad carceres per decem annos, nisi maior vel minor pena videatur imponenda, quia fecit contra leges V. Excellentiae super impressione / [c. 509*v*:]

[4] Niccolo Ferrarese, Persona Idiota, semplice & senza lettere di età di 30 anni o poco più, ha moglie & figlioli & fa licci, è stato seducto a ribattezzarsi, di che poi mostrò fra cinque giorni subito pentimento et non l'ha mai manifestato a persona, ha tenute le opinioni lutherane seducto da certi eretici a quali ha dato ricetto,

Ha creduto di far bene, et mostra esser molto compuncto, et pentito

Facta abiuratione ad Carceres stincarum per quinquennium

[5] Francesco calzettaro

[6] Lione bracheraio

[7] Paulo da Montopoli

[8] Girolamo orefice

[9] Giovanbattista berrettaio

tutti questi sono in egual peccato, Sono Persone idiote et ignoranti, carichi di figlioli, sono stati corrotti da eretici forestieri, & hano credute le opinioni luterane credendo far bene, & da semplici

Facta Abiuratione ad Carceres stincarum per triennium

[10] maestro Antonio maniscalco

[11] Giovacchino,

[12] Niccolao fabro &

[13] Filippo als Serallo

Dal Borgo a buggiano, questi sono similmente in pari crimine, Sono Persone Idiote & senza lettere alcune, Hanno raccetto in casa una volta o due Lorenzo Niccolucci, & Piero della Marca [=Pietro Manelfi], & prestato orecchio a lor parlari, pure non pare se gli sia attaccata alcuna cattiva opinione, son poverissimi & carichi di figliuoli, & son vissuti da buon xiani.

Debeant abiurare tamquam leviter suspecti, mox confinandi per annum in eorum castro, Invisa penitentia ieiunandi qualibet sexta ferie per annum / [c. 510r.]

[14] Pietro calzettaro persona semplice et senza lettere, non ha fatto altro errore se non che una volta ha accomodata la stanza della sua bottega a certi eretici che qui fecero una congregazione & ste a udir, ha moglie & figlioli, è povero, & habbiamo notitia di lui esser vissuto da buon cristiano

Debet abiurare quamquam leviter suspectus, mox per annum quotidie semel saltem in die visitet ecclesiam Annuntiatae, & iueiunet per tres menses qualibet sexta feria

[15] Cristofano fratel del bargel di Pisa, Dottore & persona litterata di età di 40 anni vel circa, è stato frate, usci della religione con licenza, ha tenute le opinioni lutherane, Trovatosi a disputar di esse in congregatione, è habile a insegniarle

Facta abiuratione ad carceres stincarum per quinquennium

[16] maestro Hieronimo da fabriano huomo di qualche lettera, et di età di 30 anni, vel circa, è stato frate, poi si sfratò senza licenza, non crediamo habbi havute male opinioni, nondimeno est saltem leviter suspectus, perchè in casa sua una volta sola fu facta congregatione d'eretici, et tenne in casa non so che pochi giorni un lodovico da Messina eretico, pure habbiamo buona relatione della vita sua, è persona più presto semplice che altrimenti

Debet abiurare tamquam leviter suspectus mox est perpetuo relegandus extra dominium V. Excellentiae. / [c. 510v.]

[17] Ser Marcantonio bargello di Pisa Ha tenute alcune opinioni lutherane persuasoli da altri, ha trascritto un libretto di sua mano contra il sacramento et datolo a Pietro della Marca. Mostra di essere compunctissimo più che nessuno

Facta abiuratione confinetur ad carceres stincarum per triennium

[18] Bartolomeo stampatore giovine di 18 o 19 anni. Gli è un anno e mezo che stampo la Nicodemiana del Calvino tradotta dal Domenichi et altro errore non ha fatto, nel qual cadde per mero bisogno perchè è mendico non che < vero > povero & fu circonvenuto essendo di 17 anni, & ignorantissimo

A noi par di mandarlo su l'Asino per fiorenza, con uno di quei libri al collo, se e non pare a V. Ecc.za di imponer maggior pena, per haver egli fatto contro le sue leggi circa la stampa

[19] madama Antonia Moglie di Francesco calzettaro, giovine di 18 anni persuasa dal marito ha credute alcune opinioni lutherane, è persona semplice, & è stata seducta dal marito

Facta Abiuratione debet in domo propria confinari per sex menses per quos ieiunet qualibet sexta ferie / [c. 511r.]

[20] Cornelio Donzellino, huomo litterato audace di età di 38 anni vel circa, fu frate, cantò messa, poi si sfratò senza alcuna autorità, & seguitò di dir messa un anno e più come prete, poi prese l'habito secolare et tolse moglie la quale pensiamo cha stata monaca[a], per gl'inditij nuovi lasciatici dal maestro sacri palatij, Ha tenute tutte le opinioni lutherane, & persuasole ad altri in più luoghi

Primo abiurare debet, postea degradari, ultimo condennari ad perpetuas triremes

[a] Quando questa circonstantia della monacha si verificasse forse si potria costui punir pena mortis [sul lato sinistro]

[21] Lorenzo Niccolucci da Modigliana, huomo litterato di età di 38 anni o poco più, s'è ribattezzato, ha fatto ribattezzar la moglie & tre altre persone a Ravenna, Ha tenuto tutte le opinioni lutherane, le ha persuase ad altri in diversi luoghi, e molto si è faticato

circa questo negotio in Ferrara, in Bagnacavallo, a Fiorenza, a
Pisa, al Borgo a Buggiano, a Ravenna, & per tutto dove è capitato, Ci è suspicione che lui non habbia tenuta la divinità di Cristo, È huomo molto astuto, & efficace nel parlare.

Facta abiuratione, condennari ad triremes perpetuas, nisi Romam transmic-
tatur

[22] Lelio Carano da Reggio, huomo litterato, audace & vehe-
mente nel parlare di età di 38 o 40 anni, È stato frate & detto
messa et havendo nel predicar dato sospetto di sè, & volendo
pur / [c. 511*v.*] difendere l'errore, dubitando di gastigo si uscì
della religione già sei anni, & è stato in habito secolare, Ha tenute
le opinioni lutherane, ne mostra una compunctione al mondo, se
ben si ridice con la lingua, Onde pensiamo facessi peggio per
l'advenire

Facta abiuratione, et degradatione ad triremes perpetuas

[23] Ser Bartolomeo Ducci da Montevettulini, huomo di 30 anni,
audace, di poche lettere, s'è ribattezzato, ha fatto ribattezzar la
moglie, Ha tenute le opinioni lutherane, ha fatta la cena del Signore alla zoigliana, non mostra compunctione, & puossi temere
di lui grandemente in futurum

facta abiuratione ad triremes perpetuas

[24] Bartolomeo Rolla da Modena, huomo litterato di 30 anni vel
circa, ha tenute le opinioni luterane, Insegnatele ad altri, & si può
sospicare del medesimo per l'advenire, & non mostra compunctione

Facta abiuratione ad triremes per quinquennium / [c. 512*r.*]

[25] Madama Giovanna moglie di Lorenzo Niccolucci &

[26] madama Helisabet moglie di ser Bartolomeo Ducci

queste due donne seducte da lor mariti si sono ribattezate & hanno facta la cena del Signore alla Zwigliana, Saranno prive de lor mariti

Debent primo abiurare; & per annum quotidie audire missam & qualibet sexta ferie ieiunare in pane & aqua

Et perchè noi non havemo per ancora spedito il processo di [27] Giovanbattista Giovanni, [28] Simon Bruni & il [29] Panciatico, quando sarà spedito manderemo il parer nostro sopra il caso loro, & sopra il caso di ms. [30] Bernardo Ricasoli

Contra quei che si fuggirono de quali habbiamo notitia & sono gl'infrascritti

[31] ms Simon Pauli

[32] m° Lionardo Onesti da Pescia

[33] m° Piero orefice

[34] Rinaldo da Verona

[35] Girolamo da Siena

[36] Lodovico Manna

[37] Ioseph d'Asola

[38] Antonio da Consandoli

[39] Tiziano, [40] Demetrio & [41] Matteo di Pola di Capo d'Istria

[42] Bartolomeo garzone del collectaio

[43] ms Prospero

[44] Pier Perna da Lucca

[45] Antonio coiaio

Contro a questi si ha da formar il processo, citarli & condennarli
se non compariscano, secondo vogliono e Canoni, la lor condannatione in contumacia sarà il fuoco & la confiscatione de Beni,
come contra Confessi & pertinaci. / [c.512v:]

Tutti gli libri prohibiti che noi habbiamo, & potremo havere per
l'advenire, si brugeranno in publico secondo e' solito, se così
piace a V. Eccellenza, et sarà bene rinnovar e' bandi prohibendo
tutti gli libri prohibiti generalmente, et poi particolarmente
l'opere del Brucioli che sono sospettissime, ricordate specificata-
mente dal Maestro Sacri Palatij

Di vostra illustrissima et eccellentissima signoria humilissimi servitori

Il Vicario di Fiorenza

Don Isidoro

Indice dei nomi

Antonio di Girolamo notaio 156

Antonio fabbro 214

Antonio di Pierantonio 214; 244; 247; 274; 277; 287n; 297

Apollonio frate 214-215

Aquilani, Massimo 275n

Aquilecchia, Giovanni 15n

Aragona, Giovanna d' 224 e n

Aranci, Gilberto 122

Aretino, Pietro 7; 13n; 15 e n; 16; 119n; 123; 125

Aristotele 97n

Arlenio, Arnoldo 222

Arlia, Costantino 271n

Armellini, Mariano 96-97nn

Armenio calabrese 292n

Asso, Cecilia 99n

Babbi, Francesco 73n

Baglioni, Faustina 262n

Baglioni, Monaldesca 262n

Baglioni, Ridolfo 262n

Baldelli, Francesco 222n

Baldini, Mariotto 131

Baldini, Nicoletta 205n

Bandello, Matteo Maria 65n

Bandini Francesco, 6n

Barbadori, Alessandro 35n

Barbadori, Camilla 35n

Barbadori, Giovandonato di Alessandro 35 e n; 164; 166-167; 186

Barberini, Antonio 35n

Barberini, Maffeo Vincenzo 35n

Barg.° (?) di Luca da Mumigno 268

Bartoli, Guglielmo 70n

Bartolo messo 123

Bartolomeo garzone di Ottaviano collettaio 105; 274; 277; 301

Bartolomeo de' Libri 114n

Bartolomeo di Domenico da Borgo San Lorenzo 268

Basilio (santo) 96

Battista dal Borgo San Lorenzo 20-21; 126

Battista di Iacopo (canonico) 25; 151

Battistini, Mario 31n; 121n

Becattini, Francesco 213 e n

Beccadelli, Ludovico 95; 209-211nn; 220; 228; 230n

Belprato, Giovanni Vincenzo 223 e n

Benedetto di Antonio detto betterino 197-198; 201

Berengo, Marino 282n

Bernardino di Zaccheria 214-215; 245; 286 e n; 287n

Bernardino scappuccino *vd.* Ochino, Bernardo

Bernardo di Giovanni (benedettino) 108n

Bernardo di Marco 201

Bernini, Domenico Stefano 220n

Bertelli, Sandro 29n

Bertoli, Gustavo 7n; 17-18nn; 20n; 29n; 35n; 73n; 75-76nn; 78-79nn; 83-84nn; 86-87nn; 89n; 91n; 100n; 104n; 111-112nn; 114-116nn; 118n; 121n; 143n; 226n; 271n; 273n; 276n; 278n; 283n; 285n; 288n

Biagi, Agostino 35; 166; 186

Biagi, Guido 211-212nn; 272n; 291n

Biasiori, Lucio 7; 27-28nn; 32-33nn; 38n; 39; 40n; 41 e n; 42n; 43-45 e nn; 46; 48n; 49 e n; 50n; 58n; 61 e n

Bichi, Giovanni Battista 33n; 90n

Bigliotti (Biliotti), Giannotto di Niccolò (de) 269

Bindi, Bernardo 206

Biondi, Albano 14n; 104n

Blado, Antonio 15n

Blum, Rudolf 96n

Bocchi, Francesco di Tommaso 69

Bodoni, Giambattista 118

Boldano, 130n

Bonaini, Francesco 113n; 225-226nn; 238-239nn; 289n; 291n

Bondi, Silvano 33n

Bongi, Salvatore 102 e n; 236n

Bonifacio, Giovanni Bernardino 222 e n

Bonora, Elena 34n

Bonsignori vd Buonsignori

Borghini, Agnolo 69

Borghini, Francesco 12n

Borghini, Vincenzio 69 e n; 92n; 97n; 106; 107 e n; 130

Borsook, Eve 212n

Bossi, Ancangelo 92n; 96n; 106n

Brambilla, Elena 8n

Branca, Vittore 15n

Brigantino, Giuliano 62-63 e nn; 66; 67-69 e nn; 70; 71n; 76n; 77; 131; 134; 139; 141

Brown, Horace 114n

Brucioli, Antonio 6n; 113n; 114; 302

Brunetto, Orazio 289

Bruni, Alessandro (Simone) vd, Bruni Simone Alessandro

Bruni, Lorenzo 276n

Bruni, Roberto 119n

Bruni, Simone vd Bruni Simone Alessandro

Bruni, Simone Alessandro 219; 227; 244; 273-275; 276n; 283 e n; 301

Bruni, Simone di Bartolomeo 86

Buonaccorsi, Lodovico 99

Buonagrazia, Girolamo 6n; 114

Buonanni, Benedetto 54; 82n; 248

Buonanni, Francesco 34n

Buonsignori (Bonsignori), Benedetto 96n

Buonsignori (Bonsignori), Bernardino 212 e n; 245

Buonsignori (Bonsignori), Bonsignore 212 e n; 245

Buonsignori (Bonsignori), Andrea 28n

Buonsignori (Bonsignori), Francesco di Andrea 28-29nn; 213; 226; 273n

Buonsignori (Bonsignori), Lorenzo 22; 23n; 24-26; 28; 45; 148; 152; 155; 157; 201

Buontempi, Niccolò 6n; 7; 36; 60 e n; 122-125; 170; 195; 198

Burlamacchi, Vincenzo 108n

Bustoli, Domenico di Antonio di Francesco (de) 269

Caccamo, Domenico 222n

Caccini, Bartolomeo 17 e n; 123

Caccini, Biagio 17n

Caccini, Michele 17 e n; 123

Calvino, Giovanni 83n; 98n; 111n; 115n; 116 e n; 288n; 290 e n; 296; 299

Cambi, Bernardino 11; 25-26; 28; 35-36; 60; 65n; 68; 131; 142; 152-153; 160; 196; 201

Camerini, Giovanni Battista di Domenico, berrettaio 35; 41; 84n; 90n; 117; 119; 158; 164-166; 176-177; 214; 274; 277; 297

Camillo da Monterchi (prete) 71n

Campana, Bastiano 225n

Campani, Giovanni 70n

Campanini, Zeffirino 118

Camuzio, Andrea 130n

Cantelmo, Francesco (conte di Popoli) 223; 226n

Cantimori, Delio 51 e n

Cantini, Gustavo 81n

Cantini, Lorenzo 28n

Capocci, Alessandro 68n; 71n; 76 e n

Caponetto, Salvatore 6n; 16n; 27n; 29n; 31n; 33n; 48n; 54n; 70n; 80n; 88-89nn; 100n; 105n; 108n; 115n; 205n; 208-209nn; 211n; 214n; 217 e n; 220n; 222n; 225n; 227n; 232n; 237n; 239 e n; 249n; 271-272nn; 289n; 291n

Cappelli, Domiziano 63n

Capponi, Niccolò 196

Caracciolo, Antonio 220n

Carafa, Gian Pietro (cardinale) 77; 140; 142; 219n; 231n; 254

Carani, Lelio 83; 98n; 99 e n; 104; 115; 222-223 e nn; 224;

226-227; 229n; 234; 237n; 244; 274-275; 279 e n; 300

Caravale, Giorgio 57n; 85n; 87

Carcereri, Luigi 54n; 105-106nn; 276n

Cardinale di Gyens 211n

Carducci, Francesco 68 e n

Carducci, Niccolò 68 e n

Carlo V d'Asburgo, imperatore 10n; 16n; 127; 211n; 291n

Carnesecchi, Pietro 80n; 87n; 93 e n; 108; 109 e n; 110; 281n

Carrara, Eliana 69n; 97n

Carta, Federica 86-87nn

Casani, Alessio 33 e n

Castellani, Bartolomeo 12n

Castiglione, Baldassarre 65n

Castrucci, Raffaele 97

Caterina di Leonardo di Leonardo da Filicaia 221

Caterina madama 226n

Catoni, Giuliano 8n; 205n

Cattaneo, Rocco 95

Cattani, Andrea de 286n

Cattani, Caterina de (moglie di Bernardino di Zaccheria) 286-287nn

Caula, Camillo 289

Cavalcantini, Martino di Guglielmo 28n, 37; 42 e n; 43; 158; 165; 177; 186

Cavarzere, Marco 72n

Cavazza, Silvano 292n

Cellesi, Girolamo 71n

Cerchi, Vieri de' 125 e n

Cerracchini, Luca Giuseppe 218 e n

Cervini, Marcello (cardinale) 23n; 62n; 69n; 80n; 93 e n; 98; 105n

Erasmo da Rotterdam 7; 14; 15n; 20; 97n; 123; 125-126; 223; 232
Este, Ercole II d' (duca) 32n; 85n; 233; 237
Estem, capitano tedesco 34n
Eustathius Macrembolites 222

Fabbrini, Bernardo da Figline 25
Fabbrini, Niccolò di Bernardo 152
Fabroni, Angelo 275n
Fabroni, Luca 205n
Fanini, Fanino 233; 237
Fantini, Piero 219; 244
Farnese, Alessandro (papa) 6n; 10; 16; 27; 28n; 48n; 65; 75n; 127; 129; 217; 219n; 228 e n; 231; 262n
Farnese, famiglia 228
Farnese, Pier Luigi 238; 262n
Farnese, Ottavio 265n
Faroso, Antonmaria 83
Farsettini, Angelo 68
Felici, Lucia 7; 27n; 83 e n; 99 e n; 100-101nn; 104 e n
Fenaro (Fenerio), Ippolito 220
Feo capitano 94
Ferraro, Fabrizio 237n
Fèsto, Rufio 223n
Fiaccadori, Gianfranco 78n
Fidelio don, maestro di Empoli 219; 244; 273
Filippo del Borgo (detto Serallo) 143 e n; 214; 244; 247; 274; 277; 287n; 297
Filippo (santo) 43n; 185
Finali, Marco di Leonardo 199
Fineschi, Sonia 205n

Firenzuola, Agnolo 223n
Firpo, Massimo 6-7nn; 10n; 14n; 18-19nn; 21n; 31n; 55n; 57n; 60n; 65n; 70n; 72n; 75n; 79-80nn; 85n; 87n; 102 e n; 103; 109n; 113n; 119-121nn; 206n; 209n; 219-220nn; 234n; 237n; 251n; 271n; 281n; 283-284nn; 286n; 290n
Flaminio, Marcantonio 109n; 237
Flora, Francesco 13n
Florido, Pompeo 31n
Fontana, Bartolomeo 100n; 105n; 218n; 239n; 276n; 281-282nn
Fontanini, Giusto 222n
Fonseca, Juan de 83n; 227-228
Fonzio, Bartolomeo 96 e n
Fracani, Piero 219 e n; 220n; 240n; 243
Fragnito, Gigliola 9n; 32n; 54-55nn; 64n; 94n; 217n; 220n; 226n; 228-229nn; 232n; 287n
Francalanci, Daniela 69n
Francesco calzettaro *vd.* Gabelliere, Francesco del
Francesco da Diacceto 196
Francesco da Galliano *vd.* Pier Francesco da Gagliano
Francesco di Girolamo da Filicaia 86n
Francesco di Matteo detto burrone, nunzio 73n
Francesco di Niccolò da Borgo 197; 201.
Francesco di Niccolò da Pietrasanta 96n
Franchini, Filippo 71n
Franco, Niccolò 119 e n; 289

Giovanni di Matteo maniscalco 46n
Giovanni di Pistoia 270
Giovanni evangelista (santo) 45; 175; 183-184
Giovanni Pier di Capodistria frate 62n; 70n
Giovanni stampatore 219; 244; 273
Giovannozzi, Lucia 231n
Giovanpietro da Fivizzano 245
Giovio, Paolo 65n; 223; 224n; 227
Giraldi, Lilio 18n
Girard, Jean stampatore 100n
Girolamo da Fabriano 82n; 89; 111; 219; 244; 273-275; 287n; 298
Girolamo da Filicaia 86n
Girolamo da Siena 105 e n; 274; 276 e n; 282; 301
Girolamo maniscalco 192
Girolamo orefice *vd.* Orso, Girolamo
Giuliano da Colle *vd.* Brigantino, Giuliano
Giuliano da Ripa 197
Giulio II (papa), *vd.* della Rovere, Giuliano
Giulio III (papa) *vd.* Ciocchi del Monte, Giovanni Maria
Giunti, Benedetto 93n
Giunti, Bernardo 93n; 223n
Giunti, Filippo 114n
Giunti, librai 12n; 17-18nn; 72n; 92; 93n
Giuseppe da Asola *vd.* Sartori, Giuseppe
Gondi, Girolamo di Antonio 67 e n

Gonzaga, Ferrante 210n
Gonzaga, Luigi 238; 263
Goro sagrestano di Santa Maria del Fiore 71n
Gregorio da Foriano *vd.* Serarrighi, Cristofano
Gregorio Nazianzeno (santo) 96
Grendler, Paul F. 106n
Grifoni, Ugolino 54n; 77n; 88; 217n
Grohovaz, Valentina 15n
Guadagni, Iacopo 34n
Guadagni, Simone di Oliviero di Simone 34 e n; 35; 37; 41; 42 e n; 44n; 47; 49n; 50; 57; 158; 164-165; 175-176; 178; 181; 185; 187; 189
Gualterotti, Bernardo 87n; 221
Guardi, Giovanni di Bernardo 25; 151
Guasco, Giovanni 222n; 224n
Guasconi, Annibale de 55n; 77n
Guasti, Cesare 230n
Guicciardini, Agnolo 19n; 266-269
Guicciardini, Francesco 19n
Guicciardini, Girolamo 19n
Guicciardini, Iacopo di Piero 19 e n; 20; 21 e n; 124-126
Guicciardini, Piero 19 e n
Guidi, Guidozzo 243
Guidi, Jacopo 11; 31n; 58; 63; 64 e n; 65; 67n; 88; 101; 107; 128-129; 130 e n
Guidi, Selvatico 129
Guidiccini, Giovanni Battista 12-13nn;

273; 276 e n; 277n; 278; 280-282 e nn; 285; 286 e n; 288 e n; 297-298

Manfidi, Giulio 286 e n

Manna, Ludovico 18; 79; 88; 89 e n; 91n; 95n; 99; 100n; 105 e n; 110n; 214-215; 217n; 225; 273-274; 276; 281; 298; 301

Mannelli, Iacopo 196

Mannelli, Maddalena 217n

Manni, Domenico Maria 106n

Manrique de Lara, Juan 238n

Maometto 48n; 164; 177

Marcatto, Dario 60n; 70n; 72n; 80n; 109n; 206n; 209n; 219-220nn; 234n; 237n; 251n; 284n

Marcello II (papa) *vd.* Cervini, Marcello

Marchetti, Valerio 8-9nn; 205n

Marco di Nicolò di Antonio 156

Marco evangelista (santo) 43; 184

Margherita d'Austria (reggente dei Paesi Bassi) 10n

Marietta moglie di Martino sarto 71n

Martelli, Braccio 22 e n; 23n; 148

Martelli, Mario 18n

Martini, Luca 266-269

Marucelli, Ridolfo 93n

Masi, Bonaventura 201

Masi, Giorgio 290n

Masi, Massimo 97 e n

Massarelli, Angelo 276n

Matteo da Pola 105n; 273-274; 276; 281; 301

Matteo Evangelista (santo) 42n; 93; 183

Matteo maniscalco 46n

Mazocchi, Giovanni 71n

Mazzaloste capitano 153

Mazzei, Alessandra de 70n

Mazzei, Zenobi di Raffaele de 268

Maylender, Michele 224n

McGrath, Alister 49n

Medici, Alamanno de' 234n

Medici, Alessandro de' (cardinale) 85n; 249

Medici, Alessandro de' (duca) 223; 226n

Medici, Cosimo de' (duca di Firenze) 6 e n; 9; 10-11 e nn; 12n; 13 e n; 14; 16n; 17 e n; 18; 20n; 27n; 31; 33 e n; 52-53; 54-55 e nn; 56; 58; 60n; 64-65 e nn; 66; 73-75 e nn; 76-77; 78-79 e nn; 80-81; 82n; 83 e n; 85; 86n; 87-88 e nn; 89; 93n; 95; 97n; 101-102; 103 e n; 107; 111-112; 113 e n; 114-115; 120-121 e nn; 123; 135; 136; 138-142; 144; 146; 201-202; 206 e n; 207; 209; 210-212 e nn; 216-217 e nn; 220 e n; 221n; 224; 225 e n; 226n; 227; 228-232 e nn; 233; 234-238 e nn; 239-240; 242-243; 245; 247-267; 269-270; 271n; 272; 276n; 281n; 283-285 e nn; 286; 287 e n; 288; 289 e n; 291 e n

Medici, famiglia 87n; 228; 233; 271n

Medici, Ferdinando de' (cardinale) 5n

Medici, Francesco de' 103; 236n

Puccerelli, Francesco 16 e n; 22n; 24-26; 27-29 e nn; 31; 34 e n; 35-36; 40-41; 42 e n; 43; 44 e n; 45; 46 e n; 47-48; 49 e n; 50; 53; 56; 58-59; 61-62; 84; 106; 112; 115n; 117; 120; 149-151; 153; 155; 158-160; 163-171; 173; 176-178; 186-189; 191-192; 194-195; 197-202; 277; 284; 291n

Puccerelli, Francesco di Girolamo 23n; 25; 152

Puccerelli, Giovanni 28n

Puccerelli, Girolamo di Angelo 23-27; 28n; 148-150; 153-156

Puccerelli, Iacopo 23n

Puccerelli, Paolo 24; 26; 49n; 149-150; 154

Puccerelli, Pietro 28n

Pucci, Pandolfo 223

Puccinelli, Placido 106n

Quarantotti, Giovanni Battista di Bartolomeo 143

Quistelli, Alfonso 235

Quondam, Amedeo 225n; 288n

Raffaele di Leonardo, frate 12n

Raggi, Antonio 226 e n; 245

Raggio, Iacopo Antonio del 226n

Raspini, Giuseppe 22n

Renata di Francia *vd.* Valois-Orléans, Renata di

Ricasoli, Bernardo 18; 53-54nn; 77 e n; 86; 87-89 e nn; 90; 112-113; 121; 139; 141; 213-214; 217 e n; 221; 226; 235-236; 243; 257-259; 272 e n; 274-276; 277n; 281; 283; 301

Ricasoli, Cesare 217n

Ricasoli famiglia 91; 217n

Ricasoli, Giovambattista 109; 112; 235; 257; 282n

Ricci, Pier Francesco (il Riccio) 34n; 54-55nn; 64 e n; 88 e n; 94 e n; 100n; 101; 103n; 144-145; 217n; 220; 232; 287

Richa, Giuseppe 86n

Ridetti, Ludovico 74n

Ridolfi, Lucantonio 254

Ridolfi, Roberto 20n; 231n

Rinaldo da Verona *vd.* Turchi Marsili, Rinaldo

Rinieri, Cristofano 87n; 221

Rivoire, Enrico Alberto 221n

Robortello, Francesco 101 e n; 103

Rolla (Rolle), Bartolomeo 83, 99; 219; 227; 244; 273-274; 277n; 300

Rolla, Vincenzo 279

Romanelli, Rita 19-20nn

Romeo, Giovanni 23n

Rosello, Lucio Paolo 100 e n; 102-103; 104n; 220 e n; 282n; 289n; 292n

Rossi, Giovanni de 70

Rossi, Giovanni Girolamo (vescovo) 212n

Rossini, Francesco di Giovanni 199

Rosso da Faenza (don) 219; 244; 273

Rotondò, Antonio 9n; 14n; 55n; 77n

Rozzo, Ugo 15n; 18n; 111 e n; 117-118nn

Rubino frate 70 e n

Rucellai, Clemente 108n

Ruscelli, Girolamo 224n

Sallustio Crispo, Gaio 222 e n
Salomoni, Francesco 186
Salvatore maniscalco 36; 40-41; 46; 52; 56; 158; 168-169; 187; 190
Salvetti, Iacopo di Iacopo 70n; 133
Salviani, Agamennone 275
Salvini, Salvino 197; 206n; 213n
Sanesi, Emilio 230n
Sanmarino, Giovanbattista 223
Sannini, Raffaello 54
Santosuosso, Antonio 230n; 234n
Sartori, Giuseppe 105, 239n; 273-274; 281; 285; 301
Sassetti, Vincentio 125n
Savonarola, famiglia 20n
Savonarola, Girolamo 20n; 67n; 87n; 214; 231n
Scala, Bartolomeo 32n
Scharallo del Borgo *vd.* Filippo del Borgo
Scotto, Gualtiero 106
Scullica, Teofilo 75n; 234
Sebregondi, Carlo 206n
Seidel Menchi, Silvana 6n; 15n; 48n; 292n
Senso di Gisto da Romarino 279n
Serafino da Firenze 96n
Serarrighi, Arrigo 218
Serarrighi, Cristofano 69; 82n; 88-89; 91 e n; 92-93nn; 94-95 e nn; 97 e n; 98n; 99 e n; 104; 107; 115; 144-145; 219; 227; 244; 273-275; 278; 298

Serarrighi, Francesco 90
Serarrighi, Gregorio *vd.* Serarrighi, Cristofano
Serarrighi, Marcantonio 33n; 55n; 88-89; 90 e n; 92-93nn; 218-219; 227; 244; 274-275; 277n; 278; 298
Seripando, Girolamo (cardinale) 62-63nn; 69n
Sermartelli, Bartolomeo 18; 69; 111; 115n; 116 e n; 117; 118 e n; 274; 277-278; 299
Serristori, Alessandra 153
Serristori, Averardo 73 e n; 74; 75 e n; 81; 82n; 87n; 153; 213n; 221; 231n; 233; 247; 250-252
Serristori, Bartolomeo di Averardo 213n
Serristori, Ludovico di Francesco (vescovo) 213 e n
Serveto, Michele 33n; 45
Settimanni, Francesco 16n; 19n; 29n; 82n; 212n
Sextus, Rufius *vd.* Fèsto, Rufio
Signorini, Gioacchino 173
Simoncelli, Paolo 31n; 88n; 209-210nn; 225n; 228n; 231-232nn
Sforza, Guido Ascanio 11n
Slits, Frans 17n
Spinelli, Giovanni 92n
Stefano cartolaio 22n
Stefano da Sestino 196
Stella, Aldo 210n; 240n; 281n; 285n
Stopyus, Nicola 106
Strozzi, Alessandro 82n; 120 e n; 121; 146; 206n; 208; 283n; 284

www.ingramcontent.com/pod-product-compliance
Lightning Source LLC
Chambersburg PA
CBHW021338150726
47989CB00005B/2028